CHOCS DE CULTURES :

CONCEPTS ET ENJEUX PRATIQUES DE L'INTERCULTUREL

Collection « Espaces interculturels »

À PARAÎTRE :

Actes du colloque ARIC, *La recherche interculturelle.*
Jean RETSCHITZKI, *Activité cognitive et culture. Le jeu Awalé.*

ISBN : 2-7384-0438-3

CHOCS DE CULTURES :

CONCEPTS ET ENJEUX PRATIQUES DE L'INTERCULTUREL

sous la direction de

Carmel CAMILLERI

Margalit COHEN-EMERIQUE

Contribution de

M. Abdallah-Pretceille, H. Aron, R. Bureau, C. Camilleri, M. Cohen-Emerique, F. Gauthey, D. Le Breton, J.-M. Lorenzo, B. Lorreyte, H. Malewska-Peyre, I. Ratiu, G. Verbundt.

Editions L'Harmattan
5-7, rue de l'Ecole-Polytechnique
75005 Paris

Sommaire

TROISIÈME PARTIE

L'EXPORTATION DE MODÈLES CULTURELS A L'ÉTRANGER : AMBIGUÏTÉS ET DÉFIS

QUATRIÈME PARTIE

RÉFLEXION D'ENSEMBLE

PRÉSENTATION DES AUTEURS

ABDALLAH-PRETCEILLE Martine.

Directrice d'Ecole normale - Membre associé du Laboratoire de Psychologie Sociale Appliquée de l'Université de Paris V, Section « Problèmes de cultures » - Docteur d'État en Sciences de l'Éducation.

Articles et études sur les thèmes de la pédagogie interculturelle, de l'éducation aux Droits de l'Homme, de l'enseignement des cultures.

Principales publications :

Des enfants non francophones à l'école. Quel apprentissage ? Quel français ?, 1982, Paris, A. Colin. - *Vers une pédagogie interculturelle,* 1986, Paris, co-édition Publications de la Sorbonne-INRP. - *Les politiques multiculturelles et leurs conséquences pour les enseignants,* 1988, Paris, OCDE. - *L'interculturel au niveau de l'école : finalités et lignes directrices,* 1981, Paris, UNESCO.

ARON Henri.

Professeur au Lycée Janson-de-Sailly, Paris - Agrégé d'histoire - Docteur d'État en Sciences de l'Éducation.

Principaux documents :

Au Maroc : les coopérants enseignants français au seuil des années 70, 1971, thèse de 3e cycle, Université de Paris V - « Quels agents, de quel développement ? » in *Actuel Développement,* 1982, Paris, n° spécial 50-51 sur les coopérants, Ministère de la Coopération - *Coopérations enseignantes et limitation culturelle,* 1987, thèse d'État, Université de Paris V.

BUREAU René.

Professeur au département de sociologie, Université de Paris X-Nanterre - Docteur d'État en Sociologie.

Publications sur les problèmes de culture en Afrique.

Ouvrages :

La religion d'éboga, 1972, thèse d'Etat - *Le vademecum de l'expatrié. Initiation à l'Afrique*, 1976, Paris, SIEI - *Le péril blanc*, 1978, Paris, L'Harmattan - *Apprentissages et cultures* (co-direction avec D. de Saivre), 1988, Paris, ed. Karthala.

CAMILLERI Carmel.

Professeur et Co-directeur du Laboratoire de Psychologie Sociale Appliquée, Section « Problèmes de Cultures », à l'Université de Paris V - Docteur d'Etat en Psychologie - Agrégé de philosophie.

Publications sur les problèmes de culture, spécialement au Maghreb.

Ouvrages :

Jeunesse, famille et développement. Essai sur le changement socio-culturel dans un pays du Tiers-Monde (Tunisie), 1973, Paris, Ed. du CNRS - *Jeunesse française et groupes sociaux après Mai 1968* (avec C. Tapia), 1974, Paris, Ed. du CNRS - *Les nouveaux jeunes : la politique ou le bonheur. Jeunesse de France, d'Europe et du Tiers-Monde*, (avec C. Tapia), 1983, Toulouse, Privat - *Anthropologie culturelle et éducation*, 1985, Paris et Lausanne, Co-édition UNESCO-Delachaux et Niestlé.

COHEN-EMERIQUE Margalit.

Psychologue clinicienne et psychosociologue - Membre associé du Laboratoire de Psychologie Sociale Appliquée, Section « Problèmes de cultures » de l'Université de Paris V - Docteur de 3e cycle en Psychologie.

Publications sur les problèmes culturels et la formation en rapport avec les conflits de culture.

Principales publications :

« Eléments de base pour une formation à l'approche des migrants et plus généralement à l'approche interculturelle », 1980, Vaucresson, *Annales de Vaucresson*, n° 17 - « Chocs culturels et relations interculturelles dans la pratique des travailleurs sociaux. Formation par la méthode des incidents critiques », 1984, Le Havre, *Cahiers de Sociologie Economique et Culturelle* (Ethnopsychologie), n° 2 - « Réflexions sur la formation des praticiens dans le champ interculturel », 1987, Sèvres, *Les Amis de Sèvres*, Revue du Centre International d'Etudes Pédagogiques, 125.

GAUTHEY Franck.

Consultant - Chargé de cours à l'ESSCA et Sup. de Co. Marseille - Co-fondateur de l'Association Européenne de Management Interculturel (AEMI) - ESG Paris - IMP Clark University.

Publications :

Leaders sans frontières (co-auteur), 1988, Paris, Mc Graw Hill éditeur - « Quel management pour l'entreprise internationale ? », 1988, Paris, *Management France,* n° 65 - « La formation interculturelle », nov. 1988, Paris, *Fonction Personnel.*

Le Breton David.

Chargé d'enseignement à la Faculté de Médecine de Tours et à l'IPSA de l'Université catholique de l'Ouest - Docteur d'État en Sociologie - Diplômé en psychologie clinique.

Recherches dans le domaine de l'anthropologie du corps, de l'anthropologie de la relation thérapeutique et de la maladie.

Ouvrage :

Corps et Sociétés. Essai de sociologie et d'anthropologie du corps, 1988, Paris, Méridiens-Klincksieck.

Lorenzo Jean-Michel.

Psychologue - Sociologue - Actuellement directeur d'études dans un institut d'études et de développement dans les domaines de la gestion des ressources humaines.

A exercé de nombreuses années la fonction Personnel dans un important groupe industriel comportant une proportion élevée de travailleurs immigrés.

A mené, à cette occasion, des travaux d'étude et d'enquête sur la communication, la formation et l'évolution des organisations dans un contexte pluriculturel.

Lorreyte Bernard.

Directeur de l'Agence pour le Développement des Relations Interculturelles (ADRI) - Chargé de cours à l'Université de Paris XIII-Villetaneuse.

Principales publications :

« La fonction de l'autre. Arguments psychosociologiques d'une éducation transculturelle », 1982, Paris, *Education Permanente,* n° 66 - Direction du numéro spécial sur « Les transferts de connaissances. Vers une pédagogie interculturelle », 1984, Paris, *Education Permanente,* n° 1975 - « L'identité dans tous ses états », 1986, Paris, *Informations Sociales,* n° 1 - « L'inquiétante familiarité. Eléments d'analyse psychosociologique de l'hétérophobie », 1986, Le Havre, *Cahiers de Sociologie Economique et Culturelle,* n° 5 - « Sensibiliser les publics français aux réalités de l'immigration. Quelques réflexions pédagogiques », 1987, Paris, *Migrants Formation,* n° 69.

Malewska-Peyre Hanna.
Directeur de recherche au Centre de Recherche Interdisciplinaire de Vaucresson (CRIV) - Antérieurement directeur du Laboratoire de Psychologie sociale à l'Institut de sociologie de l'Académie des sciences de Pologne - Docteur ès-Sociologie à l'Université de Varsovie - Docteur d'État en Sciences humaines.
Ouvrages :
Les facteurs culturels et psycho-sociaux du comportement sexuel (en polonais), 1967, Varsovie, PWN - *Délinquance juvénile, famille et société* (avec V. Peyre), 1973, Vaucresson, CFRES - *Crise d'identité et déviance chez les jeunes immigrés* (ouvrage collectif), 1982, Paris, La Documentation Française - *Le travail social et les enfants de migrants* (avec C. Gachon et al.), 1988, Paris, L'Harmattan.

Ratiu Indrei.
MA Cambridge - MBA INSEAD - Outstanding senior - Interculturalist SIETAR international 1987.
Publications :
Leaders sans frontières (co-auteur), 1988, Paris, Mc Graw Hill éditeur - « Multicultural development management », 1987, Londres, *Journal of Management Development*, vol. 6, n° 3 - « Getting your cross-cultural communication right », 1987, Bruxelles, *International Management Development Review*, vol. 3.

Verbundt Gilles.
Directeur de « Recherches et Formation » - Docteur de 3e cycle en Sociologie.
Publications :
L'intégration par l'autonomie, 1980, Paris, L'Harmattan - *Immigrés dans la crise* (avec F. Briot), 1981, Paris, Editions Ouvrières - Coordination de *Diversité culturelle, société industrielle, état national*, Actes du Colloque de Créteil, 1985, Paris, L'Harmattan.

AVANT-PROPOS

Parmi les événements les plus significatifs qui ont marqué les dernières décennies de ce xxe siècle, on peut certainement compter la véritable « explosion » des contacts entre peuples et cultures : tant au niveau international, à travers l'incessante circulation de produits matériels et mentaux, de modèles et de personnes, qu'au sein même des différents pays, où le social se charge de la dimension multiculturelle par la présence de populations venues de tous les continents. C'est ainsi que l'Europe compte près de douze millions d'émigrés qui, quoique provoquant débats, tensions et réactions volontiers xénophobes, n'en sont pas moins une réalité à prendre en compte, car un grand nombre demeureront dans le pays d'accueil avec leurs enfants et devront trouver une insertion sociale et professionnelle décentes.

Cette réalité, quels que soient les sentiments qu'elle inspire, doit être considérée comme incontournable, vu qu'elle n'est en rien conjoncturelle, mais résulte d'un phénomène fondamental : la constitution d'un *champ humain planétaire,* dû à l'intrication sans cesse grandissante des projets, problèmes et essais de solution de tous, à quoi s'ajoute la facilité et l'intensification stupéfiantes des moyens de la communication.

La France, bien entendu, n'est pas à l'écart de ces processus qui promeuvent au plus haut point les contacts interculturels. Pour elle comme pour tout autre pays, les intérêts particuliers ajoutent leur poids aux aspirations humanitaires : outre sa volonté de principe d'apporter sa participation au développement des pays du Tiers-Monde, il lui faut s'ouvrir à l'étranger si elle veut rester compétitive sur le plan commercial, conserver à sa langue une dimension internationale, et autres objectifs spécifiques. Dans le même temps, au sein de l'Hexagone, de plus en plus de professionnels sont amenés à exercer auprès des populations migrantes. Enseignants, psychologues scolaires, personnel médical et paramédical, travailleurs sociaux, formateurs de stages d'insertion, cadres d'entreprise, psychologues d'entreprise, etc., tous ont affaire de façon régulière ou ponctuelle à la diversité culturelle *en situation*.

Pour tous ces praticiens, la capacité d'établir la communication correcte avec des personnes et des groupes de cultures différentes est essentielle. Sinon se multiplient les risques d'incompréhension, de mauvaise interprétation, les échecs fort coûteux à tous les niveaux et pour tous les acteurs en présence.

En effet, la culture ne s'exprime pas seulement dans les différences de croyances, de valeurs, de normes et de modes de vie du groupe, mais aussi au niveau de l'individu, dans ses façons de penser, de sentir, d'établir la communication. Elle fonde — et c'est son aspect positif - l'identité socio-culturelle de la personne, mais en même temps elle rend subjective et globalisante la perception des sujets relevant d'identités différentes. D'où les problèmes dans les relations interculturelles, qui se nourrissent, si l'on n'y prend garde, d'images erronées, de stéréotypes, de préjugés et de fantasmes véhiculés de peuple à peuple en fonction de l'histoire de leurs rapports.

Ce livre a voulu aborder ces difficultés, spécialement dans la façon dont elles se présentent aux professionnels impliqués dans ce champ. Ceux-ci, très conscients des écueils rencontrés dans leur pratique, désirent améliorer leur équipement personnel en la matière : ce qui les amène à se tourner vers des formations et, surtout, vers la littérature spécialisée susceptible de leur apporter l'aide souhaitée.

Mais, à ce jour, il n'existait en France aucun ouvrage présentant, sous le point de vue dominant de la psychosociologie, un aperçu global sur les connaissances actuelles dans ce domaine et, en même temps, abordant les problèmes rencontrés dans la diversité des pratiques professionnelles. Certes, les publications sur la migration foisonnent, nombre d'ouvrages d'anthropologie ont paru sur telles cultures particulières, des rapports sont édités par les grandes institutions internationales sur les projets et problèmes de développement dans le Tiers-Monde ; enfin, avec le développement de la concurrence internationale et du marché européen, l'interculturel dans le management devient objet d'étude. Mais ces documents sont dispersés, s'adressent le plus souvent à un public de spécialistes et, surtout, ne sont pas centrés sur la rencontre, l'interaction des individus issus des sociétés différentes. Ils n'abordent pas, non plus, *les problèmes des professionnels du champ interculturel* en France ou en Europe.

Pour commencer à combler cette lacune, un groupe de praticiens et de chercheurs — jouissant à la fois d'un bagage scientifique effectif et d'une grande expérience de travail direct auprès de populations étrangères, ou de contacts indirects par le biais de la formation de professionnels — ont collaboré pour tenter de rédiger un ouvrage approchant ce modèle. Venant d'horizons très divers : l'école, l'université, le travail social, la formation, l'entreprise, le management, la coopération, ils ont, au surplus, souvent eux-mêmes vécu l'expérience multiculturelle, au Maghreb, en Afrique, Espagne, Pologne, Israël.

Ils avaient ainsi quelque qualité pour apporter leur éclairage sur le traitement de la différence quelles que soient les cultures en présence, introduisant la spécificité, si nécessaire, au niveau des contextes, des situations et de la particularité des actions professionnelles. Approche qui n'était pas sans risques car, généralement, ces champs sont compartimentés, dépourvus des passerelles permettant d'aller de l'un à l'autre : or c'est cette mise en commun qui, dans l'esprit des auteurs, devait permettre de faire émerger la dimension interculturelle dans son originalité.

Cette dimension est saisie dans ce livre à partir de deux groupes de situations :

— Celles de co-existence « ordinaire », dans des conditions de relative stabilité, de groupes relevant d'enracinements culturels différents. On y étudie des problèmes posés par l'éducation dans des milieux devenus hétérogènes et, plus généralement, suscités par les relations inter-communautaires. Celles-ci sont envisagées dans le contexte classique des rapports autochtones-immigrés en France, mais aussi dans celui où des « expatriés », Français ou autres, ont quotidiennement affaire à des nationaux d'autres pays. On analyse, en particulier, les processus responsables des formations qui altèrent la bonne communication : ethnocentrisme, préconceptions, stéréotypes et préjugés, hétérophobie et exclusions.

— Les situations de vécu, par l'émigré, du changement et du conflit culturel « à chaud », avec les « stratégies » identitaires qui peuvent être développées pour réaliser les adaptations permettant de surmonter ces moments de crise proprement dite.

Le souci d'une approche pédagogique a amené à structurer ce livre comme suit :

1. Un exposé sur les notions théoriques fondamentales : la culture et les concepts annexes, le changement culturel et ses conséquences sur le social et l'individuel, l'identité et le devenir identitaire. Ces notions de base d'anthropologie psychologique voudraient aider les professionnels à mieux s'approprier les cadres de référence indispensables pour se repérer dans ce champ complexe et en pleine évolution.

2. Une série d'analyses sur les différents champs d'application dans lesquels sont impliqués les professionnels en situation pluriculturelle : les enseignants, les personnels de l'action sociale et sanitaire, de l'éducation surveillée, les cadres d'entreprises nationales ou multinationales, les associations œuvrant en milieux migrants, les coopérants et les experts préposés aux transferts de technologie.

3. Une réflexion d'ensemble finale tente d'articuler les aspects théoriques et pratiques évoqués dans l'ouvrage,

de présenter la réalité et les conditions de l'interculturel comme projet de régulation harmonieuse de la communication entre porteurs de cultures différentes.

Pour nous résumer, disons que, dans les situations de face à face, à travers les représentations et les réponses qui rétro-agissent sur elles, apparaît une logique de la communication sociale, acte sémique par excellence. Les contributions des auteurs tentent de montrer comment, *en situation,* éviter les erreurs et distorsions pour que cette communication n'ait plus lieu entre des « imaginaires » qu'on substitue à la réalité. La troisième partie reprend ces observations sur le plan du général : elle ne donne aucune recette, mais tente de repérer les *attitudes* qui commandent cette conversion au réel et, par là-même, les éléments permettant une meilleure évaluation des situations et des personnes à partir de laquelle se fondent les actes professionnels.

Ajoutons qu'un autre ouvrage est prévu pour la suite, destiné aux formateurs. Par une approche thématique et concrète, il se proposera d'apporter quelques outils permettant de mieux cerner la complexité des relations et communications interculturelles.

Les directeurs

PREMIÈRE PARTIE

RÉFÉRENCES THÉORIQUES

LA CULTURE ET L'IDENTITÉ CULTURELLE : CHAMP NOTIONNEL ET DEVENIR

Carmel Camilleri

Cette vaste réalité demande à être cernée du plus près possible. Nous allons essayer de la caractériser, d'en esquisser les fonctions, d'en présenter les concepts annexes ainsi que les transformations structurelles après cet événement décisif qu'a été l'industrialisation.

QU'EST-CE QUE LA CULTURE ?

Ce n'est pas le sens commun qui nous préoccupera ici (« être cultivé, instruit »), mais le sens anthropologique, tel qu'il apparaît à travers les analyses des ethnologues. Il désigne une réalité susceptible d'agir sur toute sorte d'éléments, que Krœber et Kluckhohn (1952) ont essayé de classer à travers cinq rubriques :

— Les *états mentaux* ou opérations psychiques. Par exemple, les prescriptions culturelles agissent sur les causes de déclenchement des états affectifs (ainsi, ce qui suscite en France la jalousie passionnée provoquera, dans telles tribus indiennes, l'indifférence ou l'amusement) ; ou sur la perception (face à des stimuli tenus pour objectivement identiques, les membres des divers groupes culturels peuvent ne pas percevoir les mêmes choses, « manipuler » différemment les registres visuels, olfactifs, auditifs, rythmiques) ; ou sur la mémoire (fixation ou évocation des souvenirs selon des règles différentes), etc. (1).

— Les *types de comportements*, où l'on retrouve ces mœurs, habitudes, que l'on a toujours reconnues comme permettant de différencier les sociétés.

— Les divers *savoir-faire*, depuis les codes de communication (dont les langages) jusqu'aux modes d'utilisation des outils, etc.

— Les *produits de l'application de ces savoir-faire* aux divers aspects de l'environnement : machines, types d'habitation, œuvres artistiques, etc.

— Enfin, toute la variété des *institutions et modes d'organisation collectifs* formels et informels, que Krœber et Kluckhohn auraient pu aussi bien inclure dans la précédente rubrique.

Nombreux ont été — et sont encore — les auteurs qui, pour définir la culture, se sont contentés d'énumérer tels ou tels des éléments rapportés dans cette classification. Cette façon de procéder est évidemment inadéquate : outre que les listes proposées par ces définitions sont forcément toujours incomplètes, elles désignent non pas la culture elle-même mais ses effets. Pour bien faire il s'agit donc de saisir ce quelque chose qui, appliqué à cette variété indéfinie d'éléments dont la précédente classification a essayé de donner une idée, les fait reconnaître comme intérieurs au patrimoine culturel d'un groupe par opposition à ce qui lui est extérieur, et qui n'est plus le culturel.

Ce point de vue, même s'il n'a pas été inventé par l'école américaine dite « culturaliste », qui a connu son plein essor durant la première moitié de ce siècle (2), s'est trouvé particulièrement illustré par ses travaux. Pour les anthropologues représentant ce courant, la culture est un

« modèle » (« pattern »), une forme qui se concrétise dans une logique, par exemple la « logique patriarcale ». Celle-ci court à travers les « sous-systèmes » de la culture (par exemple la famille, les rapports entre sexes, entre générations, au travail, au temps, à la surnature, au pouvoir) et à travers ses éléments, ou « traits », pour autant qu'il soit possible de les isoler : c'est ainsi que, souvent, on appellera par exemple la relation de la mère au fils, de l'enfant à l'oncle paternel ou maternel, l'attitude à observer envers le père ou le frère aîné. Mais, même dans ces cas, la dénomination de « traits » est-elle légitime ? Car l'on voit bien qu'il ne s'agit pas là de ce que l'on appelait autrefois des « simples » : les relations que nous venons d'évoquer sont elles-mêmes des configurations complexes. On pourrait donc tout aussi bien soutenir qu'on a affaire à des sous-systèmes plus restreints que ceux où ils sont englobés et qu'il est difficile de fixer le moment où l'on cesse d'avoir affaire à une structure. Quoi qu'il en soit, le problème est d'identifier cette logique par le repérage de certaines constantes introduisant une cohérence dans cette diversité : ainsi, pour la logique patriarcale « pure », la hiérarchisation des sexes au profit de l'homme, avec la multitude de ses conséquences dans ses rapports avec la femme, le primat de la lignée masculine, généralement le souci de l'« intégrité » de cette lignée, qui influe fortement sur la représentation de l'« honneur », l'échelle des âges avec divers effets sur la hiérarchie du pouvoir, etc.

Signalons cependant, car nous ne pouvons nous étendre sur ce point, que l'accession à une logique d'un seul tenant, si l'on peut dire, n'est qu'un idéal plus ou moins lointain. Ainsi, le lien entre le modèle patriarcal et les caractéristiques que nous venons d'indiquer apparaît assez évident, mais il l'est beaucoup moins avec certaines autres qui lui sont souvent associées historiquement. Par exemple, en quoi la prééminence de la lignée paternelle et de l'élément masculin, qui sont au cœur de ce modèle, impliqueraient-ils nécessairement l'institution répandue de la famille large, les modes familiaux traditionnels de production et de consommation, sans parler des techniques agricoles ou du style d'architecture utilisés ? Les nécessités de l'adaptation aux divers environnements sont ici habituellement invoqués comme susceptibles d'apporter l'explication. A quoi il faut ajouter les emprunts entre groupes, ce qui nous réfère aux avatars de la dimension historique. Sans aller plus loin retenons-en que, au sein de la logique première du système commandée par le modèle de départ, s'introduisent habituellement des séries causales indépendantes dues à des facteurs divers et s'articulant plus ou moins bien avec cette logique de base. Cela n'empêche pas les formations qui en résultent, même si elles recèlent quelques disparités aux yeux de l'observateur, d'être vécues par les sujets comme un seul ensemble culturel et, au moins dans les sociétés traditionnelles, comme s'imposant avec la même nécessité.

Cette remarque dirige notre attention sur ces sujets, dont nous verrons tout au long de cet ouvrage qu'ils constituent l'instance concrète décisive, en tant qu'ils sont les « porteurs de culture » d'où tout part et en qui tout revient. Le modèle culturel dont ils relèvent les amène à appréhender toute chose à travers un sens conforme à sa logique. Par exemple, à l'intérieur du modèle patriarcal, l'individu percevra habituellement la femme comme un être ayant et devant avoir par rapport à l'homme un statut subordonné, des rôles l'écartant du domaine public, telles attitudes vis-à-vis de sa belle-famille, de ses garçons, de ses filles, etc. Ce sera pour lui le *sens* de la femme, dans lequel il intègrera le « stimulus » qui est à l'origine de la perception de celle-ci. Et il effectuera d'autres projections de sens pour intégrer de la même façon l'homme, le vieillard, le travail, le temps, les différents aspects de l'espace, bref tous les stimuli provenant de l'environnement comme de lui-même. Les objets qui l'entourent et leurs agencements, les outils, tout ce qu'on appelle le « matériel » n'échappent pas à cette loi : ils nous demeurent rigoureusement étrangers tant que nous ne parvenons pas à les intégrer dans des significations grâce auxquelles ils « font sens » pour nous.

Ainsi la culture intervient dans un domaine fondamental pour l'homme : celui des unités de sens ou *significations*, qui constituent la médiation obligatoire pour notre accès au réel : car aucun stimulus n'agit sur nous « directement », mais par l'intermédiaire du sens dont il est obligatoirement enveloppé consciemment ou inconsciemment. Si bien que nous évoluons constamment dans un *univers symbolique* au devenir variable. Et c'est ce sens qui décide, en dernier ressort, de nos conduites : nous n'agirons pas de la même façon avec l'homme, l'enfant, la nature, la multitude des objets, la maladie, selon que nous les signifierons comme ceci ou comme cela. Par exemple, en ce qui concerne cette dernière, une recherche, effectuée dans un hôpital des États-Unis sur deux groupes équivalents d'Irlandais et d'Italiens souffrant des mêmes affections ORL, livra des résultats intéressants : comparés aux seconds les premiers signifiaient leurs maux comme étant à mettre le plus possible entre parenthèses, sinon même comme quelque chose de honteux. Ce qui les conduisait à déclarer qu'ils souffraient moins que les malades italiens, à indiquer et présenter moins de symptômes, à affirmer plus rarement qu'ils étaient affectés dans leur humeur et leurs relations avec l'entourage (3). Un autre exemple frappant : dans les familles larges intégrées dans des systèmes qui ne signifient pas l'individu comme premier, la sensibilité à la grande densité d'occupation des pièces d'habitation est bien moindre que dans les pays d'Europe occidentale et on n'y observe pas les mêmes troubles : c'est que cette occupation est signifiée, « vécue » selon l'expression usuelle, comme « proximité » et non comme « promiscuité ».

Le problème devient alors de spécifier convenablement les significations induites par la culture, de telle manière qu'elles soient distinguées des autres.

D'abord, ces unités de sens sont « construites » et acquises, par opposition à celles qui sont innées, telles les significations biologiques projetées à partir des besoins de notre organisme (par exemple la faim nous fait signifier un certain nombre d'objets de notre environnement comme théoriquement comestibles, par opposition à ceux qui, biologiquement, ne peuvent pas l'être). D'autre part elles sont collectives, c'est-à-dire partagées par un groupe, mais elles doivent être aussi liées à l'appartenance à ce groupe, ce qui n'est pas le cas des significations biologiques innées : même si un ensemble d'individus avaient faim en même temps, la signification résultante serait collective, mais non liée à l'appartenance à ce groupe en tant que tel. Elle ne serait donc pas culturelle. Le sont, par contre, celles attachées au choix des aliments, à tel type de préparation, à leur présentation, à la détermination du moment des repas, aux événements signifiés comme devant donner lieu à ces repas, aux rites sociaux de l'alimentation, etc. Il résulte de tout cela que les significations culturelles distinguent les groupes entre eux et d'autre part, à l'intérieur de chacun d'eux, elles amènent à se comporter de façon semblable devant les stimuli investis (« informés ») par la culture : elles sont donc un facteur d'*uniformisation différentielle*.

Ces diverses caractéristiques ne suffisent cependant pas à distinguer les significations culturelles. Car on les retrouverait tout aussi bien attachées à d'autres ensembles d'unités de sens collectives, telles celles apparaissant à l'occasion de phénomènes de mode, d'engouements, de rumeurs, de mouvements d'opinion passagers ou minoritaires qui, il convient de le remarquer, obéissent eux aussi à des modèles induisant des logiques qui les structurent plus ou moins fortement. Par exemple, l'adhésion à une nouvelle forme de musique, à une façon inédite de chanter, amènera à un certain moment une foule de personnes à construire des partitions musicales, à conduire des chansons selon l'agencement déterminé de séquences commandé par le modèle triomphant. La même chose est évidemment susceptible de se produire dans n'importe quel autre domaine, de l'art à la politique, de la littérature à la philosophie. Mais, le plus souvent, il ne s'agira que de ralliements passagers et pas nécessairement majoritaires. Ce qui leur manquera, et qui est nécessaire pour accéder à la qualification de « culturel », c'est la suffisante extension à la fois dans l'espace et dans le temps : que ces structures de sens collectives soient partagées au moins par des majorités, en deçà ou au-delà des divisions sur les autres points, et qu'elles durent.

Quelles que soient les observations que l'on puisse faire — qui seront évoquées — nous disposons seulement, on doit bien le constater, de ces critères externes pour distinguer la culture de ce qui n'est pas elle, puisque rien ne différencie en essence sa structure interne de celles régissant les autres ensembles de significations collectives.

Ainsi, à moins de noyer le culturel dans le collectif indifférencié —, comme cela se fait couramment — et l'objet de son étude dans celui, général, de la psychologie sociale, on doit le maintenir lié aux connotations, vérifiées par l'usage autant que par la pratique des ethnologues, de *patrimoine* commun, revendiqué par le groupe qui s'y reconnaît, et d'*ancienneté*. Ajoutons enfin que les unités de sens induites par un ensemble culturel sont tenues pour des valeurs par les sociétés qui en relèvent, et que celles-ci s'efforcent de les transmettre à la suite des générations.

Nous proposerons donc, au terme de cette analyse, la définition suivante :

> « La culture est l'ensemble plus ou moins fortement lié des significations acquises les plus persistantes et les plus partagées que les membres d'un groupe, de par leur affiliation à ce groupe, sont amenés à distribuer de façon prévalente sur les stimuli provenant de leur environnement et d'eux-mêmes, induisant vis-à-vis de ces stimuli des attitudes, des représentations et des comportements communs valorisés, dont ils tendent à assurer la reproduction par des voies non génétiques. »

Cette définition attire au moins deux observations :

— D'abord la difficulté est de faire le départ entre les significations suffisamment durables et « consensuelles » pour faire partie du fonds culturel et les autres. Dans les groupes traditionnels, fortement homogènes et dont le rythme de changement était lent, la chose était aisée. Dans les nouvelles sociétés, qui présentent de moins en moins ces caractères, cela fait problème : nous évoquerons les transformations qui s'ensuivent.

— L'ensemble de significations dont nous parlons peut faire penser à une formation statique qui, par définition, ne résisterait pas au changement. Mais il faut distinguer entre ces significations, ou « contenu » culturel, et par ailleurs le modèle, qui est au cœur de cet ensemble pour la bonne raison qu'il le constitue par la logique dynamique dont il est la source, et qui induit les significations elles-mêmes. Face à des situations inédites les membres du groupe, s'ils demeurent attachés à leur modèle, peuvent soit refuser de changer ces significations — auquel cas l'ensemble peut tendre vers le statisme — soit les transformer ou en inventer, mais de manière à ne pas bouleverser la logique de ce modèle. Une culture autorise donc le changement, peut même faire preuve de dynamisme sans se détruire, mais dans des limites : tant que, à travers les variations, demeure son armature structurelle.

Il nous reste à compléter cette caractérisation par quelques définitions secondaires.

L'ENCULTURATION

On appelle *enculturation* (ou « endoculturation ») l'ensemble des processus conduisant à l'appropriation par l'individu de la culture de son groupe. L'enculturation n'est qu'un aspect et ne livre qu'une partie d'un processus plus général, celui de la « socialisation », par lequel l'individu est mis en relation avec l'ensemble des significations collectives de ce groupe, y compris celles extérieures au patrimoine culturel, dans la mesure, du moins, où elles lui ont été « présentées » (par l'intermédiaire de la famille, l'école, et autres voies et moyens formels et informels existant dans le groupe).

Il est entendu que le sujet humain ne saurait être « marqué », « modelé » comme un objet par la socialisation ou l'enculturation, sinon il ne pourrait jamais prendre distance par rapport à l'une et à l'autre, ce qui est la caractéristique de base du sujet : or, si nous étions objet au départ, nous ne pourrions jamais devenir sujet. De fait, les observations montrent que, dès le début, le processus de la socialisation s'effectue à travers des échanges relationnels actifs, au cours desquels des *propositions* passent de l'agent socialisateur au sujet socialisé (4). L'illusion du modelage vient de ce que l'enfant se comporte comme un simili-objet, dans la mesure où il a peu de moyens de résister à ces propositions : dans ce cas celles-ci deviennent « influence » et le processus propositionnel démarre comme processus d'influence. Mais, dans la mesure où ces moyens sont acquis par la suite, sa nature propositionnelle ne fait que s'accuser, au point que l'individu pourra prendre un rôle actif par rapport à sa socialisation et son enculturation. C'est assez dire que l'une et l'autre se poursuivent tout au long de l'existence, leur évolution dépendant de facteurs divers, tout particulièrement de la confirmation ou infirmation ultérieures des propositions socialisatrices initiales par l'environnement du sujet.

L'ACCULTURATION

Reste à caractériser l'acculturation. Le memorandum du Social Science Research Council de 1936 la définit comme

> « l'ensemble des phénomènes résultant du contact direct et continu entre des groupes d'individus de cultures différentes, avec des changements subséquents dans les types de culture originaux de l'un ou des deux groupes ».

Cette définition appellerait peut-être une réserve : pour que des cultures s'influencent, le contact « direct » des groupes n'est pas nécessaire : les messages de toutes sortes qu'ils émettent et reçoivent les uns des autres peuvent largement suffire.

Les modalités de l'acculturation sont évidemment très variables et se situent entre deux pôles : une seule culture influence l'autre, auquel cas on est en présence d'une relation « asymétrique » qui évolue vers la domination ; ou bien se produisent des échanges plus ou moins réciproques, avec modification ou non des traits échangés. L'acculturation provoque donc forcément le changement de l'un ou des deux systèmes concernés. Celui-ci relève de cinq paramètres que l'analyse culturelle révèle comme particulièrement importants :

— Son *origine*, selon qu'il est endogène, qu'il provient du groupe où il s'effectue, ou au contraire exogène ;
— Sa *vitesse*, ou rythme d'effectuation ;
— Son *étendue*, selon le nombre de sous-systèmes et de « traits » atteints par la transformation ;

— Sa *profondeur*, selon la distance de ce qui est affecté par le changement au « noyau » de la culture. Par exemple, le système patriarcal est plus profondément ébranlé par le changement du statut du chef de famille que par celui qui intervient chez les enfants, par la diminution de la relation inégalitaire avec la fille que par celle qui concerne le garçon.
— Sa « *reliabilité* », selon que ses produits peuvent s'accorder (auquel cas ils sont « reliables ») ou non avec le contexte dans lequel ils s'insèrent.

Plus il est exogène, rapide, étendu, profond et non reliable, plus le changement a des chances de se faire, statistiquement parlant, sous forme de crise : mais il n'y a pas d'automatisme en la matière, et il faut distinguer entre l'installation des conditions socio-historiques de celle-ci (son « terrain ») et son déclenchement dans les sous-groupes et, plus encore, chez les individus.

Au niveau du sujet, les deux attitudes extrêmes sont l'imperméabilité à la culture étrangère, la *séparation* (par indifférence ou réactionnelle, comme dans la « ghettoïsation »), et l'absorption totale en celle-ci : l'*assimilation,* par laquelle le sujet ne se reconnaît plus comme adhérant à son ancien système culturel, ni comme affilié au groupe défini par ce système. Entre les deux on observe une quantité de positionnements différents, qui se traduisent par des « manipulations » diverses des codes de l'une et l'autre culture. Elles débouchent sur des formations variées, plus ou moins « logiques » aux yeux de l'observateur, vécues comme plus ou moins satisfaisantes par le sujet lui-même. Elles sont d'une grande importance pour le théoricien comme pour le praticien, et nous y reviendrons. L'*intégration* résulte de l'une de ces formations, lorsque le sujet estime qu'elle lui permet d'éliminer, dans ses rapports avec l'environnement étranger, les tensions dues aux différences des groupes en présence, tout en restant ancré de façon variable dans ses anciennes références.

Comme nous l'avons vu, chaque culture s'ordonne autour de sa matrice de départ selon une certaine logique et qualifie le bien et le mal en accord avec celle-ci. Conséquence : chaque ensemble culturel est à comprendre et à juger *relativement* à ce modèle auquel il se rattache et qui en fait une formation *auto-centrée* : c'est le principe du relativisme culturel.

L'attitude commandée par ce principe s'oppose aux comportements les plus communs. On est, en effet, spontanément porté à juger une culture à partir du modèle d'une autre (habituellement celle dont on relève soi-même) érigeant ainsi indûment celui-ci en modèle de référence universel. Cet « ethnocentrisme », présent chez tous les peuples et courant en Europe jusqu'aux décolonisations, débouchait sur des échelles de civilisation et la manifestation d'un évolutionnisme culturel, avec des « stades » par lesquels les humains étaient censés devoir passer pour aboutir au sommet représenté par la civilisation européenne. C'est sans doute parce qu'il est resté lesté de cette connotation de valeur que ce terme de civilisation — qui au pluriel et dans l'usage courant (à distinguer des définitions qui peuvent être construites par tel ou tel auteur) s'est chargé d'un contenu guère différent de celui de culture — est actuellement largement délaissé. On le retrouve plus volontiers employé au singulier et avec une majuscule (« la Civilisation »), au sens prédominant d'une formation universelle capitalisant tout ce que l'ensemble des sociétés humaines ont fait de meilleur — du moins ce que l'on juge comme tel — dans le temps et l'espace.

Il faut compter, cependant, avec un raisonnement qui voudrait aller au-delà de cet ethnocentrisme assez naïf. S'il est vrai, dira-t-on, qu'on ne saurait juger une culture à partir d'une autre, il faut tout de même bien admettre qu'il existe une structure universelle de l'esprit humain, la raison, qui permet ou devrait permettre de prendre distance par rapport aux différences culturelles, de discerner à travers les productions sociales variées le Vrai, le Bien et le Mal.

Cette argumentation des « rationalistes » a suscité deux discours opposés :

— Chez les uns, elle n'a fait qu'apporter de nouveaux aliments à la thèse de l'évolutionnisme culturel et de la hiérarchisation des hommes. Cette raison, a-t-on dit, seuls les « civilisés » y auraient accédé. Les « primitifs », selon une théorie développée par l'ethnologue français Lévy-Bruhl avant qu'il ne l'ait désavouée, auraient une « mentalité » spéciale (la « mentalité primitive » précisément) qui l'exclut. C'est-à-dire une structure de catégories « mystiques », telles qu'on les voit à l'œuvre dans la magie, l'animisme, et qui ne respecterait même pas les principes de base tels que : « tout phénomène a une cause », etc. Cette argumentation a apporté de l'aide au racisme sous un habillage scientifique.

— Un autre discours, bâti en grande partie pour faire pièce à cet « impérialisme » rationaliste occidental, prétend étendre le relativisme à la raison elle-même : ce serait une formation présente dans certaines sociétés, à l'intérieur de certaines cultures. Mais d'autres groupes humains n'y seraient pas sensibles et se tireraient fort bien de leurs problèmes avec d'autres manières d'approcher le réel. La raison serait un produit culturel.

L'observation amène à emprunter une troisième voie. Contre les « évolutionnistes » aussi bien que contre les relativistes absolus, il est facile de montrer que les membres des « sociétés simples » (baptisés « primitifs » dans les débuts de l'ethnologie) sont tout à fait capables de raisonner comme les « civilisés » chaque fois qu'il serait dangereux de faire autrement. Ainsi, avant d'aller à la chasse, ils accomplissent nombre de rites et d'incantations, mais ils n'oublient pas de fabriquer et d'utiliser leurs armes, leurs projectiles, selon les principes de la raison, même si ce n'est jamais explicité. Tous les humains possèdent donc la structure rationnelle et sont capables de l'utiliser. La différence réside seulement dans la place qu'on lui accorde : dans certaines sociétés, et en particulier depuis le succès des sciences positives, on la met au premier rang et on la formalise considérablement. Dans d'autres, elle est ravalée à une place modeste au point que, même quand on l'utilise, on ne lui attribue pas la responsabilité du succès de l'action : les chasseurs dont nous avons parlé, s'ils reviennent avec du gibier, attribuent cet heureux résultat à leurs rites propitiatoires et non à l'obéissance aux normes rationnelles. C'est seulement sur ce positionnement de la raison dans l'échelle d'importance théorique et d'usage pratique que les cultures humaines divergent.

Dans ces conditions, qu'est-ce qui empêche de suivre les rationalistes lorsqu'ils demandent à juger les systèmes culturels et leurs valeurs à partir de cette formation universellement familière aux hommes ? Rien en principe, mais seulement les faits. Car si la raison plie tous les esprits à ses contraintes quand il s'agit de tenir compte pratiquement des lois physiques ou dans les domaines ressortissant de la logique formelle, telles les mathématiques, il n'en est pas de même quand il s'agit de fixer les principes et valeurs guidant notre vie, de déterminer le bien et le mal indubitables pour l'homme. Cela se fait jusqu'ici dans le cadre de philosophies de l'existence, nébuleuses complexes s'appuyant sur des arguments plus ou moins « raisonnables », mais insuffisants à provoquer l'effet de « démonstration ». Pour y adhérer il faut donc un « plus » au-delà du logique pur, une *option* qui est, au pire, un effet d'entraînement quelconque, au mieux un acte de liberté. Qu'on les juge à partir de l'une d'entre elles ou qu'on se place au plan de la raison, ou de ce qu'on croit être la raison, il n'est donc pas de mètre-étalon universel permettant de hiérarchiser les cultures qui, précisément, ne proposent pas autre chose que des philosophies de l'existence.

Si nous nous sommes étendu sur ce point, c'est parce qu'il nous paraît avantageux de fonder le relativisme non pas seulement sur une tolérance de fait (celle dont on fait preuve par condescendance, ou parce qu'on ne peut faire autrement), ni même seulement sur les seuls principes moraux dont nous parlerons (tout le monde a le droit d'adhérer aux idées et valeurs qui lui paraissent bonnes), mais sur la modestie intellectuelle, appuyée sur l'égalité de notre condition face à la limitation de notre raison et au problème de la vérité. Cela ne signifie pas que nous devions nous isoler dans nos points de vue, puisqu'à défaut du rationnel démonstratif nous pouvons échanger les arguments qui nous ont amenés à nos options.

L'intense circulation des raisonnements et des modèles, telle qu'elle est permise par les moyens de communication contemporains, est au contraire une très bonne chose, susceptible d'aboutir à des choix plus éclairés. Mais nous n'avons pas le droit de les faire à la place des autres, en particulier de ceux qui tirent les leurs d'autres modèles culturels.

EFFETS ET FONCTIONS DE LA CULTURE

Nous parlerons des effets et fonctions en même temps, car il est bien difficile de les départager avec certitude. Nous distinguerons différents niveaux, du plus général au plus particulier.

AU NIVEAU DE L'HOMME

Les formations culturelles sont spécifiques à l'espèce humaine, ce qui semble pouvoir être rattaché aux caractéristiques de celle-ci. En effet, à la différence de l'animal régi par un système d'instincts, l'homme est animé par des tendances. Celles-ci expriment aussi des besoins mais, contrairement aux instincts, rares sont celles qui sont irrépressibles (si tant est qu'il en existe). De plus, leurs modalités de satisfaction sont de la plus extrême variété et laissées à l'invention individuelle. Enfin elles se modifient et l'on sait qu'il naît continuellement de nouveaux besoins. Il en résulte un foisonnement immense de représentations, significations, conduites, qui rendrait impossible toute vie collective si l'homme était laissé à lui-même. Or le groupe est une condition incontournable du développement humain.

Les cultures, précisément, limitent et disciplinent ce foisonnement. Tout se passe comme si elles étaient le moyen originel laissant aux hommes la possibilité de bénéficier des avantages de leur organisme plastique, donc de créer, et d'autre part fournissant la régulation de cette plasticité, l'homogénéité psychique minima permettant la vie en groupe. En somme, ne disposant pas comme l'animal d'un système de régulation inscrit en lui-même, l'homme doit le construire de l'extérieur, en liaison avec le *manque de prescriptivité* de son organisme biologique. Les cultures peuvent alors être considérées comme les diverses formes de la médiation entre, d'un côté, le caractère largement indéterminé et peu prescriptif de la nature humaine et, de l'autre, les exigences groupales qui sont inscrites dans cette même nature. En-deçà de toutes les autres conventions inventées à travers l'histoire pour résoudre ce dilemme, elles seraient en somme la « quasi-convention » première (car il n'y a rien de conscient ni de délibéré en tout cela), la plus universelle et la plus efficace.

De cette caractéristique de base découle l'ambivalence fondamentale de la culture :

— D'une part, qui dit « régulation » dit « répression ». Ou, en tout cas, jusqu'à présent toute régulation culturelle paraît s'être traduite par une répression des « pulsions », s'instaurant ainsi en ennemie de la spontanéité humaine. C'est l'une des raisons pour lesquelles les psychanalystes s'y sont intéressés, les diverses cultures leur apparaissant comme l'indéfinie variété des programmes de canalisation, c'est-à-dire de répression de la « libido ». Un certain nombre de mythes, étrangement semblables à travers les sociétés et reproduisant des « complexes » individuels connus (comme l'Œdipe), sont même interprétés par eux comme le résultat des frustrations qui en résultent et, en même temps, comme le moyen de les absorber (ou de s'y résigner).

— D'un autre côté les cultures, nous l'avons dit, sont manifestement des produits de la créativité humaine : c'est même l'une des principales raisons pour lesquelles on voudrait actuellement les sauvegarder. Aucune ne se confond avec une autre, malgré les nombreux emprunts qu'elles se font. Chacune peut être considérée comme l'invention collective d'une philosophie de l'existence, d'une forme d'expression de l'homme dans sa relation à son environnement total, à lui-même et à son imaginaire.

D'où ce jugement de l'anthropologue Ruth Benedict : la nature humaine n'est pas un système fermé et donné une fois pour toutes ; c'est un grand éventail de possibles dont chacun est réalisé par une figure culturelle particulière. L'ensemble des cultures constituerait un dévoilement progressif de l'humain. Et notre nature consisterait en un réaménagement continuel, à la lumière d'un projet jamais entièrement dévoilé, des constantes de notre équipement génétique dont nous ne pourrions, cependant, jamais nous dissocier. C'est donc structurellement que notre nature intègrerait le culturel.

Ainsi coexistent, dans chaque ensemble culturel, un aspect expressif et un autre répressif. Le lien est-il organique ou seulement contingent ? Freud liait indissolublement les deux, rejoignant ainsi un courant spiritualiste classique. D'après lui, l'homme spontané demande à être nié pour produire la valeur à travers l'homme culturellement construit. Cette conception a été cependant toujours rejetée par un courant naturaliste optimiste qui, de certains sages antiques à H. Marcuse en passant par Rousseau, met le bien dans notre nature « originelle » et le mal dans les « artifices » sociaux. L'Américain Moreno ne parlait-il pas, dans le même esprit, de « conserves culturelles » stérilisantes ? Bonne illustration de notre thèse selon laquelle, en matière de conceptions directrices de l'existence, la raison n'impose rien de décisif.

AU NIVEAU DU GROUPE

A. La culture entre le groupe et son environnement

On admet généralement que, dans certaines limites dont nous parlerons, il y a une « harmonie » entre la culture d'un groupe et son environnement habituel. Au minimum, on estimera que les formations culturelles ne peuvent se construire sans tenir compte de ce dernier. Mais on peut aller plus loin et considérer qu'elles incluent nombre de dispositions destinées à répondre à ses défis. Dans les sociétés « traditionnelles » (nous expliquerons ce qualificatif) où la culture apparaît comme une réalité prévalente et indiscutable, les techniques de mise en relation avec l'environnement, celles destinées à le maîtriser, y compris les techniques de production (agricoles, artisanales, etc.), les divers « savoir-faire » en général, font partie intégrante du système culturel. Elles ont été mises au point à travers le temps (quand elles n'ont pas été empruntées) ; elles sont attribuées à la sagesse des ancêtres, intégrées dans le tissu traditionnel, et on aurait garde de les changer. Cette prudence paraît souvent justifiée, comme ont pu le vérifier bien des « experts » occidentaux dont les novations et les projets de « développement » ont eu souvent des conséquences fâcheuses.

Aussi bien, une lecture génétique et instrumentale des cultures, prenant en compte leur part de fonctionnalité, peut aider à lutter contre la tendance à les hiérarchiser, en ramenant ce qui nous paraît être une inégalité de valeur à une simple différence. En effet, telles dispositions qui diffèrent des nôtres, une fois expliquées par leur but, pourront apparaître non plus comme signe d'infériorité, mais d'adaptation intelligente. On aura même fait un pas en avant par rapport au relativisme. Car si celui-ci interdit rationnellement de disposer les différences le long d'une échelle des valeurs, il peut laisser subsister le sentiment que nombre d'entre elles sont étranges, voire choquantes : il produit donc une acceptation de principe, externe, qui ne réduit pas nécessairement les réactions affectives. L'attitude fonctionnaliste, par contre, dans la mesure où elle peut s'appliquer, diminue cette « distance à la différence » en nous engageant à la pratique d'un principe précieux entre tous : s'efforcer systématiquement de considérer les cultures en les *replaçant dans les situations qui étaient les leurs lorsqu'elles étaient en équilibre*.

Pour prendre des exemples, la mise en perspective situationnelle des formations culturelles aide à comprendre comment certains traits traditionnels presque constants, qui nous paraissent durs, révoltants, comme l'effacement de l'individualité au bénéfice du groupe, deviennent compréhensibles dans un contexte de lutte pour la survie, face à des milieux peu maîtrisés : de strictes disciplines, des codes de conduite détaillés et très formalisés, une solidarité sans faille deviennent alors des atouts. Dans le même esprit, l'évocation du fonctionnement culturel quotidien, tel qu'il se manifeste dans son cadre concret en situation normale, ramène souvent à de plus justes proportions tels traits que nous enflons d'une charge dramatique. Ainsi la vie dans le village, le petit groupe, la famille large où circule tout le groupe de parenté (y compris les hommes) — c'est-à-dire une appréciable partie de la localité — fait disparaître, ou presque, les effets de telle disposition, comme la claustration de la femme par exemple. Cette claustration deviendra tout autre chose si elle se maintient dans le contexte anonyme de la ville et de l'immeuble modernes, du rétrécissement de la parentèle, amenant l'isolement du sujet.

Enfin, il faut savoir que dans les groupes existent habituellement des dispositions non dites, informelles, susceptibles de réduire ce qui est perçu comme des abus en limitant, corrigeant les excès possibles liés à certaines prescriptions explicites. Ainsi, au Maghreb, on a décrit d'anciens cérémoniaux collectifs permettant habilement, quand une femme était demandée en mariage, d'empêcher les exigences abusives quant à la dot réclamée par sa famille. Dans la situation anomique due aux actuelles mutations, ce contrôle social a disparu et nombreuses sont les plaintes des jeunes à propos de la spéculation à laquelle peuvent se livrer les pères de famille au sujet de cette institution (5). L'approche de la culture en situation commande donc de s'informer sur l'étendue et le rôle de sa part informelle, qui se construit en relation avec, et souvent en réaction contre sa partie formalisée.

C'est cette part informelle, la plus fragile puisque non fixée de façon explicite, qui semble atteinte en priorité en cas de crise. En disparaissant, elle transforme l'ancien équilibre : c'est l'une des raisons pour lesquelles, dans cette nouvelle situation, le système traditionnel est facilement « corrompu » par rapport à ce qu'il était dans son contexte d'origine. Il ne faut donc pas le projeter dans le passé tel qu'il se présente aujourd'hui, si l'on veut se donner une vision objective des choses : c'est encore un principe général à observer systématiquement.

On ne saurait cependant se dissimuler les limites de ce point de vue fonctionnaliste. Certes, les cultures servent indubitablement à répondre aux défis de l'environnement. Mais nous avons vu plus haut qu'elles sont aussi, et indissolublement, des inventions de points de vue sur la façon de mener l'existence, concrétisant des possibilités nouvelles de l'humain, permettant l'émergence d'expressions variées et inédites de ce psychisme si imprévisible et mystérieux de notre espèce, avec ce qui apparaît (tantôt à nous, tantôt à d'autres) comme sa part d'incompréhensible, voire d'« absurde » ou d'« irrationnel » (qualificatifs que les différents peuples se renvoient équitablement). Il n'y a sans doute pas plus de « raisons », au sens habituel du terme, à l'origine des cultures qu'à celle de l'invention biologique de l'effarant foisonnement des espèces. Pour cela donc, déjà, il paraît vain de vouloir rationaliser et « fonctionnaliser » les cultures à tout prix.

Ajoutons à ces considérations une observation connue : à l'intérieur de tout ensemble culturel bien des normes demeurent souvent sans explication. Peut-être, comme cela s'observe fréquemment dans les changements contemporains, ont-elles survécu à la transformation des conditions de leur production, à la disparition de ce qui faisait leur raison d'être ? On rencontre ainsi le problème important du « retard » des attitudes et représentations (des « mentalités » dira-t-on souvent) sur la transformation des structures et situations objectives. Ce n'est jamais dû à une sorte d'inertie mécanique ; il y a toujours à cela des causes à analyser au coup par coup. Ainsi, il paraît parfois assez évident que l'on se trouve devant des fonctions de substitution relevant d'une nouvelle logique, telle la fonction symbolique. Dans ce cas on continue à adhérer vigoureusement à telles valeurs qu'on pratique de moins en moins : à ce moment-là un pan de la culture cesse de guider l'action, mais sert à se reconnaître comme affilié au même groupe, à affirmer cette identité de groupe contre d'autres, etc. Bref, il est destiné à émettre un message. Autrement dit, à mesure que les systèmes acquièrent un passé, leur explication se complique avec la multiplication de « séquences » de fonctionnalité procédant de logiques diversifiées, qui débordent ou transforment celle d'origine : la fonctionnalité, dans la mesure où elle est effective, peut être dite « multipolaire ».

B. La culture au sein du groupe

La culture peut être considérée comme une médiation idéale du groupe. Celui-ci est en effet une formation mentale, puisqu'il n'existe que dans la mesure où circulent entre ses membres des représentations communes, et qui l'emportent sur celles qui les divisent. Or le code culturel, tant qu'il est effectif, agit sur cet accord mental de façon prévalente : d'une part, en extension, puisqu'il l'étend à l'ensemble le plus vaste des déterminations (stimuli) ; d'autre part, en intensité, puisqu'il amène le degré d'entente à son plus haut niveau. Il aboutit ainsi à ce que tout détenteur d'autorité rêve d'obtenir : l'« internalisation » d'un système de représentations-valeurs-normes proposé de l'extérieur ; et cela quoique le caractère de sévérité de ce système, aux yeux de l'observateur extérieur, puisse atteindre des degrés peu imaginables. Entre autres, ce code offre quelque chose de particulièrement précieux pour toute formation collective : la fixation précise et justifiée par une « théorie » générale (sous forme habituellement religieuse) du statut-rôle de l'individu, c'est-à-dire de sa place exacte dans le groupe ; d'où, par là-même, de son articulation au système de production ainsi que de distribution des biens et du pouvoir. En bref, il légitime et fait avaliser les structures sociales avec les éventuelles hiérarchies et catégorisations de toute sorte qu'elles impliquent. Il obtient normalement l'accord des individus quelle que soit leur place dans ces agencements.

En dehors de ces points particuliers, il n'est pas possible de donner le détail des avantages que la « convention culturelle » fournit au groupe : d'une manière générale tous ceux que le consensus profond et étendu de ses membres peut lui apporter selon les situations de l'existence. Et il en est, nous l'avons déjà vu, où il s'avère particulièrement précieux.

Mais l'on ne s'est pas tenu à cette vision du rôle social de la culture, qu'on peut appeler le *rôle intégrateur*. Car on s'est aperçu que, sauf semble-t-il dans les petites sociétés simples et communautaires, apparaît un retournement fréquent : cette formation qui est, d'une manière privilégiée, à la base de l'édification et du maintien du social, est volontiers reprise en main par les membres du groupe qui la manient, la manipulent même, en fonction de leurs besoins et finalités particuliers, et qui l'utilisent dans leurs luttes pour les réaliser ou les faire prévaloir.

Sous sa forme théorisée et systématisée cette thèse a été soutenue pour la première fois par les marxistes. Selon eux, dans les sociétés de classes à tout le moins, la culture prétendûment nationale est plus ou moins entièrement la production des classes dominantes, qui la font accepter grâce à divers moyens par les classes dominées. Le « plus ou moins entièrement » se réfère aux péripéties du dynamisme social, à la capacité de résistance des défavorisés, au « rapport de forces » entre groupes que ce dynamisme véhicule. En tirant les conséquences de ce point de vue, la culture d'un groupe n'est plus ce système harmonieux que nous avons vu, mais une formation en équilibre instable et évolutif en fonction de ces rapports de pouvoir entre les sous-groupes qui le composent : c'est une *conception polémique* qui vient ici remplacer la *conception intégratrice* habituellement soutenue.

Un point paradoxal, selon cette thèse, est que les représentations et valeurs contenues dans le système culturel ainsi interprété sont perçues par les individus comme étant les leurs, comme exprimant ce à quoi ils aspirent, alors qu'elles serviraient en fait de façon privilégiée les intérêts et objectifs des sous-groupes dominants. Ainsi ils contribueraient eux-mêmes sans le savoir à la promotion de ces intérêts au détriment des leurs. Les cultures prendraient donc place parmi les instruments d'« aliénation » et participeraient de l'« idéologie » au sens marxiste du terme : c'est-à-dire la production d'un sens manifeste couvrant un sens latent et permettant de le faire passer insidieusement, d'un sens apparemment universel destiné à satisfaire subrepticement des intérêts catégoriels.

Il est important de noter que ce schéma d'interprétation a été ensuite abondamment repris par bien d'autres pour l'appliquer à des groupes différents des classes sociales. Il en a été ainsi pour les groupes de sexe : les féministes accusent les hommes d'avoir construit la quasi-totalité des systèmes culturels à leur avantage, et d'avoir fait intérioriser par les femmes les représentations nécessaires pour y aider, sans s'apercevoir qu'elles contribuent activement à leur propre dépossession. Le même raisonnement a été fait par les peuples colonisés, puis décolonisés, à l'endroit des cultures d'humanisme universel défendues par les pays du « Nord » : elles les aident, affirment-ils, à asseoir leur domination en faisant accepter ce discours par les sociétés dominées et en les détachant de leur culture d'origine, neutralisant ainsi leurs facultés de résistance au niveau fondamental : le plan mental. Enfin, dernièrement, les mêmes griefs ont été formulés par nombre de groupes ethno-régionaux contre les systèmes culturels nationaux, accusés de s'être formés autour des intérêts prioritaires de tel d'entre eux ; puis par les « conflictualistes », reprochant à la culture scolaire officiellement « nationale » de véhiculer, en réalité, les représentations et valeurs favorisant les classes supérieures et moyennes au détriment de celles qui conviendraient aux classes populaires (6).

Que penser de ce nouveau point de vue ? Il nous paraît que les deux conceptions, intégratrice et polémique, sont vraies en même temps ; mieux même, qu'elles sont organiquement liées : c'est en effet, parce que la culture est un moyen particulièrement efficace pour former et lier un groupe qu'on est amené à l'utiliser comme une force à son profit ou pour tout autre but. Aussi bien, selon les situations, c'est l'un ou l'autre aspect qui prédominera, en fonction des caractéristiques du dynamisme social dont la culture, on commence à bien le voir, est seulement une dimension qui ne l'épuise pas.

Deux autres remarques sont à faire :

— Cette vision polémique de la culture n'a pas nui à la faveur dont jouit ce concept depuis quelque temps. Au contraire : c'est parce que tous les groupes sociaux ont tendance à vouloir retrouver ou construire la formation culturelle qui les exprimerait dans leur « authenticité » et leur vaudrait divers avantages présumés, qu'ils se montrent vigilants et interrogent celles auxquelles ils s'étaient jusqu'ici soumis.

— Pour pouvoir se livrer à ce genre de questionnement, il a fallu attendre la formation de sociétés où, structurellement, il devenait possible de s'appuyer sur des représentations collectives et individuelles « libres », permettant de prendre distance par rapport aux représentations culturelles et de les juger à partir de ces nouveaux points de vue.

AU NIVEAU DE L'INDIVIDU : LES PROBLÈMES IDENTITAIRES

L'importance de tout système culturel pour l'individu se mesure au fait qu'il représente un enjeu central pour l'ensemble de sa construction identitaire. Il est donc nécessaire de se donner une vision d'ensemble sur les opérations que celle-ci implique.

A. Aperçu sur la structure identitaire

Partons du niveau le plus concret. Si l'on interrogeait n'importe qui sur son identité, il répondrait sans doute : « C'est ce qui est moi. » Mais c'est précisément ce moi qui fait question.

On ne saurait le confondre avec ce qu'on appelle le psychisme, car nous n'accepterions pas de l'assimiler à la totalité des événements qui traversent notre subjectivité au cours d'une vie. L'accord est général pour mettre l'identité de l'individu dans certains seulement de ces événements, et celui-ci acquerra lui-même le sentiment de son identité à mesure qu'il aura conscience d'articuler son moi à des éléments déterminés de son devenir psychique. Mais lesquels ?

La réponse la plus immédiate serait : ce qui en nous demeure le même. On mettrait ainsi en avant le caractère le plus saillant de l'identité : la constance. Mais encore faut-il interpréter correctement la nature de celle-ci. S'agit-il des éléments qui reviennent régulièrement :

attitudes, sentiments, représentations, idées, etc., qui se répètent et se traduisent par les mêmes comportements ? Certes, on peut avoir tendance à s'enfermer dans une configuration de traits plus ou moins définitive et routinière, analogue à ce qu'on appelle communément « le caractère ». Mais si nous mettions la permanence identitaire dans une telle adhésion à un contenu fixe, nous nous réduirions à une mécanique qui éliminerait une composante au moins aussi importante de notre vécu : l'absorption du nouveau, le changement. Notre devenir individuel est fait au moins autant d'altération que de reproduction. Et pourtant, nous ne disons pas à chaque intériorisation d'une « nouveauté » que nous sommes devenu une autre personne, en rupture avec la première.

Comment pouvons-nous donc demeurer le même tout en nous ouvrant à l'altérité ? C'est possible dans la mesure où nous ne restons pas le même en excluant cet « autre », mais en *négociant,* au prix de diverses procédures, son articulation avec ce qui est déjà en nous, de telle façon qu'il soit perçu comme ayant une relation acceptée avec ce qui existait avant lui. On aura ainsi compris que, si l'identité est une constance, ce n'est pas une constance mécanique, une répétition indéfinie du même, mais dialectique, par intégration de l'autre dans le même, du changement dans la continuité. L'opération identitaire est une dynamique d'aménagement permanent des différences, y compris des contraires, en une formation qui nous donne le sentiment de n'être pas contradictoire.

Dans la mesure où nous réussissons cette opération, nous avons la conviction de nous construire comme une unité, non pas de type arithmétique, qui exclut la diversité, mais du type d'une structure, qui l'inclut. Elle est mobile, se transforme au cours de l'existence ; nous l'effectuons nous-mêmes à tout instant. Elle n'est donc pas « naturelle », donnée à nous comme un objet, une substance : ce ne peut être qu'une *unité de sens,* que nous opérons comme telle à longueur de vie.

Ainsi avons-nous fait apparaître le *premier « pôle »* de l'identité en même temps que sa première dimension, la plus fondamentale : l'opération d'élaboration d'un sens qui constitue et maintient le sujet en état de reconnaissance de lui-même tant que ce sens est éprouvé comme demeurant lié à travers la diversité de ses mises en questions. A défaut c'est la crise ou, plus exactement, un premier type de crise de l'identité : celle qui se noue autour de la rupture du sens. Nous avons ici affaire à ce que nous pourrions appeler la « *fonction ontologique* » (d'un mot grec qui signifie l'« être »), puisque, ce faisant, nous construisons l'être où nous nous investissons et nous reconnaissons.

Mais nous ne pouvons l'élaborer de façon souveraine et unilatérale. Nous devons tenir compte à tout instant de notre environnement, qui se présente avec un caractère ambivalent : en même temps que nous y puisons le plus clair des matériaux qui constituent notre moi (aspect positif de médiation), il est susceptible de menacer, par sa diversité désordonnée et souvent contradictoire, l'unité que nous construisons. De plus, comme nous le verrons, il fait pression pour aligner notre identité sur ses attentes, voire nous la prescrire (aspects négatifs de mise en question et de limitation). Nous devons donc être attentifs à construire notre structure de sens en essayant de nous adapter à cet environnement, ce qui nous amène à négocier avec lui : cela relève de la « *fonction pragmatique* » ou « instrumentale », qui désigne le *second pôle identitaire*.

Enfin, en conduisant ainsi l'aménagement de son moi, l'individu est ordinairement sensible aux incidences de cette opération sur l'image qu'il se fait de lui-même. De ce fait, la conduite par laquelle il s'attribue des caractères et construit sa réalité se trouve liée à celle par laquelle il s'attribue une valeur, en référence à un « moi idéal ». La négociation immanente à la constitution de l'identité de fait, constatée, est donc inséparable de la *négociation avec une identité de valeur*, désirée et, s'il y a lieu, revendiquée. Ainsi apparaît le *troisième pôle identitaire*, qui achève de caractériser la structure de l'identité avec la triple série de négociations qui forment la trame de sa dynamique : négociations guidées par la préoccupation du sens, la préoccupation de la valeur, la préoccupation de l'autre que soi dans la construction de ce sens et de cette valeur.

B. Identité et culture

Tout au long de son élaboration de soi, le sujet, nous l'avons dit, est obligé de tenir compte de ce qui l'entoure, la fonction identitaire le construisant indissolublement comme rapport à lui-même et rapport à son environnement : celui-ci se définissant comme le réseau des stimuli « saillants », c'est-à-dire signifiés à l'intérieur du « non-soi » comme le concernant. Mais, pour l'homme, cet environnement se présente comme à peu près totalement médiatisé par ses semblables, qui s'en sont emparés pour le structurer avant lui dans des unités de sens, elle-mêmes intégrées dans des échelles de valeur. Le sujet ne peut se construire lui-même comme sens et valeur en en faisant abstraction.

Ajoutons, pour faire apparaître la complexité de la situation, que cet autrui se présente sous différentes « figures » : l'individu, le groupe particulier, l'organisation des groupes particuliers en groupes généraux (sociétés, etc.) Or chacune d'entre elles est, au moins potentiellement, à l'origine de configurations de sens et de valeurs qui se recoupent et se distinguent diversement, selon le type de structure sociale. Nous introduisons ainsi une variable sociologique qui, nous le verrons, nous amènera à différencier notre analyse.

En attendant, quel que soit le contexte social, l'individu est toujours soumis à une *pression d'effectuation identitaire* selon la structure des attentes d'autrui, du moins de l'autrui par lequel il se perçoit comme concerné : c'est-à-dire qu'il est poussé à une intériorisation des unités de sens et des valeurs ambiantes, dont seuls le degré et les modalités varieront en fonction du type de configuration sociale dans laquelle il est immergé.

Parmi ces structures, le système culturel est évidemment privilégié et ses injonctions identitaires sont les plus énergiques. Par sa socialisation, déjà, le sujet est amené à adopter de l'intérieur ses unités de sens et de valeur préétablis, grâce au mécanisme de l'*identification* : processus fondamental par lequel il assimile dans sa construction de soi des éléments de l'extérieur. En fait, il assimile en s'assimilant, c'est-à-dire en se rendant semblable, quant à tels caractères, à ceux à qui il a emprunté :

individus, groupes particuliers et généraux. Il y a là une matrice de conduites par lesquelles il s'édifie comme adapté à son environnement humain : la matrice de la « similarisation », selon l'expression de J. Karstenztein, qui prend diverses formes décrites par les psychologues contemporains.

On reconnaîtra que, toutes choses égales d'ailleurs, l'intériorisation de sa culture par l'individu lui permet d'assurer aux moindres frais les fonctions de son « opération » identitaire, au sens propre d'opérer son identité par un travail constant.

Il satisfait d'une part à la fonction ontologique, en se donnant une structure de sens et de valeurs qui lui procure une unité satisfaisante sans avoir besoin de la construire lui-même. Plus il s'y identifie, plus il s'édifie comme variante d'une personnalité typique, que Kardiner avait proposé d'appeler « personnalité de base », se ramenant finalement pour le grand nombre des auteurs, une fois écartés les présupposés psychanalytiques, à une « personnalité sociale » commune aux membres du groupe.

D'autre part, dans la mesure où le sujet intériorise sa culture, il satisfait à la fonction pragmatique (ou instrumentale) de son opération identitaire par une adaptation à l'environnement dont la clef lui est, elle aussi, fournie par sa société. Il faut penser, en effet, que l'individu traverse quotidiennement une multitude de situations qui, si elles étaient toutes singulières, nouvelles, lui demanderaient un effort d'invention de tous les instants pour y réagir correctement. Mais, fort heureusement pour lui, elles ne le sont que très partiellement. Car son système culturel les intègre dans des *situations typiques* relatives à la grande majorité des événements susceptibles de survenir dans un environnement donné.

Cela signifie d'abord que ce système les « catégorise ». Par exemple, il classe dans une seule « unité » le groupe des situations apparaissant lors de la naissance, dans d'autres unités celles survenant respectivement lors de la mort, du travail professionnel, de la rencontre entre sexes différents, entre générations, entre statuts-rôles de toute sorte, etc. : ces catégories pouvant se réduire, se différencier, se multiplier selon la manière dont les cultures re-dessinent l'environnement, chacune à sa façon. Ainsi, par exemple, les Inuit du grand Nord ne se sont pas construit le même stock d'« unités situationnelles » que les Touareg du désert. D'autre part, ce même système offre à l'individu le sens qu'il convient de donner à de telles unités et la manière de s'y rapporter : c'est la codification.

Par ces deux opérations, qui se font simultanément, s'édifient les « situations-typiques » dont nous avons parlé. Muni de son code culturel, le sujet s'attend à ces situations pourvues des significations elles-mêmes typiques dont il a été équipé, auxquelles il lui suffira d'apporter les corrections secondaires exigées par les circonstances particulières. Ainsi, grâce à cette catégorisation codée déterminée, il a été institué comme pré-adapté au dynamisme social. Dans la mesure où son système culturel est cohérent à l'intérieur de son modèle de départ, il passe d'une situation à l'autre sans surprise et sans à-coup, ce système étant vécu comme le liant des situations affrontées : la culture est le grand facilitateur de la « circulation sociale », ce dont nous nous apercevons bien quand nous passons dans une société où elle nous est tout à fait inconnue.

Pour compléter ce tableau, deux autres avantages sont à signaler :

— D'abord, dans la mesure encore une fois où la formation culturelle est cohérente, les représentations et valeurs où le sujet s'investit dans son rapport à lui-même (aspect ontologique de l'identité) et celles qui lui permettent de s'adapter sans effort à son environnement (aspect pragmatique) sont articulées dans une configuration de sens d'un seul tenant. Par conséquent elles s'accordent entre elles, ce qui réduit au minimum les risques de contradictions et de conflits intra-subjectifs.

— D'autre part, cette configuration de représentations-valeurs étant largement commune aux membres du même groupe culturel, existe entre eux un accord prévalent quant à la manière dont il faut se penser, penser les choses et s'y rapporter. L'identité qu'ils se donnent tend à ne pas se distinguer de celle prescrite, et à se confondre ainsi avec l'identité d'« appartenance » ou de « participation » : ce qui réduit fortement, à leur tour, les risques de conflits inter-subjectifs.

Il reste, comme nous l'avons annoncé, que ce tableau est à relativiser selon le type de structure socio-culturelle. C'est ce point que nous allons aborder maintenant.

CULTURE ET TYPES DE SOCIÉTÉS

Nous nous tiendrons à ce qui est important pour les problèmes qui se posent à nous aujourd'hui : la fracture que les auteurs des différentes sciences humaines s'accordent à situer entre les sociétés qui se sont industrialisées depuis la fin du XVIIIe siècle et celles dites « traditionnelles », dans la mesure où elles étaient demeurées à l'écart de ce mouvement.

CULTURE ET SOCIÉTÉS TRADITIONNELLES

Cette dernière appellation a soulevé de fréquentes protestations : d'une part, parce qu'il devient tous les jours plus difficile de l'appliquer sans réserve à l'un quelconque des groupements sociaux contemporains ; d'autre part parce qu'on lui reproche d'induire des oppositions tranchées et injustifiées avec les sociétés industrielles.

En fait, l'emploi du terme « traditionnel » n'est vraiment légitime que pour les anciennes collectivités, dans la mesure où elles étaient totalement à l'abri de la révolution technique que le monde a connue depuis deux siècles. Confrontées à des changements d'environnement infiniment moins rapides et discontinus qu'aujourd'hui, elles pouvaient continuer longtemps à « répéter » des solutions mises au point dans le passé pour des problèmes qui évoluaient eux-mêmes lentement : d'où, on l'a souvent dit, la valorisation structurelle de l'ancien, de l'âge, à qui étaient attribués la sagesse (impliquant un type de savoir fortement car fonctionnellement lié à la mémoire) et, de ce fait, l'autorité. Aussi ces solutions trouvaient-elles les conditions de stabilité et de temps nécessaires pour se cristalliser en un vaste réseau de traditions constituant le corps de la culture. Celles-ci, valorisées « techniquement » en tant que réponses jugées efficaces aux défis de l'environnement, bénéficiaient de surcroît d'une sacralisation qui leur assurait la vénération pour elles-mêmes.

Ces caractéristiques étaient évidentes pour les deux catégories que nous distinguons dans le type traditionnel. C'est-à-dire, d'une part, les sociétés que nous appelons « simples » (longtemps dites, à travers un évident jugement de valeur ethnocentrique, « primitives » ou « archaïques »), parce que présentant des dimensions relativement réduites, une stratification peu poussée, des sous-groupes peu variés et peu spécialisés. D'autre part les sociétés complexes (par exemple les anciennes sociétés asiatiques, arabo-musulmanes, européennes) auxquelles cette description ne convient pas. Mais ces caractéristiques ne prévalent plus nulle part aujourd'hui sans partage : on peut seulement parler, dans un certain nombre de cas, d'une dominante traditionnelle plus ou moins accusée. Et dans bien d'autres c'est le conflit avec le modèle « industriel », dont il faut suivre l'évolution non seulement au niveau des groupes globalement envisagés, mais selon leurs sous-groupes et les aspects sociaux concernés.

Cette mise au point étant faite, il apparaît que plus les groupes sont traditionnels, plus leurs formations culturelles tendent à présenter certains *caractères typiques* :

1. Le code commun de significations, qui les constitue, a tendance à s'appliquer à une masse toujours plus étendue de signifiés, diminuant d'autant la latitude laissée aux membres du groupe de leur attribuer un sens « libre » et individuel. Il en résulte que ces cultures sont, peut-on dire, saturées en prescriptivité, ce qui se voit à deux caractères : d'une part, leur « hégémonisme », lié au fait que leurs prescriptions tendent à concerner toutes les situations de l'existence ; d'autre part leur « pointillisme », ces prescriptions visant le détail de chaque

situation. Aussi la socialisation, dans la mesure où elle a peu ou pas de significations libres à transmettre, tend-elle à se confondre avec la seule enculturation.

2. Ces formations culturelles se caractérisent par la tendance à ce que nous appellerons l'« allongement des significations » projetées sur les stimuli. Un exemple fera comprendre cette notion. Si nous mangeons quelque chose uniquement pour apaiser une faim subite, cette signification « au ras du physiologique », imposée par l'organisme lui-même, est la plus « courte ». Mais si nous attendons de nous mettre à table pour manger en famille, nous intégrons dans ce sens physiologique une certaine visée de sociabilité qui le reprend et le restructure dans une signification plus éloignée de celle de départ et plus complexe. Et si nous nous nourrissons dans le cadre d'un banquet de fête ou de commémoration quelconque, la signification où s'encastre cette prise d'alimentation progresse dans la complexité et devient encore plus « longue ». Ajoutons que, dans la mesure même où un stimulus (acte, événement, ...) renvoie à un sens qui s'éloigne de sa signification la plus immédiate, nous disons que ce sens devient de plus en plus « symbolique ».

Or, précisément, ce sont les sociétés traditionnelles qui favorisent le plus la « consommation du symbolique » : leurs cultures sont portées à attribuer aux actes les plus quotidiens des significations qui les enracinent au plus loin, dans les profondeurs du Cosmos tels qu'elles l'imaginent. De ce fait, elles les intègrent dans un champ sacralisé où il est ordinairement difficile de distinguer un secteur profane et où, de ce fait, les conduites les plus « techniques » sont volontiers entourées d'une importante ritualisation, voire entièrement ramenées à celle-ci. La méconnaissance de cette dimension symbolique omniprésente est l'une des sources d'erreurs les plus fréquentes de l'Occidental « laïcisé » d'aujourd'hui quand il a affaire à des représentants de ces communautés : car il a tendance à réduire d'emblée la signification des choses au ras de leur sens dit « technique » ou « fonctionnel », mais qui traduit sa représentation propre de la technicité et de la fonctionnalité, nourrie de l'approche particulière, désormais séparée et hyper-développée, inhérente à notre rationalisme.

3. Plus la culture est traditionnelle, plus les sous-ensembles de significations qu'elle contient (par exemple ceux relatifs à la famille, l'éducation des enfants, aux rapports des sexes, des générations, au travail, au loisir, à la mort, ...) tendent à s'articuler de façon cohérente en un sens d'ensemble, systématique et précis. Aussi est-ce là que nous nous approchons le plus du système culturel. Il se présente comme une philosophie de l'existence ordonnée, à forme très généralement religieuse : les contenus religieux particuliers spécifiant diversement ces significations allongées au maximum auxquelles on est porté dans ce type de sociétés.

Ajoutons que ces systèmes ne sont pas perçus comme élaborés par le groupe, ni même comme s'enracinant dans l'humain. Tenus pour l'expression de la Vérité, on leur attribue une origine transcendante.

CULTURE ET SOCIÉTÉS INDUSTRIALISÉES

Les transformations structurelles consécutives à l'industrialisation intensive des sociétés occidentales ont entraîné une profonde transformation de ce type de configuration culturelle. A la base, on assiste à une augmentation très importante de la complexité sociale, aux conséquences multiples :

1. A partir d'une division et d'une spécialisation toujours croissantes d'activités qui ne font que se multiplier, les sous-groupes sociaux se mettent à foisonner, à se différencier beaucoup plus fortement et, surtout, à exister davantage pour eux-mêmes. De ce fait, la nouvelle façon de voir les choses (de les signifier) que chacun d'eux engendre acquiert une force, une singularité qui concurrencent celles du groupe total. D'où — et là est la nouveauté — une intensification et une perceptible *autonomisation des sous-cultures* inhérentes à ces sous-groupes. Ainsi en est-il, par exemple, des sous-cultures des classes sociales ou des classes d'âge, qui deviennent plus autonomes par rapport au système culturel général. Par là, les différences entre les significations liées aux sous-groupes commencent à s'inscrire moins dans le sens

de la complémentarité logique et bien plus dans celui de l'absence de liaison, voire de l'opposition. Songeons, par exemple, aux statuts-rôles et ensembles de représentations-valeurs que les cultures des groupes traditionnels prescrivent aux jeunes et aux adultes comparativement à celles des sociétés industrialisées d'aujourd'hui : les premières leur assignent des différences complémentaires aboutissant à articuler les uns et les autres dans l'harmonie, les secondes les installent dans des distinctions allant jusqu'à l'opposition et au conflit. Et on pourrait multiplier presque indéfiniment la même observation.

Le résultat est d'ordre structurel : à titre de tendance dominante — car c'est ainsi qu'il faut interpréter ces caractérisations — la culture, dans ces nouveaux ensembles sociaux, *cesse d'être le système intégrateur total* pour commencer à devenir ce qui demeure commun aux sous-groupes malgré leurs différences. On pourrait évidemment, en prêtant par principe à tout ensemble culturel une créativité et une plasticité illimitées, prétendre que, même dans ce cas, le système primitif continue à intégrer aussi fortement qu'auparavant tous ces points de vue malgré la force de leurs différences et de leurs oppositions : mais il faudrait prouver qu'il s'agit d'autre chose que d'un simple postulat avancé *a priori*. A notre sens, donc, on assiste à une sorte de retournement qui fait aller la culture, à la limite, vers la formation résiduelle.

De plus, cette réalité commune elle-même devient difficile à repérer. Si l'on essayait, par exemple, de définir le contenu, et plus profondément le modèle et la logique de la culture française d'aujourd'hui comme les ethnologues avaient coutume de le faire pour des communautés d'Afrique ou d'Indiens d'Amérique, on serait fort embarrassé. Ainsi qu'y a-t-il de commun, quant à la manière de signifier son environnement et sa personne, entre un chef d'entreprise catholique intégriste, un os communiste athée, un étudiant de sociologie écologiste, un haut cadre d'une grande société installée à Paris, un petit paysan d'un village qui se meurt en Lozère, etc. ?

Cette remarque ne signifie certes pas qu'il est

impossible de trouver des configurations de représentations-valeurs communes : les auteurs parlent couramment de « familles spirituelles », de « cultures politiques » (comme le clivage droite-gauche qui, depuis 1789, s'articule autour de structures suffisamment stables allant au-delà du politique), socio-professionnelles (« culture ouvrière »), voire de « différentes France » : mais elles délimitent seulement des sous-ensembles aux contours et conditionnements variables et ne peuvent plus être tenues, scientifiquement parlant (nous ne parlons pas des discours lyriques aux visées diverses), pour la culture de la société totale.

Aussi bien, pour repérer ce quelque chose qui serait commun à tous, est-on toujours plus porté à dépasser le plan des représentations et valeurs précises pour le chercher au niveau d'attitudes, voire de « sensibilités » indéterminées. Par là-même, d'ailleurs, on cerne des formations qui ont des chances de dépasser la spécificité nationale pour caractériser des ensembles bien plus vastes, en « Occident » et ailleurs : ainsi en est-il, par exemple, des tendances contemporaines à chercher à dominer l'environnement plutôt que soi-même, contrairement aux anciennes sagesses (attitudes « alloplastiques » l'emportant sur celles « autoplastiques »), de l'approche décidément « consommatrice » et du rejet de l'ascétique, de l'occultation de la mort, de la pérennisation de la jeunesse, santé, beauté, aux dépens de la vieillesse dont on fait comme si elle ne devait jamais venir, etc.

Quoi qu'il en soit, il est impossible de nier la *problématisation de la culture* produite par ce nouveau type de société, ce qui amène à parler en termes de rapports : dans les faits, on suppose qu'il y a culture commune tant que les ressemblances l'emportent sur les différences, ce rapport entre les unes et les autres étant évolutif et alimentant un dynamisme en équilibre instable. Mais il ne s'agit-là que d'une affirmation de principe : on peut tout aussi bien penser que l'unité des sociétés industrialisées contemporaines tendrait à reposer moins sur le partage d'un patrimoine subjectif commun légué par les générations antérieures que sur des conventions relevant de la raison, de la volonté, du projet, de l'engagement, et qu'il serait intéressant de repérer. Autrement dit, les grandes sociétés actuelles se fonderaient plus sur une volonté de demeurer ensemble *avec et malgré les différences* que sur du commun « déjà là », qu'il s'agisse du « contenu » ou de la structure, donné comme un objet.

2. Dans pareil contexte, la culture ne se présente plus comme un système, mais comme un ensemble accueillant à diverses disparités et dont la prescriptivité ne peut évidemment plus être aussi impérieuse. Aussi bien est-elle peu en mesure d'offrir, pour chaque situation typique, un sens univoque, susceptible d'être admis sans hésitation. Par exemple, contrairement à ce qui se passe dans les sociétés traditionnelles, l'individu se trouvera devant plusieurs conceptions, souvent opposées, de l'éducation des enfants, du statut-rôle des époux, de la gestion de la procréation, du rapport à l'autorité, etc. Les codes ont tendance à devenir flous, parce que multivoques.

C'est là, notons-le, une découverte éprouvante pour l'immigré en provenance d'une société à dominante traditionnelle, qui s'attend à ce que, aux valeurs déterminées de sa culture, correspondent des traits tout aussi précis du système étranger, puis découvre l'indétermination intrinsèque de celui-ci, ses points de vue éclatés ou simplement ses silences. D'où la révélation insécurisante des caractères accompagnant la justification des valeurs dans l'univers occidental contemporain : contestée, relative, « courte » et laïcisée, c'est-à-dire se passant de supports transcendants. Ces caractéristiques — nous y reviendrons — obligent au choix par les seules ressources personnelles et augmentent le sentiment, qui peut être pénible pour cet « homme de groupe », de la nécessité de l'individualisation, avec la solitude et les risques qui lui sont liés.

3. Un autre facteur de ce qu'on pourrait appeler la limitation de l'aire culturelle est lié au changement qui, sur la base des transformations technologiques incessantes, acquiert, dans les sociétés industrialisées, une accélération stupéfiante. Celle-ci, toutes choses égales d'ailleurs, est de nature à empêcher la cristallisation des représentations, valeurs, savoir-faire, etc., en traditions,

et à favoriser, au contraire, la *fluence* des mouvements d'opinion, modes, engouements et autres significations collectives « libres », passagères, dont le nombre s'accroît aux dépens de celles du patrimoine culturel. Aussi bien, dans le processus de la socialisation, leur importance augmentera-t-elle au détriment de l'enculturation.

Nous avons dit, cependant, que cet effet se produit « toutes choses égales d'ailleurs ». Car il existe des sociétés industrialisées dotées, semble-t-il, d'une stabilité non négligeable de leurs représentations-valeurs, comme celles de l'Est européen socialiste ou la société japonaise. Il faut, dans ces cas, analyser les facteurs qui viennent neutraliser ce que nous estimons être l'instabilité structurelle des collectivités industrielles.

4. Dans les groupements traditionnels, nous l'avons vu, les systèmes de pensée en vigueur tendent à être monolithiques, sacralisés, non concurrencés, perçus comme s'originant dans le transcendant, définis comme le « vrai », c'est-à-dire le reflet exact du réel dans l'esprit. Dans les sociétés dont nous parlons, cette description peut continuer à s'appliquer à telle structure de représentations-valeurs : ce qui illustre le fait que le type de configuration traditionnelle, même sous sa forme la plus achevée, n'y disparaît pas nécessairement. Que l'on songe, par exemple, à ce qu'on appelle les « intégristes » français, et autres groupes récurrents hors du domaine religieux. Mais elle n'affecte plus que certains sous-ensembles sociaux et ne définit que certaines sous-cultures en vigueur.

D'une façon générale cependant, ces formations d'un seul tenant ont tendance, ici, à se morceler en systèmes beaucoup plus réduits et changeants. Aussi bien, devant ce pluralisme qui s'installe si l'on ne fait rien pour l'en empêcher par ailleurs, la représentation se répand-elle qu'ils sont seulement des points de vue approximatifs sur le réel, renvoyant largement à la subjectivité de ceux qui les ont produits. Ainsi s'accroît l'esprit de relativisme, allant de pair avec les progrès de la désacralisation. Se popularise aussi la notion d'idéologie au sens commun (distinct de celui produit par le marxisme) : non plus, selon l'ancienne conception, une formation mentale où le réel est censé se présenter « en personne » à l'esprit, mais un système d'idées qui « s'approche » du réel et renseigne autant sur le sujet qui pense que sur l'objet pensé.

5. Toutes ces caractéristiques permettent de comprendre l'importante *transformation du vécu culturel* dans ce nouveau contexte.

Dans les sociétés traditionnelles complexes, comme dans celles industrialisées, les individus n'ont jamais affaire à la collectivité dans sa totalité, mais à des sous-groupes qu'ils fréquentent simultanément ou successivement : famille, écoles, pairs, groupes professionnel, de loisir, idéologiques, etc. Mais, dans les premières, les sous-cultures ainsi « fréquentées » ont pour effet dominant de les informer sur et les confirmer dans le système culturel général. Dans les secondes par contre, ces sous-cultures, vu les réels écarts qu'elles présentent avec ce système, aboutissent à occulter celui-ci autant sinon plus qu'à le dévoiler et à le conforter. Aussi bien la culture « d'ensemble » est-elle vécue comme un horizon indéterminé, mal connu, que l'individu est évidemment fort loin de refléter fidèlement dans ses pensées et conduites.

En fait, sa culture réelle va se tirer du réseau des sous-groupes par lesquels il est passé et de ceux qu'il fréquente actuellement, de leur hiérarchie d'importance objective et subjective, de la manière différentielle dont il s'y investit. Et il ne faut surtout pas oublier l'importance des groupes de référence (ceux auxquels le sujet se rattache bien qu'il n'en fasse pas partie), dont on sait qu'ils l'emportent souvent sur les groupes d'appartenance. Enfin, dans cet ensemble qui tendra à induire la configuration culturelle de l'individu dans un sens déterminé, il faut intégrer un dernier facteur, qui n'est pas le moindre : la circulation du sujet à travers sous-groupes et sous-cultures lui donnera la possibilité structurelle d'accéder à la conscience des ensembles de représentations-valeurs qu'ils lui apportent et, donc, de s'en distancer. D'où cet autre pouvoir, dont il usera plus ou moins selon ses paramètres propres, de se livrer à une *manipulation personnelle de la matière culturelle* diversifiée offerte par sa société. Ainsi achèvera de se constituer son vécu concret de cette culture, qui se traduira par une *formule culturelle* variable (ce que W.H. Goodenough appelait le « pool culturel »), permettant de mieux s'approcher de la prévision et de l'explication effectives de ses conduites (ce qui n'est pas possible à partir de la culture « générale » de la société).

Pour finir par une remarque théorique, il apparaît qu'il y a deux niveaux de distinction entre les ensembles culturels : tout en différant par leur contenu, une quantité d'entre eux peuvent se ressembler quant à la structure présentée par leur code, ce qui les fait se grouper dans le même type. Par contre, nous avons montré comment les systèmes traditionnels et industriels ne diffèrent pas seulement par leurs contenus, mais par leur structure ; ce qui a entraîné un changement de type. C'est la transformation du type qui constitue le changement le plus profond. Il correspond à l'avènement de ce que le sociologue canadien J. Simard appelle une nouvelle « matrice de civilisation » (7). Vu les ambiguïtés de ce dernier terme, nous préférons dire, pour notre part, « matrice de culturation ». Celle d'où procèdent les cultures des sociétés industrialisées contemporaines,peut être tenue pour différente de celle d'où émergeaient les systèmes traditionnels.

Il serait important de repérer les causes d'apparition de ces matrices, dont chacune ouvre la voie à une « famille » de cultures semblables par leur structure. Le rapport à l'environnement, renouvelé par un changement profond des techniques et du mode de production ouvrant la voie à un nouveau réordonnancement social, paraît bien être le facteur de base. Adoptant ce point de vue, J. Simard distingue trois matrices : celle des chasseurs-cueilleurs, se déplaçant sur de vastes espaces ; celle des « cités-Etats » dont l'apparition a été rendue possible par les surplus générés par l'agriculture ; celle des sociétés industrialisées telles que nous les connaissons aujourd'hui. On pourra voir une certaine correspondance avec la division en sociétés traditionnelles simples, complexes, et sociétés industrielles.

Dans ce nouvel environnement l'opération identitaire va se modifier sur certains points.

A la base la possibilité, pour le sujet, de prendre distance par rapport à des modèles d'identification devenus divers et d'effectuer sa manipulation propre va lui permettre d'accroître le *coefficient individuel* de son identité aux dépens du caractère d'appartenance. Le *mouvement de différenciation* devient une réalité perceptible, concurremment à celui de « similarisation ». Les psychologues ont beaucoup insisté sur cette dimension différenciatrice, que P. Tap avait appelé l'« identisation » (8) et ont décrit ses modalités concrètes [voir, en particulier, la synthèse de J.P. Codol] (9). Il est clair, cependant, qu'elle ne devient sociologiquement « visible » que dans des contextes socio-culturels déterminés (il est des sociétés où l'enfant qui dit des choses « originales » inquiète son entourage et fait l'objet d'une demande de traitement) et que le couple « identisation-identification » est à relativiser : selon notre propre caractérisation, l'identisation aura d'autant plus de chances de se manifester que, entre les réseaux d'unités de sens émis par les « figures d'autrui » dont nous avons parlé plus haut (individus, groupes particuliers, ensemble social), la distinction (l'ensemble des différences) augmente aux dépens du recoupement (l'ensemble des ressemblances).

En tout cas, la diversification généralisée caractérisant ce nouveau contexte permet à chacun, en principe, de s'y « découper » une séquence plus nettement distincte d'identifications : on voit ainsi que le principal moyen de la différenciation, qui peut aller ici jusqu'à une singularisation poussée, consiste dans une manipulation spécifiée du collectif. C'est en ré-arrangeant celui-ci de façon personnelle qu'habituellement nous nous en distinguons et nous y opposons.

Mais ces mêmes caractéristiques, qui se profilent de façon particulièrement nette dans les sociétés industrialisées, rendent difficile d'une part, contestable de l'autre, l'opération identitaire :

1. Les supports de l'identification (tout ce à quoi les individus sont portés à s'identifier) étant beaucoup moins enserrés dans, et uniformisés par l'ensemble culturel, qui n'arrive plus à maintenir son contrôle sur les différences, on a affaire à une diversification où la cohérence est toujours problématique : ce qui rend effectives les chances de la division et en multiplie les occasions. Or en même temps, la société devenant défaillante, il appartient au sujet d'inventer largement la structure de sens permettant de faire échec à cette conversion de la diversité en division, celle-ci pouvant aller jusqu'à la contradiction. Pour l'individu ainsi laissé beaucoup plus à lui-même, l'opération est difficile et l'unité obtenue plus fragile, car moins étayée par la confirmation sociale.

2. Mais même si une plus grande marge de liberté est laissée à l'individu, il lui faudra encore tenir compte d'un bon nombre d'injonctions à s'aligner sur les attentes d'autrui : c'est spécialement le cas pour les rôles et statuts qu'il lui est demandé d'assumer. Mais, étant donné que ses représentations et valeurs deviennent plus autonomes, elles se trouveront plus fréquemment non conformes à celles que la société met à la base de la définition de ces statuts et rôles. D'où, pour l'individu, la multiplication des cas de non-adhésion intérieure à ce qui lui est demandé, accompagnée d'un accord apparent au niveau des conduites (ce qu'on appelle la « conformisation »). Ainsi, derrière les rôles assumés, on a des chances de moins trouver le sujet lui-même, avec ses représentations propres, et beaucoup plus le « personnage » : d'où le passage à l'« identité masque » (à moins de révolte).

Dans ces cas l'opération identitaire, au lieu de satisfaire à la fonction d'expression de soi, assume la fonction opposée d'occultation de soi. L'identité comme *opération d'altération* se développe au détriment de celle comme *opération d'authentification*. Et, en fin de compte, l'écart a des chances de se creuser à la charnière du processus identitaire, entre la fonction ontologique et la fonction pragmatique (celle par laquelle on s'ajuste à autrui), ouvrant la voie aux conflits intra-subjectifs.

3. Enfin c'est dans ce contexte que, le sujet acquérant de quoi juger ce qui lui vient du social et de la culture, il se

trouve en mesure de refuser la place que le groupe lui assigne dans son ordonnancement et l'identité qu'il lui prescrit à cette fin. Aussi est-ce dans les sociétés industrialisées que sont apparus les mouvements de contestation culturelle dont nous avons parlé, venant des classes sociales, des femmes et autres sous-groupes. D'où un type d'arguments supplémentaire pour rompre le consensus autour des représentations et valeurs présentées par la culture : ce qui va alimenter une masse de conflits inter-subjectifs parallèlement à celle des conflits intra-subjectifs dont nous avons vu plus haut l'origine.

Bien entendu on ne saurait avancer que les difficultés identitaires sont inconnues dans les groupements traditionnels, dans la mesure où, spécialement quand ils deviennent complexes, la cohérence du corps social et du système culturel n'est pas parfaite. Mais c'est dans les sociétés industrialisées, au moins celles dites occidentales (certains facteurs spéciaux, qu'il n'y a pas lieu d'analyser ici, intervenant dans les autres), que l'opération identitaire est susceptible de devenir une conduite de « haute tension », accompagnée de crises. C'est pour cela qu'on s'est mis à en parler tellement.

APERÇU SUR LES RÉACTIONS ET STRATÉGIES DANS DES SITUATIONS DE CONFLITS CULTURELS

Toutes ces difficultés provoquent des réactions. Parmi celles-ci, certaines sont perçues par les observateurs comme visant, souvent inconsciemment, à éliminer les conflits ou à les gérer au mieux : on les appelle maintenant « stratégies », même si ce terme prête à discussion.

Conflits, réactions et stratégies se développent, bien entendu, en contexte industriel, mais aussi, de façon privilégiée, dans les sociétés contemporaines dites du « Tiers-Monde ». En effet, les problèmes identitaires engendrés par une industrialisation commençante y sont compliqués par ceux dus aux contacts intenses entre des modèles culturels différents et souvent opposés : tels ceux autochtones et ceux des pays occidentaux. Nous allons essayer de donner une idée de ce qui s'y passe d'essentiel, de ce point de vue, à partir d'observations faites au Maghreb, dans quelques pays d'Afrique Centrale, chez les communautés correspondantes d'immigrés en France, et qu'il est possible d'extrapoler dans une mesure variable à d'autres sociétés et d'autres groupes d'immigrés.

LES STRATÉGIES D'ÉVITEMENT DES CONFLITS PAR LA « COHÉRENCE SIMPLE »

A. La survalorisation de la dimension ontologique

A un bout se distinguent les « *conservateurs* », fortement attachés à la préservation du code traditionnel, refusant complètement ou le plus possible de l'adapter au nouvel environnement, ce qui impliquerait la prise en considération variable des représentations et valeurs nouvelles. Dans notre langage, nous dirons qu'ils *privilégient l'« ontologique » aux dépens du « pragmatique »*. La chose est nette chez les plus intransigeants (souvent appelés « intégristes »), qui résolvent le problème de l'opposition entre les deux codes de la façon la plus simple : en occultant l'un des termes de la contradiction perçue, ce que nous appelons la « cohérence simple ».

Ainsi ils se trouvent en accord avec eux-mêmes. Mais, outre les difficiles situations d'inadaptation où ils se mettent, ils occasionnent souvent bien des troubles dans leur entourage. Ils prétendent en effet projeter l'ancien système dans des situations non appropriées, qui sont parfois même l'inverse de ce qu'elles étaient traditionnellement : par exemple quand des anciens, vivant en ville aux dépens d'un jeune ménage, prétendent régenter les consciences comme au temps où la grande famille était l'agent directeur du point de vue économique. Ils engendrent alors soit la dépendance fâcheuse (il est arrivé qu'on attende leur décès pour mettre les filles à l'école), soit la « conduite du masque » de la part des autres, soit le conflit ouvert (par exemple, prescriptions éducatives opposées administrées aux enfants).

Le fort conservatisme peut cependant consentir à un « minimum pragmatique ». Exemple : on accepte de sacrifier à la modernité en permettant la poursuite des études de la fille, parce qu'on juge cela avantageux. Mais on y met fin à l'obtention de tel diplôme, ou parce qu'on estime que le moment est venu de la marier. Et pour ce faire on la soumet à une sorte de « cure de retraditionalisation ». Ainsi on a limité le plus possible le détour par le système opposé, on a essayé de minimiser cette infraction autant que faire se peut. Autre exemple de cette démarche : on autorise la femme à travailler, mais on prétend contrôler ses déplacements, ses horaires, ses relations avec les collègues masculins, etc. Il y a donc extraction d'un élément moderniste (le travail féminin) d'un ensemble dont il fait partie, mais sans accepter les autres éléments lui permettant de fonctionner normalement : le nouveau code fait l'objet d'une application sélective dysfonctionnelle afin de répondre, encore, à ce souci de limiter le détour par l'autre système. Ces pratiques, qui assurent un maximum d'unité identitaire à leurs auteurs, sont, si l'on en croit les enquêtes, parmi celles qui provoquent le plus de troubles, de souffrances et d'oppositions dans l'entourage. C'est pourquoi nous les disons dysfonctionnelles.

B. La survalorisation de la dimension pragmatique

A l'opposé, et placés symétriquement au bout de cet axe allant de l'ontologique au pragmatique, nous trouvons les sujets qui *mettent avant toutes choses l'adaptation à l'environnement.* Il y a le cas, au moins théorique, de ceux que la morale commune tiendrait pour des « *opportunistes* » absolus, déréalisant complètement les valeurs dans lesquelles ils pourraient s'investir, et se donnant une « fluidité identitaire » totale pour atteindre leur objectif. Cette attitude implique, évidemment, que l'on soit indifférent à la systématisation de son moi, contrairement à ceux qui maximisent l'aspect ontologique de l'identité.

On pourrait être tenté de ranger dans cette catégorie la massive cohorte des individus qui pratiquent la politique d'« *alternance des codes* » selon les situations et les interlocuteurs (ce que R. Bastide appelait le « principe de coupure »). Par exemple ils se réfèrent au système traditionnel avec les parents, les gens âgés, à la maison, et au système moderniste dans le contexte professionnel, à l'école, avec les jeunes du quartier dans les groupes immigrés-nationaux, avec les étrangers, etc. (« identités de rechange »). Ces sujets seraient-ils donc identitairement le « rien » qui leur permettrait d'être « tout », selon les circonstances ?

En fait, si cet opportunisme total n'est pas à exclure pour certains, il est impossible de le généraliser aux millions d'individus qui pratiquent cette stratégie. On s'en rendrait compte, sans doute (car nous ne connaissons pas d'études de cas sur ces sujets), si l'on observait leurs réactions lorsqu'ils sont réellement impliqués. Ainsi un sujet peut aisément, si sa morale n'est pas intransigeante, acquiescer indifféremment à la conception traditionnelle ou moderniste du mariage, du statut-rôle du conjoint, selon son interlocuteur du moment. Mais qu'en sera-t-il lorsqu'il aura effectivement à se marier ? C'est là qu'on verra à quoi il s'identifie réellement. Il y a donc un certain nombre de situations de ce genre qui permettront de cerner le code où, mis à part les opportunistes parfaits, tous ces individus s'investissent. On reconnaît là une stratégie : limiter le nombre d'occurrences où l'on se fait un devoir de se montrer tel qu'on est, de façon à agir en toute liberté ailleurs. Peu importe que ces autres occurrences (celles où l'on pratique l'alternance) fassent apparaître des conduites contradictoires, puisqu'on s'estime non concerné par elles. On voit bien, par cet exemple, comment la contradiction objective peut être désamorcée subjectivement par une conduite appropriée. Et plus on sera porté à privilégier l'adaptation à l'environnement, c'est-à-dire l'aspect pragmatique de l'identité, plus on limitera les cas où l'on s'investit. En situation de morcellement culturel cette parade a des chances de s'étendre fortement, car elle est particulièrement fonctionnelle.

Signalons une autre conduite où apparaît encore la tendance du sujet à faire prévaloir le pragmatique sur l'ontologique. Il s'agit du cas, que nous avons rencontré chez des immigrés, où l'on ne décide pas du choix des représentations et valeurs d'un code en fonction de l'attraction ou de la répulsion éprouvées pour celles-ci. Mais on raisonne sur les avantages et inconvénients comparés des sociétés d'origine et de résidence puis, *le choix étant fait pour des raisons pratiques, on se met à privilégier le système culturel du groupe choisi en fonction de ces raisons,* car il aidera à s'installer dans ce groupe. D'autres immigrés, par contre, n'arrivent pas à subordonner ainsi entièrement, ou même partiellement, l'ontologique au pragmatique : ils mettent en avant des raisons de « dignité », ou de « ne pas trahir ». Cette dernière motivation pèse d'un poids très important. Bien des sujets, parmi lesquels beaucoup de jeunes, seraient amenés à s'éloigner de leur communauté en fonction de leur évolution personnelle. Mais, comme nous le verrons à la fin de ce livre, certaines caractéristiques de la relation des ethnies défavorisées avec les sociétés d'accueil intensifient considérablement, chez ces individus, leur solidarité symbolique avec cette communauté et leur volonté de la faire apparaître dans leurs prises de position identitaires.

LES STRATÉGIES D'ÉVITEMENT DES CONFLITS PAR LA « COHÉRENCE COMPLEXE »

Dans la catégorie précédente, consacrée aux positions extrêmes, nous avons déjà été amené à évoquer le cas de ceux qui ne s'y tiennent pas tout à fait et sont portés, les uns à ménager un « minimum pragmatique », les autres un « minimum ontologique », en liaison avec leur prise de position principale.

Dans cette seconde rubrique nous présentons des cas où l'on s'efforce d'articuler des représentations et valeurs des deux codes principaux en présence : ce qui correspond, en gros, au souci de construire des formations permettant de s'y investir (souci ontologique) et, en même temps, de s'adapter aux temps présents (souci pragmatique). Par là-même apparaît une autre attitude vis-à-vis de la contradiction : le désir de la résoudre ou de la modérer en tenant compte des deux termes en opposition. Ainsi s'affirme l'effort de « cohérence complexe », différente de la cohérence simple, par réduction, majoritairement à l'œuvre précédemment. Mais l'observation permet de distinguer des niveaux dans la manière d'articuler ces termes :

A. Les liaisons non logiques

A un premier niveau il est question de liaisons indifférentes à la logique dite rationnelle. Les sujets élaborent des formations qui apparaissent comme des « débrouillages » leur permettant d'éliminer ou de modérer la contradiction, donc le conflit, pour eux-mêmes et non pas « en elle-même », c'est-à-dire en fait pour l'observateur se posant comme « rationnel ». En termes purement psychologiques on peut parler de logiques « subjectives », comme lorsqu'on évoque la « logique affective ».

Ces configurations sont de toute sorte, et la liste n'en est pas close. En voici seulement quelques-unes qui nous ont paru typiques :

— La plus frappante est celle de manipulation des systèmes en vue de la « *maximisation des avantages* ». Le sujet prend dans l'un et l'autre, simultanément ou successivement, ce qui lui apporte le plus de gratifications sur différents plans, et laissant de côté ce qui le défavorise. C'est l'un des effets de l'émergence nouvelle de l'individu qui, largement débarrassé du contrôle du groupe traditionnel dans des habitats nouveaux et plus ou moins destructurés, réinterprète les anciennes prescriptions à sa façon : ici dans le sens de ses intérêts personnels, alors que l'ancien code le soumettait à la communauté.

Cette conduite aboutit à nombre de conflits avec le proche entourage, qui se plaint d'« abus » caractérisés : par exemple, quand il est époux et chef de famille, l'homme sélectionne les avantages de son statut et laisse tomber les devoirs traditionnellement attachés à son rôle : il se met à chercher dans sa culture des « facilités ». Ou bien des jeunes sont « modernistes » pendant l'adolescence pour alléger les contraintes que le système patriarcal impose à cet âge et choisir le conjoint, puis le garçon ré-emprunte l'ancien code quand il devient époux ou père, la fille quand elle devient belle-mère, pour récupérer les prérogatives traditionnelles liées à ces statuts.

C'est pourquoi nous considérons cette « *manipulation égocentrique* » *des codes* comme aboutissant à une réinterprétation corruptrice.

— Proche de cette conduite est celle qui consiste à accepter le changement de représentations et valeurs, à *consentir les infractions au traditionnel, mais au bénéfice des garçons* et pas des filles. Ainsi, au sein même du passage à la « modernité », s'applique le modèle sexuel inégalitaire inscrit dans la culture d'origine. Il serait cependant réducteur, croyons-nous, d'attribuer cette réaction uniquement à l'égocentrisme masculin. Car c'est une caractéristique structurelle des cultures patriarcales arabo-musulmanes (et d'autres) que d'instituer la femme dans la fonction d'expression de leurs valeurs centrales (on l'a bien noté en période de colonisation).

Au niveau de l'évolution culturelle, signalons-le au passage, la conduite que nous rapportons indiquerait alors une sorte d'hésitation fondamentale. On veut bien contrevenir à l'ancien système, mais à condition d'être rassuré sur son maintien par les membres du groupe « spécialisés » dans ce rôle : les femmes, qui assument ainsi une fonction de sécurisation structurelle, et dont la fidélité au patrimoine serait perçue comme la contrepartie, la garantie de l'innocuité de la mobilité culturelle des hommes. Cette conduite, cependant, diminue l'efficacité pratique de la culture et contribue à la faire passer à un autre stade : celui où elle permet avant tout aux sujets de s'éprouver comme affiliés au même groupe autour de représentations-valeurs fonctionnant comme un système de signes de reconnaissance. Sa fonction expressive et symbolique se renforce aux dépens de sa fonction normative et pratique.

D'autre part cette permissivité accordée sélectivement aux hommes enlève sa force à la logique du système patriarcal, dans lequel les contraintes imposées aux filles étaient perçues comme corrélatives d'une structure d'obligations spécifiques (et pas faciles à honorer dans l'ancien contexte) s'adressant aux garçons. Dans la mesure où celles-ci s'estompent, les femmes se mettent à éprouver leurs propres contraintes comme illégitimes et donc frustrantes : ce que les observations actuelles confirment abondamment.

B. Les efforts de mise en liaison logique

A un second niveau, se manifestent des liaisons où apparaît le souci de la logique rationnelle. Nous n'aurons plus ici affaire à ces individus qui, par leurs divers « débrouillages », se contentent de satisfaire, sans culpabilisation aucune, les exigences de leur subjectivité (en reprenant le vocabulaire des psychanalystes, on pourrait dire qu'ils font primer le principe du plaisir sur celui de réalité), aboutissant à des *constructions culturelles et identitaires « syncrétiques »*.

Ceux dont nous allons parler, pour intégrer des éléments nouveaux dans les anciennes structures, ont besoin de justifications qui s'imposent à autrui comme à eux-mêmes : d'où la recherche d'arguments et d'articulations logiques, visant au moins implicitement à aboutir à des *formations culturelles et identitaires « synthétiques »*.

Voici, rapidement caractérisées, ce qui nous a paru être leurs principales « stratégies » :

— La « *réappropriation* » : le trait que l'on croit étranger est déclaré se trouver déjà dans le patrimoine originel, mais on l'avait occulté. On ne sort donc pas de sa culture en l'adoptant.

— La « *dissociation* », aux formes diverses. Par exemple on évite le conflit entre les adhésions à une valeur ancienne et une valeur nouvelle en dissociant leurs cibles : ainsi, critiquer l'antique éducation dispensée par les parents au nom de la science moderne ne nuit en rien au respect traditionnel qu'on leur doit ; car celui-ci porte sur leur personne, tandis que la critique s'adresse à des conduites dont ils n'étaient pas responsables.

— L'« *articulation organique des contraintes* », d'après laquelle non seulement telle nouvelle conduite apparemment antithétique n'est pas opposée à une ancienne représentation, mais elle s'en tire logiquement : on est ainsi amené à tirer le nouveau du traditionnel et inversement. Exemple : c'est pour que la femme réalise encore mieux ses rôles traditionnels d'épouse et de mère qu'il faut l'instruire. On vise à une articulation logique entre les items contraires, qui représente la vraie synthèse.

— Les *manipulations de la liaison entre la représentation-valeur à laquelle on déclare adhérer et sa mise en pratique.* Elles aussi sont diverses. On en distinguera deux grandes formes :

Celles qui aboutissent à surseoir à son application dans les faits. Par exemple on dit accepter le principe de l'égalité des sexes, mais on fait état de diverses raisons qui le font juger inapplicable dans l'état actuel des choses.

Celles qui amènent à l'appliquer autrement qu'il ne l'a été dans le passé. Par exemple on réaffirmera très largement, chez les jeunes maghrébins, les valeurs fondamentales de respect des parents, d'honneur familial, de croyance religieuse, mais on prétendra les dégager des anciens préceptes rigides de leur mise en pratique afin d'adapter celle-ci aux temps présents. Ce faisant on estime non seulement ne pas trahir, mais progresser dans la fidélité au système originel, puisqu'on restaure ses valeurs dans leur esprit au lieu de rester emprisonné dans la lettre.

LES STRATÉGIES DE MODÉRATION DES CONFLITS DE VALEUR

Toutes ces conduites visent à éviter le conflit en désarmorçant la contradiction. Lorsque ce n'est pas possible, qu'on est forcé d'assumer celle-ci, beaucoup essaient au moins de la modérer. La plupart des procédés qu'il nous a été donné d'observer nous paraissent obéir à une logique commune : *« déréaliser » le plus possible ceux des items antithétiques qu'on supporte le moins.* Cela peut se faire de diverses façons. Par exemple :

— En *s'investissant différemment dans les valeurs contradictoires,* ce qui aboutit à les pondérer selon une échelle hiérarchique. Ainsi, vivre dans une famille conservatrice avec des idées modernistes sur une foule de points devrait y rendre la vie insupportable. Mais ce n'était nullement le cas pour des majorités de jeunes Tunisiens saisis par nos enquêtes et qui se trouvaient dans cette situation. Car ils proclamaient mettre au-dessus de toutes leurs représentations nouvelles les valeurs traditionnelles de communion et de solidarité familiales.

— En *limitant diversement l'item perçu comme pénible.* La limite temporelle est fort répandue : par exemple, on acceptera que l'épouse travaille à l'extérieur, mais seulement pendant les premiers temps du mariage afin d'équiper le ménage. Ou bien on rétrécira l'aire d'application de la valeur, ancienne ou nouvelle : on continuera à recevoir, héberger, aider sans restriction aucune la famille, mais uniquement pour ce qui concerne la parenté directe.

Toutes ces conduites, dont ce tableau n'est évidemment pas exhaustif, parviennent apparemment à prévenir, dénouer ou diminuer les conflits internes à l'individu en situation hétéro-culturelle. Un premier grand enseignement peut en être dégagé : si les produits dissonants du changement, les contradictions objectives entre codes culturels peuvent être neutralisés au niveau subjectif, c'est grâce à *la propriété ordinaire de la fonction identitaire,* qui est d'articuler le nouveau à l'ancien, de ramener le divisé à l'unité. En situation d'acculturation, il apparaît simplement que cette propriété est particulièrement sollicitée et activée.

D'autre part, deux grandes remarques peuvent être faites à propos de ces conduites :

• La première est que certaines d'entre elles — nous l'avons signalé au passage — augmentent les troubles au sein des rapports sociaux, troquant les difficultés internes contre des conflits inter-subjectifs. De nombreuses autres, au contraire, sont de nature à les améliorer, de par la logique qui les anime : amenant à se modeler sur la position de l'interlocuteur (comme l'alternance des codes), ou soucieuse d'établir un lien argumenté entre l'ancien et le nouveau, elles doivent objectivement aboutir à ménager les partisans de l'un comme de l'autre et à éviter ainsi avec eux le choc frontal.

Mais ce n'est évidemment là qu'un principe, à moduler selon les situations et la personnalité de ceux à qui l'on a affaire. Comme l'enquête le montre, beaucoup de conservateurs décidés n'admettent que l'alignement sans faille sur la tradition, et sont donc insensibles à ces « *processus de modération* ». D'autres sujets, par contre, en viennent à des compromis variés obéissant, par exemple, à la « *manipulation symbolique* » : des parents fermeront les yeux sur les écarts des enfants (les garçons de préférence) à condition que ceux-ci fassent au moins semblant de respecter certaines obligations que les premiers vivent comme des *traits symboliques*, les signes minimaux d'un système qu'ils ne peuvent plus sauvegarder dans son entier. Nombreux sont ainsi les « *contrats de coexistence* » qui, se négociant de façon le plus souvent tacite (il importe de ne pas *dire* les infractions au système), amènent la paix dans les familles.

• Seconde remarque : il faut constater que des proportions variables de sujets ne paraissent pas en mesure, contrairement aux autres, d'écarter les conflits internes venant des oppositions des codes culturels et se trouvent ainsi en proie à des crises identitaires plus ou moins importantes. Ce qui signifie que ces stratégies que nous avons présentées ne sont pas possibles ou ne réussissent pas pour tous. D'où cela vient-il ?

Sans prétendre traiter cette question complexe, il paraît évident que cela dépend majoritairement, sinon entièrement, de divers paramètres de la personnalité, dont nous avons fait apercevoir quelques-uns au passage :

— *La sensibilité différentielle à l'ontologique et au pragmatique,* qui dépend certainement de structurations profondes de la personnalité sur lesquelles la psychologie ne fait que balbutier : pourquoi certains n'hésitent-ils pas à se faire emprisonner, voire à perdre la vie pour « garder leurs idées », tandis que d'autres considèrent cette attitude comme une folie ?

— Le *degré d'exigence en ce qui concerne le type de cohérence recherché :* depuis la cohérence pauvre, obtenue par réduction de la complexité du réel, élimination de ce qui fait problème, jusqu'à celle qui présente les caractéristiques contraires.

— Le *degré d'aspiration à la systématisation de la personnalité :* de ceux qui visent à être « tout d'une pièce », à intégrer la totalité de leurs représentations et valeurs dans un seul système, à ceux qui se suffisent d'un noyau cohérent constitué à partir de ce qui leur tient à cœur, ce dans quoi ils s'investissent, et entouré de sous-ensembles de représentations, d'opinions, formés au hasard des circonstances et « flottant » autour de lui.

— Le *degré d'exigence sur la nature du lien qui est à la base des assemblages identitaires :* depuis les sujets qui se contentent de les effectuer, ou les laisser s'effectuer, sous la pression de leurs motivations subjectives exprimant leur champ pulsionnel, jusqu'à ceux qui tiennent à les ordonner selon les impératifs d'une logique rationnelle qui les fasse accéder à l'« objectivité ».

— Enfin, courant à travers ces paramètres tout autant qu'elle s'en distingue, la *sensibilité différentielle aux exigences morales* ambiantes et personnelles, et donc à la culpabilisation : elle amène les uns à s'interdire certains principes de constitution des formations culturelles et identitaires qui leur paraîtront abusifs (par exemple la maximisation des avantages personnels, l'alternance des codes poussée au-delà d'un certain seuil), pendant que d'autres n'y verront que peu ou pas d'inconvénients de cet ordre.

Ainsi l'unité des formations hétéro-culturelles, assumées au sein de structures identitaires construites « sur mesure », dépend moins des caractéristiques intrinsèques des systèmes en présence, lesquels ne font que *proposer* les difficultés objectives, que de celles de la personnalité qui s'en empare. Celles-ci commandent *la plasticité et la créativité identitaires* des individus, dont dépendent ces structures.

En fin de compte, beaucoup plus que les situations typiques moyennes des sociétés occidentales, sur lesquelles s'est jusqu'ici bâtie notre psychologie indûment tenue pour « générale », celles contemporaines de contacts culturels intenses et variés, auxquelles nous devons les propositions d'une quantité de problèmes inédits, sont en train de révéler des combinaisons inattendues qu'il serait imprudent d'enfermer à l'avance à l'intérieur de quelconques limites. Bousculant nos a priori, elles feront sans doute pression pour le renouvellement à long terme de la psychologie, spécialement de la théorie de la personnalité, sur la base de ces situations d'hétérogénéité multiforme dont la prolifération est annoncée par les nouveaux rapports inter et intra-sociaux.

NOTES ET RÉFÉRENCES

(1) Kroeber A.L. ; Kluckhohn C. (1952) *Culture : a critical review of concepts and definitions*, USA, Cambridge, Peabody Museum of Archaeology and Ethnology.

Cf. également :

Stoetzel J. (1963), *La psychologie sociale*, Paris, Flammarion.

Camilleri C. (1985), *Anthropologie culturelle et éducation*, Paris, UNESCO ; Lausanne, Delachaux et Niestlé.

(2) Cf. Clapier-Valladon S. (1976), *Panorama du culturalisme*, Paris, Epi.

(3) Cf. Herzlich C. (1970), *Médecine, maladie et société*, Paris-La Haye, Mouton.

(4) Cf. Rabain J. (1979), *L'enfant du lignage : du sevrage à la classe d'âge chez les Wolof du Sénégal*, Paris, Payot.

(5) Cf. Camilleri C. (1973), *Jeunesse, famille et développement*, Paris, Ed. du CNRS.

(6) Cf. Bourdieu P. (1966). « L'école conservatrice. Les inégalités devant l'école et devant la culture », *Revue Française de Sociologie*, VII, Paris, et Bernstein B. (1975), *Langage et classes sociales*, Paris, Ed. de Minuit.

(7) Simard J.J. (1988), « La révolution pluraliste : une mutation du rapport de l'homme au monde », in *Pluralisme et Ecole*, sous la dir. de F. Ouellet, Québec, Institut québécois de recherche sur la culture.

(8) Tap P. (1980), Introduction à *Identité collective et changements sociaux*, sous la dir. de P. Tap, Toulouse, Privat.

(9) Codol J.P. (1979), *Semblables et différents. Recherches sur la quête de la similitude et de la différenciation sociale*, thèse d'Etat, Université de Paris V.

DEUXIÈME PARTIE

LES DIFFÉRENCES CULTURELLES AU QUOTIDIEN : PRATIQUES PROFESSIONNELLES EN FRANCE

TRAVAILLEURS SOCIAUX ET MIGRANTS
LA RECONNAISSANCE IDENTITAIRE DANS LE PROCESSUS D'AIDE

Margalit Cohen-Emerique

DIFFICULTÉS DE COMMUNICATION ET DE COMPRÉHENSION

Les travailleurs sociaux intervenant auprès des populations migrantes se heurtent à divers problèmes : d'une part, ils rencontrent des difficultés de communication avec cette catégorie de clients qui, non seulement maîtrisent mal ou pas du tout la langue française, mais aussi ont une façon d'entrer en contact si différente de la nôtre. Souvent c'est dès le premier entretien qu'ils sont frappés par l'inhabituel, l'étrange, la différence qui choque, le mode relationnel autre, et se sentent mal à l'aise : comme cette assistante sociale recevant une famille vietnamienne au complet, assise devant elle et souriant, attendant sans expliquer la raison de sa visite ; il ne lui tardait qu'une chose : qu'ils partent parce qu'elle ne pouvait pas communiquer avec eux.

D'autre part, ils se posent de nombreuses questions quant à leurs capacités de comprendre les demandes et d'évaluer les difficultés de cette population, prenant conscience du fait qu'ils ont pu faire dans le passé des erreurs à l'origine d'actions inadéquates, d'autant plus fâcheuses qu'ils étaient intervenus pour apporter une aide. Ainsi par exemple : des interventions socio-éducatives pas toujours mûrement réfléchies pour soutenir la révolte d'une adolescente maghrébine contre l'oppression de son milieu familial en la plaçant dans un foyer, rupture qui a rarement les effets escomptés d'autonomisation et d'indépendance ; ou des placements de longue durée pour des nourrissons dans des services de pédiatrie d'abord, puis dans des pouponnières et des familles d'accueil pour des raisons de santé. Ces placements s'avèrent en grande partie injustifiés, pouvant entraîner des troubles psychiques chez l'enfant et un relâchement des liens familiaux à son égard (1) ; ou encore une action socio-éducative, sans négociation et implication du père, considéré comme « démissionnaire » : action qui renforce la situation d'anomie familiale alors qu'il faudrait tenter de la dépasser, tout au moins dans le cadre de son intervention.

Les travailleurs sociaux attribuent généralement ces difficultés à leur méconnaissance des cultures dont sont originaires leurs clients, méconnaissance qui ne leur permet pas de prendre en compte dans leur évaluation tous les éléments constitutifs des situations dans lesquelles prennent forme et sens l'existence des personnes dans leurs rôles et statuts. En effet ils constatent que l'étranger, lorsqu'il arrive dans le pays d'accueil, est lourd d'une culture qui non seulement modèle les représentations de ses rôles familiaux et donne les règles qui balisent sa sociabilité, mais aussi marque sa sensibilité, son rapport au corps, à l'espace, au temps, ... ; elle est profondément ancrée en lui sous forme d'attitudes, de manières d'être, de croyances, de valeurs et cela même s'il en récuse l'importance.

Aussi les travailleurs sociaux jugent-ils bon de s'informer sur les spécificités culturelles des communautés de migrants qu'ils accueillent. Certains vont même jusqu'à étudier les langues d'origine (l'arabe en particulier).

IMPORTANCE DE LA CONNAISSANCE DE LA CULTURE D'ORIGINE

On ne peut qu'encourager cette démarche de connaissance, cet effort de compréhension et de façon générale toute curiosité d'ordre ethnologique et anthropologique qui donne une ouverture sur le monde et revitalise ses façons de voir et de faire.

Trop souvent encore, comme nous l'avons constaté dans les stages de formation, on ne va pas chercher l'information, même si l'on soupçonne l'origine culturelle de certaines conduites, attitudes et coutumes. Comme cette équipe de prévention devant le cas d'une famille marocaine qui avait donné une de ses filles à élever par des collatéraux : elle se demandait pendant des mois sans se documenter, ni poser la question aux intéressés, s'il s'agissait d'un comportement culturel ou d'un rejet des parents vis-à-vis de l'enfant, alors que pour d'autres domaines de la vie du couple, ces praticiens développaient une grande curiosité.

Et pourtant un des premiers informateurs peut être souvent le migrant lui-même. L'intérêt qu'on porte à sa culture, à son pays, à son village, à sa coutume, aux objets et à l'iconographie de sa maison ne lui est pas indifférent. Bien au contraire, il lui va droit au cœur, et le lui manifester a sans doute à ses yeux autant de prix qu'une aide concrète. On y gagne non seulement une confiance plus authentique et plus approfondie, mais aussi une relation plus symétrique où le migrant n'est plus seulement celui qui reçoit mais celui qui apporte quelque chose en faisant connaître et reconnaître sa culture qui forme la trame de son identité sociale. Et même s'il ignore le sens de ses coutumes, même s'il ne répond que dans un langage pauvre : « cela se fait ainsi chez nous », ce qu'il exprime au travailleur social c'est une partie de lui-même, de ses habitudes, de ses traditions avec toute la résonance affective qu'elles ont pour lui. Il affirme son enracinement, son histoire et, au-delà de l'anecdote et des événements de sa vie, sa mémoire inscrite dans une dimension collective, historique, symbolique dans laquelle il puise sentiment d'appartenance, estime de soi et dignité.

Et si le migrant ne peut ou ne veut s'exprimer, il se trouvera toujours un informateur dans son entourage ou auprès d'associations qui apportera des éclaircissements.

Bref, c'est son identité que le travailleur social lui permet de présenter, de mettre en scène en s'informant auprès de lui, en s'intéressant à lui. C'est dans ce sens qu'il faut comprendre les invitations à des repas ou à des fêtes, les cadeaux, si souvent source d'étonnement et de malaise par les professionnels (2). Le migrant, en effectuant un don en échange d'un service ou d'une aide, retrouve estime de soi, dignité et autorité ; le professionnel en acceptant ce don, respecte un autre code culturel d'échange social qui s'inscrit au plus profond de l'affectivité de la personne du migrant et lui reconnaît sa dimension sociale en tant qu'être de valeur et de sens.

Cette reconnaissance de la personne dans toutes ses dimensions : psychologique, culturelle, sociale et historique, est fondamentale dans le processus d'aide. Elle sera développée plus loin.

INSUFFISANCE ET PIÈGES DE LA NOTION DE CULTURE D'ORIGINE

Mais ramener les difficultés de communication et de compréhension à un manque de connaissance des spécificités culturelles nous paraît insuffisant et à la limite un leurre, pour trois raisons :

IDENTITÉ CULTURELLE, NOTION COMPLEXE

La culture d'origine est une notion trop large et, de là, réductrice si elle n'est pas différenciée en fonction de multiples appartenances qui caractérisent les personnes et les groupes : appartenance à une nation, une ethnie, une région, une religion, à un milieu rural ou urbain, à un groupe majoritaire ou minoritaire déjà dans le pays d'origine. Ainsi, un réfugié H'MONG des hauts plateaux du Vietnam ne peut être confondu avec un Vietnamien d'origine chinoise et citadine ; ou un Algérien kabyle musulman ne peut être perçu comme un Algérien arabe, ceux-ci se différenciant à leur tour d'un Français musulman. Quoiqu'ils partagent des caractéristiques communes d'appartenance à l'Algérie, l'islam, le Maghreb, leurs ethnies, l'histoire très ancienne ou au contraire très récente de leur groupe, leur situation politique par rapport au pays d'accueil et au pays d'origine, tout cela introduit des différences importantes dans leur identité culturelle, qui devront être prises en compte lorsqu'on se réfère au concept de culture d'origine.

Ne pas oublier que l'individu n'est jamais passif dans son appropriation de la culture. En fonction de multiples facteurs, il manipule, hiérarchise ses multiples appartenances de façon personnelle et a toujours une interprétation personnelle, dynamique, voire créatrice des modèles culturels, réalisant par lui-même la dualité complexe de toute identité : *être à la fois semblable et différent.*

Enfin suivant son pays d'origine, son lieu de vie, le migrant a été en contact de façon plus ou moins intense avec la culture occidentale. Il a déjà connu au pays un processus de changement culturel (acculturation), plus prégnant pour les migrants venant de pays autrefois colonisés où l'influence française a été prépondérante, et certains de ces modèles culturels, bien que conflictuels, ont été adoptés déjà dans le pays d'origine par une partie de la population. Les travaux classiques de F. FANON (3) et A. MEMMI (4) décrivent la psychologie du colonisé qui a intériorisé la valorisation de la culture du colonisateur, s'aliénant de la sienne propre car ignorée ou méprisée par ce dernier. De nombreux travaux sur le processus d'acculturation dans les pays en voie de développement montrent combien le changement au niveau des individus et des groupes est un processus complexe d'emprunts ou de résistances aux modèles des sociétés industrialisées, à chaque fois différent en fonction des situations et des groupes en présence (5).

En fait pour le travailleur social, il s'agit autant de connaître la culture d'origine du migrant et de sa famille que de rechercher les formes de transition, de compromis ou d'ambivalence culturelle dans leur processus d'acculturation, pour éviter une approche de tout ou rien : d'un côté culture d'origine, de l'autre pays d'accueil, qui projette sur autrui une identité unidimensionnelle et réductrice dans laquelle il ne se reconnaît pas.

L'IDENTITÉ LIÉE À LA SITUATION DE MIGRATION

Le migrant a une identité spécifique en relation avec la situation même de migration et ses multiples dimensions, économique, sociale, politique, psychologique. En voici quelques-unes :

A. Le projet migratoire

En premier, c'est son projet migratoire pour lequel il a quitté son pays, son village, sa famille, il a investi tant d'espoirs et fait tant de sacrifices. Ce projet fonde son présent comme son avenir, le sien et celui de sa famille, lui permet de répondre aux attentes et pressions de la famille et de la communauté au pays ; partir est un acte individuel choisi par les hommes forts attirés par le modernisme et désireux de progresser, comparés à ceux restés chez eux, incapables de tenter l'aventure.

Comme l'écrivait le président John F. KENNEDY (6), lui-même fils d'immigrés irlandais :

> « Il n'y a rien de plus extraordinaire que la décision d'émigrer. Cette accumulation de sentiments et de réflexions qui conduit finalement une famille à faire ses adieux à la communauté dans laquelle elle a vécu durant des siècles, à briser des liens anciens, à quitter les paysages familiers et à se lancer sur les mers menaçantes vers une terre inconnue. »

Tony LAINE (7) dans son livre *La mal vie* met en lumière, par des entretiens recueillis auprès d'émigrés algériens, cet élan, cette énergie :

> « Ils veulent écrire la saga des immigrés pour que reste dans l'histoire de ces hommes sacrifiés comme l'Odyssée au Panthéon de l'histoire... Des livres futurs diront la gloire et la souffrance de tout un peuple de l'Exode » (p. 205/206).

Nous insistons sur ces aspects dynamiques et créateurs car la représentation qu'on se fait de l'émigré est autre généralement ; c'est plutôt l'image d'une personne à problèmes, ayant échoué dans son pays et qui cherche dans un ailleurs ce qu'il ne peut trouver chez lui et par ses propres ressources, car il fait partie des plus démunis. Vision misérabiliste qui ignore la décision personnelle soutenue par de fortes motivations et une volonté intense de changement, mais qu'il serait toutefois inexact de voir uniquement au niveau individuel. Cette décision est à replacer dans un contexte historique, politique et économique et aussi familial, qui met en évidence les puissantes contraintes extérieures qui ont surdéterminé ce choix (accession à l'indépendance des pays ex-colonisés, boom économique des années 60 dans les pays occidentaux et politique sociale de réunification des familles, paupérisation de certaines régions en Afrique, option familiale, ...).

De même ce projet n'est pas uniquement tendu vers l'acquisition de choses concrètes comme nous l'entendons souvent : « Ils sont venus pour gagner leur vie, améliorer leur situation économique, s'enrichir. » Là aussi, on risque d'enfermer le migrant dans une image aliénante si on n'intègre pas à ce projet un énorme espoir de changement et d'ouverture vers de multiples possibilités. Bien des livres, films, décrivent ce projet de tous les migrants du monde, cherchant dans un autre pays, cette Terre promise où prospérité, bonheur et reconnaissance sociale sont accessibles, vision idéalisée que les compatriotes revenus en vacances au pays se chargent d'entretenir.

Améliorer sa situation économique, accéder à un certain niveau de vie favorisent une ascension sociale, c'est-à-dire permettent de recueillir la considération, la reconnaissance pour lui et sa famille (élargie) dans son propre pays d'abord, puis dans le nouveau où en réalité il ne sera jamais vraiment reconnu, où il ne sera que toléré.

La voiture et les cadeaux, ramenés lors des vacances au pays, sont un signe de cette réussite donnant accès à la considération ; le mandat mensuel envoyé à la famille est l'acte qui symbolise cette reconnaissance pour lui-même et par les autres et le valorise.

Le projet migratoire est aussi l'idée de développer sans contrainte ses possibilités, de réaliser son identité personnelle pour dépasser les limites non seulement de la pauvreté mais aussi celles de son milieu d'origine, de sa famille, de sa strate sociale.

Dans les pays occidentaux, l'émigration intérieure peut offrir des possibilités de réalisation des aspirations individuelles. Sociétés riches et démocratiques, leur mobilité sociale permet à la personnalité un progrès et leurs institutions politiques se veulent favoriser le développement harmonieux des libertés individuelles. Mais dans le pays où la société n'offre à l'individu aucune possibilité d'ascension sociale, la seule solution est d'émigrer, sinon comme le dit Abou SELIM (6), les alternatives sont : « migrer ou mourir ». C'est donc décider d'en finir avec les limites, aller vers des possibilités dont on sait qu'elles existent même si on les amplifie par un effet inévitable de l'imagination. C'est vivre indépendant de la pression de la famille, de la hiérarchie, du clan, de la tradition, même s'il faut vivre mal, très mal.

Ces situations, un travailleur social a souvent du mal à les comprendre : comment un migrant peut-il rester à l'étranger alors qu'il vit si difficilement ? Dans son propre pays il retrouverait au moins une certaine convivialité ! Comment peut-il aspirer à une certaine autonomie alors qu'il renforce dans le pays d'accueil ses liens avec la tradition et les coutumes d'origine ? Comment peut-il vivre si « chichement » en France, jusqu'à demander une aide, alors qu'il envoie une partie de son salaire ? Voilà les multiples facettes complexes et conflictuelles de la migration.

Nous ne pouvons ici qu'insister sur l'importance de leur prise en compte dans la compréhension des personnes. Souvent, lorsque le travailleur social reçoit une demande d'un migrant, à côté du problème concret qu'il présente, il faut deviner l'atteinte, voire même l'effondrement de ce projet migratoire par la maladie, l'accident du travail, le chômage ; même lorsqu'il s'agit de crises concernant les enfants (échecs scolaires, troubles psychologiques, délinquance), il s'agit toujours de ce projet : face aux déceptions rencontrées dans la réalité de la société d'accueil, réalité qui heurte ses rêves, face à la solitude, l'humiliation et la discrimination, une de ses consolations est que les enfants réalisent ce qu'il n'a pu réussir et cette crise ébranle encore un peu plus ses espoirs et porte atteinte à l'image de soi. Notons en passant que la notion de réussite sociale doit être replacée, pour être comprise, dans le contexte migratoire de chaque communauté et dans le cadre du projet individuel.

La famille joue un rôle fondamental dans le processus d'insertion du migrant à la société d'accueil ; elle est le refuge où il retrouve ses références, ses racines, son sentiment d'appartenance, dans les actes les plus humbles de la vie quotidienne comme dans les moments les plus sacrés de l'existence. D'où la fragilisation qu'engendre l'éclatement de la famille par les placements d'enfants (mesure à mûrement réfléchir) ou la situation de migrant isolé (8).

B. Migration, rupture et élaboration d'un deuil

Mais pour certains, il n'y a pas de projet migratoire : les exilés politiques, les réfugiés, les harkis, tous partis précipitamment pour fuir une menace réelle ou un régime honni. Pour les uns, il y a espoir d'un retour incessant que seul le temps qui s'écoule estompe progressivement (9) ; pour les autres, d'emblée, c'est une rupture définitive.

Sans pouvoir entrer dans la multitude des situations propres à chaque communauté et à chaque individu il y a une constante : le traumatisme du départ ou la fuite brutale souvent dans des conditions tragiques, laissant derrière soi famille, biens, liens et tombes (10) avec le sentiment qu'on ne les reverra plus jamais.

C'est une sorte de mort pour soi et pour les autres,

génératrice d'une véritable situation de deuil qui peut mettre des années à s'élaborer.

Nous en avons été frappée, lors d'interviews de femmes rapatriées d'Algérie qui, encore en pleurant quinze ans après, racontent leur départ précipité vers la France. Cette dimension de deuil est un aspect peu connu, dont les migrants ne peuvent pas toujours parler, soit parce qu'elle est trop douloureusement enfouie au plus profond d'eux-mêmes, soit parce qu'ils craignent la réaction de celui qui écoute, la dimension politique étant toujours présente dans ce type de situation.

C. Le statut social et politique spécifique

On connaît l'image classique du Maghrébin portant toujours sur lui, dans un sachet en plastique, ses papiers officiels même sans importance, qu'il ressort à chaque occasion pour faire valoir ses droits dont il connaît le prix et la précarité... En effet, quoique bénéficiant également de l'égalité civile comme tout citoyen français, droit imprescriptible de l'individu, énoncé dans la déclaration des Droits de l'homme, les étrangers n'ont pas le même statut que le Français : leur liberté de changement de domicile est soumise à un contrôle, leur droit au travail dépend d'une décision sur la main-d'œuvre étrangère, le droit à la vie familiale dépend de l'autorisation au regroupement familial qui ne peut s'effectuer qu'au terme d'une longue procédure... Leur vie est remplie par les contacts fréquents avec l'administration et la police, sans oublier qu'ils sont exclus de la participation à la vie de la cité (droit de vote au niveau municipal).

Ainsi, d'emblée sont fixées ses modalités de relations avec les représentants de la société, parmi lesquels les travailleurs sociaux, relation de dominés face aux dominants, de minoritaires face aux majoritaires, cherchant à se protéger, et étant astreints qu'à ne consommer des services. Nous reviendrons en fin de chapitre sur les conséquences de ce statut dans la relation avec les travailleurs sociaux.

D. L'adaptation à la société d'accueil

Les nombreuses années vécues en France avec leur lot de joies, de peines, de pertes, d'acquis et de changements, sont à l'origine de modifications pour le migrant dans l'image qu'il a de lui-même et celle qu'il perçoit que les autres ont de lui : bref la migration est à l'origine de changements d'identité qui ne se font pas sans crise et sans ambivalence, objet d'études des sociologues (10).

Mentionnons seulement une problématique peu étudiée : le regroupement familial permis depuis 1976 (défini par le décret du 29 avril 1976, modifié par décret du 4 décembre 1984). Sans être spécifique à la migration, cette réunification définitive de la famille est très bénéfique pour tous mais elle ne se fait pas sans crises ; chacun de ses membres doit réajuster ses statuts et rôles selon la nouvelle configuration liée à la place et à l'autorité retrouvée du chef de famille. Les travailleurs sociaux ont souvent à traiter ce type de crise familiale, mais ils en perçoivent surtout les difficultés d'insertion administrative et sociale de la femme et des enfants ; ils décodent difficilement certaines dimensions importantes de cette situation spécifique : la non adhésion de l'épouse à sa venue en France, qu'elle n'explicite d'ailleurs ni à son mari ni aux travailleurs sociaux, la crise du fils aîné qui perd la place prépondérante qu'il occupait dans le pays d'origine, et de façon générale les difficultés d'adaptation en France des enfants, ou préexistantes à leur arrivée.

En effet, des sociologues tunisiens ont étudié ce phénomène de déstructuration familiale auprès « des veuves de l'immigration » (*) qui, si elles ne sont pas insérées dans la famille élargie ou soutenues par celle-ci, ne peuvent assumer le double rôle éducatif auprès des enfants. Tous ces facteurs peuvent expliquer les difficultés familiales lors de la réunification.

(*) Nom donné aux femmes restées au pays.

E. Les nouveaux réseaux d'insertion communautaire

L'identité liée à la situation de migrant renvoie également à une insertion dans de nouveaux réseaux de solidarités familiales et communautaires qui se sont développés dans le pays d'accueil. Ces réseaux jouent un rôle non négligeable d'entraide, de contrôle social et de renforcement symbolique des appartenances d'origine et des traditions ; ils régulent aussi les modifications de la famille, les redéfinitions des rôles familiaux inhérents à tout processus d'acculturation. De nombreux films (11), brochures (12) et travaux de recherches (13 et 14) décrivent ces réseaux, comme par exemple : les filières d'insertion économiques et professionnelles pour les travailleurs immigrés, les rencontres des femmes maghrébines entre elles, la participation à des associations et la fréquentation de paroisses pour les Portugais et Espagnols, les réseaux d'entraide à l'intégration chez les réfugiés du Sud-Est asiatique, sans oublier les mouvements de jeunes de type « Beurs », « SOS racisme » ou même les nombreux groupes musicaux et artistiques ; tout un tissu social dans lequel le migrant peut s'insérer ou, au contraire, dont il peut prendre distance selon son idée d'intégration au pays d'accueil, qui peut d'ailleurs se modifier. Les jeunes peuvent y trouver des lieux d'affirmation et de valorisation de leurs identités complexes, les hommes des filières d'insertion économique, les femmes un soutien indispensable à des moments de la vie (accouchement, maladie, deuil, fêtes, ...) ; utiles aussi à leur progressive émancipation récemment se sont créées, grâce à l'action communautaire menée par des travailleurs sociaux, des associations féminines autour d'activités artisanales productrices.

Cette dimension collective est une composante importante de l'identité du migrant, mais elle est trop souvent encore soit méconnue par les professionnels, soit vécue comme une gêne qui entrave la relation duelle avec la famille nucléaire, approche généralement privilégiée dans le processus d'aide ; en fait ces réseaux, qui ont une fonction processus d'intégration du migrant, peuvent être utilisés dans l'action socio-éducative et dans l'approche socio-communautaire mais avec prudence.

En effet certaines de ces associations ont des fondements idéologiques, entre autres veiller à la fidélité de leurs membres à l'égard du pays d'origine, ce qui fait, comme le dit Oriol (15), que l'autonomie du migrant dans le processus d'intégration est toujours partielle et précaire : d'un côté l'école, les services collectifs, les avantages sociaux, tout ce qui est institué par le pays de résidence constituent des pressions vers l'assimilation, de l'autre les amicales, les consulats agissent de façon analogue mais dans l'autre sens, pour le compte de l'Etat d'origine.

Concernant l'approche collective en travail social auprès des migrants, nous renvoyons au chapitre de G. Verbundt.

F. Le projet de retour

L'identité liée à la situation de migration implique aussi un projet de retour, qu'il soit réel ou mythique, repoussé à chaque fois à plus tard. Mais il joue un rôle important pour étayer un sentiment d'ancrage et de continuité dans une collectivité, un pays, un paysage alors que domine le sentiment d'être toujours de passage, et étranger partout. Cet ancrage se manifeste généralement par quelque chose de concret : construction de maison, achat de terre, de fonds de commerce, sorte de points de repère sur lequel on fixe son énergie, alors que tout change : soi-même, le pays d'origine, les enfants. Parfois ce projet se limite à une idée projetée dans un futur vague et lointain, essentiel toutefois pour assurer un sentiment de continuité.

Bref, cette reconnaissance du migrant dans ses multiples dimensions est essentielle dans le processus d'aide pour qu'il se sente reconnu en tant que personne ; comprendre, être à l'écoute, communiquer et faire communiquer sont les mots-clés de ce processus dans le respect des différences.

Voici pour illustrer cette approche, ce qu'écrit une assistante sociale du Service social d'aide aux émigrés (16) : « Pour comprendre (les Portugais), les accepter et les faire accepter, il a fallu "apprendre" le pays d'où ils venaient et les conditions misérables d'existence au Portugal. Il a fallu aussi entendre que leur émigration en France était motivée par le désir de gagner le plus d'argent possible dans le temps le plus court possible pour acheter au Portugal le lopin de terre, la vache ou la maison dont ils rêvaient. Toute la famille devait participer à la réalisation de ce projet : les enfants en âge de travailler par leur salaire, les plus jeunes en ouvrant droit aux prestations familiales... »

Aider ces Portugais à s'exprimer sur leur vécu et leurs projets, leur permettre de dire que leur séjour en France était pour eux un « mal nécessaire », accepter et reconnaître la valeur de leur motivation, a permis peu à peu de les amener à entendre puis à accepter un minimum des exigences de la législation française en matière de protection maternelle et infantile et d'utilisation des prestations familiales pour les enfants, etc.

En même temps, il fallait permettre aux autres travailleurs sociaux de « décoder » la signification et l'importance du travail et de l'argent pour ces Portugais : « Si les mots étaient les mêmes, ils ne recouvraient pas en effet la même réalité pour eux et pour nous (p. 73-74) ».

Cette dernière remarque sur l'importance du décodage, par le travailleur social, des valeurs et des aspirations qui constituent le monde du migrant, nous amène à la troisième raison pour laquelle le professionnel ne peut se suffire de la connaissance de la culture d'origine dans le processus d'aide, et risque même de se leurrer s'il ne prend pas en compte ses propres codes culturels et sa propre identité au travers desquels il va percevoir et comprendre autrui.

LE TRAVAILLEUR SOCIAL PORTEUR D'IDENTITÉ

En fait le migrant n'est pas seul à témoigner d'une culture. Le travailleur social en porte également une : ce dernier n'est pas culturellement neutre, ni situé hors des rapports sociaux. De par ses appartenances diverses, nationale, religieuse, régionale, classe sociale, catégorie professionnelle et rattachement institutionnel, il a intériorisé une culture et des sous-cultures dont il n'a pas toujours conscience mais qui vont le définir et orienter ses rapports aux autres.

D'autre part, en tant que professionnel, il est acteur social représentant de la société d'accueil et de l'institution qui rend légitime son action et toujours engagé dans le jeu de relations majoritaire-minoritaire, dominant-dominé. Ce deuxième aspect de son statut sera développé plus loin.

Sa relation avec le migrant est ce qu'on appelle une situation interculturelle, définie par ABDALLAH-PRETCEILLE (17) comme « l'interaction de deux identités qui se donnent mutuellement un sens, dans un rapport qui n'est pas égalitaire et où les systèmes de valeurs ne coïncident pas ». En d'autres termes, dans cette situation dénommée interculturelle, il n'y a pas que la culture du migrant qui soit importante, il y a aussi celle du professionnel avec ses critères de valeurs, ses normes, ses idéologies, ses modes de penser, ses techniques professionnelles d'analyse, d'interprétation et de résolution des problèmes qui vont influencer son écoute et son décodage.

Tous ces facteurs peuvent être source de distorsions dans la communication : nous les reprendrons plus loin. Mais ces distorsions n'ont rien d'étonnant ni de spécifique aux travailleurs sociaux : rappelons combien les ethnologues eux-mêmes ont eu du mal à faire émerger le fait « exotique », à décrire d'autres civilisations et d'autres peuples tels qu'ils étaient, débarrassés de toutes préconceptions.

Pour conclure nos propos jusqu'ici, tout autant la méconnaissance de la culture du migrant et de la spécificité de sa situation en France que l'identité culturelle, sociale et professionnelle du travailleur social peuvent être des obstacles à la reconnaissance de l'autre dans sa différence.

LA RECONNAISSANCE IDENTITAIRE, CLÉ DE VOUTE DU PROCESSUS D'AIDE

SES FONDEMENTS PROFESSIONNELS

En fait rien de nouveau n'est préconisé ici pour la relation d'aide au migrant : sont valables les principes de K. ROGERS (18) et ceux de l'aide psycho-sociale individualisée (casework) (19 et 20) : la reconnaissance et le respect de la personne, de sa vision du monde, de son système de valeurs, de ses besoins. Une écoute compréhensive, un climat d'acceptation et de confiance sont les attitudes essentielles dans la relation d'aide au client pour libérer ses capacités à l'intégration de sa personnalité et à une insertion véritable. « L'action sociale exige que l'on ne cherche pas à imposer un modèle social, quel qu'il soit, mais que l'on permette aux clients de définir eux-mêmes le modèle qui leur paraît le mieux adapté à la satisfaction de leurs besoins [p. 118] (21). » « Le travail social admet la valeur de l'homme quels que soient sa race, sa religion, ses opinions politiques, son comportement. Le service social veut développer le sens de la dignité chez chacun de ses clients. Il s'engage à respecter toutes les différences qui caractérisent les individus, les groupes, les communautés [p. 117] (22). »

Plus récemment, DUCHATELET (23) écrit, concernant l'action sociale auprès des familles socialement handicapées :

> « Plutôt que de vouloir faire pour les familles, ne faudrait-il pas aller vers elles, simplement pour mieux les connaître, être à leur écoute pour mieux les comprendre et ceci sans idées préconçues, sans projection de ses propres besoins et systèmes de valeurs, sans conseil à donner, sans programme préétabli. La mise en œuvre d'une action sociale ne peut pas ne pas tenir compte des mentalités des familles... S'attacher à comprendre ce que les familles ressentent et expriment d'elles-mêmes, n'est-ce pas une forme de participation et un point de départ pour mieux ajuster des formes d'action sociale ? (p. 249-250). »

Voilà des formules classiques, reflet du schéma idéal de la relation d'aide. Mais lorsqu'il s'agit de le mettre en pratique, on rencontre généralement des difficultés qui seront renforcées avec des familles dont les besoins, les mentalités sont encore plus différentes que celles des catégories sociales défavorisées. Mais le problème de compréhension et de reconnaissance est le même.

En effet, les travailleurs sociaux ont été sensibilisés dès le début de leur formation aux difficultés inhérentes à toute relation d'aide, en apprenant à se pencher sur leur propre implication psycho-affective, c'est-à-dire à clarifier leurs sentiments personnels, élucider leurs projections à l'égard d'autrui pour trouver la bonne distance et ne pas trop s'identifier au client, tout en maintenant une certaine empathie indispensable à sa compréhension, car la connaissance de l'autre passe toujours par l'humain qui est en soi.

Mais ils ont moins l'habitude de se poser des questions sur leur propre système de valeurs, sur leurs modèles des rôles sociaux et en particulier familiaux, sur leur hiérarchie des besoins, tous construits à partir de leur propre position, de classe, de profession et d'institution. Bref, ils se penchent rarement sur leur implication sociale, culturelle et historique, c'est-à-dire sur la relativité de leurs points de vue en fonction de ces dimensions.

Sans aller jusqu'à affirmer comme le sociologue (24) que ce type de questionnement « déclenche chez lui (le travailleur social), des réflexes de défense qui permettent non seulement d'expulser du champ de conscience une interrogation désagréable, mais surtout de leur interdire de jamais pénétrer dans le champ de cette conscience (p. 11) », nous dirons que la formation de base ne s'arrête pas assez sur ces aspects, véhiculant un modèle professionnel essentiellement centré sur les facteurs affectifs et d'empathie intervenant dans la relation qui, tout en étant essentiels, ne sont pas suffisants.

Notre propos sera ici de préciser certains de ces filtres et écrans qui mettent en échec la reconnaissance de l'autre en situation interculturelle, pouvant engendrer la représentation d'une identité simplifiée ou déréalisée, voire même dévalorisante d'autrui, et pervertir le processus d'aide. En réalité ces distorsions, quoique gonflées par les écarts culturels, peuvent se retrouver dans l'approche de catégories sociales différentes (monde rural, sous-culture régionale et professionnelle, classes sociales défavorisées et quart-monde).

LES FILTRES ET ÉCRANS À LA RECONNAISSANCE

Quels sont donc ces obstacles ? Nous en avons isolé trois, mais seul le dernier sera approfondi ici.

— Le premier concerne les filtres d'ordre cognitif (intellectuel) et affectif concernant la perception de l'étranger, de l'étrange en général et de certains peuples en particulier, à travers des images collectives qui varient selon les contextes historiques, économiques et culturels, mais toujours à l'origine de jugements envers l'étranger et le migrant, plus fréquemment négatifs que positifs. Il s'agit des ethnocentrismes, des stéréotypes, des a priori, des préjugés ; sans oublier le racisme toujours au devant de la scène qui engendre une perception de l'autre négative, stigmatisée, voire déréalisée pour l'exclure, le dominer, l'agresser, le détruire et parallèlement pour se valoriser (25). Nous renvoyons aussi au chapitre de B. LORREYTE.

— Le second type d'obstacles réside dans ses propres modèles, ses représentations concernant la famille, les rôles masculins et féminins, l'éducation des enfants, la croyance religieuse et de façon générale son image de la bonne insertion sociale. Ces représentations à la fois personnelles et héritées de sa culture et sous-culture de classe sociale, profession et institution et influencées par certains courants d'idées prévalent dans notre société à une période donnée, sont des images-guides, puissantes, chargées d'affects qui orientent le décodage et la compréhension des situations professionnelles. Elles interviennent donc dans le processus de connaissance des migrants et de leurs enfants et peuvent être source d'évaluations erronées et de pressions à une acculturation forcée, voire à une assimilation. Tout ceci ne facilite pas le processus d'aide qui, pour se développer, doit se fonder sur la reconnaissance de la personne telle qu'elle est et non telle qu'on voudrait qu'elle soit [pour plus de détails cf. M. COHEN-EMERIQUE (2)].

Le troisième filtre qui sera développé ici se situe paradoxalement au niveau des techniques et attitudes professionnelles concernant la relation d'aide. Il s'agit de l'observation et de l'écoute d'autrui, qui sont généralement peu relativisées en fonction des situations interculturelles ou même des sous-cultures et classes sociales défavorisées.

En effet la relation d'aide exige d'abord que l'aidant écoute l'aidé dans un un climat de confiance et de respect, tant à l'occasion des démarches entreprises en commun que dans le secret de l'entretien. Néanmoins, si les codes de communication et le déchiffrement des conduites ne coïncident pas, il sera bien difficile d'écouter le migrant dans ce qu'il fait et dans ce qu'il dit et de l'accepter jusque dans les défenses derrière lesquelles se barricade un dynamisme refoulé, parce que peu encouragé à se faire reconnaître. Il y aura certainement écoute de la part du travailleur social, mais elle sera pleine de « mal-entendus » dont on aura du mal à cerner l'origine.

LES « MAL-ENTENDUS » LIÉS A DES TECHNIQUES ET ATTITUDES PROFESSIONNELLES

Nous avons jugé bon de nous arrêter sur ces « mal-entendus » car ils peuvent surgir dès les premiers pas de la relation d'aide et la pervertir, alors que le professionnel a le sentiment sincère d'être à l'écoute de la personne.

PREMIER « MAL-ENTENDU » : LA PRÉÉMINENCE ACCORDÉE AU VERBAL DANS LA COMMUNICATION

Chez les professionnels de l'aide, l'entretien est considéré comme l'un des moyens les plus importants, autant pour comprendre le client et son milieu que pour l'aider à mobiliser des ressources personnelles et sociales qui seront en mesure de lui assurer une meilleure intégration à l'ensemble ou une partie de son environnement. Mais l'entretien, dynamique interpersonnelle très complexe de façon générale, peut être la source de biais encore plus importants, en particulier dans la communication entre personnes de cultures différentes, et ceci même si elles partagent une langue commune.

Comme l'a montré l'école de Palo Alto (26), le message explicite verbal n'est qu'un mode de communication, il y en a un autre dénommé métacommunication. Il s'agit d'abord du cadre spatial et matériel dans lequel se déroule la communication comme : l'organisation de l'espace familial, les objets symbolico-religieux décorant la maison (petits autels bouddhistes, tapis au mur représentant le pèlerinage à La Mecque, « mezzouza » sur le cadre de la porte d'entrée chez les juifs traditionalistes, etc.), et ensuite de tout le langage parakinétique (non verbal) : gestes, mimiques, position du corps dans l'espace, distances relationnelles et rituels de communication avec ses rites d'accueil et d'hospitalité — comme par exemple les femmes turques qui accueillent le visiteur bienvenu en l'aspergeant d'eau de cologne ; enfin cette métacommunication comme le déroulement dans le temps des thèmes abordés dans l'entretien et le moment opportun choisi pour développer l'objet de la visite... Dans beaucoup de cultures, les sujets difficiles ne sont pas abordés d'emblée mais après un rituel, une palabre.

Toute cette métacommunication est riche en informations car elle fait accéder aux dimensions cachées de la culture, entre autres : au somato-culturel (gestuel, postures, mimiques), à la représentation du temps et de l'espace, aux modes de convivialité... et contribue à améliorer la compréhension de l'identité de la personne et surtout la communication avec elle qui, quoique implicite, n'en est pas moins importante pour la relation d'aide.

Or, généralement, ces aspects étant méconnus, on ne peut les voir ; ou, s'ils sont repérés, on ne leur accorde pas l'attention voulue, car ils sont vécus par les professionnels comme une entrave au déroulement de l'objectif prévu. Dans un désir d'efficacité dans le sens occidental : d'aller droit au but, de productivité par rapport au temps, les travailleurs sociaux ont l'impression lors d'une visite à domicile d'avoir perdu leur temps parce que la présence de la famille élargie ou de membres de la communauté, le rituel du thé, les silences pleins de sourires, les échanges phatiques ne leur ont pas permis de régler le problème pour lequel ils s'étaient déplacés; Et pourtant, ce temps n'a pas été perdu ; dans d'autres sociétés l'efficacité a un sens totalement différent du nôtre, c'est la palabre, l'échange, permettant de connaître et d'évaluer l'interlocuteur, avant d'engager des négociations efficaces.

On touche là à une différence fondamentale dans la notion de temps qui est sous-jacente aux relations interculturelles et source de malentendus, d'incompréhension, voire de tensions. HALL (27) a introduit un concept binaire : temps monochrone/temps polychrone qui permet de cerner et d'expliquer ces différences culturelles dans les systèmes de signification et de gestion du temps au niveau des individus et des groupes :

— Le temps « monochrone » qui caractérise la civilisation occidentale est linéaire, segmenté, imposé à tous, se confondant peu à peu avec la culture, ; à tel point que l'Occidental le considère comme la seule façon naturelle et logique d'organiser l'existence, éliminant ainsi toutes les autres dimensions possibles, si ce n'est le temps religieux.

— Le temps « polychrone », qu'on trouve dans les cultures africaines, est lié aux différentes activités de la vie, le sacré, la convivialité, le retour du totem, le temps consacré à son double, etc., introduisant une grande variété de temps entremêlés dans la vie sociale au détriment de l'efficacité et du « rendement ».

Dans un même ordre d'idée, PREISWERK (28) avait constaté que les experts dans les pays du Tiers-Monde utilisaient l'information écrite plutôt qu'orale, avec une centration sur les documents photos plutôt que sur l'observation directe, éliminant ainsi les données sensorielles, olfactives, gustatives, auditives.

Donc, d'emblée, la sélection des observations recueillies à travers ces filtres amènent les professionnels à être « aveugles » aux dimensions cachées de la culture, la représentation du temps et de l'espace, la ritualisation du corps, les distances relationnelles entre les personnes, bref, les modes de communication autres que, précisément, ces informations pouvaient faire découvrir. Lorsqu'on sait que l'observation dépend des systèmes de pensée des observateurs, on peut rattacher cette grille de lecture recueillant le maximum d'informations du langage oral ou écrit à un comportement cognitif typiquement occidental.

HALL (27) a classé les différentes modalités culturelles de recueil d'information à partir d'un concept binaire : culture à contexte riche, culture à contexte pauvre.

Pour la première, la majeure partie de l'information se trouve dans le contexte physique ou se manifeste par différents signes portés par la personne ; tandis que, pour la seconde, l'essentiel de l'information apparaît dans le message codé et explicité. Notre société fait partie des cultures à contexte pauvre où le message explicite contient l'essentiel de l'information. Lorsque l'Européen, appartenant à « un contexte pauvre », communique avec un individu relevant d'une culture à « contexte riche », il privilégiera le message explicite, ne prenant pas toujours conscience que ses interlocuteurs communiquent davantage par les silences, absences, gestes, actes ; d'où de nombreux malentendus.

Nous avons pu recueillir des situations illustrant ces autres modes de communication entre travailleurs sociaux et migrants où les premiers, après un premier étonnement et malaise, ont saisi de façon empathique ce message d'un « deuxième type », sans peut être en pénétrer immédiatement le sens véritable. Comme cette assistante sociale, recevant d'un client marocain un quartier de mouton dégoulinant de sang qu'il découpe en sa présence sur une bête pendue à la cuisine en lui déclarant : « C'est la fête du mouton chez nous (l'aïd), c'est très important pour nous, et toi, tu es de la famille. » Après une réaction de surprise et de dégoût, la jeune professionnelle comprend ce message de réciprocité, d'échange et de reconnaissance sociale...

Certes, ce type de communication n'est pas toujours clair ni facile à accepter lorsqu'il s'agit de faire référence à des codes inconnus ou en opposition avec les siens, c'est-à-dire qui actualisent, renforcent justement ce qui dans sa propre culture est refoulé, donc considéré comme négatif. On est là au cœur des difficultés de relations interculturelles.

D'où la nécessité d'être sensibilisé à décoder cette communication, d'apprendre à observer les détails les plus significatifs autant dans les gestes et objets symbolico-religieux que dans les aspects les plus humbles et les plus familiers de la vie quotidienne, mais porteurs de différences essentielles, qu'on dénomme la micro-culture et qui échappe généralement à l'œil non exercé.

DEUXIÈME « MALENTENDU » : LA GRILLE D'INTERPRÉTATION DES DIRES ET DES CONDUITES

Généralement, pour le travailleur social, l'entretien n'est pas seulement un outil de communication à travers lequel se fera le travail d'élaboration, de perlaboration, *working through* dans le sens psychanalytique ; il est aussi utilisé dans un but de diagnostic pour comprendre les difficultés des clients à l'origine des demandes adressées directement ou indirectement aux services sociaux.

A partir des dires, du discours du client et de ses conduites, il cherchera à en dégager les causes pour en déduire l'origine des problèmes présentés.

Il s'agit-là d'une activité mentale courante qui consiste à expliquer, trouver une cause à des conduites en l'attribuant à des dispositions, des traits de la personne et/ou à des facteurs de situation. Les psychologues sociaux l'ont dénommée « processus d'attribution » (29) c'est-à-dire : faire des inférences au sujet des causes d'un comportement donné, celles-ci pouvant se situer soit dans la personne (disposition, trait de caractère, état d'âme, personnalité, ...) soit dans des données liées à la situation extérieure à la personne (chance, destin, événement, contexte, ...) ». Ce processus d'attribution est un phénomène courant, à la base de la connaissance sociale, pour expliquer les conduites dans les interactions sociales.

Ainsi un professeur face à un élève montrant des difficultés scolaires fera des inférences sur leurs causes : difficultés spécifiques, paresse, problèmes psychologiques, milieu socioculturel défavorisé, crise familiale, etc.

Chez les professionnels de l'action psycho ou socio-éducative, le processus d'attribution est au cœur de leur pratique, chargée de découvrir l'origine des difficultés des personnes demandant une aide, afin de faire un pronostic et d'orienter leur plan d'aide. Tout en prenant en compte le contexte social et économique du client et s'assurant d'une certaine objectivité, leur processus d'attribution se fonde en dernier ressort sur un cadre explicatif des conduites humaines où l'individu est isolé de son contexte social, culturel et historique, l'accent étant mis sur les déterminants subjectifs (motivations, sentiments, pensées) des comportements et où prédomine l'idée que l'homme peut exercer un contrôle sur le cours des événements de sa vie.

S'il s'agit de mobiles inconscients, faire une inférence sur les causes des conduites (discours ou comportements) se dénomme : faire une interprétation dans le sens psychanalytique, c'est-à-dire mettre en lumière les tendances profondes, les conflits inconscients de la personnalité. Un grand nombre de professionnels de l'aide, s'inspirant du modèle freudien, font couramment des interprétations à partir de discours ou de comportements pour éclairer l'origine des problèmes présentés par les clients.

Généralement toute interprétation a une dimension subjective et arbitraire — et plus particulièrement lorsqu'il s'agit d'inférer des causes à des conduites de personnes de cultures différentes — d'une part si elle ne prend pas en compte la situation matérielle et sociale dans laquelle se déroule la conduite interprétée et, d'autre part, si elle ne part pas des normes, statuts, attentes et rôles avec les affects qui s'y rattachent, autant de la personne-objet d'interprétation que de l'auteur de celle-ci. Enfin le processus d'attribution sera encore plus arbitraire s'il ne puise pas dans le système de croyances et de représentations collectives des acteurs en présence concernant leur conception de la personne, son lien au social, sa place dans la nature, sa relation au monde et au surnaturel, représentations qui dans toute société fournissent les systèmes explicatifs aux comportements, interactions sociales et événements, en particulier la maladie et la mort... Cette notion de système explicatif peut s'élargir aux idéologies prévalentes dans chaque société quant aux capacités de l'homme à contrôler ou non la nature, le cours des événements, contrôle qui peut se situer en lui-même, par ses efforts, aptitudes, ou à l'extérieur, par la chance, le hasard, le destin.

Pour résumer, en simplifiant, ce sujet complexe et encore peu exploré du processus d'attribution selon les cultures (30) on peut dire que toute interprétation des dires et des conduites en situation interculturelle doit se baser sur deux idées principales, sinon elle risque l'arbitraire et le subjectif :

1° Des personnes de différentes cultures feront des interprétations différentes pour un même comportement (31) ;

2° Ce qui est perçu comme important variera selon les sociétés (32).

Voici trois exemples pour illustrer ce malentendu :

1er exemple : Lors d'une visite à domicile d'une psychologue et d'une assistante sociale dans une famille originaire du Sud tunisien pour s'entretenir avec les parents d'un petit garçon de quatre ans (dernier né d'une fratrie de huit enfants), présentant à la maternelle un retard sur le plan moteur et de langage, ces professionnelles observent une scène qui les surprend. A trois heures de l'après-midi, la sœur aînée sert un plat de frites à son jeune frère dès qu'il réclame à manger, les membres de la famille élargie présents dans la pièce ne réagissant pas. Elles attribuent cette conduite alimentaire à l'égard de l'enfant à un manque de limites éducatives, de règles, se basant sur leurs normes de repas à heures fixes et différenciés suivant les moments de la journée, dans une structure familiale nucléaire où le père et la mère sont les seuls acteurs éducatifs, et en se référant à un modèle de la socialisation du jeune enfant au moyen de contraintes et limites à ses besoins impulsifs en échange de l'amour des parents.

Pour ces deux techniciens de la relation, ce manque de limite pourrait expliquer certains comportements très infantiles du garçon au jardin d'enfants. Cette évaluation les conduit à la notion d'enfant en danger et à se donner, entre autres, comme objectif d'aide, d'amener les parents à poser plus de repères à l'enfant, à lui donner des règles.

Si nous demandions à une personne de cette ethnie qui a fait un minimum de réflexion sur la socialisation de l'enfant dans ce contexte socio-culturel d'attribuer une cause à ce type de conduite alimentaire, elle dirait : « Chez nous, en tout cas dans les milieux populaires, il n'y a pas de règle de repas autour de la table à heures fixes ; la mère sert à l'enfant à toute heure de la journée et même, dès qu'il en est capable, il se sert lui-même. Quant aux règles, aux limites, l'enfant en intériorise, mais dans des domaines différents qui sont considérés comme plus importants pour cette société que les repas à heures fixes : le respect de l'Ancien, l'honneur de la famille, etc. ». Une autre explication peut-être donnée du type : « Cet enfant est le dernier né de la famille, il a été malade à sa naissance, il est normal de bien le nourrir pour qu'il soit en bonne santé, c'est le souci de toute la famille élargie. Nous ne sommes pas de mauvais parents et nous avons à le montrer à des visiteurs français qui viennent enquêter sur son état de santé. »

2ᵉ exemple : Une femme marocaine mère de jumeaux de 3 ans explique à une éducatrice l'origine des difficultés de l'un d'entre eux (33) : « J'ai trop regardé mon beau-frère lorsque j'étais enceinte des jumeaux. » Elle explique qu'elle vivait alors dans le village de son mari avec sa belle-famille, et son beau-frère était un peu « l'original du village ». L'interprétation de l'éducatrice à la phrase de sa cliente est : « Elle a un sentiment de culpabilité par rapport à son époux de par un désir inconscient à l'égard de son beau-frère, à moins qu'elle n'exprime là le rejet de sa belle-famille, car cette femme se considérait supérieure à son mari, du fait de son origine citadine. » Et pourtant une personne connaissant un tant soit peu la culture arabo-musulmane pourrait interpréter : chez nous, la maladie, en particulier lorsqu'il s'agit de troubles psychiques, peut-être le résultat de l'action de forces extérieures, magiques : le mauvais œil, le sort jeté par quelqu'un qui vous envie, qui vous veut du mal, par les Djinns (démons) ou les esprits gardiens.

3ᵉ exemple : Une femme algérienne, mère d'un enfant pris en charge par un CMPP, se plaignait à la psychologue que son enfant était turbulent et faisait du désordre à la maison, situation très désagréable pour elle en particulier lorsque son mari rentrait à la maison avec ses amis. La professionnelle l'interprète tout de suite par un sentiment de culpabilité et essaie de rassurer la mère déclarant qu'il est normal qu'un enfant de quatre ans fasse du désordre. Mais elle n'a pu se demander ni écouter : d'une part ce que pouvait exprimer cette femme quant à ses représentations des rôles féminins et l'importance qu'elle accorde à la situation d'hospitalité, et, d'autre part, s'il s'agissait d'un sentiment de culpabilité se référant à sa propre idée d'avoir commis une faute ou à un sentiment de honte impliquant toujours le regard jugeant des autres.

Ces exemples peuvent paraître exagérés et spécialement choisis par l'auteur pour étayer une thèse. En fait, ils sont monnaie courante, illustrant les impasses dans lesquelles le professionnel peut s'engager en entraînant derrière lui le migrant et sa famille si, dans sa démarche de connaissance et de compréhension de l'autre différent culturellement, il ne relativise pas, à la limite ne met pas en doute ses schémas d'explication des conduites.

Ceux-ci reflètent l'utilisation dans l'action socio-éducative de deux codes d'interprétation des conduites :

— le premier constitué par les valeurs, les normes, les règles concernant l'éducation, le fonctionnement familial émanant des institutions et catégories socio-professionnelles impliquées, code qui reflète aussi les idéologies dominantes de notre société et en particulier l'idée que dans l'individu se trouve l'origine de ses conduites et les capacités de résoudre ses difficultés, de se prendre en charge ;

— le second est formé par le cadre de nos connaissances scientifiques, à savoir de théories psychologiques qui fournissent des schémas d'explications universelles aux conduites humaines ; mais elles ont été élaborées généralement à partir de l'étude des populations occidentales et souvent de certains milieux (catégories privilégiées, étudiants), et non relativisées par des études sur d'autres populations.

Ces deux cadres se renforcent mutuellement : les théories donnent la légitimité scientifique aux analyses des situations et conduites et les idéologies interviennent déjà au niveau de la sélection des données recueillies, forgeant en commun une grille de lecture très résistante aux changements qui enferme autant le professionnel que le client.

Ce type de décodage aurait peu d'importance si, dans ces situations professionnelles où il y a interaction entre acteurs de cultures différentes, l'un n'utilisait son système d'attribution pour guider son action et faciliter la prévision concernant les conduites de l'autre acteur.

Aussi faut-il être très prudent pour éviter l'ethnocentrisme d'une position sociale, d'un enracinement culturel, d'une identité professionnelle lorsqu'il s'agit d'expliquer les conduites de personnes de cultures différentes.

Avant toute inférence de causes à des conduites avec des populations étrangères, en particulier non occidentales, il est très important de replacer la personne dans son propre contexte, plutôt que d'appliquer d'emblée une grille préétablie. En fait, une triple démarche de connaissance et de compréhension de l'autre différent est nécessaire : 1. se décentrer, prendre distance par rapport à ses propres modèles ; 2. découvrir les cadres de référence de l'autre, se mettre à sa place pour tenter de voir les choses de son point de vue ; 3. faire une observation et chercher une explication extérieure permettant une prise de distance, une compréhension en utilisant ses concepts et théories scientifiques.

Cette démarche, distanciation de ses modes d'approches habituels, approche de l'intérieur du point de vue de l'autre, puis de l'extérieur du point de vue du professionnel, nécessite tout un apprentissage, une formation, que nous ne pouvons développer dans le cadre de ce chapitre.

Ici nous nous limitons à insister sur le danger d'utilisation d'une grille préétablie non relativisée pour décoder le discours et les conduites, car elle peut-être à l'origine de deux effets pervers sur la communication et la compréhension interculturelle.

Ce danger existe dans toute relation d'aide mais il est

particulièrement sensible en situation interculturelle. En effet :

1° En interprétant, on classe, on catégorise presque immédiatement en fonction de son présupposé, éliminant ainsi le recueil d'autres données qui n'entrent pas dans l'élaboration de son système explicatif et excluant automatiquement la possibilité de construire d'autres hypothèses d'explications des conduites, comme dans les situations professionnelles présentées ci-dessus : il y a eu sélection de l'écoute et de l'observation autour de la recherche des sentiments, des motivations sous-jacentes ou même des tendances inconscientes. Mais en se référant au sens latent, on n'entend plus le message porteur d'information explicite relatif aux représentations et attentes de rôles, aux valeurs, aux croyances de la personne ou tout simplement aux habitudes de vie.

On est sourd, comme précédemment nous disions qu'on était aveugle à tout ce qui est porteur de l'identité personnelle et sociale de l'autre : la socialisation de l'enfant et les modalités de son alimentation pour l'exemple 1, les systèmes explicatifs traditionnels de la maladie et des troubles psychiques avec leurs thérapeutiques pour l'exemple 2, les actions d'hospitalité pour l'exemple 3 ; bref sont éliminés de l'écoute tous les facteurs socio-culturels à travers lesquels prennent forme les réactions affectives et le système de sens de la personne.

Servais (34) constate ce processus et sa résistance à se modifier lorsqu'il demande, dans le cadre d'une séance de formation, à des professionnels de consultations en conseil conjugal d'utiliser une autre grille d'interprétation du discours que leur grille psychologique habituelle.

Il rencontre chez eux une très forte résistance à abandonner la grille d'analyse en termes de souffrance, maladie, déséquilibre psychique de l'individu isolé de tout contexte socio-culturel pour passer, à la demande du formateur, à un autre système d'attribution, un autre registre d'explication, celui des schémas culturels reflétés par le discours. Tout se passe comme si « on ne peut accorder un poids de légitimité au discours du patient et, donc, on est moins intéressé à ce qu'il dit qu'à ce que la grille dont dispose le thérapeute peut faire dire à propos du patient. Dans ce cas nous pourrions comprendre que le groupe ait neutralisé le discours de rupture culturelle que nous lui proposions (p. 132) ».

La reconnaissance du client dans son identité socio-culturelle ne peut faire l'économie de l'écoute, de l'observation, de ces autres dimensions que notre code prioritaire tend à occulter, par méconnaissance certes, mais aussi pour affirmer sa légitimité, son identité et pouvoir professionnels.

2° En interprétant les dires d'une personne d'une autre culture à partir de nos codes, tout se passe comme si la langue française, telle qu'elle est utilisée par le migrant ou par son interprète d'un point de vue instrumental pour communiquer avec la société d'accueil, était porteuse des mêmes signifiants culturels que ceux des professionnels qui les écoutent, c'est-à-dire avait la même valeur expressive. En fait, on peut parler la même langue et ne pas se comprendre, car on n'a pas de références culturelles communes, chaque concept sous-tend une signification liée à une réalité socio-culturelle et socio-économique différente : en d'autres termes les mêmes mots n'ont pas le même sens suivant les groupes, les sous-cultures, et si on ne se préoccupe pas de ces différences de significations il y aura ethnocentrisme cognitif qui consiste, en situation interculturelle, à attribuer à un mot le sens qu'il a dans sa propre culture. Ainsi par exemple les expressions : respect des parents, honneur, pudeur, dignité, quoique exprimées en français, auront un sens très différent suivant qu'ils sont énoncés par un Malien, Portugais, Maghrébin, car ils s'inscrivent dans la configuration de sens propre à chaque société et sont les supports de l'identité de la personne. On pourrait multiplier les exemples à l'infini, avec les notions de réussite, ascension sociale, enfants, parents, etc. Ce problème se pose pour toute communication, il est seulement amplifié en situation interculturelle.

C'est seulement en se faisant expliciter, en éclairant avec le client d'abord et en s'informant éventuellement, ensuite, du sens donné à certains mots clés qui reviennent dans son discours, à des expressions spécifiques souvent imagées, citations de proverbes, histoires édifiantes et allégories, qu'on pourra pénétrer dans le système de référence de croyances, de valeurs et de représentations de l'autre.

Les mots de la langue ne sont pas seulement de simples associations, reliant directement un son à une chose, c'est-à-dire qu'ils n'ont pas seulement une valeur dénotative ; le langage a aussi une valeur connotative, c'est-à-dire qu'il est porteur de sens. Comme l'art, les rites, les mythes, il constitue un système de symboles signifiants de la culture et des sous-cultures (culture d'élite et culture populaire), porteurs de croyances, de valeurs, de normes, avec ses modes expressifs propres (35). Aussi peut-il être une clé pour la compréhension de l'univers symbolique d'un autrui différent et pour la reconnaissance du sens donné à ses conduites : pour les professionnels de l'aide, il ne s'agit pas d'extraire une signification morte, mais de faire émerger un sens avec et pour celui qui l'exprime dans une relation d'inter-subjectivité.

C'est ainsi que nous concevons le respect de la vision du monde du client, à chaque étape de la relation d'aide, comme élément indispensable à la reconnaissance de son identité. Cela ne veut pas dire éliminer dans le système de décodage l'individu qui souffre, se révolte et demande de l'aide, ou nier l'existence d'une individualité au profit d'un aspect collectif : aucun des deux aspects ne peut être privilégié au dépens de l'autre.

Nous mettons en garde aussi contre la grille de lecture politique dans le processus d'aide, attribuant les conduites à la situation d'exclusion, de rejet du migrant et interprétant uniquement en termes d'enjeux politiques le discours souvent pauvre du client. Plaquer ce schéma est aussi ne pas le reconnaître en tant qu'individu. Ceci ne veut pas dire que sa situation de dominé, d'exclu n'est pas à prendre en compte dans le processus d'aide. Nous y arrivons justement.

LA NÉGATION DE LA DIMENSION DOMINANT-DOMINÉ DANS LA RELATION D'AIDE

La logique humanitaire du travail social dans son intentionnalité d'aide se situe au-delà des relations d'inégalité et de domination. Et pourtant celles-ci existent, en particulier lorsqu'il s'agit de migrants dont le statut social et juridique de minoritaires implique qu'ils ne sont pas acteurs dans la vie sociale : ce sont seulement des consommateurs de services, s'inscrivant au sein des rapports sociaux dominant-dominé. Cette exclusion de la vie sociale, plus ou moins accentuée par le racisme et l'ostracisme selon les communautés, n'est pas absente dans la relation d'aide, même si le travailleur social est convaincu de son attitude égalitaire, et de ne pas avoir de préjugés : en fait il est le représentant de la société d'accueil, de ses institutions, mandaté par elles et membre du groupe dominant. Le migrant, dès les premiers contacts, s'adapte d'abord à cette constellation de rapports sociaux, et toute sa communication entre lui et les agents du social est infiltrée par cette relation inégalitaire.

Mais les travailleurs sociaux, formés à décoder les messages des consultants par rapport à leurs besoins, leur souffrance, leurs demandes, et par rapport à leurs projections tranférentielles, ne perçoivent pas cette dimension dominant-dominé qui, pourtant, est présente dans beaucoup d'interactions, oubliant que ce que l'on dit reflète toujours la place d'où l'on parle et les circonstances de cette énonciation.

Ainsi le migrant aura un discours qui va coller aux attentes qu'il présume que l'agent du social a à son égard. Il n'est plus sujet « il devient l'objet d'aide offerte, il peut parfaitement entrer dans le jeu du travailleur social et feindre d'être un sujet (selon l'attente du travailleur social) pour pouvoir obtenir un certain nombre d'avantages matériels par l'intermédiaire du praticien social, qui lui aussi bénéficie de ces adaptations secondaires [p. 170] (36) ».

« Discours sur soi prêt pour l'autre » où le migrant se présente d'emblée comme ayant choisi les options d'assimilation à la société d'accueil avec une parole la plus conforme possible, en écho au discours de l'administration et de ses représentants. Comme par exemple cette femme algérienne, déclarant au cours du premier entretien avec une assistante sociale : « Ma sœur de lait est une Française » ; ou une mère portugaise expliquant à une puéricultrice : « Moi, je fais à mes enfants de la cuisine française » ; ou encore les affirmations courantes de jeunes de la deuxième génération : « Moi je suis né en France, je suis de culture française », ou « Ce sont les vieux qui pratiquent ces coutumes ! ». Lorsqu'on approfondit, on constate que les réalités sont bien plus complexes, l'attachement à l'identité d'origine restant encore vivace quoique subissant des adaptations et suscitant des rationalisations. Peut-on dire alors : les clients mentent aux travailleurs sociaux ? Ou cherchent-ils moins à nous convaincre qu'à se protéger ?

Recherche d'une protection, car son statut de minoritaire, d'exclu de la participation sociale, souvent au plus bas de l'échelle et trop encore objet de discrimination, ne lui accorde pas le droit à une parole authentique, tout au moins dans la première phase de la relation.

En effet, plus bas on est situé sur l'échelle sociale, plus grand sera l'écart entre ce qu'on doit paraître et ce qu'on pourrait être ; plus élevé est le statut, plus grande sera la latitude à s'exprimer en son nom et la probabilité d'approbation. Comme le dit Bourdieu (37) :

> « Les classes dominées ne parlent pas, elles sont parlées, dominées jusque dans la production de leur image du monde social, de leurs identités sociales. Elles sont exposées à devenir étrangères à elles-mêmes (p. 4). »

Et quelle parole sur lui-même le migrant pourra-t-il tenir lorsqu'il fait partie d'une minorité qui n'est pas reconnue dans sa spécificité et est l'objet d'attitudes ouvertement racistes, comme pour les Maghrébins ? Tel Janus, il présentera tantôt une identité déréalisée : il est quelqu'un d'autre que lui-même, tantôt une identité niée : il n'existe pas.

Dans certaines circonstances, cette relation dominant-dominé apparaît en sens inverse, lorsque les agents de socialisation se sentent, eux, menacés dans leur identité de majoritaires par ces mêmes minoritaires. Comme, par exemple, cette conseillère en économie sociale en sortie avec un groupe de femmes maghrébines, ou tel éducateur lors d'un repas avec des jeunes immigrés, qui ne peuvent supporter que des échanges se fassent dans leur langue maternelle, les percevant comme fomentant un complot derrière leur dos. Très vite ils rétablissent le rapport en faveur du majoritaire par l'interdiction de l'utilisation d'une langue étrangère en leur présence, le justifiant par : « Ici, on est en France ! » ou « Nous aussi on a droit à notre identité ! »

Ainsi, lorsque les migrants en contact avec des agents de socialisation du pays d'accueil peuvent ou doivent communiquer en français et sont encouragés à parler, ils s'exprimeront d'abord au nom de ce qu'ils doivent paraître, allant jusqu'à la négation d'eux-mêmes, reproduisant les rapport dominant-dominé qui existent dans la société d'accueil. S'établira d'emblée une relation de leurre où les deux acteurs dans cette interaction échangent sur une image feinte, falsifiée, falsificatrice, confortante autant pour le migrant qui se protège que pour le travailleur social. En effet, ce dernier se laisse souvent convaincre par ce discours, car il est en accord avec son idée de « bonne intégration à la société française », et, si ce n'est pas la sienne propre, elle reflète le modèle de l'institution par laquelle il est mandaté.

S'instaure « la relation d'aide disjonctionnelle », définie par Barbier (36) comme « toute relation humaine d'aide dans laquelle s'immisce un malentendu résultant de l'ambiguïté fonctionnelle de l'institution où s'inscrit la relation d'aide (p. 172) ». Ce malentendu joue le rôle de disjoncteur, car il interrompt le lien de confiance réciproque, d'indépendance, de respect mutuel, qui constitue, comme nous l'avons vu, le fondement de processus d'aide. L'ambiguïté de l'institution réside dans l'objectif du service social en général, dont les sociologues (38) ont montré la double dimension contradictoire : logique humanitaire c'est-à-dire assistance, aide, entraide dans le respect et le dévouement ; et contrôle social, c'est-à-dire normalisation des exclus, uniformisation de certaines diversités, cette deuxième dimension étant généralement occultée dans le discours institutionnel.

Avec les populations immigrées, cette ambiguïté

éclate au grand jour et prend une figure particulière. En effet les sociétés de l'Europe de l'Ouest, qui ont accueilli depuis trente ans un grand nombre de migrants, ont mis en place des institutions et les ont chargées de s'occuper — dans le respect, la tolérance et l'égalité des droits — de leur bien-être physique et moral dans le domaine de la santé, du logement, de la formation et insertion professionnelle, de la famille et de l'éducation des enfants.

Mais, en même temps, ces mêmes institutions et les gouvernements dont elles dépendent se sont peu ou tardivement souciés de la pluralité des modèles existants pour trouver ou encourager des réponses adaptées à la spécificité des conditions et des besoins de ces populations ; elles laissent même se manifester en leur sein l'exclusion, comme par exemple pour l'habitat, le travail, l'école, ... Nous touchons là à l'ambiguïté fondamentale de la situation des émigrés dans les pays d'accueil.

Mais que peut faire le travailleur social, simple maillon de la chaîne ?

Pour Barbier, qui se situe dans le courant de l'analyse institutionnelle, la réponse à ce malentendu dans la relation d'aide est de mettre en lumière, dans l'institution, cette ambiguïté par laquelle le modèle idéal de la relation d'aide se transforme en discours de l'illusion. Pour notre part, ne pouvant entrer dans le cadre de ce travail dans un débat de ce type, nous pensons que les travailleurs sociaux ont un rôle à jouer même s'ils ne sont qu'un simple maillon de la chaîne :

Tout d'abord rester très vigilant dans les pratiques interculturelles à l'égard de ses propres modèles d'insertion des minorités et du rapport de pouvoir qui en découle, en élucidant constamment le sens et la portée de ses options, face aux attentes du client qui ne pourra accéder à un discours authentique que dans un véritable climat d'acceptation.

Une autre nécessité serait de renvoyer à l'institution l'inadéquation de certaines de ses réponses aux besoins spécifiques des migrants, par le biais de l'action sociale collective et du travail communautaire. Les travailleurs sociaux n'ont-ils pas pour rôle d'être les médiateurs entre les populations défavorisées et marginalisées et les instances de décisions ? Voici à ce sujet la réponse d'une assistante sociale d'un CMPP (39) : « Nous avons souligné les limites de l'aide individuelle qui peuvent situer le migrant et ses enfants dans des positions d'handicapés sociaux et le maintenir dans des réseaux d'assistance. Comment lui restituer cette parole qui fera de lui un partenaire de l'action sociale et non plus un assisté à vie ? Le programme est vaste... (p. 70-71) ».

POUR LA RECONNAISSANCE IDENTITAIRE : TEMPS ET FORMATION

Ont été développés ici quelques-uns des obstacles et filtres à la reconnaissance identitaire du migrant, fondement de la relation d'aide, lieu de confiance, de respect et d'écoute. Cette reconnaissance exige encore deux conditions pour se développer : temps et formation.

Ce temps dont on ne peut faire l'économie, car les difficultés qui résultent d'interventions sociales et éducatives totalement inadéquates coûtent plus cher par la suite aux migrants et à la collectivité : temps pour surmonter les problèmes linguistiques, temps pour demander des éclaircissements, temps pour connaître et se faire connaître, temps pour comprendre et se faire comprendre, temps pour transmettre aux autres partenaires s'occupant de migrants la manière de prendre en compte leurs identités, temps enfin pour réfléchir à sa propre approche.

Ce processus de reconnaissance identitaire, nécessitant une sensibilisation préalable, une éducation durant la formation de base de tous les professionnels de l'aide, n'a pas encore toujours intégré, dans ses programmes, la préparation à cette relation relativisée, complexe et multidimensionnelle avec ces populations de cultures différentes.

NOTES ET BIBLIOGRAPHIE

(1) Des recherches montrent le taux important d'hospitalisations d'enfants immigrés, en particulier maghrébins, dont une grande partie n'est pas justifiée sur le plan médical ; mais aucune solution n'a pu être envisagée pour résoudre les problèmes familiaux (logement, surpopulation, état de santé de la mère) cf. *Migrations - Santé, Bulletin du Comité Médico-Social pour la santé des migrants*, Paris, numéro spécial 47 - 1986.

(2) COHEN-EMERIQUE M. (1984), « Choc culturel et relations interculturelles dans la pratique des travailleurs sociaux - Formation par la méthode des incidents critiques », *Cahiers de sociologie économique et culturelle (Ethnopsychologie)*, Le Havre, n° 2, pp. 183-218.

(3) FANON F. (1952), *Peau noire, masques blancs*, Editions du Seuil, Paris.

(4) MEMMI A. (1966), *Portrait du colonisé précédé du portrait du colonisateur*. Paris, Editions J.J. Pauvert.

(5) Cf. travaux de CAMILLERI C. : « Crise socioculturelle et crise d'identité dans des sociétés du Tiers-Monde. L'exemple des sociétés maghrébines », *Psychologie française* (1979), Paris, n° 3-4, pp. 259-268 ; « Les immigrés maghrébins de la seconde génération : contribution à une étude de leurs évolutions et de leurs choix culturels », *Bulletin de Psychologie* (1980), n° 347, pp. 985-995.

(6) J.F. KENNEDY (1964), *A nation of Immigrants*, Harper and Row, N.Y., 2e édition revue et augmentée. Cité par ABOU S. (1981), *Identité culturelle. Relations inter-ethniques et problèmes d'acculturation*, Editions Anthropos, Paris.

(7) LAINE T. et KARLIN D. (1978), *La mal vie*, Editions Ouvrières, Paris.

(8) BEN JELLOUN T. (1977), *La plus haute des solitudes*, Editions du Seuil, Paris, 174 p.

(9) VASQUEZ A. (1983), « L'exil, une analyse psychosociologique », *L'Information Psychiatrique*, vol. 59, juin, pp. 43-58.

(10) Assurer le culte des morts, c'est assurer la continuité du temps de la lignée dans laquelle l'individu puise son sentiment d'identité personnelle.

(11) Interservice-Migrants, 7, Impasse Chartières, 75005 Paris, procure films et documents sur la migration et les pays d'origine.

(12) « *Des immigrés et des villes* » et « *Les enfants de l'immigration* », édités par le Centre Georges-Pompidou, Paris (1989).

(13) ANDEZIAN S. et STREIFF-FENARD J. (1983), « Relations de voisinage et contrôle social. Le rôle des femmes dans les communautés maghrébines dans le Sud de la France », *Peuples Méditerranéens*, n° 22-23, janvier-juin, pp. 249-253.

(14) ORIOL M. (1982), « Sur la dynamique des relations communautaires chez les immigrés d'origine nord-africaine », *Peuples Méditerranéens, pp. 116-127.*

(15) Oriol M. (1979), « Identité produite, Identité instituée, Identité exprimée », *Cahiers Internationaux de Sociologie*, volume LXVI, pp. 19-27.

(16) Escriber (1979), « Parole de migrants ou parole sur les migrants », *Mémoire de formation de superviseurs en travail social*, ATFAS, Toulouse.

(17) Abdallah-Pretceille M. (1986), « Pédagogie interculturelle, bilan et perspectives », in *L'Interculturel en Éducation et Sciences Humaines* - Actes du Colloque de Toulouse, juin 1985, Publications Université Toulouse Le Mirail, pp. 25-32.

(18) Rogers C. (1970), *La relation d'aide et la psychothérapie*, Éditions sociales françaises, Paris.

(19) Duranquet M. (1967), « Les aspects socio-culturels du casework familial », *Extrait du Service social en milieu médical et psychiatrique*, Presse de l'Université de Laval, Québec, vol. 16, janvier-décembre.

(20) Brandt H. (1967), *Les critères de valeurs du client. Conséquences pour le diagnostic et le traitement*, Traduction de « Social Case Work », *Polycopié*.

(21) Lory B. (1975), *La politique d'action sociale*, éd. Privat, Toulouse.

(22) Rupp M.A. (1969), *Le service social dans la société française d'aujourd'hui*, Le Centurion, Paris, cité par R. Barbier, Situation institutionnelle et stratégie des rapports au client, in *Sociologie et compréhension du travail social* (1980), sous la direction de Dutrenit, Privat, Toulouse.

(23) Duchatelet C. (1969), « Nouvelles perspectives pour l'action sociale en liaison avec les familles socialement handicapées », in *Sociologie et compréhension du travail social, op. cit.*

(24) Mury G. (1975), « Remarques d'un sociologue à propos du service social », *Connexions*, n° 14, pp. 12-17.

(25) Cf. 1) Cohen-Emerique M. (1980), Eléments de base pour une formation à l'approche des migrants et plus généralement à l'approche interculturelle, *Annales de Vaucresson*, 17, pp. 113-139.

- 2) Poliakov L., Delacampagne C., Girard P., 1976, *Le Racisme*, Seghers, Paris.

- 3) Memmi A. (1982), *Le racisme*, Idées, Gallimard, Paris.

(26) Watzlawick P., Beauvin J., Jackson D. (1972), *Une logique de la communication*, Le Seuil, traduit de l'anglais.

(27) Hall E.T. (1979), *Au-delà de la culture*, Paris, Seuil (trad. de l'anglais).

(28) Preiswerk R. (1975), « Relations interculturelles et développement. Le savoir et faire », in *Cahiers de l'Institut d'études du développement*, PUF, Paris.

(29) Jaspars J. et Hewstone M. (1984), « La théorie de l'attribution », in *Psychologie sociale* sous la direction de J. Moscovici, pp. 309-330, PUF, Paris, 2e édition, 596 pp.

(30) Bond M.H. (1983), A proposal for cross cultural studies of attribution, in Hewstone, M. *Attribution Theory. Social and functional extensions*, Oxford. Blackwell. B., pp. 144-157.

(31) Albert R.D. et Triandis H.C. (1985), « Intercultural Edu-

cation for Multicultural Societies Critical issues », *International Journal of Intercultural Relations*, Washington, Volume 9.3, pp. 319-338.

(32) Ouellet F. (1984), « Education, compréhension et communication interculturelle - Essai de clarification des concepts », *Education permanente*, Paris, n° 75, pp. 47-56.

(33) Cet enfant, présentant à la naissance un poids très inférieur à la normale et quelques anomalies, a été longtemps maintenu en pouponnière. Actuellement ses difficultés sont une grande instabilité psychomotrice.

(34) Servais E. (1975), « Pédagogie institutionnelle et counseling. Jalons pour une analyse sociale d'une forme de thérapie », *Connexions*, Paris, n° 13, pp. 125-144.

L'auteur tenait à faire travailler un groupe de professionnels sur les schémas culturels, qui sous-tendent le discours d'une personne (interviewée par l'un d'entre-eux), discours qui, aux yeux du formateur, pouvait être considéré comme manifestant une position de rupture culturelle quant à la conception de la famille. Les stagiaires l'ont interprété en termes de souffrance, déséquilibre, traumatisme de l'enfance, malgré les différentes tentatives du formateur pour les amener à l'utilisation d'une autre grille d'analyse.

(35) Bernstein B. (1975), *Langage et classes sociales*, Éditions de Minuit, Paris.

(36) Barbier R., « Situation institutionnelle et stratégies de rapports au client », in *Sociologie du Travail Social*, sous la direction de Dutrenit, *op. cit.*

(37) Bourdieu P. (1977), « Une classe objet », *Actes de la recherche en sciences sociales*, novembre, n° 17-18, pp. 2-5.

(38) Lopez M.L. et Gillard M.L. (1987), « Le travail social d'hier à demain », *Recherches sociologiques*, volume XIII, n° 3, pp. 227-267.

(39) Montagerand M. (1983), *Service social et familles maghrébines*. Mémoire de formation à l'aide individuelle et familiale, Toulouse, Atfas, *op. cit.*.

PROBLÈMES D'IDENTITÉ DES ADOLESCENTS ENFANTS DE MIGRANTS ET TRAVAIL SOCIAL

Hanna Malewska-Peyre

INTRODUCTION

La thèse selon laquelle l'adolescent enfant de migrants rencontre des difficultés spécifiques au niveau de la formation de son identité commence à faire son chemin dans le milieu du travail social. Quelles sont ces difficultés, comment le travailleur social peut-il aider à les aplanir ? Voilà les questions auxquelles nous essayerons au moins partiellement de répondre.

Les informations utilisées pour cet article tirent leur origine de recherches conduites au Centre de Vaucresson (1) et d'une recherche-action menée avec le Service social de l'enfance de l'Essonne (2), ainsi que de nos activités de formation d'éducateurs de l'Éducation surveillée. Les données sur lesquelles nous nous basons concernent donc surtout les enfants de classes défavorisées et souvent les mineurs de justice, délinquants et enfants en danger, pris en charge par la Justice ou confiés à la DASS. De plus, certains de nos travaux ont permis d'établir des comparaisons entre la situation d'enfants de migrants et celle d'enfants français.

Au cours de nombreuses sessions de formation menées au Centre de Vaucresson, nous avons pu constater les problèmes que posaient les attitudes souvent trop schématiques des travailleurs sociaux envers les enfants de migrants. En effet, leur approche était plus politique que culturelle ; ils niaient souvent les problèmes spécifiques de ces jeunes qui vivent la transplantation de leur famille et qui participent aux deux univers culturels.

Cette approche des travailleurs sociaux était déterminée par leurs propres catégories cognitives et idéologiques qui relevaient d'un certain jacobinisme ou d'un certain ethnocentrisme. Les difficultés rencontrées par les enfants de migrants étaient souvent réduites à celles des jeunes issus de milieux défavorisés. Autant le poids des problèmes économiques sur la condition des immigrés est évident, autant il voile souvent toute la problématique culturelle et psychologique spécifique aux situations de transplantation. Les travailleurs sociaux voulaient assimiler les adolescents immigrés à de jeunes prolétaires français. Cette situation commence à changer, mais toutefois le problème du racisme et de la xénophobie que ces adolescents rencontrent dans leur vie quotidienne n'est pas encore suffisamment pris en compte.

Selon nos recherches, le problème du racisme, entraînant souvent des blocages et la dévalorisation de l'identité ainsi que des contradictions culturelles, s'avère important pour la socialisation des adolescents immigrés et leur insertion sociale. La question de la dévalorisation de l'identité sera la question primordiale de cet article, car elle est relativement peu discutée dans les milieux pédagogiques. Tout ce qui touche à la question du racisme est souvent perçu comme gênant et embarrassant. C'est pour cette raison que nous insisterons sur ce point. Pour cerner ce problème nous présenterons d'abord des extraits d'interviews avec les jeunes où, le plus souvent, ils parlent du racisme d'une façon indirecte à propos d'une situation concrète de discrimination qu'ils ont vécue. Nous les citons en tant que témoignages.

Driss, *jeune délinquant,* parle des difficultés pour trouver du travail :

Quand je cherchais du travail ils (les patrons) *me disaient : Non, on n'a plus de place... puis après y'en avait un qui se présentait derrière moi et puis ils le prenaient.*

— Alors comment tu réagissais ?

— *Ça m'énervait et puis je m'en allais. C'est tout.*

— Oui, tu n'es jamais retourné voir l'employeur, puis lui dire comment ça se fait que vous ne m'avez pas pris ?

— *Non, je ne demande pas... Il trouverait toujours une raison. Un patron, il peut vous dire vous n'avez pas de métier ou vous êtes trop jeune. Il vous met ça au nez et puis vous ne pouvez rien lui dire.*

— Mais tu as vraiment eu l'impression qu'il y avait des différences ? Ou l'autre avait de meilleures qualifications ?

— *Oh ! Il était Français, c'est tout.*

— Et ça t'a vraiment découragé ?

— *Oh oui...* »

Raissa, une jeune placée à cause de sa situation familiale (famille nombreuse sans ressources), cherche du travail. Elle a fait un stage de coiffure. Elle dit à son éducateur :

« *C'est normal que je ne trouve pas du travail, non ? Il y a beaucoup de chômeurs en France, beaucoup de Françaises n'en trouvent pas... alors moi, une étrangère...* »

Elle refuse de « pointer » à l'ANPE.

Mokhtar nous a parlé d'une bagarre avec les copains « qui ont insulté mes parents ».

Mohamed a ajouté « dès que j'entends sale bougnoule, je tape... ».

Abdelkrim nous parle des difficultés concernant les loisirs : « *De faire comme les Français.* Déjà nous où est-ce qu'on va aller ? A Ahum plus de cinéma à cause de qui ? Des Arabes. Plus de Maison de jeunes à cause de qui ? Les Algériens. Parce que nous on a fait des réunions à la Maison de jeunes, y'avait une Maison de jeunes, y'avait rien que des Algériens qui jouaient au ping-pong, y'avait rien que ça. Y'avait Alain l'animateur, c'était lui notre éducateur, il nous aimait bien lui.

Pis y'avait les Français, ils se plaignaient : voilà mon fils, il voudrait bien venir à la Maison des jeunes, mais il y a trop d'Algériens.

Au dancing, par exemple, pourquoi ils nous laissent pas rentrer pourquoi, on nous demande pourquoi, par exemple au Palace à... Monsieur vous êtes mal habillé, combien de fois on a essayé, Monsieur vous êtes mal habillé, tout ça, pis c'est... toujours bien habillés nous, les Algériens, le samedi soir, on s'habille toujours bien. Monsieur vous êtes mal habillé, vous êtes, après on dit bon, bon d'accord on est mal habillés, bon on s'habille, un samedi on est venus tous, on a mis la cravate, parce que au Palace là-bas c'est une belle boîte. Monsieur, on est bien habillés aujourd'hui, non ? On a enfin demandé : c'est une question de racisme ? Quand on dit, il nous a dit : oui, oui, c'est ça, question racisme, que le patron du café il nous a dit : je veux bien vous laisser rentrer au café, hein, mais pas dans une boîte. »

Pour entrer dans une boîte ABDELKRIM dit qu'il est italien.

« Il dit, monsieur à l'entrée : vous êtes Algérien, on vous laisse pas. Je dis : monsieur, je suis Italien moi, je suis pas Algérien, vous voulez un papier, oh monsieur j'ai pas mes papiers, et puis, tu sais, je lui dis en italien, je parle italien monsieur... »

ABDELKRIM pense qu'il ressemble à un Italien :

« On me l'a souvent reproché, tandis que mes frères ils ont la tête d'un Arabe, vous savez moi je suis Italien, je sais pas pourquoi. Oh moi je m'en fous. »

RACISME ET DÉVALORISATION

A la lecture de ces interviews, on constate que ces jeunes ont le sentiment d'être traités différemment des jeunes français quand ils cherchent du travail, quand ils sont à l'école, quand ils veulent participer aux activités d'une Maison de jeunes, quand ils veulent aller au dancing... quand ils veulent rester en France. Parfois ils nient ce sentiment de discrimination, parfois ils l'intériorisent, parfois ils se révoltent. Quoi qu'il en soit, ils sont très susceptibles : au moindre signe de différenciation raciale, ils se sentent très concernés.

L'image négative de soi est dans une grande mesure fonction des jugements négatifs des autres. En effet, plusieurs recherches (3 et 4) montrent que la dévalorisation de l'image de soi est fortement liée aux opinions négatives que les parents et les enseignants ont porté sur l'individu au cours de sa socialisation. Et ces jugements négatifs ont souvent marqué les enfants qui ont commis des délits plus que les autres adolescents.

La xénophobie et le racisme, l'image collective négative de leurs communautés ethniques ont contribué chez les enfants de migrants à la formation d'une identité personnelle dévalorisée. Le test des phrases à compléter réalisé au cours de la recherche citée (1), révèle fréquemment l'auto-attribution de l'image négative. Par exemple : « Je me sens résigné, je me sens bon à rien, je crains d'échouer à l'école, je ne suis qu'un pauvre mec... l'avenir me paraît sombre, difficile », etc. ; ainsi que le sentiment d'être l'objet d'appréciations négatives : la phrase « on pense de moi » est complétée souvent par... « que je suis une méchante, un voyou, un délinquant, bête, un sauvage, etc. ».

Le même test indique chez ces jeunes une fréquence plus grande que chez les jeunes Français de l'image collective dévalorisée.

L'échantillon des Français comporte moins d'appréciations négatives. L'échantillon des délinquants français et des délinquants d'origine immigrée comporte plus d'appréciations négatives que les échantillons de non-délinquants. Nous avons obtenu des résultats semblables en utilisant le test *Qui suis-je ?* de l'attribution des adjectifs (5). Nous avons trouvé de fortes corrélations entre l'expérience du racisme et la dévalorisation de l'image se soi.

La fréquence de l'expérience du racisme nous a surpris.

Une proportion élevée (entre 54 et 83 %) d'étrangers

de notre échantillon a ressenti le racisme (toujours plus de la moitié des échantillons des Maghrébins et des Portugais en parle). Les différences ne sont pas très élevées d'un groupe à l'autre, mais elles sont significatives, et l'on peut en déduire un début de classification : premièrement, les Maghrébins (garçons et filles) ressentent plus le racisme que les Portugais et les Portugaises (p. 007). Deuxièmement, au sein de chaque échantillon national, les délinquants ont ressenti le racisme un peu plus souvent que les garçons du groupe de référence (p. 008).

L'image de soi des délinquants est dévalorisée non seulement à cause du racisme, mais également à cause de la stigmatisation sociale associée en général (aussi bien pour les Français que pour les immigrés) à la délinquance. Le bas statut économique de leur famille (comme le montrent toutes les recherches sur la délinquance, la plupart proviennent des classes très défavorisées) et leur bas niveau scolaire contribuent à leur déprivation relative et favorise leur formation de l'identité négative. En fait les immigrés délinquants cumulent les facteurs qui peuvent contribuer à la dévalorisation de l'image de soi.

Certes cette relation n'est que statistique (nous avons aussi rencontré de jeunes immigrés délinquants qui se disent très fiers d'eux-mêmes et de leurs exploits), mais il n'en reste pas moins que, dans le travail social avec les adolescents d'origine étrangère, il est nécessaire de tenir compte des préjugés racistes, et ce d'autant plus que l'âge de l'adolescence est une période de mutations et de transformations.

L'image négative de soi est vécue douloureusement. Nous appellerons identité négative le sentiment d'être mal considéré par les autres, de mal maîtriser l'environnement, de ne pas pouvoir influer sur les choses et les êtres, de faire des comparaisons défavorables pour soi, d'avoir un ensemble de représentations de soi plutôt négatif.

Dans les sociétés occidentales, une appréciation exclusivement négative de soi, aussi bien que l'éclatement et l'incohérence de l'image de soi sont considérés comme des symptômes pathologiques (6). Plus récemment Codol (7) écrit :

« Le désir d'être, dit-on souvent, est premier. A mes yeux, cette formulation n'est pourtant pas suffisante. Ce qui semble caractéristique de l'homme (et peut-être de tout le monde vivant) c'est plus que le simple désir d'être — le désir d'être d'une façon qui ne soit pas insignifiante. La positivité attachée à soi-même est sans doute l'expression de cette recherche permanente... »

STRATÉGIES IDENTITAIRES DEVANT LA MENACE

Stratégie est un terme militaire : « Ensemble d'actions coordonnées, de manœuvres en vue d'une victoire » dit le Petit Robert. Ce terme est actuellement utilisé couramment pour des situations autres que la guerre, mais il s'agit toujours d'atteindre un but, de réaliser un objectif.

Quand nous utilisons ce terme, il s'agit « d'un ensemble de manœuvres » pour éviter l'angoisse ou la dévalorisation. On pourrait parfois utiliser un autre terme comme « mécanismes défensifs », mais il s'agit parfois non seulement de réactions inconscientes de défense, mais également de réponses conscientes actives. Nous avons voulu trouver un terme assez large pour pouvoir parler de « mouvements » aussi bien au niveau psychique qu'au niveau social.

Le premier critère permettant de caractériser les stratégies est leur intériorité ou leur extériorité.

L'intériorité engage surtout des mécanismes psychologiques qui permettent d'éviter la souffrance et l'angoisse. Les stratégies dirigées vers l'extérieur impliquent le changement de la réalité : sa propre réalité ou celle de son groupe d'appartenance.

STRATÉGIES « INTÉRIEURES »

A. Suppression de l'angoisse : refoulement

Les stratégies intérieures ont souvent pour objectif de réduire l'angoisse. De nos recherches nous savons qu'il y a une forte corrélation entre l'expérience vécue du racisme et l'angoisse. Dans les interviews, nous avons pu observer que les jeunes suppriment l'expérience angoissante ou la refoulent.

Dans l'interview, Camille nous a dit en insistant : « Je n'ai *jamais* rencontré le racisme, d'ailleurs j'ai la peau claire... » Puis ensuite, en parlant de sa famille : « Quand j'habitais avec mes sœurs, qui sont "café", je me rappelle que les Français ne voulaient pas sortir avec nous. On devait sortir avec des Antillais qui sont tous débiles... » Elle refoule ou supprime l'expérience du racisme envers sa famille, elle refuse de se sentir concernée (« j'ai la peau claire... »), elle est de l'autre côté de la barrière (« les Antillais sont tous débiles... »).

C'est une stratégie de déréalisation, de transformation de la réalité pénible, pour mieux la supporter, ne pas voir, effacer l'expérience raciste, l'oublier pour ne pas en souffrir. Nous savons bien, depuis Freud, que le refoulement augmente l'angoisse et peut produire des troubles fonctionnels.

B. Intériorisation de l'image négative

L'autre réaction dangereuse pour la construction du Soi est sans doute l'intériorisation de l'image défavorisée renvoyée par la société. Elle implique une soumission, sinon une culpabilité de l'être qu'on est. La stratégie acceptée c'est « de ne pas se faire remarquer, ne pas déranger, ne pas trop demander ».

Au cours d'une interview, ABDELKRIM nous dit : « Sans mentir, ils (la police) ont raison de nous expulser... on est pas dans notre pays, et on se permet de faire des vols... L'autre jour la police m'a dit : "Tu viens faire la loi ici, qu'est-ce que tu fais là." »

Nous ne savons pas exactement dans quelles circonstances la police l'a interpellé, mais il se sent coupable et il admet que la norme d'expulsion est juste.

Nous trouverons certains éléments d'intériorisation de l'image négative de soi dans la stratégie d'assimilation aux nationaux (Camille : « J'ai la peau claire — ils sont débiles les Antillais »).

C. Agressivité

Les réactions d'agressivité peuvent être classées à mi-chemin entre les stratégies intérieures et les stratégies extérieures. L'agressivité peut être dirigée vers soi, ou vers les autres.

Dans le premier cas, nous aurons souvent affaire à des symptômes de destruction de soi. Cette problématique relève plutôt de la psychiatrie, aussi nous ne la développerons pas. Parmi les jeunes que nous avons interviewés et ceux avec qui nous avons travaillé au cours de la recherche-action, les réactions agressives extériorisées étaient fréquentes.

Quand un type a dit de moi : « C'est un con, ce n'est qu'un bougnoule » « il a pris une bonne trempe ! », nous explique Mohammed. Cette réaction a été jugée comme légitime par beaucoup : elle extériorise le problème, permet de garder sa dignité, mais elle a un coût social : les réactions agressives sont sévèrement réprimées.

Dans la prison de Fleury-Mérogis, nous avons rencontré des jeunes qui, selon leurs dires, ont aggravé leurs délits par des réactions agressives envers des policiers qui se sont montrés racistes au commissariat au cours de l'interrogatoire.

STRATÉGIES « EXTÉRIEURES »

Les stratégies extérieures sont souvent beaucoup plus élaborées. Elles peuvent être individuelles ou collectives. On peut classer les stratégies individuelles en trois grands groupes, le critère étant l'attitude par rapport à sa propre différence.

A. Stratégie d'assimilation : une statégie individuelle

L'assimilation aux nationaux peut être plus ou moins complète. La stratégie d'assimilation complète appelée « passing » aux USA (passer de l'autre côté de la barrière raciale) a pour objectif de ressembler le plus possible aux nationaux, physiquement et culturellement. Nous notons les efforts pour changer son aspect physique : la couleur des cheveux, la coiffure, la couleur de la peau par un maquillage, ... et, bien plus fréquents que ces derniers, les essais de changement culturel : l'expression orale, l'accent, la manière d'être, etc. Le conformisme culturel peut être plus ou moins superficiel, mais il peut aller jusqu'au renoncement à son identité, à son prénom, à son nom, à ses parents, ses amis, ses valeurs, ses croyances. Ainsi, la sœur d'une Antillaise avec qui nous avons travaillé se voyait « blanche », elle était placée dans une famille française à laquelle elle voulait ressembler complètement. Sa sœur lui disait : « Tu es comme un pingouin : noire dehors et blanche dedans ». Les problèmes de la négritude et de la « blanchitude » suscitaient des conflits. Certaines des filles maghrébines avec qui nous étions en contact défrisaient leurs cheveux, en changeaient la couleur (mèches, teinture), s'appelaient : DOLLY, JEANNE, YVETTE, au lieu d'AÏCHA, SOUAD, MALIKA, etc., se disaient « de mentalité française » renonçaient à la religion musulmane, même aux liens familiaux (« mes parents j'en ai rien à foutre »)... C'était parfois temporaire, mais c'était impressionnant.

Les stratégies d'assimilation peuvent se limiter à des changements moins profonds. Il s'agit dans ce cas d'une « assimilation instrumentale » : par exemple « prendre la nationalité française » mais « ne pas renoncer à sa race », comme disent les jeunes, c'est-à-dire ne pas changer son identité culturelle, rester Arabe, musulman, « au fond de soi ».

B. La revalorisation de sa singularité

En contraste avec cette stratégie qui gomme les différences de l'individu jusqu'au renoncement à son identité, se situent la ou les stratégies qui revalorisent ou même revendiquent sa spécificité, sa singularité.

Au niveau individuel, cette stratégie s'exprime dans un souci très fort de sauvegarder des liens avec son pays et sa culture, et de préserver sa nationalité d'origine, au besoin par l'acquisition de la double nationalité. C'est une réaction à la dévalorisation d'un groupe ethnique ou d'une culture. Cette réaction tend parfois vers l'idéalisation de son propre groupe et vers le développement d'une attitude critique envers la civilisation occidentale.

Au cours de la recherche-action à Corbeil, nous avons été témoins de la survalorisation de la nourriture arabe ; des éloges du couscous bon et sain, comparé aux « bizarreries » de la cuisine française, telles que les huîtres, « les limaces », etc.

Dans ce contexte nous pouvons noter plusieurs discours : discours sur la beauté de son pays, sur l'hospitalité des gens, parfois discours sur son histoire, sa culture. Un dialogue classique dans ce domaine nous vient des mouvements caraïbéens. Ce mouvement Rasta exalte la négritude à travers la chanson sur l'histoire des Noirs, leur patrie, l'Afrique, et à travers la musique et la danse.

La stratégie de valorisation de l'identité collective peut mener vers l'engagement dans les mouvements collectifs, les mouvements sociaux. Au moment où le problème d'infériorité de la position sociale concerne un groupe, les stratégies deviennent des stratégies collectives.

R.J. Leclerque (8), à partir des interviews des jeunes militants de la région parisienne et lyonnaise et à propos des minorités non nationales et non européennes, distinguait trois orientations majeures de leur activité :

- Une tendance qui cherche, dans le cadre d'une société multiculturelle de fait, à obtenir le respect de la différence avec l'égalité des droits et des devoirs.

- Une seconde tendance qui, estimant que la société actuelle, post-industrielle, n'est plus une société nationale mais annonce une ère nouvelle, caractérisée en partie par l'internationalisation et l'interpénétration des cultures, inscrit ses orientations dans l'émergence de nouvelles valeurs engendrant l'apparition d'une nouvelle citoyenneté.

Cette tendance se manifeste comme étant résolument trans-culturelle, mondialiste dans le sens d'une transformation de la société actuelle.

Le problème n'est plus alors de s'assimiler mais de vivre sa différence dans l'égalité, la dignité et le respect réciproque.

• Enfin une tendance qui, prenant acte des pratiques discriminatoires et des politiques d'exclusion de la société dominante, voit dans une recentration sur les valeurs de la société arabo-islamique le seul recours possible pour des minorités condamnées à vivre un exil intérieur et une citoyenneté de seconde zone.

Le mouvement SOS Racisme avec son leader HARLEM DÉSIR propose une nouvelle approche tenant compte du fait qu'une bonne partie des jeunes d'origine non-européenne est désormais de nationalité française : l'intégration à la société française lui paraît la meilleure solution, mais une intégration qui ne nie pas les racines culturelles propres.

STRATÉGIES INTERMÉDIAIRES

Les stratégies intermédiaires consisteraient en la recherche de similitudes avec les groupes majoritaires sans renoncer à sa propre différence. On insiste sur la communauté de classe d'âge, sur la communauté des idéologies et des croyances, sur la communauté de statut social pour minimiser les différences mal commodes.

La similitude avec les Français est recherchée également à un autre niveau, celui de la catégorie d'âge. Dans la recherche citée, à la question Qui suis-je ? Nous avons souvent entendu répondre « Je suis un jeune » — ou « Je suis une jeune », avant que d'autres traits attribués à soi apparaissent, avant que l'on se définisse comme un Français, un Algérien, un immigré. Cette « identité jeune » ne sépare pas les immigrés des Français. Les uns et les autres sont tous jeunes dans un moment donné, dans une société donnée, dans l'époque où ils vivent.

C'est en 1977-78 que, dans les interviews individuelles, nous avons senti cet effort pour se définir de la même façon en tant que jeunes. C'est le mouvement Convergence, en 1984, qui a inventé un discours sur l'égalité et la pluriculturalité, l'expression du désir d'un discours politique commun, sans gommage artificiel des racines, des origines différentes.

C'est en fait une stratégie intégrative. L'intégration peut se faire également sur la base de valeurs démocratiques égalitaires et pacifistes qui sont des valeurs supranationales.

Une jeune marocaine me disait : « J'en ai marre de toute la paperasserie, toutes les tracasseries à propos de nationalité ; nous sommes tous des travailleurs, la nationalité importe peu. »

C'est souvent en s'accrochant aux valeurs supranationales, comme la paix, l'idéologie égalitaire ou l'idéologie des droits de l'homme, que ces jeunes construisent leur identité et trouvent leurs raisons de vivre en sortant de l'étroite communauté nationale vers un univers plus vaste.

Ces valeurs, qui sont communes aux Français et aux immigrés, semblent plus faciles à partager que les valeurs qui font surtout appel à la culture et à l'histoire nationales.

STRATÉGIES DE COMPENSATION

Nous avons rencontré d'autres stratégies, moins explicites, moins conscientes, chez des jeunes aussi bien Français qu'immigrés, pour qui l'insertion sociale par la voie des compétences scolaires et professionnelles est restée fermée, à cause de leurs échecs scolaires et des conditions sociales et culturelles. La délinquance juvénile en est l'exemple. Pour les jeunes sans diplômes et, en plus, sans compétences scolaires et professionnelles et sans relations, *la délinquance apparaît comme une sortie de l'impasse*. Il s'agit d'une stratégie de compensation, d'acquisition d'une autre image de soi. Certains délinquants nous ont dit « qu'ils ont fait des conneries pour se valoriser », pour rompre avec la monotonie d'une vie misérable où rien ne se passe (9).

La délinquance n'est pas la seule stratégie de compensation ; le sport, les activités artistiques, la musique en particulier, offrent également des possibilités de s'affirmer, de se singulariser ; mais la délinquance est parfois la stratégie la plus facile et la plus efficace dans l'immédiat pour gagner de l'argent et du prestige.

Nous ne souhaitons pas faire des généralisations abusives et dangereuses et nous ne voulons pas laisser entendre que tous les jeunes issus de l'immigration ont des problèmes d'image sociale. Les problèmes d'identité ethnique, comme nous l'avons montré, inspirent d'autres stratégies, d'autres solutions que la formation d'une identité négative, ou la revalorisation de son image par la délinquance.

Pourtant, les jeunes pris en charge dans le cadre de l'assistance éducative, les familles et les jeunes « à problèmes » peuvent plus souvent que les autres rencontrer les difficultés liées à leur image. Nos recherches menées au Centre de Vaucresson ont montré l'existence de corrélations statistiques entre l'image négative et le statut d'adolescents issus de l'immigration, et donc une plus grande probabilité d'une image négative chez l'enfant de parents migrants que chez celui de parents français. Les problèmes identitaires de ces jeunes sont en grande partie fonction de leurs différences aussi bien économiques et juridiques (statut national différent) que culturelles. Ils sont liés à la perception de leurs différences, aux stéréotypes de l'immigré, de l'étranger, à une « identité prescrite » appliquée à certains groupes minoritaires.

Les jeunes doivent accepter leur propre différence pour pouvoir s'intégrer à la société où ils vivent sans perdre leur identité, mais aussi pour pouvoir revenir dans leur pays d'origine. Le problème de la *reconnaissance* de sa propre différence est crucial aussi bien pour leur identité que pour leur intégration. A ce propos, je cite un résultat de recherche : nous nous sommes posés des questions sur l'assimilation, l'intégration et les liens avec les communautés d'origine des jeunes que nous avons interviewés.

Paradoxalement, *nous avons constaté une meilleure insertion scolaire et moins de déviance dans le groupe des jeunes qui ont gardé les valeurs de leur culture d'origine que chez ceux qui les ont rejetées.* Ce résultat nous interroge. Dans la population interviewée, les délinquants se rencontrent surtout parmi les garçons maghrébins « sans racines », qui manifestent un rejet de leur culture d'origine. Ils connaissent mal leur pays qu'ils dévalorisent, ainsi que leur communauté ethnique. Ils se disent plus souvent que les autres « de mentalité française ».

Les résultats de notre travail permettent de suggérer que, contrairement à l'opinion généralement admise, une assimilation culturelle rapide ne constitue peut-être pas la meilleure voie pour les jeunes issus d'une famille immigrée, lorsque l'effort d'assimlation n'est pas récompensé. Comme nous l'avons dit plus haut, nous pouvons formuler l'hypothèse que l'intégration à la société française passe parfois par la reconnaissance de sa propre différence et l'acceptation de cette différence par soi-même et les autres (10).

Le travailleur social, tôt ou tard, rencontrera la problématique de la différence et de l'identié chez les jeunes migrants et, à ce moment, il devra aider les jeunes à « traiter leur différence » et à éviter les pièges de l'intériorisation de l'image négative, du refoulement et de l'agressivité... Il sera amené au cours de ce travail à s'interroger sur sa propre singularité. Comme le dit Margalit COHEN-EMERIQUE (p. 90) ...« le travailleur social est aussi porteur d'une identité socio-culturelle... D'autre part, en tant que professionnel, il est acteur social, représentant de la société d'accueil et de l'institution qui légitime son action, toujours engagé dans le jeu de relation majoritaire-minoritaire... ». Et plus loin : « L'identité culturelle, sociale et professionnelle du travailleur social peut être un obstacle à la reconnaissance de l'autre dans sa différence. » Nous avons pu constater l'importance de cette problématique tant au cours de notre travail de formation avec les éducateurs, dont la clientèle est souvent d'origine immigrée, qu'au cours de la recherche-action, menée avec eux.

Nous pensons qu'il est nécessaire, au cours des interactions qu'implique le travail social avec les adolescents issus de l'immigration :

— *Premièrement d'étudier les représentations qu'ils ont de leurs groupes ethniques et d'eux-mêmes* et d'axer les actions en fonction de la compréhension qui en résulte.

— Deuxièmement, d'organiser des échanges hors du contexte habituel de hiérarchisation des rôles sociaux. Il ne s'agit pas de devenir « un copain » du jeune au lieu d'être un éducateur, mais de rompre avec la routine des relations de domination culturelle et sociale, de partager les activités, les intérêts, d'approcher la communauté des jeunes et de connaître la vie de cette communauté.

Les moyens pour le faire peuvent être différents : le travail social en France a une tradition de terrain.

Pour donner un exemple des interactions en dehors du contexte habituel, je me réfère à la recherche-action déjà citée. Cette recherche a réuni pendant six mois, une fois par semaine, un groupe d'adolescents d'origine étrangère, des travailleurs sociaux et des chercheurs. Notre objectif était, d'abord, d'observer les comportements et d'étudier les représentations de soi des jeunes et les représentations de leurs communautés ethniques au cours des activités que nous avons organisées ensemble : sorties, discussions, danse, théâtre. Nous avons également souhaité valoriser leurs cultures et leurs différences et les aider dans le processus d'intégration sociale. Pour réaliser ce but, nous avons changé le contexte habituel du travail social et essayé de construire une certaine *communauté d'expériences* et d'idées partagées par les jeunes et les adultes.

En guise d'illustration de ces activités, notons que nous avons plusieurs fois préparé la nourriture ensemble et que nous sommes également sortis pour dîner. Le dîner dans un restaurant maghrébin élégant, autour d'un couscous, a permis des échanges qui n'entraient pas dans des relations de domination culturelle et hiérarchique. Les enfants maghrébins, très contents, ont pu comparer favorablement la cuisine maghrébine à certains plats européens, ou débattre de la pureté et de la finesse du couscous bien roulé, des épices qui rehaussent le goût, de la technique de préparation des plats... Nous avons observé une affirmation et une valorisation de leur propre culture alimentaire : c'était un moment privilégié permttant à nos jeunes de confirmer leur différence, leur ethnicité... Le même phénomène s'est produit de façon plus forte au cours des séances de danses arabes auxquelles nous avons tous participé avec enthousiasme...

Cette recherche nous a permis de voir que faire des choses, *créer l'interculturel* était plus important que d'en parler.

La compréhension et la valorisation de la différence paraissent être un élément essentiel du travail social avec les jeunes d'origine étrangère. Je citerai un autre exemple permettant la valorisation des origines ethniques, raconté par un professeur qui a mené des activités interculturelles à l'école primaire, au cours des leçons d'histoire et de géographie. Elle a incité les enfants à rassembler des informations sur leurs généalogies : ainsi toute la classe a débattu des biographies des nomades du Maghreb, des cordonniers parisiens, des marchands chinois, des paysans bretons, etc. Ce débat a donné une occasion de connaître et d'apprécier les origines différentes des uns et des autres.

Les immigrés consacrent beaucoup d'énergie à se défendre ou à restaurer une image de soi défavorable ; il faudrait les délivrer de ce fardeau par des activités qui donnent aux cultures la même importance.

Comme le souligne M. COHEN-EMERIQUE, la connaissance d'autres cultures est le premier pas vers le pluriculturel. Nous avons essayé de montrer l'importance de la *prise de conscience* des difficultés qu'ont les jeunes à vivre la différence, surtout dans une situation minoritaire qui rencontre souvent le rejet et la discrimination et nous avons insisté sur l'influence d'interactions « d'égal à égal ».

Nous pensons que la reconnaissance des « racines » de sa culture permet d'accéder à une plus grande ouverture vers les cultures du pays d'accueil. Cette ouverture facilite les processus cognitifs et affectifs de compréhension de deux cultures et le processus de synthèse créative qui permet une insertion réelle dans la société d'accueil sans nier sa communauté d'origine.

BIBLIOGRAPHIE

(1) MALEWSKA-PEYRE H. et coll. (1982), *Crise d'identité et déviance chez les jeunes immigrés*, La Documentation Française, Paris.

(2) MALEWSKA H., GACHON C. et coll. (1988), *Le travail social et les enfants de migrants. Racisme et identité : recherche action*, CIEMI, L'Harmattan, Paris.

(3) MAILLOUX N. (1965), « Délinquance et répétition compulsive », in *Contribution à l'Etude des Sciences de l'Homme*, n° 6, pp. 73-82, Paris.

(4) WALLON H. (1956), « Niveaux et fluctuations du Moi », in *Evolution psychiatrique*, Paris, fasc. cité par J. SELOSSE.

(5) Ce test a été fait par I. TABOADA-LEONETTI en collaboration avec M. ZALESKA et moi-même.

(6) ROGERS C.R. (1959), A theory of therapy personality and interpersonal relationship, in *Psychology : A study of the Science*, Ed. S. Koch Mc Graw Hill, New York, pp. 184-256.

(7) CODOL J.P. (1979), *Semblables et différents*, thèse pour le doctorat d'Etat, Ronéoté, 490 p.

(8) LECLERQUE R.J., Communication au colloque de l'ARIC, Fribourg, 1987.

(9) MALEWSKA-PEYRE H. (1984), « L'image de soi des jeunes immigrés », *Bull. de Psychologie*, Tome XXXVI, n° 359, pp. 363-376.

(10) MALEWSKA H., ZALESKA M. (1980), « Identité et conflits de valeurs chez les jeunes immigrés maghrébins », in *Psychologie Française*, Tome 25, n° 2, Paris.

LES ASSOCIATIONS ETHNIQUES COMME LIEUX D'INTÉGRATION SOCIALE

Gilles Verbundt

INTRODUCTION : UNE VARIANTE DE L'APPROCHE COMMUNAUTAIRE

Dans le travail social, l'approche communautaire est une tentative de mettre les problématiques individuelles dans une perspective collective pour s'appuyer davantage sur une dynamique locale et sur des solidarités « naturelles ». D'inspiration anglo-saxonne au début, l'action sociale collective s'appuyait sur des solidarités existantes au niveau d'un quartier ou d'un grand ensemble, avec l'objectif de recréer le tissu social par une prise en charge commune des problèmes posés sous la conduite du travailleur social. D'autres courants, par exemple Samuel Alinsky aux Etats-Unis (1), insistaient davantage sur la défense énergique des droits, par une action collective au bord de la légalité, rendue possible par ce que l'on pourrait appeler des *lobbies*.

En France, depuis 1968, dans ce domaine comme

dans d'autres, naquit la volonté de *rendre la parole* aux usagers, qui, au lieu de quémander la charité individuellement, devraient s'organiser au niveau local pour obliger les institutions à les considérer comme des partenaires plutôt que comme des clients. Le rapport de forces devrait se substituer aux rapports de dépendance. La notion valorisée d'« identité collective » (2) fit son entrée dans le travail social. La plupart des initiatives prises dans cet esprit prenaient et prennent appui sur l'espace, elles s'inscrivent dans une politique plus large de la territorialisation. Mais, en même temps, comme le signalent Ion et Tricart (3) :

> « L'attention (des travailleurs sociaux) se trouve... portée en direction de groupements homogènes caractérisés par des critères d'âge, de sexe, d'origine ethnique, supposés coïncider avec des entités culturelles spécifiques : groupes de femmes immigrées, troisième âge, jeunes Maghrébins de la deuxième génération, ouvriers d'un bassin d'emploi ou d'une branche professionnelle, préadolescents, etc. »

Des travailleurs sociaux se posent la question : ne faut-il pas aller plus loin et favoriser aussi la constitution de groupes intermédiaires sur une base culturelle, donc souvent ethnique, en dehors de la préoccupation de la recherche de solutions immédiates à certains problèmes concrets ? L'objectif à atteindre est l'intégration des identités diverses présentes sur un territoire, non seulement en respectant la spécificité de chaque groupe culturel, mais en s'appuyant sur des structures mentales et sociales différentes pour réussir la promotion individuelle et collective. Le cadre peut en être le quartier (4), mais pourquoi ne serait-ce pas, parfois, l'ethnie ? Le terme ethnie signifie dans ce contexte un groupe, homogène sur un certain plan, de personnes représentant des affinités culturelles ou religieuses et des similitudes sur le plan social, faisant référence habituellement à une origine géographique précise.

Ce groupe intermédiaire, l'ethnie, fait l'objet d'une méfiance particulière. La revalorisation des appartenances religieuse, régionale ou culturelle va à l'encontre d'une tradition française enracinée non seulement dans le centralisme administratif et politique, mais également dans l'idéologie de la Révolution de 1789. Aujourd'hui il faut réinterroger ces traditions, comme on l'a fait pour le régionalisme, et poser la question : l'existence de structures sur une base ethnique (souvent sous forme d'associations), est-elle obligatoirement un retour en arrière ?

Une mise au point s'impose d'emblée. Dans ce contexte on parle souvent de *communauté* : ce vocable est tantôt utilisé pour désigner la communauté nationale (« la communauté française ») tantôt pour les communautés minoritaires (« communauté maghrébine », par exemple). Les deux types de communautés semblent s'exclure l'une l'autre, parce que chacune d'elles est censée s'occuper de toutes les fonctions de la vie sociale, économique et politique. Cette conception s'enracine dans une pensée qui conçoit la société comme une unité absolue et globalisante ne pouvant se maintenir sans consensus sur les façons de vivre et de penser. L'intégration dans l'Etat requerrait l'intégration dans une société civile unifiée et unifiante.

Dans cette perspective tout ce qui s'écarte un peu trop des normes dominantes (5) est considéré comme nuisible à la société. Cette conception, enracinée dans la société traditionnelle, doit faire place à une conception plus fonctionnelle et complexe de la société nationale (et internationale) et restituer certaines fonctions (culturelles, bien sûr, mais peut-être aussi socio-économiques et politiques) aux minorités. Il ne s'agit pas de remplacer la société nationale par une multitude de sociétés ethniques — comme le craignent ceux qui parlent de la « libanisation » de la France, et comme certains mouvements minoritaires, par exemple corse, semblent le souhaiter — mais de trouver une meilleure articulation entre la société globale, les communautés intermédiaires et les individus.

Pour le dire dans des termes plus hégéliens (6) : l'Etat pourrait reconnaître les (et ainsi favoriser l'existence des) éléments constitutifs de la société civile, au lieu de continuer à tenir un discours idéologique sur l'unité de la France qui n'a jamais été conforme à la réalité, sauf pour certaines idées [républicaines] (7) et institutions (armée, système scolaire, travail social).

Dans ce champ ouvert, parmi d'autres acteurs,

associations et travailleurs sociaux se sont engouffrés, cherchant à définir leurs positions les uns par rapport aux autres.

L'ÉTAT DES LIEUX DES ASSOCIATIONS

Le monde associatif en milieu immigré est d'une grande variété et complexité. Une histoire différente, des conditions sociales et matérielles particulières lui impriment souvent des caractères spécifiques.

L'ÉMERGENCE D'ASSOCIATIONS

La naissance et la vie des associations sont conditionnées par l'existence d'un environnement qui peut les freiner ou les favoriser.

A. Conditions politiques

L'émergence d'associations dans les milieux de l'immigration est liée à des conditions historiques à la fois dans les pays d'origine et en France. En milieu portugais, par exemple, la « Révolution des œillets » du 25 avril 1974 libéra des forces créatrices qui conduisirent à la création d'un grand nombre d'associations. Par contre, la présence en France du Parti unique FLN dans l'immigration algérienne à travers l'Amicale des Algériens en Europe, ainsi que la forte politisation des groupes contestataires, fut pendant longtemps un obstacle à l'organisation autonome de la vie associative parmi les immigrés algériens.

Avant 1981 des associations d'étrangers existaient déjà en France ; elles étaient soumises à un contrôle sévère de la part du Ministère de l'Intérieur. En 1981, l'abrogation d'un décret datant de 1939 accordait enfin aux étrangers le droit à l'association au même titre qu'aux nationaux. D'autres associations composées d'étrangers existaient *de facto* sans avoir été déclarées, courant sans cesse le risque de la dissolution. En 1981 le changement législatif permit à des aspirations longtemps mises sous le boisseau de se manifester au grand jour.

Plusieurs autres facteurs conduisirent alors à un essor rapide de ces associations ; l'enracinement des immigrés en France et la montée des jeunes générations (8), la découverte de l'importance des cultures (surtout par rapport à l'éducation des enfants), et enfin une politique relativement généreuse de la part du ministère de la Culture et du Fonds d'action sociale.

B. Du village à l'association

L'association est une façon propre à la société urbaine de structurer l'ethnie, maintenir des liens et des traditions et disposer des moyens de les transmettre. Une forme ayant cours dans l'environnement social et juridique est nécessaire si la structure veut entretenir des relations avec l'extérieur. Habituellement elle prendra donc la forme d'une association selon la loi de 1901.

Le fait même d'adopter la formule associative est un facteur d'intégration, surtout à partir du moment où celle-ci va expliciter les objectifs et les modalités de fonctionnement du groupe. En effet, dans la société traditionnelle les liens de parenté ou les structures villageoises tiennent lieu de structure de rassemblement. Les objectifs sont élaborés par les anciens ou les notables sur la base de traditions.

Les règles de fonctionnement d'une association sont en principe démocratiques : un membre, une voix. Il est vrai que les débuts de l'association peuvent être marqués par la présidence de notables ou de chefs « historiques », mais l'évolution conduit souvent soit à des scissions, soit à un partage des pouvoirs, avec un respect plus grand des règles démocratiques à la française. Au niveau des discussions, des traditions, telles que la palabre africaine, s'insèrent fort bien dans la délibération associative, et peuvent apporter un « plus » de démocratie.

Les objectifs évoluent également : déjà le fait de fixer des objectifs et de ne pas se réunir uniquement pour le plaisir de se réunir est important ; ensuite, ces objectifs doivent s'inscrire dans le champ social et culturel du pays d'accueil. Si les membres d'une association s'engagent à l'entraide, ils veulent faire supporter par l'association une fonction qui, dans le village, n'avait pas besoin d'être explicitée. Enfin, les moyens pour y parvenir doivent respecter les lois françaises, par exemple en matière de contrôle comptable.

C. Conditions matérielles

Il faut une certaine ancienneté du groupe en France avant que celui-ci ne se structure. Dans la première période après l'arrivée, les immigrés ont à résoudre des problèmes d'emploi, de logement, de regroupement familial. Pour leur installation ils peuvent souvent s'appuyer sur un réseau déjà existant. S'ils n'ont pas de compatriotes anciens dans l'entourage, les préoccupations culturelles sont mises en veilleuse.

Autrefois on assistait souvent à des regroupements par ethnie dans les quartiers délabrés : les ghettos. Parfois, les conditions socio-économiques des immigrés et réfugiés, jouant dans un mécanisme de rénovation urbaine, conduisent à un regroupement similaire. Cependant le ghetto tel qu'il existe en France, permettant un certain regroupement physique par le fait d'être un quartier en sursis, est devenu plutôt un habitat précaire. Le ghetto n'est pas non plus un lieu inaccessible aux Français et ne préserve donc plus contre l'agressivité de l'extérieur (9).

Il y avait une époque où les ghettos remplissaient la fonction d'accueil et de solidarité. Il y a soixante ans, par exemple, des terrains marécageux à Alfortville furent cédés aux Arméniens ; dans les années cinquante et soixante se développèrent les bidonvilles. L'arrêt de l'immigration depuis 1974 et le vieillissement des premiers arrivés, suivi du tarissement des regroupements familiaux et de l'absorption d'ilôts insalubres, conduisent à la disparition progressive des regroupements territoriaux des ethnies.

Cependant, le besoin de regroupement demeure. Pour des croyants, la paroisse nationale ou la mosquée peuvent jouer ce rôle. Pour d'autres ce seront des associations. De plus en plus ce sont aussi des réseaux très vastes et distendus, reposant sur les moyens modernes de communication, par exemple les radios privées, le Minitel, les journaux.

LES ASSOCIATIONS : POURQUOI ET COMMENT ?

L'évolution des associations, les objectifs qu'elles se fixent, les rôles qu'elles jouent sont intimement liés à l'évolution des milieux de l'immigration. Les associations sont le reflet du milieu : l'immigration était au début composée d'hommes, travailleurs entre 20 et 40 ans, provenant de sociétés où les enfants, les jeunes et les femmes n'ont pas de pouvoir à l'extérieur de la maison.

Or, ils arrivent dans une société dont les structures ne sont pas adaptées à l'insertion de familles d'origine étrangère. Au fur et à mesure que les familles arrivent, que les enfants grandissent et que les femmes immigrées voient vivre les femmes françaises, les frustrations et les espoirs se transforment en revendications et vont s'exprimer au moyen d'objectifs associatifs. Dans un premier temps c'est souvent le besoin de se retrouver entre compatriotes, de parler, dans la langue maternelle, d'intérêts communs ; l'association constitue alors un pont avec le pays d'origine et avec le passé. Viennent ensuite, par exemple, les préoccupations liées à l'éducation des enfants, le souci de la transmission de la langue, de la religion, de certaines valeurs. Les associations qui se créent à partir des années 80 vont être, de plus, l'affaire des jeunes et des femmes, sous-représentés dans les catégories précédentes. L'idée d'intégration n'est plus écartée ; la question se pose plutôt du *comment* de cette intégration (10).

A. Les rôles des associations

Les rôles que les associations jouent ne correspondent pas nécessairement aux objectifs qu'elles se fixent : le fait, par exemple, d'adhérer à une association est déjà une démarche qui a son importance en elle-même. Ces rôles potentiels sont aussi nombreux que les associations. Chaque association en joue plusieurs. Citons, parmi les plus fréquents :

Un rôle de suppléant

Si les immigrés étaient mieux accueillis en France, y aurait-il eu autant d'associations ? Dans le cas d'associations de défense des droits, leur création répond au moins en partie à un sentiment de frustration éprouvé devant l'indifférence (si ce n'est l'incapacité ou le refus) des institutions françaises de prendre en compte les revendications (minoritaires) des étrangers. L'existence d'une association basée sur une ethnie ou un groupe d'ethnies est une critique implicite des partis politiques, syndicats, organisations humanitaires traditionnelles qui n'ont pas tenu suffisamment compte des besoins spécifiques des étrangers, ou qui n'ont pas su leur parler. Ces organisations ne se rendent pas toujours compte de leur caractère ou fonctionnement typiquement français et exercent plus ou moins consciemment une pression allant dans le sens de l'assimilation. Il y avait une époque où, par exemple, les immigrés étaient surtout préoccupés par leurs problèmes de logement alors que les syndicats ouvriers, ignorant cette revendication (qui ne fait pas partie du cahier des charges du syndicalisme français), leur proposaient l'abaissement de l'âge de la retraite, revendication dont ils n'avaient cure à l'époque.

Un rôle de transmission

Les parents se demandent comment ils vont transmettre leur culture, et en particulier leur langue, aux enfants. Les immigrés voient les enfants et les jeunes grandir avec des conceptions de la vie, des mœurs, une langue étrangères à leur propre culture. Chaque famille prise isolément est incapable d'assurer la transmission du patrimoine culturel. Les associations culturelles jouent depuis toujours un rôle important dans ce domaine. Près d'un millier d'associations en France s'occupent de l'enseignement de la langue portugaise aux enfants issus de cette immigration.

Un rôle de réconfort

On a vu des immigrés aller tous les dimanches à la gare attendre les trains qui arrivaient de leur pays. D'autres, plus ou moins religieux, se réunissent toutes les semaines à l'église. Ils ont besoin d'un lien avec la terre d'origine. Les associations de loisirs et, dans une certaine mesure, les associations religieuses, répondent à un besoin de se retrouver entre gens connus, parlant la même langue. Pour cette raison, ce type de regroupement se réfère à une région ou à une religion, plutôt qu'à une nation d'origine. Ces regroupements du dimanche sont sécurisants et permettent de mieux résister à l'agressivité ressentie au cours de la semaine (11).

Un marché matrimonial

Pour les jeunes gens issus de l'immigration il est souvent difficile de trouver un conjoint dans le milieu français « de souche ». Bals, groupes de danses folkloriques, chorales, bref, des lieux où se retrouvent des jeunes ayant des attaches culturelles communes peuvent aider à résoudre ce problème.

Un rôle de solidarité dans le combat pour l'égalité

La frustration des femmes et jeunes est double : dépourvues de pouvoir à l'intérieur du groupe ethnique, elles n'en sont pas davantage insérées à part entière dans la société globale française. Les associations se proposent donc de conquérir l'égalité des droits et la reconnaissance à la fois au-dedans et au-dehors de la communauté. Lorsque les jeunes issus de l'immigration au début des années 1980 ont voulu s'organiser, une minorité d'associations de jeunes proposait de le faire sur une base ethnique. Cela correspondait à une expérience de rejet de la part de la société majoritaire et à une interrogation radicale sur l'identité.

L'absence de l'appartenance ethnique, ou même de la référence ethnique peut provoquer des crises d'identité et conduire à des comportements pathologiques. Les mécanismes d'exclusion et de rejet, fonctionnant dans la société d'accueil, rendent une intégration dans l'identité nationale plus qu'aléatoire pour les catégories en situation de faiblesse économique ou politique. Si l'ethnie en France dépasse son domaine propre, c'est habituellement parce que la société majoritaire n'a pas su intégrer des aspirations vitales : c'est le réflexe du repli.

Un rôle politique

Le droit de vote ne leur étant pas reconnu, c'est par la seule voie associative que les immigrés peuvent se faire entendre directement, et donc défendre des intérêts non pris en charge ailleurs. L'association est un moyen de se faire entendre nationalement ou localement. Pour les immigrés, plus encore que pour les Français, la vie associative est une école de vie démocratique.

B. Les projets

Les immigrés ont leurs objectifs et projets. Ils peuvent être plutôt tournés vers des changements au pays d'origine ou vers leur place dans la société française. Leurs interlocuteurs français aussi : veulent-ils soutenir les immigrés dans l'affirmation d'une spécificité culturelle, prendre surtout en considération leur situation matérielle, ou favoriser l'assimilation ? A l'intérieur de chaque groupe, français ou immigré, la diversité est — heureusement — la règle.

Se situer : quelle intégration ?

Chacun a son avis sur le degré ou le type d'insertion à favoriser en France : pour les uns, c'est la promotion d'une société interculturelle, pour les autres une recherche des racines, pour les troisièmes l'action dans le sillage d'un parti politique, pour les derniers une position de repli, de défense contre une société environnante ressentie comme agressive.

a) La non intégration en France

Devant les déboires éprouvés à cause du racisme ou de l'ethnocentrisme de la société française, ou devant la persistance d'un rêve de retour, l'intégration peut paraître aux immigrés comme un but sans intérêt. La résignation ou l'opposition se cristallisent alors dans un retour aux supposées sources, dans le rattachement à un passé plus ou moins mythique. Dans cette perspective le pays d'origine est souvent survalorisé.

Cela sera d'autant plus vrai que certains étrangers se trouvaient dans leur terre d'origine dans une situation de pouvoir relatif et s'en trouvent dessaisis en France. La fermeture sur le milieu ethnique par le biais d'une association garantit alors la subsistance d'un peu de prestige. Ces associations reçoivent volontiers l'appui des gouvernements ou de partis politiques des pays d'origine ou d'institutions religieuses.

b) Des objectifs pour la vie en France

Certaines associations veulent surtout améliorer le statut de leurs compatriotes en France, et développent des activités culturelles et sociales.

Lorsqu'il est question « d'action culturelle », qu'est-ce que les associations mettent derrière ce mot ? Il peut s'agir du souci inoffensif de se divertir dans une ambiance familière. Il peut aussi s'agir de souder les individus en vue d'une action collective, voire d'une volonté de rassemblement pour un endoctrinement. Dans ces derniers cas on parlera toujours d'action sociale et de promotion, mais ce que l'on met alors sous les termes n'est pas clair.

Les activités culturelles ont souvent pour objectif la connaissance des langues d'origine (des parents) et la transmission de connaissances sur les pays de départ. Mais certaines associations n'hésitent pas à organiser des cours de langue française ou à aborder des problèmes de la société française. Ces associations entrent de plus en plus souvent dans des relations de coordination ou de partenariat avec d'autres organisations d'immigrés ou françaises. Le langage utilisé exprime habituellement un refus de l'assimilation, une volonté d'insertion (les immigrés, en général, n'aiment pas parler d'intégration) et un souci du respect et de la transmission des cultures d'origine. C'est dans ces milieux, ainsi que dans les milieux français qu'elles côtoient, que l'on parle le plus souvent de « société interculturelle », de « citoyenneté » et de droits politiques pour les immigrés.

Tous les immigrés ne sont pas frères

A ce sujet les Français réagissent souvent comme si tous les immigrés, du fait de leur expérience migratoire ou de leur statut d'étranger, devraient naturellement s'entendre et se retrouver unis autour d'objectifs communs. On s'étonne que les « Beurs » soient à ce point divisés, et l'on oublie que le secteur associatif de souche française connaît également ses assocations conformistes et non-conformistes, laïques et confessionnelles, bretonnes et alsaciennes, ..., pour ne pas parler des syndicats ouvriers en France qui représentent des sensibilités différentes. Pourquoi alors s'offusquer de la présence d'une vingtaine d'associations turques en Ile-de-France ?

Viennent se greffer là-dessus les divisions idéologiques qui existent entre les associations en présence. Au début de leur présence en France, les membres réels ou potentiels sont souvent tournés vers le pays d'origine, et épousent toutes les divisions qui existent dans ce pays. C'est ainsi que, parmi les travailleurs turcs, les associations étaient d'abord aussi nombreuses que les groupements politiques en Turquie, ce qui n'est pas peu dire. Au fur et à mesure que la durée de présence s'allonge, l'installation en France devient pratiquement définitive, les objectifs s'élargissent, les liens avec le pays d'origine deviennent plutôt des références ; des intérêts identiques partagés conduisent à des regroupements d'associations (12).

UNE RESSOURCE POUR UN TRAVAIL SOCIAL RENOUVELÉ

Le phénomène de la réactivation des liens ethniques à travers les associations doit, par tous ceux qui s'intéressent à l'action sociale, non seulement être appréhendé sans peur, mais être une occasion de redonner vie à un tissu social durement maltraité dans toute l'Europe par l'industrialisation, et en France par un centralisme politique et administratif excessif. Ce mouvement mérite d'être soutenu, parce qu'il peut apporter un plus à la société, même s'il (ou peut-être parce qu'il) se situe souvent dans une attitude critique.

Quand des jeunes s'organisent pour aider les vieilles personnes du quartier à faire leur marché, quand des femmes africaines s'unissent pour combattre l'excision, quand des aînés ou des parents collectivement aident les cadets à faire leurs devoirs, quand des locataires d'une cité en mauvais état font la grève des loyers, quand des jeunes fabriquent une bande vidéo pour faire connaître leur quartier, il y a implicitement une critique du système scolaire, des conditions d'habitat, du travail social, de la possibilité d'expression : néanmoins la société aurait tort de ne pas les encourager.

Un fait est patent désormais : « l'assimilation ne marche plus » ; la question n'est plus de savoir s'il faut encourager les étrangers établis en France à « s'assimiler » ou les enfermer dans des ghettos sécurisants ; il s'agit par contre de trouver des formes d'articulation des différentes instances et fonctions qui interviennent dans l'existence humaine. Autrement dit : quelles sont les fonctions que peuvent remplir les groupes intermédiaires entre l'Etat et l'individu, les appartenances diverses et les références multiples dans les processus d'intégration et d'identification que les travailleurs sociaux appellent de leurs vœux ?

Tout ce qui, sur le plan associatif, naît dans les milieux immigrés ou réfugiés n'est pas pour autant susceptible de retenir l'attention des travailleurs sociaux ou des autres intermédiaires. Les mêmes questions se posent lorsqu'il s'agit d'organisations françaises : qui veut faire quoi ? Avec quel objectif, quelles méthodes, quels financements ? Qui sont les leaders et les partenaires ?

TRADITIONS NATIONALES FRANÇAISES

Avant de faire la critique des associations ethniques

on doit commencer par porter un regard critique sur le fonctionnement des institutions françaises. Or, le travail social en France reste fortement marqué par quelques traditions nationales.

A. Assimilation ou intégration ?

L'appropriation de la culture dominante paraît à première vue une *conditio sine qua non* pour que les familles immigrées aient accès aux ressources nationales. Mais des doutes commencent à naître... Ce n'est, de toute façon, pas une condition suffisante.

L'assimilation, c'est fini

La politique par rapport aux résidents étrangers a toujours été celle de l'assimilation. Les hommes politiques parlent avec fierté de la « force assimilatrice » de la France pour désamorcer des peurs qu'exprime surtout l'extrême droite. Le fait de contester les bienfaits de l'assimilation est qualifié de volonté de ségrégation. Maint travailleur se sent obligé de mettre ses pas dans ceux de ces hommes politiques. « Devenez Français » dit-on alors. Et aux Tsiganes on dit : « Sédentarisez-vous ». Parfois on ajoute « C'est dans votre intérêt, et en tout cas vous vous assimilerez tôt ou tard ». Pendant longtemps, dans les milieux des enseignants et éducateurs la consigne était : « Apprenez le français et oubliez votre langue maternelle. Sinon vous serez des inadaptés dans la société moderne ». Travailleurs sociaux, enseignants et autres éducateurs de terrain étaient appelés à déraciner tous les restes d'ignorance, d'obscurantisme et de traditionalisme liés aux cultures « spécifiques », pour faire accoucher la société moderne et républicaine aux valeurs universelles. Plus de place pour des particularismes régionaux, pour des cultures immigrées ou populaires. Il fallait non seulement apprendre le français, mais en plus oublier sa langue maternelle. L'enracinement dans un milieu non conforme à la norme dominante nationale était à proscrire. Pour le bien de tous (13).

Au grand regret de certains, le projet national

assimilateur ne marche plus (14). On regrette le bon vieux temps des Polonais et Italiens tous assimilés aujourd'hui, pense-t-on. Ce modèle a-t-il fonctionné aussi bien qu'on le fait croire ? Et quel en a été le prix, non seulement en souffrances humaines, mais aussi en pertes culturelles ? A cette violence assimilatrice succède aujourd'hui une plus grande ouverture à l'égard des revendications régionalistes ; la décolonisation continue ; l'affaiblissement (qu'on le regrette ou non) des mythes de la « patrie » et du « consensus » national ont ouvert la voie à une remise en valeur de « communautés ». Les immigrés, les réfugiés, les juifs et les Tsiganes sont des minoritaires, mais on accepte de leur donner la parole. Certains craignent pour l'unité de la France, mise en place si laborieusement au cours de neuf siècles... Des siècles qui n'ont jamais réussi à gommer les différences régionales et qui ont vu bien des changements dans le comportement de la majorité et dans sa(ses) culture(s)..., voire dans l'appréciation de certaines valeurs (aujourd'hui) fondamentales.

Recherche de l'intégration

L'alternative ghetto ou assimilation avait l'avantage d'être claire et simple. Si on comprend l'intégration comme un processus d'adaptation réciproque, comme une volonté de vivre ensemble avec les différences culturelles, on entre dans un processus bien plus complexe et difficile à maîtriser.

a) Regrouper ou disperser ?

Faut-il ou non disperser les étrangers dans le tissu social ? La question est souvent théorique : les mécanismes d'attribution HLM, la situation du marché du logement, l'implantation des industries de main-d'œuvre et les ressources des immigrés conduisent souvent à des concentrations de fait. Est-ce un bien ? « Non » disent les uns, parce que cela retarde l'insertion. « Oui » disent les autres, parce que les soi-disant ghettos permettent d'adoucir le choc de la transplantation. Une politique d'intégration poserait les problèmes d'une façon moins tranchée. Elle les poserait aussi pour toutes les catégories de la population, et pas seulement pour les couches défavorisées.

On peut se rassembler volontairement aussi, sur une base ethnique pour résoudre certains problèmes, sur une base professionnelle pour en résoudre d'autres. Les personnes ont beaucoup de lieux de vie complémentaire. Un véritable ghetto enferme les gens dans un même et unique circuit de familles, d'habitat, de profession, de loisir et d'éducation et exclut les appartenances et références multiples. C'est l'image stéréotypée que l'on a d'ailleurs de la société traditionnelle. C'est un monde clos. Mais chaque rassemblement sur une base ethnique n'est pas à proscrire pour autant. Ce qui importe, c'est que les appartenances et références restent multiples. En outre, les rassemblements voulus valent mieux que les rassemblements subis. Enfin, il faut se demander si l'isolement du ghetto est la conséquence d'une volonté de fermeture de la part de ses habitants ou d'un rejet de l'environnement.

Pourquoi d'ailleurs voudrait-on disperser les immigrés ? Pourquoi veut-on qu'ils s'intègrent ? On constate que le ghetto ne fait pas peur à la société globale dès qu'il s'agit de classes privilégiées. La condition socioprofessionnelle des populations immigrées est pour une bonne part la cause de l'appréhension de voir se constituer des poches de pauvreté.

b) Faut-il choisir ?

Souvent on demande aux jeunes qui se réfèrent à deux systèmes culturels et à deux milieux de vie de choisir : « Assimile-toi ou retourne dans ton pays ». Dans ce cas, comme dans celui de la question : « Etes-vous d'abord Français ou Juif ? » On réduit l'individu à l'une de ses appartenances et on le somme de choisir là où aucun choix ne s'impose. Une jeune maghrébine l'exprima un jour ainsi : « Je n'ai pas à choisir entre ma mère et mon père (15) ».

Et si on disait que plusieurs appartenances sont nécessaires pour la mise en place d'une identité réussie ? Doivent-elles toujours et nécessairement être vécues comme contradictoires ? Ainsi on peut concevoir que l'appartenance nationale permet l'accès aux ressources de l'emploi et de la vie économique, l'appartenance religieuse, ethnique ou régionale, l'accès à un système de symboles et de valeurs, la référence à un courant politique, l'accès à un modèle de société, ... Dans la société industrielle et urbaine nous vivons constamment dans des lieux et milieux différents, nécessitant chacun son langage, ses codes, voire son système de valeurs, apportant chacun un réseau de relations. L'individu fait, comme il peut, l'unité de cette constellation, mais il ne peut pas renier l'une de ses appartenances au risque, soit de rester en bas de l'échelle sociale, soit de devenir un idéologue plus ou moins terroriste, soit de se couper de ses racines culturelles...

Une vision misérabiliste et des échecs scolaires mal analysés conduisent souvent les gens de bonne volonté à plaindre les jeunes qui seraient pris, tiraillés, voire déchirés entre deux cultures. D'autres font de ces mêmes jeunes les citoyens de demain, dans un monde où les brassages de populations s'intensifient. C'est méconnaître les dynamismes de la vie, les capacités d'adaptation, et surtout le rôle moteur que joue la diversité des références, même au plan biologique !

B. Craintes

L'attitude idéologique de beaucoup de nationaux a évolué. Mais on se pose quand même des questions... Il ne s'agit pas de perdre les bénéfices liés à l'apparition de l'Etat et de l'industrialisation, de faire des concessions sur certaines valeurs, telles que la démocratie ou l'égalité de l'homme et de la femme. Quelque part existe la peur que la société multi-ethnique affaiblisse la nation française.

L'intégration contre la sécurité ?

« Que feraient les Maghrébins en France en cas de guerre avec un Etat islamique ? » se demandent certains citoyens français inquiets. Ils ont peur de regroupements qui pourraient constituer, à leurs yeux, comme une cinquième colonne. Comme nous l'avons dit plus haut, le mot « communauté » peut induire en erreur. Ce terme fait penser à un groupe vivant en autarcie, ayant seulement des liens distendus avec son environnement. Or, la « communauté » ethnique en tant qu'intermédiaire ne joue actuellement en France qu'un seul rôle précis, qui est celui de contribuer à la possibiité donnée à ses membres de s'identifier et de faire exister un réseau de relations sur une base d'affectivité et de sensibilité communes. En plus, les solidarités « naturelles » qui existent dans ces groupes offrent la possibilité d'une promotion sociale et d'une défense plus efficace de certains intérêts communs.

Certains voient les communautés immigrées comme susceptibles de pervertir le système électoral par la constitution de « lobbies ». Il est certain que l'exemple des Etats-Unis avec l'existence du lobby juif impressionne et parfois séduit beaucoup d'immigrés, d'origine arabo-musulmane en particulier. Pour le moment, les communautés en France ne prennent pas cette voie : tout dépend de la capacité d'intégration des revendications spécifiques par les partis politiques existants.

Le seul danger pour l'ordre public pourrait provenir d'organisations du type maffia. Ce danger peut exister, parce que l'absence totale de contact avec la société française (sauf avec... « le milieu ») peut permettre son développement dans certains groupes fermés. Mais ces groupes, en général, essayent de ne pas attirer l'attention sur eux et de ne pas créer de problèmes aux Français. Parce qu'ils sont discrets, ils sont plutôt bien considérés...

L'intégrité contre la modernité ?

Pour revenir aux difficultés de fonctionnement d'associations issues de l'immigration, deux causes d'ordre culturel sont cependant à prendre en compte également : d'abord les immigrés, dans leur grande majorité, viennent de zones rurales traditionnelles et sont donc porteurs de traditions que les Français ont abandonnées ou veulent abandonner ; ces cultures sont considérées comme des freins à la modernisation. Ensuite, beaucoup d'immigrés ont vécu dans des conditions telles qu'ils n'ont pu s'approprier la culture nationale d'origine ; enfin, au niveau des générations anciennes, beaucoup sont analphabètes.

La peur du métissage

Au niveau des groupes les processus d'acculturation ou de métissage assurent le dynamisme des identités, qui, sans la diversité des références et appartenances, sont vouées à l'extinction. A condition toutefois que le métissage se fasse dans des conditions égalitaires et ne soit pas encouragé pour « blanchir » une population.

L'existence du métissage ne peut conduire à une affirmation collective d'une identité différente que si elle est vécue positivement. Or, par exemple, chez beaucoup d'Antillais, plus un nouveau-né est blanc, plus il est le bienvenu. Aux yeux de nombre d'Antillais, le savoir faire et la richesse des Métroplitains sont liés à la couleur de la peau. On s'en sortira mieux socialement et professionnellement en étant proches des Français européens, pense-t-on. Peut-on espérer un changement de mentalité aussi longtemps que le groupe antillais n'a pas acquis plus de prestige en accédant, en réalité ou au niveau des représentations, à plus de réussites économiques ?

Les métissages se multiplieront. Ils obligent à réfléchir sur les réflexes d'une vieille société qui pense encore, inconsciemment, avec des catégories de pur et d'impur, oubliant que chaque être humain est né de la rencontre de deux personnes différentes... Le métissage, pour cette raison, est encore difficile à vivre, peut conduire à des crises d'identité, mais il faut se demander si c'est à cause du métissage ou du regard que l'environnement porte sur lui.

La perte de l'identité... nationale ?

Parfois, en animant un stage de formation, et en essayant de faire comprendre ce que c'est que l'identité, je commence (et je ne suis pas le seul à le faire !) par demander aux participants de compléter la phrase : « Je suis... ». Lorsque les participants ne se connaissent pas trop, le premier qualificatif qui vient à leur esprit est majoritairement : « Français ». La nationalité donne l'impression de rester la pièce maîtresse de l'identité personnelle. A tel point d'ailleurs que les expressions « vos papiers » et « les papiers d'identité » renvoient d'abord à la carte d'identité « nationale ».

Particulièrement forte dans le passé français, et surtout lors des périodes de (menaces de) guerre, de plus en plus cette appartenance dominante entre en compétition avec des « identités » infra-nationales (pour des jeunes le quartier, pour d'autres la région, ...), supranationales (l'Europe, le bloc idéologique) et transnationales (la religion, l'entreprise, ...). La question n'est pas de supprimer la nation et l'identité collective qui lui est propre, mais de la situer comme une appartenance parmi d'autres.

Il n'est donc pas sûr que, de prime abord, tous les travailleurs sociaux soient attentifs à la médiation que peuvent fournir les associations d'immigrés, et au rôle qu'ils peuvent jouer pour aider ces dernières à vivre. Et ensuite, si la reconnaissance d'associations par les travailleurs sociaux a lieu, elle se fera spontanément plus volontiers en direction de groupes représentatifs « nationaux » que de groupes ethniques.

C. Centralisme et individualisme

Les travailleurs sociaux, en tant qu'agents rémunérés par l'Etat, ont privilégié traditionnellement l'approche individuelle, pour insister sur l'intégration de l'individu ou de la famille dans la société nationale. L'action sur le milieu et la promotion des familles impliquait la reconversion culturelle des groupes, éliminant les différences avec la société dominante. Cette action visait en fin de compte à faire disparaître le milieu, par exemple a travers les placements d'enfants, ou, dans le cas des Tsiganes, par la sédentarisation forcée.

Dans le travail social, depuis peu, la notion d'identité collective a été remise à l'honneur (1). Mais il y a encore fort à faire. Les forces centralisatrices étatiques privilégient le rapport Etat-individu, au détriment des instances intermédiaires considérées alors comme concurrentes, si ce n'est comme obstacles à une intégration utile et harmonieuse. L'État, au nom de l'égalité, en est venu à combattre les particularismes locaux et à promouvoir l'uniformité culturelle. La cohésion de l'Etat devait résulter des adhésions individuelles massives aux objectifs et valeurs de la nation.

Dans cette optique, il n'y avait plus guère de place pour des intermédiaires qui soient autre chose que des courroies de transmission, des relais pour la politique nationale.

RAPPORTS AVEC LES COMMUNAUTÉS ÉTRANGÈRES

De même que l'on peut refuser l'alternative ghetto ou assimilation, de même, par rapport aux associations, on peut refuser l'ignorance et l'utilisation intéressée, afin d'établir des relations qui permettent la collaboration tout en respectant l'autonomie. Les maîtres-mots sont alors reconnaissance et négociation.

A. « Partenaires » au lieu de « courroies de transmission »

Les responsables de l'action sociale voient généralement d'un bon œil que des jeunes maghrébins se réunissent entre eux pour entreprendre une action commune d'intégration. La vie associative en elle-même est déjà un facteur d'intégration, *a fortiori* s'il s'agit d'une action concernant l'emploi ou l'animation du quartier. Ne sont-ils pas les mieux placés pour détourner l'énergie de la délinquance vers des activités plus respectables ?

Mais, si les jeunes entrent dans ce jeu et acceptent le rôle d'intermédiaires entre l'individu et l'Etat, ils refusent de jouer seulement le rôle de tampon. Ils revendiquent une certaine autonomie dans le choix de leurs langues, de leurs modes de vie et de leurs systèmes de valeurs, même si cela les empêche de toucher des subventions. Leurs relations avec les travailleurs sociaux ne sont pas toujours aisées : les jeunes ont besoin d'eux, certes, mais ces derniers représentent quand même, à leurs yeux, la société française...

B. La médiation d'associations de solidarité

Du côté de la société d'accueil, la méfiance envers les associations d'immigrés s'enracine aussi dans la peur de voir ces dernières prendre leur autonomie, se passer des services des associations françaises. Un certain nombre d'organisations françaises font entrer des immigrés ou étrangers comme cadres de l'association. Cela peut correspondre à des attitudes très différentes. Pour certaines d'entre elles, c'est une occasion de se donner bonne conscience en utilisant des « immigrés de service » qui leur permettent de parler au nom des immigrés en général, alors que les personnes qui s'y prêtent sont rarement considérées comme représentatives par leur milieu d'origine.

Il arrive aussi que, pour acquérir des responsabilités de plus en plus grandes à l'intérieur de l'organisation d'origine française, l'immigré accepte de faire preuve d'une assimilation parfaite.

Certaines organisations encouragent l'introduction d'immigrés dans les instances de direction, tout en ayant le souci de ne pas les couper de leur milieu d'origine. C'est une opération très délicate : des promotions associatives trop rapides, dues à une certaine rareté parmi les candidats immigrés à des postes de haute responsabilité, ont mis des immigrés dans des situations délicates sur des terrains ou à des niveaux où ils manquaient d'expérience ou de préparation. Souvent cette hâte s'est retournée contre eux et contre la communauté à laquelle ils appartenaient.

LA LABORIEUSE RECONNAISSANCE

Celui qui veut fréquenter les associations immigrées doit se garder de prononcer des jugements hâtifs et prendre en compte un certain nombre de réalités qui sont plus marquées dans les associations issues de l'immigration que chez les Français.

La représentativité

L'association doit être représentative. Mais il y a d'abord un problème quantitatif. Les immigrés, peu familiarisés avec le modèle associatif, ayant peur des implications politiques et étant assez divisés sur les objectifs, ne donnent pas facilement leur confiance à des militants et ne s'engagent pas facilement dans une association dès que celle-ci veut faire autre chose que du foot ou des bals le samedi soir. Les associations ayant des objectifs plus ambitieux, soupçonnées de vouloir faire de la politique, ont du mal à recruter. Il se peut très bien qu'une petite association soit tout à fait représentative d'un courant d'opinion qui n'ose pas s'exprimer massivement.

Différences de fonctionnement

Les associations composées d'immigrés ne fonctionnent pas toujours sur le modèle français. De ce point de vue, les partenaires ont avantage à connaître tant soit peu les cultures des pays d'origine.

Aux yeux de nombreux Français, les immigrés ne sont pas censés « avoir une culture », puisqu'ils n'ont pas la culture française et, d'ailleurs, « c'est à eux de s'adapter à nous ». L'opinion qui dit que les immigrés ont des cultures qui valent la peine d'être connues n'est pas encore admise partout. Une valorisation des cultures en général peut avoir un intérêt pour créer un climat plus propice à l'existence des associations.

A l'égard d'une association qui vient de naître et qui, en plus, représente une population dite défavorisée, on a souvent tendance à être plus exigeant qu'à l'égard des associations d'autochtones de milieux privilégiés. Les associations d'imigrés doivent souvent, chez leurs interlocuteurs français, donner beaucoup de garanties de maturité avant d'être prises au sérieux. Composées de travailleurs d'origine rurale et du Tiers-Monde, elles ont du mal à se faire respecter. Leurs conditions de fonctionnement ne sont pas toujours idéales. Les subventions sont rares et modiques. Les dirigeants n'ont pas toujours reçu la formation nécessaire pour tout ce qui concerne l'animation, la gestion et la régulation des tensions. Ils n'ont pas « des relations » du côté des pouvoirs, comme l'ont souvent des associations composées de Français. Leurs membres, jusqu'ici, ne votent pas : il est facile de les ignorer. Et l'on oublie que du jour au lendemain il n'est pas aisé de passer du village à la ville et d'une société patriarcale à la démocratie.

Le rôle essentiel, mais partiel du groupe ethnique, fait que son action peut être très utile, par exemple pour la transmission d'une culture et d'une langue. Mais une question telle que celle du logement social dans le quartier, ne concernant pas d'abord une ethnie mais plutôt la population entière du quartier, ne peut être prise en charge par lui seul. Cependant pour qu'une association du quartier, s'occupant des questions de logement, prenne en considération les intérêts de tous les groupes, ceux-ci ont avantage à y être représentés et, en conséquence, à y avoir réfléchi et à les avoir formulées préalablement dans leurs propres formes d'analyse et d'expression. Si on « parachute » des immigrés sans préparation dans des réunions en langue et en formes françaises, on risque fort de les réduire à des figurants dont le seul rôle est de donner bonne conscience aux anciens colonisateurs.

RECONNAÎTRE LES ALLIÉS POTENTIELS

Comme les associations créées par les immigrés font l'objet de critiques ethnocentriques, on a tendance à se situer à leur égard avec des *a priori* soit trop négatifs, soit trop positifs. Chez les uns ces critiques détournent de toute collaboration, chez d'autres elles provoquent une tendance à « signer des chèques en blanc » dès qu'il s'agit d'une association issue de l'immigration.

Ce n'est pas parce qu'une association est composée d'immigrés qu'elle est *ipso facto* un partenaire désirable. Ce n'est pas non plus parce qu'une certaine association ne rassemble pas tous les immigrés d'une certaine nationalité qu'elle est un partenaire indésirable. Comment se repérer dans la multitude des associations actuelles ? Les travailleurs sociaux souvent ne savent pas à quelle association se vouer ! Les élus et autres financeurs se désespèrent d'avoir autant d'interlocuteurs qui se disputent les maigres subventions disponibles.

Pour apprécier à sa juste valeur une association, il est utile de vérifier un certain nombre de critères spécifiques sur les plans du fonctionnement de l'association, des finalités et des acteurs.

Qui soutient, qui prend l'initiative ?

Des étrangers qui s'adressent aux personnes influentes du quartier pour obtenir un local peuvent être et sont, très souvent, des habitants du quartier soucieux de garder intacts des liens familiaux et sociaux qui sont en train de se défaire et dont le maintien leur paraît positif. Ils peuvent solliciter les appuis dont ils ont besoin auprès, soit des partis politiques, soit des gouvernements des pays d'origine, soit d'institutions confessionnelles, soit, en général, auprès d'organisations qui risquent de compromettre leur indépendance.

Il arrive que des associations s'implantent sur le quartier sans base réelle à l'intérieur du quartier. Ce parachutage est généralement l'œuvre d'organisations confessionnelles, de gouvernements étrangers ou de partis politiques (français ou étrangers) et dont l'objectif n'est pas précisément l'intégration des immigrés en France !

Associés à la naissance ou au fonctionnement d'un groupe, le travailleur social en respectera, bien sûr, l'autonomie. Mais le respect de la culture des autres ne doit pas faire ignorer les tensions, à l'intérieur des groupes culturels, entre les catégories sociales, sexuelles ou d'âge qui les composent. Des questions de pouvoir et d'intérêts économiques interviennent fréquemment. Une ethnie n'est pas un groupe homogène.

Les leaders

Des leaders sont indispensables. Mais parmi les

initiateurs de regroupements on trouve des immigrés ou réfugiés qui tentent, par le biais associatif, de récupérer une partie du pouvoir qu'ils possédaient dans leur pays d'origine : le président-fondateur était parfois un chef africain, un leader politique au Maghreb, un notable au Vietnam soucieux de reconstituer sa clientèle en France. Ce n'est pas nécessairement une raison pour leur nier toute qualité de générosité. D'autres leaders proviennent des structures associatives françaises, confessionnelles ou syndicales, ou sont simplement des travailleurs qui se découvrent une âme de leader à l'occasion d'un événement révélateur.

Les travailleurs sociaux immigrés sont parfois des leaders qui ont voulu « se former », mais parfois aussi des travailleurs sociaux qui ont découvert l'importance de l'action collective.

Laisser vivre

Ce n'est pas seulement parce que des immigrés veulent passer pour des Français qu'ils n'apprécient pas qu'on leur rappelle à chaque instant, à tort et à travers, leurs origines ; pourquoi les renvoyer tout le temps à une origine culturelle, alors qu'ils veulent être « comme tout le monde » ? Les enfants surtout sont sensibles à ce « droit » à la différence, dont souvent ils ne veulent pas.

Les enfermements viennent parfois de l'extérieur du groupe. Ainsi, il ne serait pas bon de *contraindre* les immigrés à se constituer en « groupes » ethniques ou de leur réserver certains quartiers. Si un individu veut s'intégrer dans la société française sans passer par le groupe ethnique, c'est son désir. Si une jeune femme veut donner la priorité à d'autres solidarités que la solidarité ethnique ou familiale, c'est également son choix. Si elle veut sortir de son milieu, au nom de quoi l'en empêcherait-on ?

Les étrangers qui manifestent leur appartenance ou référence à un groupe ethnique courent le risque d'être « catalogués » et d'être enfermés dans leur culture, comme s'ils étaient entièrement déterminés dans leur comportement par les déterminants culturels. Or, les individus, tout en réagissant selon des modèles culturels, n'en sont que rarement totalement esclaves, et on peut même dire que dans la société moderne le non-conformisme fait partie de la culture. Ceci rejoint le refus d'attribuer à l'ethnicité une importance abusive, totalitariste. En outre, comme l'explique Margalit COHEN-EMERIQUE, l'expérience de l'émigration change les composantes culturelles, non seulement des individus mais aussi des groupes. L'ethnie en France évoluera différemment de l'ethnie dans le pays d'origine.

Un autre type d'enfermement consiste à emprisonner le groupe ethnique dans une personnalité mythique : un Algérien est comme ci, un Africain noir comme cela. Ce ne sont pas nécessairement des jugements négatifs que l'on porte ainsi, mais ce n'en est pas moins un jugement. D'ailleurs, l'authenticité de la culture ethnique vécue par un regroupement en France ne se mesure pas à la conformité au passé ou à la culture dominante du pays d'origine, mais à sa capacité de répondre à des questions posées dans un nouvel environnement.

CONCLUSION :

LA COMMUNAUTÉ ETHNIQUE : UN PARTENAIRE POSSIBLE

Le développement de la vie associative répond à des besoins très différents, mais partout se manifeste le souci de ne pas laisser dépérir des liens sociaux et de mieux maîtriser son sort. Ce mouvement ne se réalise pas sans conflits et n'est pas à l'abri des ambitions personnelles et des intérêts économiques. La présence du travailleur social dans ce domaine est tout à fait normale, à condition qu'il puisse maîtriser tant soit peu les situations qui découlent des rencontres et des conflits. Il peut utilement collaborer avec des communautés ethniques et leurs associations, qui, comme corps intermédiaires, peuvent jouer un rôle positif à condition de répondre aux mêmes exigences que les autres appartenances, à savoir ne pas prétendre déterminer la totalité de l'existence de leurs « membres ».

Le secteur associatif peut alors pleinement jouer son rôle d'école de la démocratie, et cela pas seulement pour les immigrés, mais aussi pour les Français en contact avec eux.

NOTES

(1) ALINSKY Samuel, *Manuel de l'animateur social*, Paris, Le Seuil, coll. Points, 1976. Un ouvrage significatif, plus récent : C.R. BROWN, *The art of coalition building, a guide for community leaders*, New York, The american jewish committee, 1984.

(2) BEAUCHARD Jacques (sous la direction de), *Identités collectives et travail social*, Toulouse, Privat, collection Sciences de l'Homme, 1979.

(3) ION Jacques et TRICART Jean-Paul, *Les travailleurs sociaux*, Paris, La Découverte, collection Repères, p. 68, 78-79.

(4) C'est dans ce sens qu'agit, par exemple, la Commission Nationale pour le Développement Social des Quartiers.

(5) On en retrouve des traces, par exemple, chez DURKHEIM en France et PARSONS aux Etats-Unis. Bruno ETIENNE va jusqu'à rejeter l'usage du mot communauté dans ce contexte.

(6) Comme le fait Michel TIBON CORNILLAUD, « Le défi de l'immigration maghrébine » in *Les minorités à l'âge de l'Etat-Nation*, Paris, Fayard, 1985, pages 289-310.

(7) Cf. Claude NICOLET, *L'idée républicaine en France*, Paris, Gallimard, 1982.

(8) Citons deux publications témoins : Sans Frontières, *La Beur génération*, Paris, Editions Sans Frontières, 1983 ; et : Convergence 84 pour l'égalité, *La ruée vers l'égalité*, Paris, Editions Mélanges, 1985.

(9) Cf. Véronique DE RUDDER, « L'exclusion n'est pas le ghetto. Les immigrés dans les HLM », in *Projet*, n° 171-172, janvier-février 1983.

(10) Voir par exemple les textes publiés par « Mémoire Fertile », 67, rue de Dunkerque, 75011 Paris, à l'occasion d'« Etats Généraux de l'Immigration » en mai 1988 à Paris.

(11) Dans la revue *Autrement*, n° 11 de novembre 1977, quelques articles sur le café, la messe, le marché, etc., illustrent bien cette fonction.

(12) L'évolution de la Maison des Travailleurs Immigrés à Paris est significative : rassemblant d'abord six organisations « nationales » ou ethniques, elle s'est transformée en CAIF (Conseil des Associations Immigrées en France), composé de 14 associations, dont plusieurs de même nationalité.

(13) Voir à ce propos les observations pertinentes de Jean-Pierre LIÉGEOIS, *Tsiganes*, Paris, Editions Maspéro/La Découverte 1983 et *Travailleurs sociaux et minorités culturelles*, Toulouse, Privat, 1977.

(14) Le livre du député RPR, Alain GRIOTTERAY, *Les immigrés, le choc*, Plon, Paris, 1985, contient de nombreuses pages déplorant cette incapacité.

(15) En outre, la question traduit implicitement une certaine conception de ce qu'est « être Français », dont l'un des déterminants serait la religion, sinon l'origine « raciale ». De même la question « Êtes-vous d'abord Français ou Antillais » fait supposer que les Français sont blancs. La question « Êtes-vous d'abord Français ou Tsigane » implique le jugement : « Les vrais Français sont tous des sédentarisés ».

Sur la question du choix et de l'intégration, des témoignages intéressants sont reproduits dans « *Être Français aujourd'hui et demain* », Rapport de la commission de la nationalité, tome I, Union Générale d'Editions, collection 10/18, Paris, 1988.

BIBLIOGRAPHIE

En plus des ouvrages cités dans les notes :

Gilles VERBUNT, *L'intégration par l'autonomie*, Paris, CIEMI, 1980.

Françoise PINAUD, *Travailleurs immigrés dans la lutte des classes*, Paris, Cerf, 1973.

Jacques KALUSZEWSKI et Ruwen OGIEN, *Réseaux d'immigrés*, Editions Ouvrières, 1981.

Sous la direction de G. POUJOL et R. LABOURIE, *Les cultures populaires*, Toulouse, Privat, 1980.

Sous la direction de Guy MICHAUD, *Identités collectives et relations inter-culturelles*, Bruxelles, Editions Complexe, 1978.

CRIV, Actes des Ves Journées Internationales, Vaucresson, 1985, tome 1, Problèmes de jeunesses et régulations sociales ; tome 2, Délinquance des jeunes ; tome 3, Immigrations, multi-ethnicité et socialisation des jeunes.

Nathan GLAZER, *Ethnic dilemmas*, Cambridge, Harvard University Press, 1983.

Lord SCARMAN, *The Brixton disorders 10-12 April 1981*, Middlesex (Royaume-Uni), Pelican Books, 1982.

CAIF (Conseil des Associations Immigrées en France), *Le mouvement associatif immigré : Passé, Présent, Avenir*, 46, rue de Montreuil, 75011 Paris (Rapport des journées des 15 et 16 décembre 1985).

SOINS A L'HÔPITAL ET DIFFÉRENCES CULTURELLES

David Le Breton

ÉTAT DES LIEUX

L'hôpital est aujourd'hui un haut lieu de rencontre entre acteurs d'horizons différents. En lui se côtoient toutes les singularités sociales, culturelles ou religieuses qui fondent la complexité de la socialité occidentale. Mais elles s'y donnent à voir ou à entendre sous une forme accusée dans la mesure où le malade n'est pas à l'hôpital dans une position égale face aux professionnels qui en ont la charge. Il est affaibli par sa maladie, les examens qu'il doit subir l'inquiètent, il s'interroge sur son devenir, sur ses enfants, sur son travail, il est provisoirement coupé de son entourage. Privé déjà de ses repères coutumiers, le malade est confronté à un univers insolite et à une solitude qui redouble son anxiété face à la maladie. Et le désarroi est aggravé si le malade porte en lui un système de sens et de valeurs marginal au regard de la communauté sociale qui l'entoure. Le service hospitalier qui en a la charge, et surtout la qualité de contact de l'équipe infirmière, jouent un rôle d'apaisement ou d'accentuation du malaise. L'hospitalisation soulève des problèmes proches pour l'ensemble des malades. Elle introduit à un lieu et à une durée hors de la familiarité de ceux qui y sont provisoirement accueillis.

L'hôpital véhicule en effet une « culture savante » (médecine, technicité, solennité et hiérarchie des relations, etc) (1) radicalement en opposition avec ce que vivent la grande majorité des acteurs, même s'il sont Français (2). La juste accommodation de la relation à l'autre est la question clé de l'hôpital. Et la différence du migrant ou de l'étranger, même si elle se pose en termes particuliers, n'est à cet égard qu'un aspect de la question. Les contentieux autour des migrants ne sont souvent que les formes les plus saillantes de malentendus qui sont les conséquences de l'hétérogénéité de la socialité occidentale, avec ses innombrables pôles de références, ses foyers différentiels de sens et de valeurs. La spécificité du cadre hospitalier, en ouvrant au sein de l'espace social une sorte de huis-clos avec ses micro-références propres, ajoute bien sûr aux difficultés. Le droit pour chacun d'être pleinement reconnu comme étant digne de son altérité soulève, en premier lieu, la question du malade hospitalisé lui-même, quelle que soit son origine sociale, culturelle ou religieuse. De nombreux témoignages, livres ou articles le rappellent. La banalisation dans le discours public du terme « humanisation de l'hôpital » traduit le malaise en toute transparence. Le migrant incarne cependant la pointe extrême de cette différence.

L'homme hospitalisé est un homme démuni à la fois à cause de son état physique et à cause de l'insolite du milieu où il est plongé. Cet univers qu'il ne connaît pas, animé par des professionnels dont il ignore les techniques et les savoirs, lui dicte soudain ses faits et gestes, l'emploi de son temps, décide de sa vie à venir ou même des conditions de sa mort. Cette dépossession est d'autant plus difficile à vivre que la distance sociale et culturelle est grande entre le malade et les soignants qui l'entourent. L'hospitalisation traduit alors une sorte de dérive du sens, tant au niveau du sujet lui-même, confronté à des contenus corporels qu'il ne comprend plus et qui mettent sa vie en danger, que par cet univers de sens et de valeurs véhiculés par le groupe des soignants. Dans sa vie quotidienne, le migrant peut se protéger de trop amples contacts avec la population nationale s'il nourrit une crainte à son égard ou s'il a peur de la distance à franchir pour nouer une relation. Un réseau de routines bien établies, de lieux familiers, d'amitiés, lui permettent d'éviter l'épreuve d'un contact jugé trop difficile, tout en restant dans un milieu sécurisant. Et le voilà soudain sans défense, livré tout le jour à un milieu social profondément ou partiellement éloigné de ses expériences personnelles. Même dans le meilleur des cas, celui du migrant ou de l'étranger bien intégré à la société française, le problème demeure souvent intact de la confession du malade et des devoirs qui s'imposent à lui, de ses croyances, de ses manières propres de vivre. Il reste aussi l'éventualité d'un racisme plus ou moins conscient de la part de ceux qui en ont la charge. L'hospitalisation du migrant est encore plus difficile à vivre si le personnel soignant, au lieu d'adopter une attitude compréhensive à son égard, lui impose des conduites dont il ne peut saisir la logique ou, pire encore, qui contredisent ses manières habituelles de vivre ou ses croyances les plus enracinées, sans qu'il puisse s'en défendre.

A cause de la distance culturelle qui exige des professionnels de l'hôpital un effort particulier d'accommodation à son égard, le migrant est souvent, à son corps défendant, le révélateur des tensions qui affectent l'institution. Des services proches accueillant les mêmes populations peuvent avoir des réputations inverses, l'un étant reconnu pour la qualité de son accueil, son attention au malade, l'autre pour l'acuité de ses conflits, son mauvais climat relationnel. Dans ce dernier cas, le migrant cristallise souvent sur sa personne des tensions qui le dépassent en tant que sujet. L'indifférence, voire l'irrespect dont il est alors l'objet ne se dissocie souvent guère de ce dont sont aussi victimes les autres malades. Mais sa présence de migrant favorise dans ces situations un racisme latent, prompt à se réveiller dans la société française.

Le racisme est une forme de « prêt-à-penser » immédiatement disponible en cas de tension. Le migrant fonctionne alors en victime émissaire commode offrant une voie de résolution affective à des conflits qui se situent ailleurs. Ce racisme latent, légitimé culturellement, autorise des propos ou des gestes envers certaines catégories de populations migrantes alors que cette affectivité est davantage réfrénée, mais pas toujours (3), s'il s'agit d'un concitoyen du soignant. Dans la rencontre interculturelle, l'écart qui sépare les différences des acteurs est propice à la projection des préjugés.

La qualité d'accueil et de soins dans un service n'est pas seulement le fruit d'une expérience ou d'une pure technicité. A tout instant, la compétence du professionnel et les techniques qu'il met en jeu sont médiatisées par la rencontre avec le malade et le climat qui règne dans le service. Cet aspect est essentiel, il commande même probablement la tonalité de la relation avec le malade, encore plus s'il est migrant. Nous le signalons ici pour ne plus y revenir par la suite : les services hospitaliers connaissent toutes les tensions habituelles des dynamismes de groupes. Les rivalités ou les jalousies des professionnels dans un cadre très hiérarchisé soulèvent la question du pouvoir médical. Les stratégies personnelles, les conflits plus ou moins exprimés entre individus, les préjugés, les stéréotypes ne laissent pas indemnes les équipes hospitalières ; au contraire, le huis-clos, le rapport quotidien à la souffrance, à la mort, à la maladie, la relation intrinsèque de pouvoir que donnent son statut et ses devoirs au soignant, sur le malade, sont autant de facteurs qui avivent les tensions ou les heurts inhérents à la vie des groupes humains. Le professionnel, quel que soit son rang, qui n'est pas respecté dans sa différence personnelle et dans sa compétence, ne peut respecter l'altérité des malades car il est en permanence en conflit avec lui-même. Il consacre son énergie à se défendre ou à restaurer une image de soi mise à mal. Son attitude est plus « technique », il est moins présent à sa tâche. Il y a ainsi un caractère psycho-sociologique dans les soins infirmiers et médicaux. Le climat relationnel d'un service est un élément décisif qui favorise ou entrave l'efficacité thérapeutique. Le climat de confiance entre les différents professionnels, le respect mutuel des compétences sont, bien avant le souci du malade (qui découle de ces deux conditions), ce qui détermine la bonne marche d'un service dans sa capacité à soigner, et surtout à guérir. La rencontre interculturelle est pour une large part sous la dépendance de ces données groupales. Le climat relationnel du service conditionne les modalités de la rencontre. A cet égard, l'infirmier occupe auprès du malade une position clé, celle du regard attentif, du geste qui soulage, de la parole qui réconcilie. Le médecin, du fait de sa présence plus rare auprès du malade, n'est qu'à l'amorce de ce processus que l'équipe infirmière va prendre entièrement à sa charge. C'est au niveau surtout de l'équipe infirmière que s'exercent en plein ces effets de groupe dont nous avons parlé.

Autre point essentiel : la rencontre compréhensive entre le soignant et le malade, surtout lorsque s'y ajoute une différence significative chez le malade, est une zone sensible. L'efficacité du soin (médical, ou infirmier) exige une double reconnaissance, celle du migrant dans sa différence, celle de l'infirmier dans sa différence. Le respect de la différence n'est pas une question unilatérale, elle implique une rencontre, une sorte de négociation informelle qui laisse au malade et au soignant le sentiment d'avoir été compris et reconnu. La compréhension de l'altérité appelle une modulation du soin et de la relation. Elle demande du soignant plus qu'un savoir et un savoir-faire, elle exige un savoir-être.

ACCUEIL

Le premier problème auquel se heurte le migrant est celui de la circulation au sein de ce labyrinthe qu'est l'hôpital. Les inscriptions sont rares, les signalisations parfois ésotériques. L'espace de l'hôpital exige de l'usager un véritable déchiffrement à partir de signes qui ne sont pas toujours appropriés. Ces derniers nécessitent souvent une bonne connaissance de la langue française et de ses symboles iconiques. L'homme qui ne sait ni lire ni écrire passe d'un couloir à un autre, sans oser demander son chemin, égaré dans un univers qu'aucune de ses catégories de pensée ne lui permet d'appréhender. Ainsi le long périple que décrit avec humour un infirmier africain, originaire de Haute-Volta (4).

Vient ensuite le problème des papiers nécessaires à l'hospitalisation. Souvent il manque l'un d'entre eux dont le migrant n'avait pas perçu la nécessité. Et la patience n'est pas la première qualité de l'accueil.

Arrivé à son pavillon, le malade reçoit en principe un livret d'informations sur l'organisation de l'hôpital, les différents services mis à sa disposition, ses droits et ses devoirs d'usager, le plan des lieux, etc. Les circulaires du 19 novembre et du 18 décembre 1970 assorties de la loi du 31 décembre 1970 rendent obligatoire la remise de ce livret à chaque client. Mais dans les faits, ce livret n'est donné que dans certains services. D'autres semblent l'ignorer complètement. Le livret est, en outre, rédigé en langue française ; même s'il est remis à l'usager (et souvent le migrant ne le reçoit pas, par un singulier *a priori*) son usage implique la connaissance de codes culturels, notamment ceux de la langue française et de la lecture, qui sont loin d'être le fait de tous les migrants.

Certains hôpitaux ont dressé une liste du personnel parlant une langue étrangère et susceptible d'être appelé pour favoriser le contact avec des malades ignorant la langue française. Mais cette démarche n'est pas systématique. Certains hôpitaux, notamment dans la région parisienne, utilisent le concours d'interprètes permanents ou temporaires dont le rôle consiste à favoriser le contact du malade avec l'institution hospitalière. Le rôle du traducteur ne se résume pas alors à sa fonction officielle, il est un tiers, un médiateur, qui permet par sa connaissance de la culture d'origine du sujet et sa connaissance de la société française de lever les obstacles à la communication en dissipant les malentendus de part et d'autre. Il sécurise le malade qui se sent enfin compris et les soignants qui découvrent, derrière l'apparente incohérence d'une conduite, un comportement rituel ou religieux obéissant à une logique culturelle. Le traducteur instaure les conditions d'une confiance mutuelle. Nous reviendrons plus longuement sur ce point.

A son arrivée dans un service (et après), le migrant constate que le silence est souvent de mise à son égard. Le préjugé répandu qu'il ne comprend pas les explications qu'on lui donne dispense d'essayer de le faire. Souvent l'incompréhension est en effet induite par la tendance à considérer le migrant sous la forme d'un stéréotype et non sous son visage réel d'individu singulier. Selon le modèle bien connu en psycho-sociologie de la « prophétie qui s'exauce », le sentiment que l'Autre ne peut comprendre amène le soignant à se dispenser de faire le moindre effort et cet Autre à se comporter comme si effectivement il ne pouvait rien comprendre. Un système pervers s'installe. Le migrant pose alors nombre de difficultés du fait de son ignorance des cadres sociaux et symboliques où il est plongé, ce qui, bien entendu, confirme le soignant dans la justesse imparable de son préjugé. Sur le plan des soins médicaux ou infirmiers, nombre de difficultés se font jour : précautions à prendre pour un examen que le migrant ne respecte pas, faute d'une explication compréhensive de la part du soignant, etc. Autant d'indices qui confortent l'image dépréciative du migrant « qui ne comprend rien ». Ce système d'induction peut fonctionner longtemps comme l'expérience le montre à loisir. Dans la rancœur du professionnel et l'angoisse du migrant.

Comme on n'a souvent pas pris le temps de lui expliquer sur quel mode est organisé un service hospitalier, le migrant confond les divers ordres de compétence professionnelle qui se côtoient à son chevet (médecins, internes, externes, infirmières, surveillantes, aides soignantes, etc.) ce qui ne contribue guère à sa sécurité de base.

Devant la difficulté d'instaurer avec lui une relation compréhensive, les équipes se réfugient souvent dans une attitude plus technique et l'aspect relationnel tend à être négligé. Les prononciations inhabituelles des noms entraîne souvent une moquerie de la part des équipes (Monsieur Béni Machin...) et favorise l'impersonnalisation des rapports avec le malade, voire même l'usage de la troisième personne : « Il a bien fait cela, il a bien pris ses médicaments... » Mais la même attitude se rencontre parfois avec d'autres malades, notamment les vieillards. On ne saisit pas l'importance de la nomination pour le sujet, pour la restauration de son sentiment d'identité.

L'impatience du soignant à donner ses consignes, le silence qu'il observe sur des choses à ses yeux évidentes, sont souvent motif à des malentendus : les suppositoires sont mangés, les doses des médicaments ne sont pas respectées, ni la périodicité de leur prise, les examens sont à refaire car le sujet qui devait rester à jeun vient de manger ou de boire, les remèdes cessent d'être pris dès les premiers signes de la guérison et le malade rechute. On oublie que la perception du temps est une donnée culturelle : la plupart des pays d'où viennent les migrants connaissent un « temps dormant, temps flottant » (L. Febvre). On y ignore la vitesse, la projection intéressée dans l'avenir. Le migrant est un homme enraciné au présent : ainsi il est difficile pour lui de saisir l'idée de l'action à long terme d'une médication ou d'une mesure de prévention. Une relation non compréhensive à son égard amène le plus souvent au malentendu et à l'inefficacité des soins. Non par la mauvaise volonté du migrant, mais par le manque de connaissance et de curiosité (et ethnocentrisme) du soignant. Un exemple, produit de l'ignorance chez le soignant, des données élémentaires de l'islam : à un malade du Maghreb qui lui demandait de faire venir un imam, une infirmière répondit en toute sincérité : « Je ne sais pas où acheter cela ». Elle croyait à un fruit exotique.

Le diagnostic est rendu difficile par la difficulté que le migrant éprouve à verbaliser en français son ressenti corporel, il peine à trouver les mots justes, susceptibles de décrire avec précision ses souffrances. Du migrant au soignant, il y a entre les maux et les mots un espace de malentendu qui tient à l'épaisseur d'une culture. Le flou du vocabulaire engendre un flou dans l'appréciation de l'état du malade. Les informations que l'on recueille auprès de lui sont plus aléatoires que pour le malade français. Egalement, le migrant est confronté à un milieu étranger et selon ses craintes ou ses espoirs, il minimise ses symptômes (de peur de perdre un emploi par exemple) ou il les accentue (pour être reconnu). Si l'on est peu considéré ou si l'on a tout perdu, il reste toujours le corps comme surface de projection et de valorisation. Là où la parole dialogique fait défaut, c'est le corps qui parle sous la forme de symptôme ou sous la forme de l'imaginaire du symptôme. Mais la souffrance est la même.

LES VISITES

Les sociétés occidentales reposent, surtout dans les villes ou les banlieues, sur une structuration sociale de type individualiste ; les liens communautaires sont rompus, les références traditionnelles abandonnées au profit de celles toujours provisoires, suscitées par la modernité. Les liens de voisinage et les liens de famille eux-mêmes sont très relâchés. L'Occidental se pose d'abord comme « je » (voire comme : « Personnellement, moi, je... » ainsi que le soulignent un peu ironiquement les étrangers). Or, la plupart des migrants viennent, à l'inverse, de sociétés traditionnelles et communautaires.

Ce sont surtout des anciens ruraux ou des hommes de toute façon baignés originellement dans une solide trame communautaire, avec notamment des liens familiaux très serrés. Ils ne situent par leur relation au monde en termes individuels. Ils se posent comme « nous-autres ». Les voies de l'immigration n'ont pas altéré cette identité personnelle tissée de liens communautaires. Des solidarités ethniques jouent, inter-ethniques parfois même, grâce à la communauté de destin qui relie les migrants entre eux. Les structures communautaires sont plus ou moins rétablies dans les foyers, les quartiers, les associations folkloriques ou sportives. Le « nous » reste fondateur du « je » et non l'inverse comme dans la socialité occidentale à structuration individualiste. Même si la trame collective qui enveloppe le migrant est circonstancielle, elle remplit malgré tout une fonction anthropologique d'intégration, de soutien, elle donne un sens à l'existence. Chez les gens du voyage, Tziganes, Manouches, une trame communautaire et traditionnelle relève moins d'un héritage et des circonstances liées à l'installation dans un pays d'accueil, que d'une continuité, la fidélité à une culture maintenue intacte malgré les persécutions anciennes et les difficultés contemporaines qu'ils rencontrent.

Les visites, liées bien sûr à ce mode d'être ensemble, sont souvent un motif de tension entre les migrants et les institutions hospitalières. Le malade français reçoit le plus souvent des visites mesurées, discrètes et brèves. L'entourage du malade migrant ou du Manouche vient en groupe et s'installe pour des heures, voire pour une journée entière. Une éthique spontanée d'inspiration communautaire amène les migrants ou les gens du voyage à resserrer leur présence autour du malade pour lui apporter un réconfort moral, marquer leur solidarité à l'épreuve qu'il traverse. Les familles ou les compagnons du foyer ou de l'usine viennent au chevet de leurs proches et se heurtent parfois à la réprobation des équipes soignantes, peu habituées à ce genre de visites et enclines à les évaluer à l'aune de l'individualisme occidental. « Voilà la smala qui débarque... », « la tribu ». Sous prétexte d'hygiène, de gêne, le soignant a parfois tendance à manifester son désaccord, à limiter arbitrairement le temps de présence, ou le nombre de visiteurs admis dans les chambres. Un racisme latent est parfois repérable dans ces services, où l'on découvre avec surprise, que le malade français (par exemple un jeune lycéen) recevant de nombreuses visites, tout aussi incommodantes *a priori*, ne soulève aucune objection, pas plus que le jeune adepte de Krishna, entouré de son groupe chantant les mêmes litanies à longueur de journée sous le regard amusé des soignants (scène observée). Les seuils de sensibilité des équipes apparaissent alors singulièrement arbitraires et éclairent sous un autre jour la réprobation visant les migrants ou les gens du voyage.

Sur le plan de l'efficacité des soins, cet entourage attentif et chaleureux correspond à un mode de vie, à des coutumes solides, il remplit une fonction majeure dans le sentiment d'identité du migrant, rendu ainsi plus disponible aux soins qu'il doit recevoir. Au contraire, la solitude dans ce milieu qu'il ne connaît pas est insécurisante, elle ne pourra que compliquer la tâche du soignant. Là aussi, il est essentiel que les équipes hospitalières prennent en compte l'insertion sociale différente du migrant et modulent leur relation au malade selon ces circonstances. Ces dernières peuvent paraître insolites, mais le patient en a besoin pour ne pas céder à la peur ou à l'angoisse. Les visites sont en fait les meilleures auxiliaires du travail infirmier et médical.

L'ALIMENTATION

Manger ce n'est pas seulement se nourrir d'aliments, c'est aussi se nourrir de symbolismes. La nourriture est porteuse de sens et de valeurs, elle renvoie à une mémoire personnelle et collective. Au plus loin, elle rappelle la relation archaïque à la mère. Les religions marquent symboliquement les aliments de leur sceau. L'Occident chrétien a fortement valorisé le pain et le vin, mais il n'a pas posé d'interdits alimentaires essentiels, à l'inverse des traditions juives ou musulmanes.

Pour le Musulman, le porc sous toutes ses formes est interdit, ainsi que les viandes provenant d'animaux n'ayant pas été égorgés. Le vin et l'alcool sont également proscrits. Lors du Ramadan, le malade musulman peut souhaiter faire le jeûne si son état le lui permet. Mais un passage du Coran (sourate 22, verset 18) énonce en toute transparence la levée des exigences rituelles lorsque les circonstances ne sont pas propices : « Donc quiconque est malade ou en voyage, alors qu'il compte d'autres jours, Dieu veut pour vous la facilité, il ne veut pas la difficulté, mais que vous accomplissiez bien le nombre de jours, et proclamiez la Grandeur de Dieu ». Une fois remis de sa maladie, le Musulman peut reprendre le jeûne là où il l'a rompu.

Souvent l'Arabe reçoit sa famille venue le réconforter avec ses plats culturels de prédilection (qui ne composent guère l'ordinaire de l'hôpital) : couscous, hamous, etc. Nous sommes loin alors de la diététique (c'est-à-dire de la composition rationnelle du repas dans une méconnaissance absolue de la dimension symbolique de l'alimentation). Mais le malade ainsi entouré et nourri de ses aliments familiers guérit plus vite que celui qui se contente des repas de l'hôpital. La chaleur de l'entourage donne à la nourriture prise en commun ce caractère symbolique qui renforce le moral du malade.

Pour le malade de tradition juive, les interdits alimentaires frappent le porc (et les animaux dont le sabot est fendu), le mélange des aliments gras (dérivés de la viande) et des aliments lactés. La nourriture doit être « cachère » (rituellement permise) et préparée dans certaines conditions. Mais là aussi la situation provisoire de malade dispense le fidèle de certaines prescriptions. Cependant, un malade de grande piété peut souhaiter recevoir de l'extérieur ses repas préparés selon les rites par sa famille, le rabbin ou des institutions.

LE CORPS

Une symbolique sociale et culturelle imprègne les modalités de la présence au monde du corps : les modes de présentation dans la vie sociale, les ressentis, les perceptions, l'usage technique des membres, etc. (5). Le corps déchiffre les données du monde et ses données propres à partir de la symbolique qu'il incarne au plus intime et au plus secret de lui-même. Le corps, à travers ses ressentis ou la morale qui entoure ses manifestations, est un lieu fréquent de malentendus entre le soignant et le patient. Chaque situation sociale dispense une étiquette corporelle qui lui est propre, à laquelle les acteurs obéissent spontanément, sans réfléchir, car elle fait corps avec leur vie. Les interactions entre les acteurs sont ritualisées : distances gestuelles, postures, mimiques, etc. Mais d'un lieu à un autre, les étiquettes diffèrent. Habitué à une grande distance entre les sexes, le malade musulman peut ressentir comme une invite la proximité ou la familiarité de l'infirmière à son égard.

Le seuil de pudeur est l'objet de variations importantes d'un groupe humain à un autre. Généralement dans nos sociétés occidentales, le jaillissement d'un réflexe de pudeur est un effet de situation. A l'hôpital ou dans le cabinet du médecin, le tabou de la nudité est plus ou moins levé. Le corps du malade occidental se donne à voir aux médecins et aux infirmiers sans réticence, mais ce n'est plus celui de la vie courante, celui du désir. Dans cette situation le corps est subtilement transformé, à travers une connivence rituelle, en données symptomatiques ; il se change en une somme de paramètres, de diagrammes, de termes nosographiques. Il est comme désamorcé de sa réalité vivante. Il est présent dans son absence même. Les rites d'effacement du corps trouvent là une singulière voie d'expression (6). Dans ce contexte en particulier, le sentiment de pudeur est donc généralement levé. De manière paradoxale c'est le dualisme (corps-esprit) qui protège le sujet et désamorce l'éventualité de la honte ou de la pudeur. L'individu est tenu à l'écart de son corps, comme s'il n'était pas personnellement en cause (cela justement l'Occidental l'apprend dès son plus jeune âge). Des malades français peuvent malgré tout souffrir de voir leur intimité révélée même à des professionnels de la santé. Les différences individuelles nuancent, comme toujours, le principe général d'un rite. Mais le malade du Maghreb, par exemple, ne possède pas ces subtiles défenses culturelles qui protègent en partie, préservent du sentiment de honte ou de violation lorsque l'intimité corporelle est dévoilée (7). Le malade musulman résiste à des soins trop intimes s'ils sont réalisés par un professionnel d'un autre sexe. L'homme souffre d'être confronté à un personnel en majorité féminin et la femme souffre de la présence d'un infirmier ou d'être suivie par un médecin (généralement masculin). Le corps de la femme est un lieu sacré de la vie du couple. Le Coran interdit à la femme de montrer ses jambes nues en public. Si elle vit à la campagne, la femme arabe musulmane est généralement voilée. Elle a intériorisé les données d'une religion qui fait de son intimité corporelle le domaine réservé au couple. Lorsqu'elle vient en France, elle conserve un long moment l'habitude de porter un châle sur ses cheveux, elle recouvre ses jambes de bas épais ou porte un pantalon. Il lui faut longtemps pour se rapprocher des manières-d'être occidentales. Et certaines femmes restent rivées à leurs coutumes pour préserver une identité qui, sinon, n'aurait plus aucun sens, dans le contexte de l'immigration (8).

Souvent à l'hôpital les toilettes sont faites par deux professionnels, là aussi le stress serait amoindri si un seul intervenait. une femme s'il s'agit de la toilette d'une femme ; un homme s'il s'agit de la toilette d'un homme.

Les rasages qui sont de mise pour certaines opérations engendrent également la crainte. Les cheveux, les poils ou les ongles demeurent les signes de la personne qui les a perdus, ils la symbolisent, ils donnent à ceux qui les possèdent une emprise virtuelle sur la personne. De la même façon, d'ailleurs, le pèlerin de La Mecque (*hadj*) se délivre du « vieil homme » en enterrant cheveux et ongles. Le rasage peut être refusé par un malade musulman à cause de cette peur de donner à l'Autre la possibilité d'agir sur lui. La croyance en l'action symbolique de la sorcellerie est avivée par le caractère mystérieux de l'hôpital, et le pouvoir qu'il exerce sur le malade sur le plan administratif, technique, institutionnel.

ACCOUCHEMENT

Une femme mise à nu devant un infirmier ou un médecin peut ressentir cette infraction à ses coutumes à la manière d'un viol. Surtout, en l'occurrence, si elle accouche les pieds dans les étriers, dans la position horizontale qui est en contradiction absolue avec ses propres techniques du corps. A tous égards, la femme immigrée se sent entravée et captive d'un univers technicisé qu'elle ne comprend pas. Chez elle, l'accouchement se passe au sein d'une communauté de femmes qui se connaissent, à travers des usages qui font confiance au corps de la parturiente. Les positions sont plutôt verticales : assise, à demi-assise avec des oreillers sous le dos, accroupie (avec le soutien d'une corde pendue au plafond, avec la complicité des femmes qui l'entourent, de la sage-femme qui l'enlace, ...). Dans certaines régions arabes se trouvent encore des fauteuils d'accouchement pourvus de deux accoudoirs grâce auxquels la femme peut soutenir ses efforts lors des contractions. Leur siège largement ouvert permet le passage de l'enfant que la sage-femme attend, assise en tailleur, les deux mains tendues (9). Il ne faut guère s'étonner du réflexe qui amène ces femmes à essayer de se relever lorsqu'elles accouchent. Leurs mères ont accouché dans cette position et elles-mêmes avant leur arrivée à l'hôpital ignoraient la plupart du temps les modalités de l'enfantement en France.

Il faudrait aussi longtemps parler des rites qui entourent la gestation, l'accouchement lui-même, les rites ultérieurs. Ces événements valorisés et enveloppés de la convivialité de ses compagnes sont les moments les plus forts de son existence de femme. Univers où l'homme n'a pas sa place (10).

L'accouchement en France est loin d'être vécu sur un mode gratifiant par la femme privée du recours à ses références culturelles. On sait combien la fonction anthropologique des rites est de conjurer l'angoisse, la peur de l'inattendu. La femme du Maghreb ou la femme africaine, insécurisée, vit parfois difficilement son accouchement, avec sa pudeur, sa révolte, sa solitude, enfermée dans une peur qu'elle ne peut verbaliser. Elle sait que les femmes de sa communauté lui manquent, surtout s'il s'agit de son premier enfant.

De plus, elle est seule mise à nu, seule en position horizontale, c'est-à-dire structurellement soumise, démunie devant la position d'autorité qui échoit ainsi aux soignants. Attitude qui, bien sûr, en dit long sur la façon dont une certaine médecine se représente la femme et l'accouchement. La femme dont c'est le premier accouchement vit dans l'angoisse la distance entre les coutumes de son milieu d'origine et l'univers technique et anonyme auxquels elle est confrontée. Soumise à de multiples stress, elle en vient parfois à se débattre et à mettre l'équipe soignante dans une position d'intervention agressive. Mais si la femme est mise à nu contre son gré, contrainte d'accoucher à l'horizontale, les pieds dans les étriers malgré ses efforts pour retrouver sa position culturelle d'accouchement, anesthésiée sans qu'on lui ait demandé son avis, ou sans qu'on l'ait informée sur la péridurale et ses risques, il faut alors envisager les séquelles psychologiques de ce qui, aux yeux de la femme, peut apparaître comme une violation de son intimité.

Souvent les équipes agissent selon la bonne conscience d'un moment et se déchargent des conséquences ultérieures, notamment sur le plan psychologique, des impositions faites au malade.

Ainsi un exemple parmi bien d'autres : un rasage doit être fait à une adolescente algérienne devant aller en bloc opératoire. Celle-ci refuse avec une telle détermination que la décision est prise de ne rien lui imposer. Mais il est sous-entendu, à son insu, que le rasage serait effectué en salle d'opérations par le chirurgien (11). Ici le mépris de la différence portée par l'autre est poussée jusqu'à la violence symbolique.

LA RELIGION

La religion, par les devoirs qu'elle impose au croyant est une autre source de différence. L'une des obligations du Musulman consiste dans les ablutions qui accompagnent les cinq prières journalières. L'eau courant sur le corps exerce un effet de purification. Avant de se tourner vers Dieu, l'homme doit être pur et propre. De même le lieu où il se tient. Ainsi certains croyants emportent-ils leur tapis de prière. Les ablutions s'imposent également après toute impureté. Le sang, l'urine, les matières fécales, le sperme, les règles, etc., parce qu'ils émanent du corps sont symboliquement désignés comme impurs. Le pet ou l'éternuement n'y échappent pas. D'où la difficulté parfois de faire admettre à un musulman qu'il doit prendre sa température avec un thermomètre. Les lavements ou les suppositoires engendrent les mêmes malentendus.

Si le musulman ne peut procéder à ses ablutions à cause de sa faiblesse physique, on peut lui procurer du sable ou encore une pierre (un simple caillou ramassé dans la cour) qui peuvent remplir le même office. L'eau, voire le sable ou la pierre sont ici des symboles, des médiateurs de la pureté.

A son chevet, le *Coran* est un livre sacré où demeure la parole vivante du Prophète, il ne le touchera qu'en état de pureté rituelle. Il est important que l'infirmier ou la femme de ménage s'abstienne de le déplacer ou de le bousculer sans y prendre garde.

Sa maladie libère cependant le Musulman de certaines de ses obligations religieuses. Celles qu'il ne peut accomplir du fait de son état, il peut les rendre plus tard, une fois retrouvée sa santé. « Dieu veut pour vous la facilité, non la difficulté ».

Du *Coran* ou de la *Sunna* (tradition du Prophète) la communauté musulmane tire les fondements de la relation entre l'homme et le monde. L'islam est une religion qui se confond avec la vie quotidienne car elle dicte le sens et la valeur des choses. D'où le respect des parents, de la parole donnée, le sens de la famille, celui de l'hospitalité, le calme devant les épreuves traversées, même s'il s'agit de la mort d'un proche ou de la sienne propre, la courtoisie familière.

LA MORT

L'horreur d'Hamlet devant la mort traduit, selon Max Horkheimer, celle du premier individu moderne, centré autour de son moi, et dont l'esprit de conquête, la rationalité à laquelle il entend livrer le monde rendent caducs les anciens éléments culturels ou religieux qui peuvent donner un sens à la mort. Cette angoisse s'est étendue au fil des siècles à l'ensemble des groupes sociaux. La mort est devenue la limite de la condition humaine, « le reste est silence » dit Hamlet. Technicisés à outrance, aux différentes étapes de leurs processus, le mourir et la mort n'appartiennent plus aujourd'hui à l'ordre symbolique, perdus, « nulle part, comme dans les villes nouvelles ou les métropoles contemporaines, où rien n'est plus prévu pour les morts, ni dans l'espace physique, ni dans l'espace mental... Il n'est pas normal d'être mort aujourd'hui et ceci est nouveau. Être mort est une anomalie impensable, toutes les autres sont inoffensives au regard de celle-ci. La mort est une délinquance, une déviance incurable » (12). Elle n'est plus conçue, dans les représentations collectives, comme un destin de l'homme, mais comme un accident de parcours, une violence extérieure. On ne meurt plus aujourd'hui de sa belle mort mais de quelque chose. De quelque chose que la médecine aurait dû guérir, ou que l'Etat aurait dû prévoir. Mais la négation de son processus est insuffisante à la radier de la socialité. Certains services hospitaliers sont devenus des univers simulacres où le champ social se délivre de ses mourants, les abandonne en toute bonne conscience à des professionnels. « C'est quand même mieux pour lui ou pour elle ». Un cadre vide, anaxiologique, un pur formalisme gère le rapport que la société occidentale entretient avec ses membres décédés : restes provisoirement encombrants de la disparition d'une symbolique. Les équipes hospitalières, souvent prisonnières de la médiation technique (ou se protégeant derrière elle pour atténuer leur malaise) vivent dans l'angoisse le cheminement de leur malade vers la mort et ne leur sont d'aucun secours relationnel. L'hôpital censé préserver la vie est désarmé devant la mort. Le mourant fait le vide autour de lui ; lui-même intériorise ce rejet. Un aumônier nous a dit son sentiment que les mourants l'appelaient moins qu'autrefois. « Je ne sais plus m'y prendre, on ne m'appelle plus. » D'autres aumôniers constatent autour d'eux le même retrait.

Les migrants viennent, à l'inverse, de communautés humaines où la mort continue à avoir un sens, mêlée à la familiarité d'un monde où vieillir n'est pas davantage un souci. Des rituels précis assignent à tous une place auprès du mourant, disent les gestes qu'il convient d'accomplir auprès du cadavre, et favorisent ainsi le travail de deuil de ceux qui restent. Celui qui meurt n'est pas livré à l'angoisse, il se sait au seuil d'une autre dimension de l'existence. Dans les sociétés méditerranéennes, les campagnes portugaises, les sociétés africaines, l'homme entre dans la mort comme il est entré dans la vie. Dans le contexte hospitalier le heurt des mentalités est ici porté à son point d'incandescence.

Chez le malade musulman ce n'est pas l'imminence de la mort qui suscite la peur, mais la crainte de mourir seul, la crainte que les prières nécessaires à la paix de l'âme ne soient pas dites, la crainte que la toilette mortuaire soit abandonnée à quelqu'un qui ignore les rites. S'agissant d'hommes venus de sociétés où la religion est encore une force de cohésion sociale et morale, la foi en Dieu, pour les différentes traditions du Livre, désarme l'angoisse de mourir. La mort est l'effet de la volonté de Dieu, même si elle advient prématurément. Si elle touche par exemple un enfant. Dieu a ses raisons qu'il n'appartient pas à l'homme de juger. Le malade, dans les religions du Livre, qu'il soit musulman, juif ou chrétien, s'abandonne aux décrets de la volonté divine. Le travail de deuil du mourant sur lui-même, celui des proches envers la personne qu'ils aimaient est ainsi facilité par le cheminement rituel. La mort n'ouvre pas sur la solitude et l'angoisse comme souvent dans les sociétés occidentales, elle libère une autre modalité de l'existence, ou se réalise l'alliance de Dieu et de l'homme.

Le malade musulman récite la *Chahada* (13) avant de prendre congé du monde. Au seuil de mourir, il affirme une dernière fois sa confiance en Dieu. « Tout est entre les mains de Dieu. Il n'y a de Dieu qu'Allah et Mohammed est son prophète ». Prononçant ces mots, sacrés entre tous, le malade tient son index levé, signifiant symboliquement son allégeance à Dieu (le doigt levé marque l'unicité de Dieu). La mort sans la *Chahada* est la plus triste qui soit pour le croyant affaibli par son mal. Si le malade n'est pas en état de la prononcer, l'*imam* ou un autre homme de prière (un aumônier par exemple) ou un proche peut le dire à sa place en tenant levé l'index du mourant. L'homme ou la femme peuvent alors mourir apaisés. Si personne d'autre ne peut le faire à ce moment où le dernier souffle se pressent, un soignant peut prendre sur lui de l'aider à la dire ou la dire à sa place, marquant ainsi son respect profond envers le malade et ses croyances. Mais cet acte rituel est difficile à réaliser dans les services hospitaliers où le mourant suscite le plus souvent des conduites de fuite de la part du personnel. La méconnaissance des traditions religieuses ou culturelles, le refus souvent de prendre en considération les demandes explicites ou implicites du malade, alliés à la peur de la mort chez le soignant, amènent à la mort solitaire du malade.

Les musulmans sont également inquiets de savoir si la toilette rituelle leur sera donnée et les prières prononcées à leur chevet après leur mort. A l'hôpital, il convient en ce sens de ne pas habiller le mort avant la réalisation du bain ultime. Celui-ci consiste en une grande ablution. Le corps est soigneusement lavé trois fois de suite selon un ordre précis et recouvert ensuite d'un tissu blanc. Sans autre vêtement l'homme retourne à Dieu nu comme il est un jour venu au monde. Là aussi l'ouverture de cet espace de différence au sein de l'hôpital est rare (14). Une violence symbolique s'exerce dans le silence et la solitude qui entoure le mourant occidental, mais plus profondément encore elle touche le mourant musulman, abandonné à lui-même et privé des rites, du soutien qui lui rendait la mort hospitalière. Et ces formes de violence symbolique ricochent sur les familiers du mort qui se sentent coupables de leur absence, lors de l'agonie du malade (a-t-il pu réciter la *Chahada* ?) coupables de n'avoir pu réaliser l'ensemble des rites au chevet de leur proche (la toilette mortuaire prise en charge par le personnel soignant est purement hygiénique).

De la même façon, la toilette funéraire du patient de tradition juive obéit à une exigence rituelle. Comme pour le Musulman, s'il s'agit d'un homme, ce sont des hommes qui procèdent à la toilette ; et s'il s'agit d'une femme, ce sont des femmes. Le respect de l'intimité de l'être n'est pas entamé par la mort. Tous les objets étrangers sont soustraits (pansements, perfusions, sondes, etc.) et le corps est recouvert d'un drap blanc méticuleusement propre. La personne rappelée par Dieu doit retourner vers lui dans l'état de sa venue au monde. Pour ces raisons les traditions juives et musulmanes interdisent le prélèvement d'organes, l'autopsie ou l'incinération. L'allégeance à la volonté divine interdit l'euthanasie. La mort doit venir à son heure, laissant le mourant se préparer selon un rythme secret qu'il est seul à connaître. Il faut laisser au malade le temps de faire intérieurement son deuil du monde. Nul ne doit se substituer à lui. Une vision religieuse intacte de l'au-delà fait de la mort un passage pacifié. Si l'angoisse ou la douleur ne disparaissent pas tout à fait, une partie au moins du chemin est rendue moins amère.

UNE ÉTHIQUE DES SOINS

On peut douter du sens et de l'efficacité d'un soin qui serait donné dans la méconnaissance du patient, de ses représentations, de ses croyances et de ses coutumes. A moins, bien sûr, de postuler que la médecine est une science exacte agissant mécaniquement non pas sur des hommes singuliers mais sur des maladies. Hypothèse contestable. La maladie et les moyens mis en œuvre pour amener à la guérison ne peuvent être détachés du sujet concerné. L'homme incarne une biologie, une psychologie, un enracinement social et culturel qui n'appartiennent qu'à lui, façonnés par une histoire personnelle. Les critiques portées depuis une dizaine d'années à l'encontre de la médecine (libérale ou hospitalière) affirment justement qu'une médecine efficace ne peut être qu'une médecine de la personne. Elle doit soigner un malade et non une maladie. L'état de santé n'acquiert un sens plein que si l'on prend en considération la vision du monde et les modes de vie du sujet. Les soins médicaux, comme les soins infirmiers, répondant à un concept variable d'un espace humain à un autre.

On découvre aujourd'hui l'importance de la qualité de présence de l'infirmière (ou du médecin, cela va de soi) auprès du malade. De la relation nouée avec celui-ci dépend l'efficacité des soins. Le moral du malade dessine des lignes de vie dans le rétablissement de sa santé. On ne peut soigner un homme contre son gré, dans l'indifférence de ce qui fait le sens de sa vie. De surcroît, une approche anthropologique de la maladie montre que le malade est souvent un homme qui souffre d'abord dans le tissu relationnel qui baigne son existence : deuil, solitude, conflit, etc. La maladie est le plus souvent le point d'imputation corporelle d'une tension qui se situe entre le sujet et son entourage. Conflit figé, apparemment sans issue au regard de la personnalité du malade. Les pathologies du migrant sont à cet égard souvent transparentes, marquant physiquement par le symptôme ou la revendication (sinistrose) la souffrance née de l'impossibilité d'être pleinement reconnu comme sujet au sein de la société française. D'une manière générale, la guérison marque anthropologiquement une réconciliation entre le malade et son entourage, la naissance d'un autre *modus vivendi.* L'homme guéri reprend une place moins précaire, moins conflictuelle dans sa communauté. Certes, il est hors de question de comparer l'hôpital à une société traditionnelle, mais il est clair que la qualité de la relation avec le malade est là aussi à l'amorce d'une réconciliation possible avec l'entourage. Surtout s'il s'agit d'un migrant. Le corps est une caisse de résonance du rapport au monde, une sorte d'abcès de fixation du manque à être. On sait aussi la nécessité pour l'homme d'attribuer un sens à sa maladie, de la comprendre et d'être impliqué comme acteur dans le processus de sa propre guérison. Tel est d'ailleurs le dispositif de l'efficacité symbolique (15).

Le sourire et la parole ne sont pas des recettes, des gadgets, l'un et l'autre participent d'une qualité de présence, d'un savoir-être, d'une attention à l'autre qui découle de l'ordre des choses. Une sorte de présence à soi dans ses actes, ses paroles, d'où naît la sympathie, au sens fort de ce terme (sun-patheia : participation au sentiment d'autrui). L'instauration d'un climat de confiance passe par des conduites souvent très simples. En un instant, bien des doutes peuvent être levés. Un exemple : une infirmière salue en arabe un malade du Maghreb qui vient d'être hospitalisé : *Salem Aleïkoum.* C'est un grand étonnement pour lui de voir une infirmière française parler sa langue et le reconnaître dans sa différence. Il répond : *Aleïkoum Salem.* Le salut et la réponse signifient « la paix de Dieu est avec toi ». Dès lors une relation compréhensive est établie, une complicité favorable à la collaboration du malade à ses soins.

Le dialogue des différences naît moins de l'étude approfondie d'une culture ou d'un groupe ethnique que d'une sensibilité bien préparée, apte à se moduler selon les personnes et les situations. Nombre de soignants porteurs de cette qualité de présence savent d'emblée nouer une relation de sympathie avec le malade étranger. D'autres à l'inverse, qui connaissent sa culture, échouent à établir un climat de confiance propice à une implication du malade dans les traitements qu'il reçoit. Si le savoir est essentiel, le savoir-être est la condition *sine qua non* de l'instauration d'une harmonie des différences (celles du soignant et du patient) et de la qualité des soins.

Une éthique des soins exige donc de donner au migrant des explications sur sa maladie, sur les prescriptions auxquelles il doit se soumettre, les médications qu'il doit prendre, dans une langue accessible à son entendement.

Un exemple emprunté à C. Valabrègue : un médecin avait en vain essayé de convaincre des malades africains de prendre plusieurs médicaments en même temps pour guérir leur tuberculose. Il eut alors recours à un confrère africain qui, dans la langue des malades leur expliqua pourquoi ils devaient prendre simultanément plusieurs remèdes pour avoir une chance de guérir. Les malades rirent très fort et donnèrent le sentiment d'avoir saisi les raisons de ces médications. Le médecin africain leur avait dit : « Quand tu vas à la chasse au lion, tu as besoin d'un arc et de flèches. Si tu as l'un et pas l'autre, tu te fais bouffer par le lion. Si tu as les deux, tu le tues ; eh bien, si tu prends tous ces médicaments tu tues la maladie (16) ». L'anecdote donnait à la médication insolite un éclairage familier, l'analogie la rendait crédible. L'accès à l'inconnu est toujours une mesure du connu.

SENSIBILISATION À LA RENCONTRE INTERCULTURELLE

Depuis 1979 les sciences humaines et sociales participent à part entière au programme de la formation des élèves infirmières (17). Elles contribuent à sensibiliser les futures professionnelles à l'infinie complexité du monde dans lequel nous vivons. Elles sont de l'ordre de l'apprentissage du regard. Elles proposent des outils de relativisation. En insistant sur la singularité, sur la différence en tant que constitutive du jeu du monde, elles attribuent aux conduites humaines un sens, une cohérence qui dépasse le sujet, elles montrent en chaque homme un héritier original de sa culture. Elles permettent à l'infirmier de mieux accommoder sa place auprès du malade, à mieux percevoir ses besoins, ses plaintes, ses gênes, etc. Elles jalonnent le chemin de la « bonne distance » au malade. Une collaboration mutuellement plus respectueuse peut aussi se nouer. Par l'éclairage qu'elles apportent, les sciences humaines et sociales peuvent empêcher la différence de se muer en stigmate, en montrant par exemple la logique des conduites personnelles. L'enfant ou le vieillard, l'homme ou la femme de la ville ou celui de la campagne, l'ouvrier ou le fonctionnaire, le Juif ou le catholique, le migrant ou le Manouche, vivent dans des corps différents, formulent des demandes, explicites ou implicites, sans commune mesure. La maladie n'a pas le même sens pour chacun d'eux. Ils ne sont pas malades de la même façon et chacun exige de l'équipe soignante une accommodation particulière qui n'entrave pas la bonne marche du service. En école d'infirmières (ou en école de cadres), la tâche du formateur (sociologue, anthropologue, psychosociologue ou psychologue) consiste à transmettre une sensibilité, une conscience de la relativité des valeurs, à affirmer la signifiance des conduites humaines. Devant l'énigme d'une différence, il faut se donner les moyens de comprendre (18). La part accordée dans la formation aux sciences humaines et sociales va de pair avec une prise de conscience critique et un rejet de l'image d'Épinal de l'infirmière conçue comme pure technicienne (la « piqueuse ») ou mère de substitution (la « nounou »). L'enjeu thérapeutique amène à l'engagement personnel de l'infirmière dans sa relation avec le malade. Sa spécificité réside dans la qualité d'échange. Les sciences humaines et sociales assurent une position éthique dans la formation des infirmiers (et des cadres) et dans l'information des professionnelles à travers la formation continue.

Celle-ci est un autre moyen pour le professionnel de s'approprier des outils de réflexion et de prendre une distance critique avec ses routines personnelles et celles de son lieu de travail. Les sessions consacrées à une approche interculturelle des soins infirmiers montrent la récurrence des problèmes d'un service à un autre, elles permettent aux professionnels une confrontation de leurs expériences respectives, dans une situation conviviale. Au terme de ces sessions, les participants peuvent devenir à leur tour des relais critiques au sein de leurs services.

Il faudrait intégrer l'enseignement des sciences humaines dans les facultés de médecine (la psychologie, la sociologie, l'anthropologie) (19), comme des disciplines à part entière, nécessaires à la modulation d'un contact plus approfondi avec le malade. Aujourd'hui l'éducation du public amène les usagers à développer un esprit critique et une exigence plus grande envers la médecine hospitalière. L'intégration de la différence, notamment celle du migrant, mais aussi celle portée par les autres malades, est une condition nécessaire à la mise en place d'une médecine de la personne. La médecine dans son ensemble doit relever le défi lancé aujourd'hui par les médecines douces et le regain du guérissage populaire, fortement soutenus par les usagers. En considérant le malade comme un sujet ayant une histoire, un mode de vie, une vision du monde particulière, et non seulement comme un corps à réparer. Une grande part des difficultés actuelles de l'hôpital tient à l'absence de formation des praticiens sur les données non médicales qui conditionnent le rapport au monde de l'homme. Il est inutile de préciser que certains services sont en pointe à cet égard et savent reconnaître ces dimensions diverses qui alimentent sans doute la naissance de la maladie et la relation particulière du sujet à sa souffrance ; ces services contribuent à maintenir le patient dans le sentiment de son identité. Il n'empêche que globalement l'institution hospitalière est en crise. M. Barzach, elle-même, ministre de la Santé, a souligné la nécessité d'une humanisation des hôpitaux, et des témoignages de malades (ou de professionnels) se multiplient aujourd'hui dans les médias pour dénoncer le caractère « inhospitalier » de l'hôpital. Il est essentiel aujourd'hui à une médecine qui a su avancer dans sa connaissance des maladies et dans les moyens de les prévenir, ou de les combattre, de prendre en considération, dans sa relation au malade, des données comme celles de l'interculturalité, ou plus simplement celle de la différence : restituer au malade son épaisseur de sujet. La médecine et les sciences humaines peuvent connaître là un extraordinaire enrichissement mutuel.

NOTES ET RÉFÉRENCES

(1) La médecine relève d'une « culture savante ». Elle est historiquement dissociée du pluriel des savoirs populaires sur le corps, qui demeurent toujours vivaces dans les campagnes et qu'elle n'a cessé de stigmatiser. Cf. David LE BRETON, « Corps et individualisme », *Diogène*, Gallimard, n° 131, 1985 ; « Dualisme et Renaissance : aux sources d'une représentation du corps », *Diogène*, n° 142, 1988.

(2) La médecine se protège par tout un apparat ésotérique ; la barrière du vocabulaire par exemple, que raillait déjà Molière ; la distance sociale qui fait du médecin un notable ; une structure d'interaction compliquée (prise de rendez-vous ou attente dans un bureau, etc.). Dans un bref article, Françoise LOUX montre bien que le guérisseur populaire est, à l'inverse, un homme infiniment proche de ceux qui le sollicitent : même vocabulaire, mêmes vêtements, convivialité de l'échange, simplicité de la relation, etc. Cf. Françoise LOUX, « Médecins et guérisseurs, Deux rapports au corps », *in* « Panseurs de Secrets et de Douleurs », *Autrement*, n° 15, 1978.

(3) On connaît à cet égard les conduites vexatoires de certaines équipes suscitées par un moralisme de mauvais aloi, envers les suicidants, les femmes en IVG, ou encore la solitude à laquelle sont livrés les mourants, la difficulté de vieillir dans la dignité dans nombre de services consacrés aux vieillards.

(4) Toé MARCEL, « Lettre ouverte d'un client africain à une surveillante d'hôpital », *Symbiose*, n° 1, 1978.

(5) Pour une approche plus approfondie de ces différents thèmes, nous renvoyons à David LE BRETON, *Corps et sociétés, essai de sociologie et d'anthropologie du corps*, Méridiens-Klincksieck, Paris, 1985.

(6) Pour une analyse détaillée de l'effacement ritualisé du corps, cf. David LE BRETON, *Corps et sociétés*, *op. cit.*, chap. 4.

(7) Mais le sentiment de pudeur peut être aussi très développé chez un malade français. En-deçà du culturel, il y a l'individuel, et au-delà du religieux, il y a le sacré. Nul n'est strictement réductible à sa culture, chacun possède son territoire singulier, ses valeurs personnelles : ce à quoi on ne peut toucher, sans ébranler le sentiment d'identité. Ainsi les soins infirmiers et médicaux doivent-ils, dans la mesure du possible, se moduler selon les patients. Une médecine de la personne n'est possible qu'à ces conditions.

(8) On connaît ce ritualisme du désespoir qui consiste à jalonner de signes purement formels une existence qui se désagrège.

(9) Cf. Nacem Ben Arab, Modes d'accouchement dans les pays arabes, *Jonctions*, n° 77, 1984 ; voir aussi Mélek Chebel, *Le corps dans la tradition du Maghreb*, PUF, 1984, p. 26 à 35.

(10) D'où le refus légitime des hommes d'assister à l'accouchement de leur femme.

(11) On peut se souvenir ici de la cérémonie du mariage dans les pays du Maghreb, où l'un des temps consiste en la préparation de la jeune épouse par les autres femmes. Sa toilette est effectuée, on procède ensuite à une épilation méticuleuse de toutes les parties de son corps, pour qu'elle arrive auprès de son mari pure et lisse comme un enfant venant de naître.

(12) Jean Baudrillard, *L'échange symbolique et la mort*, Gallimard, 1970, p. 31.

(13) Chez les malades de tradition juive, le dernier moment de la vie marque également l'abandon de soi aux mains de Dieu. La mort est chemin. La récitation du *Chéma Israel* ouvre la voie vers Dieu. Le Saint Sacrement remplit chez le catholique la même mission. Les rites font de la mort un acte de foi, simultanément personnel et collectif, qui apaise l'angoisse et le chagrin.

(14) Un aumônier ayant une grande connaissance de l'Islam nous a parlé de l'hôpital de province où il exerce sa mission. Là le responsable de la morgue accepte que la famille et les amis du mort viennent célébrer la toilette rituelle et prononcer les prières.

(15) Sur ce concept, voir Claude Lévi-Strauss, « L'efficacité symbolique », in *Anthropologie Structurelle*, Plon, 1958. Pour une application au contexte occidental, cf. David Le Breton, « L'image du corps, de la psychanalyse à l'anthropologie », *Actualités psychiatriques*, n° 9, 1986.

(16) Catherine Valabrègue, *L'homme déraciné, Le livre noir des travailleurs immigrés*, Mercure de France, 1976, p. 76.

(17) De façon inégale, d'une école d'infirmières à une autre, selon les perspectives et les priorités que se donnent les équipes pédagogiques. Il va de soi que la formation aux sciences sociales et humaines devrait être une obligation pour chaque médecin. Aujourd'hui la formation médicale les ignore totalement. Il reste en ce sens un long chemin à parcourir.

(18) Comprendre, ce n'est pas forcément réduire le mystère, mais créer les conditions d'un échange.

(19) Essentiellement centrées sur la psychologie médicale et l'anthropologie de la maladie.

IMMIGRÉS DANS L'ENTREPRISE

Jean-Michel Lorenzo

PRÉAMBULE INDISPENSABLE

Traiter d'immigration renvoie d'emblée à une question que l'on ne peut éviter et, à défaut d'avoir la prétention d'y répondre, au moins tenter de la clairement poser. En effet, selon quel(s) principe(s) peut-on s'octroyer la légitimité de traiter d'une catégorie sociale ou, plus précisément, de participer à une catégorisation lorsqu'il s'agit de *l'immigration (principalement maghrébine) dans une entreprise de construction automobile française*, puisque c'est l'objet de la présente contribution ?

PARLER DE L'AUTRE

Quand on sait, en guise d'illustration, l'ampleur de la révolution épistémologique qu'a engendré l'avènement du structuralisme il convient de se remémorer cette assertion, d'apparence anodine, de Ferdinand De Saus-

SURE : « Le point de vue crée l'objet » (1), qui fut à l'origine de la constitution de la linguistique structurale en discipline scientifique.

Quand, alors, il s'agit de discourir sur l'autre, d'un *point de vue* conventionnel, celui de sa différence dans une identité sociale devenue irréductible, l'illustration précitée ne peut que faire frémir. Ce frémissement, cette responsabilité, il fallait l'évoquer car l'enjeu n'est — de beaucoup s'en faut — pas neutre : *a fortiori* lorsqu'il s'agit de concourir à la désignation d'une catégorie sociale (jeunes, femmes, chômeurs, immigrés, ...), de la catégoriser, de la rejeter finalement (2). Qu'est-ce donc, en effet, qu'identifier cette catégorie, même d'une manière purement discursive, si ce n'est participer à la gradation des processus d'exclusion, offrir une « minorité » à l'opprobre des tenants d'une objectivation de normes identitaires ? Il fallait l'évoquer, d'autant plus urgemment que c'est la position que nous allons ici analyser.

DÉSIGNER L'IMMIGRÉ

Si ces considérations peuvent paraître incongrues c'est, justement, parce que l'objet de cette contribution est de traiter de l'immigration et, comme nous allons voir plus loin, pas de n'importe quelle forme d'immigration, dans n'importe quel contexte, ni de n'importe quelle catégorie d'immigrés. Mais d'en traiter en état de clairvoyance, de conscience minimale. Cette inconfortable lucidité est indispensable pour au moins deux raisons. Certains acteurs sociaux opèrent une relative négation de l'existence de spécificités culturelles en vertu d'une idéologie « tiers mondiste » ou égalitariste. D'autres se réfèrent à un culturalisme excessif qui tend à promouvoir l'éloge de la différence à l'extrême et finit par rendre impossible toute approche comparative, toute catégorisation et, au final, toute démarche scientifique quelque peu rigoureuse (3). S'il paraît donc nécessaire de traiter de l'immigration au plan scientifique, ne serait-ce que parce que cette désignation a déjà été socialement opérée, il convient de rester sur ce strict plan.

IMMIGRÉS DANS L'ENTREPRISE : UN CONTEXTE BIEN PRÉCIS

Il est, dès ce niveau du développement, nécessaire de situer précisément ce point de vue qui va participer à la constitution d'un — et seulement un parmi les multiples possibles (dont le non objet) — objet immigré au sein de ce gigantesque leurre, ce « théâtre et son double » que représente la problématique de l'immigration dans notre société. C'est, en effet, de l'immigration maghrébine dans une importante entreprise de construction automobile française qu'il s'agit. Or, cette délimitation première du champ du discours n'est pas simplement fortuite ou liée à la volonté d'éclairer le lecteur sur le lieu d'où l'on parle. Elle est d'emblée lourde de conséquences par les nuances, relativisations et précautions face à toute extrapolation qu'elle sous-tend.

IMMIGRÉ

Il s'agit d'une population d'immigrés bien spécifique, ne recouvrant pas, sur de nombreux critères, les caractéristiques de leurs homologues au niveau du territoire français :

— Les immigrés à qui nous faisons référence sont massivement représentés dans certains secteurs de l'entreprise, sont majoritairement Maghrébins et plus spécifiquement Algériens et Marocains. Or, il est manifeste que le Maroc et l'Algérie ont connu des itinéraires historiquement différents, notamment depuis leur accession à l'indépendance, adoptant des modèles politiques (monarchie pour le premier, régime socialiste pour le second) et culturels (cf., par exemple, la légitimation islamique du roi Hassan II) fort différents et optant pour des organisations économiques et sociales inassimilables. Cela dit, n'est-il pas envisageable de se référer à une position plus globalisante, telle celle qu'exprime Tahar Ben Jelloun (4) : « Je ne prétends pas que la culture maghrébine soit un tout fermé,mais il existe un fonds commun, déterminé par l'islam et par la langue (arabe en général, mais aussi kabyle et berbère). Autre point commun : les trois peuples algérien, marocain, tunisien ont subi une domination coloniale, même si les blessures dans les mémoires sont plus importantes chez les Algériens. Et, dans l'ensemble, les conditions dans lesqueles ils vivent ici sont à peu de choses près les mêmes... Face à cette réalité, les différences régionales s'estompent, (si on en tenait compte, on n'en finirait d'ailleurs pas car, dans la population algérienne, par exemple, il y a des différences d'une ville à l'autre, d'une région à l'autre) ».

Notre approche sera essentiellement pragmatique : la réalité de la présence, fort dense dans certains ateliers de production, de ces deux populations nous amènera, le plus souvent, à les regrouper sous l'intitulé « Maghrébins » ; d'autant que nous n'avons pas, jusqu'alors, perçu d'attitudes plus spécifiquement « culturelles » dans l'un des deux établissements industriels où chaque groupe national est majoritaire. Nous ferons aussi référence aux Africains noirs, Maliens en particulier, également nombreux dans l'entreprise, lorsque cela semblera légitime et nécessaire. Ce regroupement, unitaire et arbitraire, ne devra pas pour autant, et à aucun moment, faire oublier les différences historiques, sociales et culturelles entre l'Algérie et le Maroc ici évoquées et nécessitera de se souvenir en permanence des limitations qu'elles engendrent.

— La génération de « Maghrébins » à laquelle nous faisons référence est l'une des plus anciennes à s'être implantée en France. Il s'agit donc d'individus âgés, dont l'itinéraire migratoire s'est depuis longtemps stabilisé dans l'entreprise. Ce constat pose un autre problème, d'ordre méthodologique : l'ancienneté peut-elle justifier qu'on ne parle plus d'« immigrés » puisque, ouvriers, ils seraient assimilés à la « classe ouvrière » ou, plus prosaïquement, aux « ouvriers » ? Deux arguments s'opposent à cette occultation, au moins partiellement. L'un réside dans le fait que la représentation d'une catégorie « os » n'existe que par le système qui l'a fondée, à savoir l'organisation scientifique du travail. Or, ce système est en train de s'effacer au profit d'autres formes d'organisation, sous l'impulsion de la rapidité des évolutions technologiques contemporaines, et la catégorie os en train de disparaître. D'autre part, et ce point sera développé par ailleurs, la problématique de l'immigration dans l'entreprise ne peut être abordée dans le seul contexte de l'environnement professionnel et nécessite, pour sa compréhension, une approche plurielle intégrant le statut de l'immigré hors de son lieu de travail, voire du temps historique de sa position présente.

— La « première génération » d'immigrés maghrébins, directement confrontée au problème de la subsistance de la famille ou d'une communauté villageoise (problème provoqué et/ou considérablement accentué par la colonisation), a émigré pour des raisons d'ordre prioritairement économiques. Elle n'a donc pu bénéficier du choix ni du recul qu'aurait pu apporter l'existence antérieure de vastes flux migratoires face au mythe de la « Terre promise » (5). Sa composition d'origine s'en est trouvée être essentiellement rurale, bien délimitée dans des régions villageoises précisément circonscrites (6). Enfin, l'absence de scolarisation ou sa faible durée fut le lot de la plupart.

Les immigrés présents dans l'entreprise dont il est question se caractérisent donc par un cumul de particularités tout à fait singulier. Il résulte de ce constat que, une fois de plus, toute généralisation excessive se trouverait immédiatement réfutable.

OS ET IMMIGRÉ

Historiquement, l'industrie automobile française a, en période de croissance, joué un rôle déterminant en tant que catalyseur et modèle dans l'extension des critères de gestion et d'organisation du travail taylorien, sous l'impulsion du modèle fordien, à un nombre considérable de secteurs économiques. En ce sens, elle fait fonction d'un mythe.

De manière positive, dans un premier temps, puisqu'elle a été créatrice d'emplois (quoique majoritairement non qualifiés) et qu'elle a engendré une augmentation conséquente du pouvoir d'achat des populations les plus défavorisées. Tout rejet massif de l'organisation scientifique du travail et du fordisme relèverait, par omission de cette dimension, du pur slogan, d'une simplification abusive. C'est sur ce pôle positif, principalement, que la dimension mythique a eu valeur d'attirance pour la main-d'œuvre rurale nationale, d'abord, puis étrangère lorsque la carence en main-d'œuvre directe s'est fait sentir pour faire face à l'accroissement de la demande et à l'augmentation de la production (implantation de nouvelles usines, instauration d'horaires d'équipe, ...). De manière positive, aussi, parce que son développement a permis une stimulation quasi exponentielle des connaissances et réalisations techniques qui, aujourd'hui, se retourne contre l'organisation scientifique du travail qui en fut le vecteur. De manière positive, enfin et « en miroir », parce qu'elle a favorisé la constitution d'un contre-pouvoir, d'une identité ouvrière et syndicale qui, par ses luttes, a apporté une amélioration significative des conditions de vie et de travail.

Mais ce développement a son envers : le taylorisme et le fordisme signifient rationalisation, découpage temporel de l'activité technique et humaine, parcellisation des tâches, déresponsabilisation, mise en place de systèmes de contrôles centralisés et de structures hiérarchiques particulièrement lourdes... avec toutes les répercussions culturelles que la généralisation d'une telle organisation suppose (le nombre, le temps).

On peut dire à cet égard que la main-d'œuvre qui a émigré pour des raisons économiques n'a jamais pu bénéficier pleinement des aspects positifs du fordisme. Le plus souvent affectés aux emplois les moins qualifiés, les plus faiblement rémunérés et les plus pénibles, les Maghrébins et Africains noirs de l'entreprise s'y sont majoritairement trouvés cantonnés ; et ce malgré une ancienneté remarquablement élevée (7 et 8). Ils s'y sont usés, physiquement et psychologiquement, et n'ont pu tirer profit dans les meilleures conditions de l'augmentation générale du niveau de vie, puisque :

— Ils ont subsisté dans les catégories d'emploi les plus défavorisées et ont été doublement exclus du corps social du « pays d'accueil », de par leur identification ethnique (xénophobie grandissante au fur et à mesure que s'estompent les réminiscences de la responsabilité coloniale tandis que le contexte économique et politique se durcit) et socio-professionnelle, dans une association ouvrier-immigré de plus en plus fréquente (9).

— Ils ont été confrontés au problème de la subsistance d'une famille et/ou d'une communauté villageoise, n'ayant souvent ni les moyens de survivre localement par des ressources agricoles, ni des possibilités d'accès à l'emploi administratif ou industriel.

— Ils ont été perçus comme étant dans une situation transitoire fondée sur le mythe du retour au pays d'origine — axiomatique de base de ce type d'immigration — de plus en plus hypothétique. En effet les possibilités d'emploi locales n'ont pas plus évolué, relativement, que les perspectives d'évolution et de qualification transférables dans et hors l'entreprise.

— Certains ont été écartelés entre leur culture originelle et celle, dualiste, de leurs enfants nés ou ayant vécu la plus grande partie de leur enfance et de leur adolescence en France.

Par conséquent, plus que d'autres, ils se trouvent prioritairement destinés à subir la crise actuelle de l'emploi contemporaine de l'effondrement du système socio-économique qui fut à l'origine de leur présence, à vivre une situation d'impasse jusqu'à la perte du sens même de leur identité historique.

COMMUNIQUER

Certains établissements de l'industrie automobile, à forte concentration de main-d'œuvre étrangère, constituent ce lieu de rencontre obligé entre l'un et l'autre, l'autochtone et l'immigré. Ce lieu de confrontation n'est pas seulement mythique, ainsi que nous l'avons suggéré, il est à la fois pluriel, essentiel et paradoxal.

Au carrefour de prises de position contradictoires au plan national, l'entreprise a dû dépasser le strict cadre de son champ d'attributions pour être en mesure de gérer *a minima* la main-d'œuvre qui lui était indispensable aux temps forts de son expansion. Ainsi, par exemple, s'est-elle dotée d'une société immobilière propre, chargée de la gestion de 0,68 % de la masse salariale destinée au logement de son personnel, dont 0,08 % consacré à l'hébergement de salariés immigrés (ex. 1 %, dont 0,1 % pour les travailleurs immigrés). De même a-t-elle mis en place un système de transport par autobus pour acheminer efficacement ses employés sur les lieux de production. Ces mesures ont particulièrement intéressé les travailleurs maghrébins, concentrés en région parisienne (10 et 11), compte tenu de leur faible niveau économique, et sont illustratives de la nécessité d'un rapport plus global à la population ouvrière immigrée. Cette stratégie, « tentaculaire », amène ainsi à repenser la relation à l'immigré dans l'entreprise dans un contexte social plus large.

En ce qui concerne *le logement*, il a fallu faire face à la valse des hésitations relatives au caractère conçu comme transitoire, puis transitoire-définitif, puis de nouveau limité (à l'encontre de toute évidence objective), de la présence de la main-d'œuvre maghrébine. Celle-ci s'est, en effet, trouvée la plus directement touchée par le problème de l'hébergement, surtout en région parisienne, puisque financièrement la plus démunie malgré son ancienneté en France et dans l'entreprise (12). A l'implantation massive de foyers qui illustrait la perception du caractère transitoire d'une présence, a dû se substituer une politique de logements « sociaux » reposant largement sur la prise d'options dans des sociétés HLM. Or, à l'heure actuelle, nombre de travailleurs maghrébins ne trouvent pas de possibilités d'attribution d'un logement décent bien qu'une partie du parc immobilier disponible puisse y répondre, au risque, pour l'entreprise, de perdre le droit à sa réservation (13). Cela amène certains à y renoncer et à demeurer dans des habitations trop petites, vétustes et insalubres, ne pouvant, en conséquence, installer leur famille en France, et entérinant l'image négative qui leur est attribuée. D'autres y parviennent, après de longues années d'incompréhension, de démarches administratives harassantes, pour ne pas dire humiliantes (14).

Pour ce faire, ces derniers ont souvent commencé par accepter la première offre tardivement venue pour, ensuite, tenter un échange avec un logement plus décent. Pourquoi, donc, la société immobilière de l'entreprise ne peut-elle répondre à une partie des besoins en logement de ses salariés maghrébins, lors même qu'elle en a objectivement les moyens ? La réponse, malheureusement, ne lui appartient pas. Cet apparent paradoxe renvoie aux stratégies des offices d'HLM et municipalités qui oscillent de manière complexe entre responsabilité sociale et préoccupations politiques.

Au problème du logement vient s'ajouter celui du *regroupement familial.* Sur ce plan aussi la vision doit être plurielle et l'entreprise a, d'ailleurs, dû intégrer pour une part la dimension affective spécifique de la situation du migrant géographiquement éloigné de sa famille. Ainsi a-t-elle accordé à ses salariés immigrés la possibilité, sous certaines conditions, de prendre un mois de congé sans solde accolé aux congés principaux et gère-t-elle en conséquence ses effectifs en périodes de vacances.

Nombreux sont ceux qui, en effet, ont choisi de demeurer dans la logique initiale d'une présence transitoire et de rester éloignés de leur famille. Ce choix n'est toutefois concevable qu'avec la perspective d'être en mesure de rassembler des moyens financiers suffisants pour pouvoir assumer sa propre subsistance une fois retourné au pays d'origine d'une part et, d'autre part, celle de son entourage. Or, le deuxième terme de ce projet devient fréquemment et structurellement exclusif du premier. L'échéance des retrouvailles s'en trouve sans cesse reportée jusque, dans le meilleur des cas, l'âge de la retraite et, dans le pire, la menace plus récente d'un licenciement économique sans possibilité de retrouver un emploi dans l'un ou l'autre pays. Un écueil supplémentaire au retour vers la famille apparaît intrinsèquement dès lors qu'on imagine les répercussions affectives que peut avoir cette séparation, sans cesse ravivée au rythme de séjours limités en période de congés. A cet élément temporel viennent se rajouter les écarts des modèles de référence de la culture d'origine et de celle d'accueil, progressivement intériorisée. Les propos tenus par un ressortissant algérien, décidé à retourner en Algérie pour y retrouver au plus tôt sa famille, viennent illustrer cette problématique en forme d'impasse : « Beaucoup d'immigrés ont quitté leur famille et veulent rester en France jusqu'à la mort. Ils ne veulent pas retrouver leur famille, pendant les vacances, ils se bagarrent tous les jours. Ils ne veulent plus retourner au pays (15). »

D'autres ont opté pour le regroupement familial, après de longues années d'efforts pour obtenir un emploi stable puis un logement décent : autre parcours en forme d'impasse face au mythe du retour au pays d'origine. D'une part, l'épouse s'est progressivement écartée du modèle patriarcal initial tandis que les enfants, nés ou ayant vécu de nombreuses années immergés dans la culture du « pays d'accueil », l'ont intériorisée, lors même qu'ils ne s'en revendiquent pas. Le travailleur maghrébin se retrouve de nouveau isolé, cette fois au sein même de sa famille, perdant une fois de plus le sens de son histoire. Qu'en est-il, enfin, du développement psycho-affectif d'enfants longtemps privés de la présence de leur père aux phases cruciales de leur évolution dans le cas d'un regroupement familial le plus souvent tardif, si ce n'est totalement privés de cette présence lorsque le regroupement ni le retour n'ont pu se réaliser (16) ? Certains parents ont d'ailleurs saisi l'opportunité d'aides pécuniaires au retour au pays d'origine, même sans projet de subsistance très élaboré à moyen terme, avant que leurs enfants aient atteint l'âge d'être scolarisés, comme en témoigne ce ressortissant malien : « Je suis en famille en France et les enfants grandissent ici (âgés de 5 et 2 ans). Ils n'auront aucune connaissance de leur origine si je ne retourne pas rapidement au Mali avant qu'ils aillent à l'école. Sinon, ils auront des problèmes quand ils retourneront là-bas, ils seront comme des étrangers (15). »

Le thème du *transport* vient, en complément, illustrer la nécessaire prise en compte par l'entreprise de phénomènes dépassant l'univers clos de la production. Celle-ci a en effet, comme il a été signalé plus haut, mis en place un système de transport par autocars de son personnel, du domicile au lieu de travail. Cette procédure est fréquemment utilisée par une part de la main-d'œuvre immigrée pour, semble-t-il, deux raisons. L'une, objective, relève de son faible niveau de vie et de l'éloignement fréquent du lieu de travail, sans cesse aggravé par les stratégies politiques relatives au logement que nous avons évoquées. L'autre, plus subjective, selon Pierre Bouvier (17), résiderait dans le fait que cette forme de transport constituerait une protection contre un univers socialement hostile et permettrait d'y différer l'immersion, de conserver quelques instants encore son identité de travailleur avant de retrouver celle d'immigré.

En résumé, la relation à l'immigré dans l'entreprise ne peut se concevoir dans sa réduction à l'univers du travail. Elle nécessite plus que toute autre, pour des raisons historiques, sociales et/ou culturelles, une appréhension plurielle par la prise en considération de dimensions extra-professionnelles singulières. Communiquer, c'est donc appréhender l'autre dans toutes ses dimensions, même et surtout au sein de l'atelier de production.

L'ENTREPRISE, LIEU DE CONFRONTATION ESSENTIEL

Si l'entreprise constitue un des lieux de son identité sociale et historique, l'immigré a qui nous faisons référence y a évolué d'une situation provisoire de travailleur-exilé à une situation moins précaire d'immigré-installé.

Passage de l'exil à l'installation, pour les raisons que nous avons évoquées : nécessité de subvenir aux besoins d'une communauté sans parvenir à s'assurer un pécule suffisant pour retourner dans un pays qui offre peu de débouchés d'emploi (Maroc, Mali, ...), écarts culturels s'accentuant avec la durée de la présence en France, problématique de la famille et des modèles de référence, etc. Installé, alors, dans un pays d'« accueil » qui tolère de moins en moins sa présence, parce que confronté à une crise économique mais aussi et surtout politique et culturelle, qui amène certains de ses ressortissants à un repli frileux au nom d'un recours à de nouvelles normes identitaires conduisant droit au racisme. Comme le montre Alain Finkielkraut (18), une autre forme de racisme est en train de naître. Non plus celui du colonisateur, reposant sur la croyance en l'existence de valeurs hiérarchisables et universelles, amenant des formes d'organisations sociales et des référents culturels « supérieurs » qu'il convient de transmettre lorsqu'on en est détenteur ; plutôt un racisme différentiel, infléchissant les apports ethnologiques, anthropologiques et l'idéologie « tiers-mondiste » pour, au nom de la spécificité irréductible de la culture des peuples, de par le caractère unique et d'égale légitimité des valeurs et coutumes, rendre incompatibles leur fusion. En découlent « les impératifs de l'affirmation (qui) conduisent à des comportements de refus, de rejet et d'exclusion au nom de la protection d'une identité retrouvée (19) ». Cette manifestation du racisme s'est, jusqu'alors, surtout rencontrée hors du lieu de travail, allant jusqu'à paralyser la vie de loisirs et favoriser les regroupements ou l'isolement. Les activités extra-professionnelles s'en sont trouvées le plus souvent limitées à l'environnement immédiat et réduites à leur plus simple expression : « On craint le pourcentage de Le Pen : de 1,5-2 à 11-12 %. Tout le monde se pose des questions. Les gens ont peur, craignent de se faire attaquer par des gens d'extrême droite s'ils sortent le soir, car il y a des problèmes dans les lieux publics... même des assassinats ! Ce n'est pas la place d'un travailleur immigré. Les gens sont tellement inquiets que, par exemple, ils engueulent leurs enfants pour qu'ils ne sortent pas le soir. Ainsi, mon neveu a 20 ans et sa mère l'engueule tout le temps pour qu'il ne sorte pas, par peur du racisme. C'est l'inquiétude, la peur (15) ».

Cette montée du racisme est perçue de manière très aiguë par les travailleurs immigrés maghrébins et africains noirs de l'entreprise : « On nous fait tout le temps des réflexions maintenant : "Tu dois retourner au pays, pourquoi tu restes ici ?" Ça me fait mal au cœur. Il y a des Français qui travaillent dans notre pays et, nous, on ne leur dit jamais ça. *Il y a des étrangers dans tous les pays (15)* ». Le caractère aberrant et politique de la montée des expressions racistes est parfaitement analysé par Sylvain

Lazarus (20), qui remarque la manière dont des ouvriers algériens l'attribuent à un problème interne à la société française sur lequel ils n'ont, en conséquence, aucune prise. Ce néo-racisme tendrait-il à infiltrer les murs de l'usine ? Il est nécessaire, pour être en mesure d'essayer d'y répondre, de faire intervenir le second glissement sémantique que nous avions évoqué en préambule à ce développement.

Passage d'une situation de travailleur à celle d'immigré. Si la xénophobie a toujours été présente — quoique de manière le plus souvent déguisée et larvée — dans les établissements industriels de la région parisienne regroupant une densité importante de main-d'œuvre étrangère, ses manifestations se sont accentuées au fil du temps, au carrefour de conjonctions historiques déterminantes :

D'une part, l'identité ouvrière s'est progressivement diluée sous l'influence de nouvelles formes d'organisation du travail impliquant d'autres rapports à l'autorité et à la responsabilité ; la solidarité et l'unité qui en étaient contemporaines se diluant également dans des références de plus en plus lâches.

D'autre part, la gestion interne du personnel de ces établissements a « sédimenté » la main-d'œuvre immigrée en la maintenant, dans des lieux circonscrits, aux plus bas niveaux de qualification. L'évolution des salariés français vers des postes plus qualifiés, facilitée par l'arrivée massive d'ouvriers étrangers faiblement scolarisés aux temps forts de l'expansion de l'industrie automobile, a contribué au regroupement à la fois géographique et dans une classification déterminée de ces derniers.

Par ailleurs, l'instauration de mesures spécifiques en faveur des ouvriers étrangers (congés, ainsi que nous y avons fait référence, mais aussi prise en considération de la dimension religieuse comme cela sera développé plus avant) a participé à leur isolement ou, tout au moins, à leur stigmatisation au sein de la population ouvrière.

Enfin, nombre d'agents de maîtrise, quasiment tous Français, de par leur position structurellement contradictoire et de plus en plus démunis face aux évolutions en cours, ont radicalisé leurs positions et sont devenus davantage vulnérables aux poncifs et généralisations de toute sorte concernant l'immigration. Ceux-ci étaient, en effet, massivement issus des couches ouvrières (stratégie d'évolution des ouvriers français), recrutés sur la base de leur aptitude au « commandement » plus que d'un niveau de formation, dans un système taylorien aux références éminemment militaires. Ce système, remis en cause en particulier dans les années 70, a amené progressivement la direction, sous l'influence des pressions sociales, à mettre essentiellement l'accent sur les capacités d'animation de son encadrement de base sans modifier l'organisation du travail : exigence qui ne correspondait ni à son niveau de formation, ni à ses critères de sélection, ni à l'organisation du travail et à ses procédures de gestion. Plus récemment encore, les agents de maîtrise se sont trouvés confrontés à des évolutions technologiques et culturelles rapides auxquelles ils n'étaient pas préparés et ont doublement perdu de leur crédit, au plan technique et humain, aux yeux des salariés dont ils avaient à gérer la production. D'où un durcissement défensif, face à une catégorie ouvrière devenue, pour une large proportion, immigrée, et l'émergence de propos racistes de plus en plus manifeste de leur part : « Ils ne veulent rien faire, ils sont comme ça », « ils sont tout le temps absents », « il n'y a qu'à les renvoyer chez eux, ... (21) ».

Tous ces éléments ont de la sorte favorisé la tendance actuelle à la perte d'une identité de travailleur au profit de celle d'immigré au sein même de l'univers de production. Il en résulte, dans cet espace jusqu'alors relativement protecteur face au racisme avoué, une accumulation des processus d'exclusion. Si l'évocation du racisme était, jusqu'alors, relativement absente des propos tenus par les « immigrés maghrébins de première génération », il convient toutefois d'apporter une nuance à cet apparent silence. Comme le démontre Abdelmalek Sayad (3), tout se passe comme si, voulant préserver son identité de travailleur, l'immigré a évacué le racisme du seul lieu qui autorise cette réalisation, donc cette préservation : l'usine. Et ce, selon la logique suivante : je suis un travailleur comme les autres, donc il ne peut y avoir de racisme à mon égard de la part d'autres travailleurs, donc il n'y a pas de racisme sur le lieu de travail. Abdelmalek Sayad remarque, également, que les plus jeunes n'adoptent pas cette logique et sont beaucoup plus sensibles au racisme dans l'entreprise ; ce qui se vérifie, d'ailleurs, au niveau national (cf., notamment, le succès de « sos Racisme »). Il n'empêche que le racisme de crise que nous avons évoqué tend à se développer dans l'entreprise et les mesures actuelles d'« aide au retour volontaire au pays d'origine » visant, parmi d'autres, à limiter le nombre de licenciements économiques sous des formes plus brutales, catalysent son expression. Ceci tant entre employés : « Des ouvriers français nous disent maintenant : "Qu'est-ce que tu fais ici, pourquoi tu ne retournes pas au pays ?" », « Ici, ça ne va pas, tous les jours on nous parle de retour. On a peur » (15), que de la part d'agents de maîtrise : « Ça augmente, le racisme. Une fois, on a manifesté parce que c'était toujours le même chef qui disait : "Si tu n'es pas content, tu n'as qu'à rentrer chez toi". Dès qu'il y a eu la première affiche sur l'aide au retour au pays, il est allé en parler aux étrangers. Or, des affiches, il y en a tous les jours. Pourquoi il ne nous a parlé que de cette affiche, pour la première fois ? Il n'avait pas à le faire. On est monté au service du personnel expliquer ce qui n'allait pas et ça s'est vite arrêté »... « Un contremaître ne doit pas dire : "Tu n'as qu'à acheter un camion, tu seras riche." Un contremaître ne doit pas dire ça à l'ouvrier immigré, car lui le respecte. Il croit que je ne comprends pas ce qu'il dit, mais je comprends tout. Je ne m'engueule pas avec lui et il doit me respecter aussi (15) ».

Au total, donc, et si nous n'y prenons garde, le développement de la xénophobie et du racisme à l'échelon national tend à s'étendre à l'univers professionnel, référent jusqu'alors privilégié, si ce n'est unique, d'une identité pour l'immigré : celle de travailleur qui, après être devenue ouvrière, risque de s'estomper également, laissant la voie libre à « la barbarie à visage humain ».

LA DIALECTIQUE DES IDENTITÉS

Architecture d'une identité en déclin (de travailleur, puis d'ouvrier, puis d'immigré), mais d'une identité avant tout, l'entreprise constitue encore, pour une part et au moins en négatif, l'un des rares et derniers espaces proposant des recours identitaires à l'ouvrier maghrébin. Cette identité, dès lors qu'elle s'y exprime, tend à figurer, projeter l'essence même de ce paradoxe à quatre termes auquel nous nous sommes sans cesse heurtés : travail - immigration - culture - société. Deux illustrations, alors, pour en présenter schématiquement la complexité dans l'univers du travail, cette fois désenclavé.

Les conflits « immigrés » dans l'industrie automobile

Ceux-ci, apparus à l'échelon national dans diverses entreprises de construction automobile (Talbot, Citroën, Renault) au cours des années 80, ont très clairement posé le problème de l'ambiguïté de la liaison os-immigré et, corollairement parce que en filigrane, du fait de faire référence dans le champ social a des dimensions culturelles. Ces conflits ont, en effet, donné lieu à des « dérapages » politiques et médiatiques (22) qui ont démontré :

D'une part l'absence, persistante, d'une prise en considération conséquente des enjeux de l'immigration dans la société française et, donc, d'une réflexion d'envergure, relevant de l'éthique, sur les rapports entre pluriculturalisme, identité et société. Réflexion qui aurait donné lieu à un traitement de fond, démocratique et consensuel, dépassant le strict cadre d'ajustements successifs et contradictoires ; ces derniers étant surtout tributaires de visées à court terme et guidées par l'opportunisme politique.

D'autre part la nécessité, plusieurs fois ici soulignée, d'aborder la problématique de l'immigration dans l'entreprise en dépassant le champ restreint de l'univers professionnel.

Ces récents conflits ont surpris tant les membres des directions que les représentants syndicaux de l'entreprise, et ce en raison de certains caractères plus spécifiques (23) :

Leur émergence, sans précédent, dans les départements où les travailleurs immigrés étaient le plus massivement présents et la puissante capacité de mobilisation dont ils ont fait preuve ;

La dimension atypique des stratégies adoptées (interventions localisées, en des endroits paralysant l'ensemble de la production) dépassant le registre syndical dans un contexte initial de stabilité du climat social ;

La nature des revendications qui, par delà l'aspect traditionnellement quantitatif (salaires, classification, ...) ont, plus largement, porté sur le devenir des populations ouvrières (sécurité de l'emploi, qualification), la main-d'œuvre immigrée se trouvant dans les secteurs et les catégories d'emploi les plus menacés par la crise de l'industrie automobile, les conditions de travail (le « printemps de la dignité ») et d'existence (le logement). Ces « spécificités » ont amené à se pencher davantage sur les caractéristiques de la main-d'œuvre immigrée, principalement maghrébine, dans l'entreprise et à dépasser le consensus antérieur qui faisait référence à l'homogénéité d'une catégorie « ouvrière ». Ainsi, par exemple, en fut-il des interrogations relatives au rôle de l'islam qui s'est avéré relever davantage de celui de « liant culturel » au quotidien, que d'un hypothétique catalyseur ou déterminant direct des conflits, comme l'a souligné Jacques Barou (23).

Si ces manifestations ont, de la sorte, participé de la stigmatisation d'une catégorie « immigrés » dans l'entreprise, elles ont également favorisé la prise en considération de l'évolution de celle « d'ouvriers » par l'union des industries métallurgiques et minières, ce qui a abouti, à partir de 1983 et 1984, à une refonte du régime des classifications des os.

Le Je(u) religieux

La pratique de l'islam sur le lieu de travail pose, de manière tout à fait originale, la question d'un double jeu d'identification du travailleur immigré dans l'entreprise, espace laïque par excellence.

Je(u) de certains ouvriers musulmans, d'abord, par leur pratique religieuse dans l'atelier, affichant une revendication qui, sous couvert de religion, n'en est pas moins fondamentalement identitaire. L'islam, en effet, bien plus qu'une religion au sens où on peut l'entendre actuellement dans un Etat laïque, constitue l'ossature très large d'une civilisation. En ce sens sa pratique dépasse, symboliquement, le temps même de son expression. Elle recouvre aussi le strict registre d'une revendication culturelle, dans l'acception rigoureuse du terme (24), puisque débordant la périphérie d'un groupe, d'une ethnie, d'un pays, voire d'un continent. A l'intersection d'une religion et d'une civilisation, à vocation universelle, recouvrant le champ culturel, elle n'en fonde pas moins l'identité, et donc le sentiment d'appartenance de ceux qui s'en revendiquent dans l'acte d'une pratique qui s'étend à tous les registres de la vie sociale.

Conduite des dirigeants de l'entreprise, aussi, qui, après avoir connu les avantages découlant de la présence d'une main-d'œuvre corvéable et malléable à merci mais prenant progressivement conscience de son identité ouvrière, ont rapidement cédé aux revendications relatives à la pratique de l'islam sur le lieu de travail qui, apparemment, ne présentait pas que des désavantages (rigueur des pratiquants dans divers registres de leur comportement, interdit porté sur la consommation de boissons alcoolisées, ...).

Ce double jeu s'est traduit par l'avènement progressif d'une sorte de « spirale perverse de tolérance à la soumission », par la dépendance des immigrés envers la direction qu'engendrait la reconnaissance par celle-ci d'une pratique religieuse : menus adaptés dans certains restaurants d'entreprise, horaires plus souples en périodes de ramadan, regroupement des ouvriers pratiquants sur une même chaîne de montage (qui gèrent leur production de manière a pouvoir disposer du temps nécessaire au culte islamique) et, en guise d'apothéose, autorisation d'implanter des lieux de prière dans certains ateliers. Sur ce dernier point, il semble que la direction n'ait pas mesuré l'ampleur des enjeux qui en découlait. En effet, participer à l'installation de mosquées sur le lieu de travail, ce n'est pas seulement constituer une « église de l'islam », c'est, aussi et surtout, y tranposer un lieu de regroupement communautaire (23).

Les intentions qui ont présidé à l'autorisation de la

mise en place de lieux de culte dans l'usine n'étaient pas, pour autant, forcément ou seulement manichéennes par delà, peut-être, le fait de participer au débordement des syndicats sur la notion de laïcité et à la constitution d'un « pouvoir parallèle », avec des leaders religieux, imams reconnaissants envers la direction et, parfois, rigoureusement opposés aux représentant syndicaux... Elles relevaient principalement de préoccupations purement pragmatiques face à l'extension de la pratique de la prière, dès le début des années 70, dans les allées des ateliers et à ses incidences potentielles sur la sécurité et le climat social (une pétition, sur ce thème, émanant de travailleurs sénégalais, a permis de recueillir environ huit cents signatures en une après-midi). Ceci n'en démontre pas moins, une fois encore, les limites du pragmatisme et de la gestion des aléas en tant qu'expression d'une « culture d'entreprise » (25).

Ces revendications identitaires et cette accréditation des pratiques de l'islam dans l'entreprise ne deviennent pas seulement délicates à gérer par celle-ci. Elles ont, également, contribué à la désignation de plus en plus restrictive du travailleur immigré en équation dont les termes se multiplient : travailleur-ouvrier-immigré-maghrébin et/ou africain noir-musulman (puis, selon la même logique, pourquoi pas intégriste,... ?).

Cette désignation, qui participe de l'exclusion, s'est par ailleurs opérée à plusieurs niveaux :

celui d'agents de maîtrise, ne comprenant pas une telle décision à laquelle, une fois de plus, ils n'avaient pas été associés et ayant à en gérer tant bien que mal les conséquences ;

celui d'ouvriers et professionnels autochtones, y voyant une mesure spécifique supplémentaire en faveur d'une catégorie restreinte d'entre eux ;

celui de représentants syndicaux, mis en position délicate face à la difficulté d'associer leur éthique laïque au souci de susciter l'adhésion des travailleurs ;

mais aussi celui des intéressés eux-mêmes, et ce à divers égards. D'une part, certains « ouvriers-immigrés-musulmans » étaient représentants syndicaux. D'autre part, la pratique rigoureuse de l'islam (propreté avant la prière...) n'autorise pas ces aménagements sur le lieu de travail. Par ailleurs, tout « musulman » n'est pas forcément pratiquant, de même que tout Maghrébin ou Africain noir n'est pas, non plus, forcément musulman.

Au final, donc, des clivages accrus au sein de la population des travailleurs immigrés, même s'ils tendent à ne pas afficher leurs différences sur le lieu de travail, ainsi qu'entre ces derniers et les autres employés.

COMMUNICATION ET LANGAGES

Communiquer c'est aussi, et seulement aussi, dialoguer dans l'univers complexe des interactions que nous avons évoquées, irréductible à un lieu ou temps précis. Là, alors, se pose la question de la maîtrise orale d'une autre langue que sa langue d'origine ou, plus exactement, de ses langues d'origine (arabe, kabyle, sarakolé, ...). Ce phénomène n'est d'ailleurs pas simplement celui, rationnel, de la communication orale en situation de bilinguisme. Il est, en premier lieu, biaisé par un mécanisme doublement pervers :

Perversion liée au rapport que nous entretenons avec les valeurs de pays à faible puissance économique et, consécutivement, avec les langues de ces pays. Rapport subjectif, plus ou moins conscient, mais immédiat de domination.

Perversion, encore, au sein même de l'univers professionnel, dans une autre équation sociale déjà largement soulignée : « travailleur-ouvrier-immigré-maghrébin (et/ou africain noir)-musulman », qui renvoie à un nouveau registre du pouvoir. La langue de l'autre devient, dans l'usine, celle du moins qualifié, du moins « connaissant », et donc du moins « écoutable ». La relation français-arabe tend, de la sorte, à se constituer en un rapport formellement inégalitaire : agent de maîtrise-ouvrier. D'où la nécessité de distinguer, au moins sur ce plan, ce qui relève de la compréhension orale en situation de « bilinguisme » de ce qui est inhérent aux rapports hiérarchiques. Une expérience pertinente vient éclairer cette dimension.

Le responsable de formation d'un établissement

industriel à forte concentration de main-d'œuvre originaire de pays du Maghreb et d'Afrique noire s'était inquiété, en 1983, auprès des contremaîtres de divers ateliers de production, de leur propre perception du niveau de compréhension orale des ouvriers étrangers qu'ils avaient à gérer (il serait, à ce sujet, intéressant de réaliser l'expérience inverse). Selon une première estimation, 17 % d'entre eux ne maîtrisaient pas du tout la langue française et nécessitaient l'intervention d'un « interprète » (collègue de la même origine, parlant français) pour communiquer en cette langue, tandis que 28 % la possédaient imparfaitement : soit 45 % de cas d'incompréhension potentielle.

Une investigation plus affinée (26) a permis de mettre en évidence, en interviewant précisément l'ensemble des responsables hiérarchiques, des régleurs aux chefs d'ateliers, et en recoupant leur avis sur le niveau de compréhension orale de la langue française de chaque ouvrier étranger dépendant de leur secteur :

Que dans 3 % seulement des cas, le recours à un « interprète » s'avérait nécessaire.

Que dans 70 % des cas, la compréhension était parfaite.

Que, lors même que l'on s'intéresse aux 27 % de cas de « compréhension partielle », on constate une faible cohérence dans les appréciations selon les niveaux hiérarchiques.

Enfin, que si l'on tente de préciser ce qui est source d'écueils dans la compréhension, on voit apparaître deux éléments dominants qui ne relèvent pas directement de la maîtrise orale de la langue française. L'un consiste à reporter sur une situation de bilinguisme et de biculturalité ce qui relève du domaine relationnel entre ouvriers et agents de maîtrise ; ces derniers s'en dédouanant de la sorte. L'autre élément est davantage lié à la lecture d'indications de montage sur les chaînes, sur des véhicules de plus en plus diversifiés, et est essentiellement contemporain du problème de la lecture de la langue. Il témoigne aussi des limites de l'associationnisme (27) comme modèle d'apprentissage des tâches ainsi que du manque d'anticipation des politiques de formation.

Que reste-t-il, au final, au compte du « bilinguisme »

et de la « biculturalité », arguments le plus souvent mis en avant lorsqu'il s'agit de traiter de la communication entre autochtones et immigrés dans l'univers professionnel ? Il apparaît clairement, à l'issue de ce chapitre, que la réponse au problème de l'immigration dans l'entreprise n'est ni dans ces arguments, ni ne peut être appréhendée dans le champ clos du monde du travail, voire dans l'instant actuel du temps historique de l'immigration. Dès lors il devient impossible de ramener ce problème à une seule de ses composantes jusqu'ici évoquées, de le considérer d'un seul point de vue dans ce jeu de miroirs kaléidoscopique aux combinaisons infinies, au nom de spécificités culturelles.

PERSPECTIVES

La période des « temps modernes », du triomphe de l'organisation scientifique du travail, s'est traduite, comme nous l'avons déjà souligné, par une « sédimentation » de la main-d'œuvre immigrée originaire de pays du Maghreb et d'Afrique noire aux plus bas niveaux de qualification. Elle s'est ainsi trouvée cantonnée aux postes d'exécution les plus harassants, enchaînée à des tâches morcelées et répétitives, écartée des procédures de formation et de qualification, s'installant dans une perspective de retour au pays d'origine de plus en plus mythique. Qu'en est-il de son devenir aujourd'hui, à l'heure de l'effondrement du modèle taylorien ?

UNE SOURDE RÉVOLUTION

Il convient, à cet égard, de rappeler que l'organisation traditionnelle du travail dans les ateliers de production a considérablement évolué ces dernières années (28). Cette évolution, dans l'entreprise dont il est ici question, s'est produite sous l'impulsion de divers facteurs :

Les bouleversements technologiques considérables qu'ont amenés les progrès de l'électronique, de l'informatique et de la robotique, ont permis d'automatiser et de coordonner de nombreuses tâches, séquences de production, et participé à la crise de l'emploi de la « main-d'œuvre directe ». Ces bouleversements ne sont, toutefois, ni homogènes, ni linéaires. Ainsi, si les processus situés en amont et en aval du montage ont pu être fortement automatisés, ce n'est toujours pas le cas dans les ateliers de montage. Va-t-on vers une entreprise duelle avec, pour une part, des ateliers robotisés, comportant des équipes qualifiées, autonomes, responsabilisées, centrées sur la maintenance et la prévention et, pour une autre, des chaînes de plus en plus rapides et des tâches de plus en plus répétitives et fragmentées ? Ce scénario n'est ni catastrophique ni alarmiste ; il est simplement le plus probable en l'état actuel des connaissances techniques et du contexte de l'industrie automobile en France.

La crise de l'industrie automobile, face à l'accroissement de la concurrence et à son internationalisation qui s'est concrétisée par l'arrivée sur ce créneau d'entreprises plus compétitives avec, en corollaire, des exigences de plus en plus différenciées de la part de la clientèle et un marché en stagnation. Ceci a provoqué une diversification exponentielle des références et modèles de véhicules, donc une complexification accrue des tâches et de leurs imbrications, et posé le problème de la pertinence de l'organisation taylorienne de la production qui n'était fondée que pour répondre à un accroissement quantitatif de la demande.

De nouvelles organisations du travail ont, sous ces impulsions, vu le jour dans certains ateliers (groupes autonomes...), tandis que d'autres critères de gestion (« coûts cachés », temps d'engagement machines plutôt qu'humains...), préoccupations (qualité, fiabilité, flux, réduction des stocks, ...) et qualifications (conducteur d'installation automatisée, technicien d'atelier, ...) sont nés. Rappelons sur ce dernier point que, pour la première fois en 1983 et 1984, s'est posé structurellement le problème du devenir, de la carrière des ouvriers et que le régime des classifications s'en est trouvé considérablement bouleversé (29) ; en partie, d'ailleurs, sous l'impulsion des grèves des « os immigrés ».

Quel rapport, dans ce contexte en mouvance, avec le devenir des populations qui nous préoccupent ? Deux stratégies opposées semblent se dessiner :

La première, la plus usitée, est celle de l'exclusion. Elle trouve sa justification dans le fait que les ouvriers maghrébins et africains noirs, « immigrés de première génération », d'origine rurale, peu ou pas scolarisés, usés par de nombreuses années de travail posté, ne pourront pas s'adapter aux évolutions en cours ; d'autant que les pratiques de formation actuelles s'avèrent peu pertinentes. Les stratégies qui en découlent sont, de fait, soit brutales (licenciements), soit plus progressives (aides au retour « volontaire » au pays). Ces deux options coexistent, actuellement, dans un double langage qui n'est pas sans évoquer le « double bind » (30). L'interrogation minimale sur la responsabilité historique (exclusion systématique des procédures de formation et d'évolution au nom, toujours, des mêmes arguments : présence transitoire, puis faible maîtrise de la langue française, population pas ou peu scolarisée, ...), et sociale (toute « grande » entreprise a pour partie une responsabilité éducative à l'échelon national, quel que soit son statut), n'apparaît pas de façon explicite dans cette logique. A terme alors, pour ces exclus, la perte d'un des derniers recours identitaires, celui de « travailleur », et le référent unique de « chômeur-immigré », tant dans la société d'« accueil » avec de faibles chances de retrouver un emploi, que dans celle d'origine ; d'autant qu'ils ont été le plus souvent marqués par des influences fort différentes, intériorisées au cours des années, et déconnectées des évolutions qui ont eu lieu dans le pays d'origine, sans parler du devenir des familles (31)...

La seconde stratégie n'est que potentielle. Elle est à élaborer urgemment ou, plus exactement, à harmoniser à partir d'expériences et innovations jusque-là isolées et dispersées. Elle s'inscrit rigoureusement en faux contre les arguments qui se veulent justifier les pratiques d'exclusion et se situe sur deux registres principaux :

L'un est celui des *évolutions technologiques et des nouvelles formes d'organisation du travail*. Sur ce plan, comme l'ont montré Michel Oriel (32) et Ahsène Zehraoui (33), la participation d'ouvriers immigrés, présentant les caractéristiques précitées, à des groupes autonomes sur des lignes de presses automatisées leur a permis de se resituer dans une dynamique de progrès et d'évolution, de formulation d'un projet jusqu'alors enfoui dans le marasme multiforme du quotidien. Par ailleurs, s'il existe une dimension communautaire et une solidarité « immigrés », ne serait-ce qu'en réaction identitaire aux pressions de toute nature, pourquoi ne pas considérer positivement ces « spécificités » sociales dans la mise en place de nouvelles stratégies organisationnelles qui requièrent directement de telles potentialités ? C'est le pari qu'a tenu le responsable d'un département de fabrication et les résultats obtenus furent à ce point convaincants qu'il tira profit du temps dégagé par les gains en productivité qui en résultèrent pour impliquer la ligne hiérarchique dans des actions de formation quotidiennes destinées aux ouvriers et professionnels de l'atelier. Qu'en est-il alors des déterminismes technologique et organisationnel qui semblaient fonder la logique de l'exclusion du personnel le moins qualifié ?

L'autre registre relève des *politiques de formation et stratégies pédagogiques* qui en découlent. Il convient d'admettre que les évolutions en cours du travail d'ouvrier et professionnel tendent vers une plus grande distanciation spatiale et différenciation temporelle, une formalisation augmentée des modes opératoires, un recours accru à l'abstraction. De plus, force est de constater que le système de formation continue a, jusqu'alors, le plus fréquemment consisté à reproduire le modèle scolaire, fondamentalement élitiste. Il paraît alors indispensable de repenser totalement la pédagogie dans l'entreprise. Ceci doit se faire d'une part en considérant, en référence à la théorie constructiviste de l'épistémologue Jean Piaget (34), le développement de la pensée et en constatant que nombre d'adultes n'ont pas atteint, pour des raisons sociales et environnementales (35), le niveau optimal décrit comme « opératoire formel ». D'autre part, en s'appuyant sur certaines innovations pédagogiques (36) portant non plus sur les contenus à transmettre mais, avant tout, sur l'identification et la construction des processus cognitifs nécessaires à leur assimilation et démontrant de la sorte que la pensée se construit aussi chez l'adulte. En postulant, enfin, qu'il existe un modèle universel du développement de la pensée en interaction avec l'environnement. Il semble, de fait, nécessaire de revoir sous cet angle les pratiques de formation au plan des contenus symboliques des messages à transmettre, de leur adéquation avec les niveaux opératoires des auditeurs et du développement, en simultané, des processus cognitifs dont le niveau aura été préalablement identifié (37). Qu'en est-il, en effet, des évolutions technologiques, sinon le passage d'un mode de penser opératoire concret voire pré-opératoire, dans des tâches répétitives à apprentissage associatif, à un niveau d'abstraction formel auquel n'ont pu avoir accès la majorité des individus directement concernés par leur mise en application ? Qu'en est-il, de même, de ces co-opérations devenues indispensables aux nouveaux collectifs de travail, sinon des élaborations, certes affectives mais aussi cognitives communes ? Comment, alors, y préparer les protagonistes si ce n'est en posant la question de la finalité du processus de formation et en provoquant un déplacement d'accent pédagogique de la simple transmission des connaissances au développement préalable ou simultané des mécanismes cognitifs ? Analyser, puis harmoniser les tâches, les procédures de transmission des savoirs et le niveau d'élaboration de la pensée du point de vue constructivo-cognitif, c'est réarticuler organisations du travail et potentialités individuelles, c'est penser les mutations en cours en d'autres termes.

Que deviennent, de la sorte, les résistances à l'égard d'une politique efficace de formation du personnel dit de « bas niveau de qualification », qui participaient aussi de la logique de son exclusion ?

CULTURES

Revenons, en guise de conclusion, sur la notion de culture dans l'acception rigoureuse qu'en propose Carmel Camilleri (24).

Si nous tentions de réexaminer un à un les termes distinctifs de l'immigration maghrébine dans l'industrie automobile française, nous serions bien en peine de recenser précisément ce qui relève du culturel plutôt que de l'histoire, la sphère économique, sociale ou religieuse. Faut-il en déduire que cette notion n'est pas pertinente pour aborder le sujet qui nous préoccupe ? Il semble plutôt nécessaire d'avoir recours à un point de vue syncrétique, exigence que nous n'avons cessé de souligner. Il en découle un glissement sémantique de la notion de « culture immigrée » à la catégorisation « os-immigré » qui paraît plus pertinente (38). Nous devons alors convenir qu'il existe des caractéristiques communes acquises au carrefour d'un temps relativement bref dans l'histoire de l'immigration, de conditions sociales et affectives d'existence particulières, de référents linguistiques et religieux souvent partagés... Ainsi a pu se constituer un creuset identitaire, identifiable par l'activité professionnelle, en un lieu de regroupement d'une main-d'œuvre immigrée d'origine précise, d'âge moyen, d'ancienneté en France et dans l'entreprise comparable, soumise aux mêmes pressions et désignations sociales. Si donc culture il y a, elle n'est plus celle du milieu d'origine et n'est pas non plus celle du pays « d'accueil ». Elle est celle, frêle et éphémère, d'os-immigré-maghrébin... qui se définit actuellement en négatif et en miroir par le cumul de situations de rupture qui conduit, à terme, à la disparition de ses fondements. Elle se repère, en creux, et se dessine de plus en plus explicitement au plan juridique (39).

Cela dit, combien de temps encore cette catégorisation « os-immigré » demeurera-t-elle pertinente, lors même que le premier terme de l'équation qui la fonde, « os », tend à disparaître sous l'impulsion des évolutions technologiques et organisationnelles en cours ? Quel devenir pour ces exclus et leurs familles ? Faudra-t-il se résoudre au point de vue de Abdel Aïssou (40), dont le caractère délibérément lapidaire n'en est pas moins édifiant : « La première génération a été sacrifiée par le travail, la seconde l'est par l'école, attendons la troisième ? »

NOTES ET RÉFÉRENCES BIBLIOGRAPHIQUES

(1) De Saussure Ferdinand, *Cours de linguistique générale,* Payot Edition critique, Paris, 1980, p. 23.

(2) « Désigner les choses (et les êtres) n'est jamais innocent, c'est les précipiter au-delà de leur existence propre, dans l'extase du langage qui est déjà celle de leur fin » ; Baudrillard Jean, *Cool Memories, 1980-1985,* Paris, Galilée, 1987, p. 51.

(3) « ...Il découle de cette situation (...) un impératif scientifique et non pas éthique : on ne peut rien décrire, comprendre et expliquer objectivement du système d'attitudes, de conduites et de l'idéologie des os immigrés sans se référer à leur situation propre telle qu'elle est déterminée par le jeu des forces économiques, sociales, politiques, culturelles caractéristiques de l'immigration en tant qu'elle constitue un système ». Sayad Abdelmalek, « Condition d'immigré et condition d'os : les effets mutuels de l'une sur l'autre et leurs effets sur la relation de travail », in *Les os dans l'industrie automobile,* Contrat de connaissance cnrs, rnur (n° 10601640l/cnrs 10), mai 1986, p. 9.

(4) Ben Jelloun Tahar, *La plus haute des solitudes,* Paris, Seuil, 1977, p. 23-24.

(5) N'omettons pas, à ce sujet, de rappeler les stratégies incitatrices à l'émigration, au sein des pays d'origine, de la part de représentants d'importants constructeurs automobiles français.

(6) Simon Gildas, Guichet Daniel, Masson Hélène, Thibault Joël, « La relation des travailleurs maghrébins de la Régie Renault avec leur pays d'origine », in *Les os dans l'industrie automobile,* Contrat de connaissance cnrs-rnur (n° 10-01-401/cnrs 10), janvier 1986.

(7) A titre anecdotique, j'ai souvenir de l'expérience d'un collègue qui a consisté à demander à des responsables hiérarchiques, dans un département de fabrication comportant plusieurs centaines d'ouvriers maghrébins et africains noirs, de recenser nominativement les individus qui leur paraissaient susceptibles d'évoluer, à terme, vers des fonctions de professionnel ou régleur. Seuls les noms de rares ouvriers français encore présents dans l'atelier figurèrent sur la liste qui lui fut remise. Il y a de cela quatre ans.

(8) Gauttier Gilles, *Formation et emploi des travailleurs immigrés,* Mémoire de maîtrise en sciences économiques, Université de Paris-X, 1978.

(9) « Les deux catégories — os et os immigré — ont en commun d'être définies par la négative, comme dans un théâtre d'ombres, à la fois opaques et transparents, attendant d'être remplies de signification. Peut-on, comme en grammaire, de deux « négations » faire une affirmation ? ». Varro Gabrielle, Perriaux Anne-Sophie, « Recherche documentaire et bibliographique », tome II : Analyse documentaire, in *Les os dans l'industrie automobile,* Contrat de connaissance cnrs-rnur (n° 10-01-101/cnrs 10), janvier 1986, p. 100.

(10) Granotier Bernard, *Les travailleurs immigrés en France,* Maspéro, Paris, 1970.

(11) Guillon Michèle, « Localisation résidentielle des ouvriers des unités parisiennes de la Régie Renault », in *Les os dans l'industrie automobile*, Contrat de connaissance CNRS-RNUR (n° 10-01-401/CNRS 10), janvier 1986.

(12) Ces difficultés financières sont, essentiellement, liées au maintien de cette population dans les catégories d'emploi les moins rémunérées, plutôt qu'à d'éventuels transferts financiers : en moyenne, à l'échelon national et par an, 257 francs en Algérie, comme l'a rappelé Djaffar Lesbet à propos du texte de : Gillette Alain, Sayad Abdelmalek, *L'immigration algérienne en France*, Paris, éd. Entente (2e éd.), p. 147.

(13) Lesbet Djaffar, « Le travailleur algérien entre le seuil et le quota. Le logement des immigrés du 1 % patronal aux 10 % des municipales », in *Les os dans l'industrie automobile*, Contrat de connaissance CNRS/RNUR (n° 10-01-401/CNRS 10), janvier 1986.

(14) On conçoit, dès lors, que dans ce contexte global (travail pénible et dépourvu d'intérêt, horaires d'équipe, absence de perspectives d'évolution et de formation, problème du logement, tracasseries administratives et xénophobie, ...), des reproches émanant fréquemment d'agents de maîtrise tel celui d'un absentéisme trop élevé, dont l'ampleur, voire le bien-fondé, mériteraient d'être vérifiés, doivent prendre un tout autre sens que celui de profiter de certains acquis pour, par exemple, agrémenter sa vie de loisirs. L'absentéisme devient, là, nécessité et symptôme d'un syndrome social.

(15) Lorenzo Jean-Michel, Wallizer Françoise, *Les déterminants du retour volontaire au pays*, Publication interne à la direction du personnel de l'entreprise, 1985.

(16) Messamah Khelifa, « Logement et regroupement familial dans le processus d'intégration socio-professionnelle des immigrés », in *Les os dans l'industrie automobile*, Contrat de connaissance CNRS-RNUR (n° 10-01-401/CNRS 10), janvier 1986.

(17) Bouvier Pierre, « Pratiques et représentations des ouvriers spécialisés de la RNUR : le cas de leurs déplacements transport », in *Les os dans l'industrie automobile*, Contrat de connaissance CNRS-RNUR (n° 10-01-401/CNRS 10), janvier 1986.

(18) Finkielkraut Alain, *La défaite de la pensée*, Gallimard, Paris, 1987, p. 94-99.

(19) Daniel Jean, Editorial du *Nouvel Observateur*, 17-23 avril 1987.

(20) Lazarus Sylvain, « Représentations et formes de conscience des os de Renault-Billancourt », in *Les os dans l'industrie automobile*, Contrat de connaissance CNRS-RNUR (n° 10-01-401/CNRS 10), 1986.

(21) Aime Jean-Michel ; Lorenzo Jean-Michel, *Perceptions et attentes d'agents de maîtrise dans un département de production à forte concentration de main-d'œuvre immigrée*, Publication interne à la direction du personnel de l'entreprise, 1984.

(22) Se rappeler les déclarations fracassantes de certains de nos dirigeants à l'époque, tendant à attribuer l'entière responsabilité des conflits à des « intégristes musulmans » ; les propos tenus par quelques journalistes sur l'éventuelle influence de gouvernements étrangers...

(23) Wihtol De Wenden Catherine, Barou Jacques, Diop Mustapha, Kerschen Nicole, De Saint Blanquat Emine, Sobhi Toma, « Analyse des conflits récents survenus aux usines Renault de Billancourt depuis 1981 au sein de la population immigrée », in *Les os dans l'industrie automobile*, Contrat de connaissance CNRS-RNUR (n° 10-01-401/CNRS 10) décembre 1985.

(24) « La culture est l'ensemble plus ou moins lié des significations acquises les plus persistantes et les plus partagées que les membres d'un groupe, de par leur affiliation à ce groupe, sont amenés à distribuer de façon prévalente sur les stimuli provenant de leur environnement et d'eux-mêmes, induisant vis-à-vis de ces stimuli des attitudes, des représentations et des comportements communs valorisés, dont ils tendent à assurer la reproduction par des voies non génétiques ».

Camilleri Carmel, *Anthropologie culturelle et éducation*, UNESCO, Delachaux et Niestlé, 1985, p. 13.

(25) Pour une approche plus globale de la « culture d'entreprise », cf. : Sainsaulieu Renaud, Segrestin Denis, « Vers une théorie sociologique de l'entreprise », in *Sociologie du travail*, XXVIII, Dunod, 3/86, p. 335-352.

Sainsaulieu Renaud, *Sociologie de l'organisation et de l'entreprise*, Paris, Presse de la Fondation nationale des sciences politiques & Dalloz, 1987.

(26) Moulin Adeline, *La compréhension interethnies dans la communication hiérarchique*, Mémoire de maîtrise en psychologie du travail, Université de Paris-X, 1984.

(27) Apprentissage par « essais-erreurs », avec pour stimuli des sanctions positives ou négatives, reposant sur le postulat que l'individu est essentiellement déterminé par son environnement.

(28) « Transformation des modes de production, du travail et de l'emploi : robotique, productique, intelligence artificielle », in *Prospective 2005*, Colloque national des 27-28 novembre 1985, Rapport n° 1, CNRS - Commissariat général au Plan.

(29) Carrière Maryse, Zafarian Philippe, Centre d'études et de recherches sur les qualifications, dossier n° 20, août 1986.

(30) « Une injonction primaire négative est contredite par une injonction secondaire qui ne laisse d'autre issue au récepteur que la fuite, le refus ou l'évasion dans l'imaginaire du délire », *Vocabulaire de psychologie*, Lidis, 1977, p. 35.

(31) Lefort François, Nery Monique, *Immigré dans mon pays*, CIEM-L'Harmattan, Paris, Coll. « Migrations et changements », n° 4, 1984.

(32) Oriel Michel, « Mobilités au travail et projets d'avenir chez les OS immigrés », in *Les os dans l'industrie automobile*, Contrat de connaissance CNRS-RNUR (n° 10-01-401/CNRS 10), 1986.

(33) Zehraoui Ahsène, « L'alphabétisation et la formation des OS, in *Les os dans l'industrie automobile*, Contrat de connaissance CNRS-RNUR (n° 10-01-401/CNRS 10), 1986.

(34) Cf. en particulier :

Piaget Jean, *La psychologie de l'intelligence*, Paris, Armand Colin, 1967.

PIAGET Jean, *L'équilibration des structures cognitives*, Paris, PUF, 1975.

PIAGET Jean, *La formation du symbole chez l'enfant*, Delachaux et Niestlé, 1976 (6e éd.).

(35) LAUTREY Jacques, *Classe sociale, milieu familial, intelligence*, Paris, PUF, 1980.

(36) Dont celles préconisées par des organismes de formation et de recherche tels : l'IRAP, la SINORG, la SOMAFORD, le CAFOC de Nancy-Metz...

(37) LORENZO Jean-Michel, BORNICHE-PORIN Caroline, Lectures : *Analyse des difficultés d'apprentissage rencontrées par des adultes maghrébins*, Mémoire de maîtrise de psychologie générale, Université de Paris-X, 1983.

(38) TRIPIER Maryse, thèse de doctorat d'Etat, Université de Nantes, 1987.

(39) COSTA-LASCOUX Jacqueline, « Quelles nationalités ? », in *Les Temps Modernes*, n° 452-453-454, mars-avril-mai 1984, p. 1770-1791.

(40) AISSOU Abdel, *« Les Beurs, l'école et la France »*, Paris, L'Harmattan, 1987.

L'ÉCOLE FACE AU DÉFI PLURALISTE

Martine Abdallah-Pretceille

La carte socio et ethno-culturelle de la société française a considérablement changé et interpelle l'école en tant que microcosme social. Ce constat pluraliste qui relève désormais de l'ordre de l'évidence commande de reposer les problèmes éducatifs par rapport à une référence sociale et culturelle plurielle et hétérogène. En effet, si la pluralité n'est pas une caractéristique originale, elle se pose en des termes différents car dans un contexte nouveau.

Auparavant, reconnue ou niée, la diversité s'inscrivait dans un système d'ordre et d'autorité. Ainsi, l'existence de sub-cultures n'était pas considérée comme antagoniste avec l'idée de domination et de prégnance d'un modèle culturel sur les autres. L'inégalité des rapports ne mettait pas en péril l'homogénéité culturelle et la notion de cadre stable et unique de références s'imposait (ces remarques ne prétendent pas rendre compte de la valeur attribuée à cette situation de fait). La hiérarchisation, doublée d'une codification bien nette des comportements de chacun, pouvait donner l'apparence de la stabilité et de la cohérence sociale et culturelle.

Or, suite aux mouvements de libération et de décolonisation, les rapports de force entre les individus et les groupes ont considérablement évolué. En outre, l'accroissement des échanges et des communications, l'accélération de la mobilité sociale ont déstabilisé le système. La diversité s'accompagne d'une demande d'égalité et de respect (du moins dans les esprits et les aspirations). Elle déborde largement les clivages sociaux, nationaux et ethniques pour marquer, de façon indélébile, les rapports inter-individuels et inter-groupes. Désormais, à la pluralité par multiplication des univers culturels se substitue, ou plus exactement, se superpose une pluralité-symbiose, une pluralité dynamique et interactive qui impose à l'individu et au groupe de nouvelles stratégies d'adaptation et de réponse. La co-existence de modèles culturels, parfois contradictoires voire incompatibles, crée des conflits, multiplie les sources d'incompréhension et accentue les sentiments d'instabilité et d'incohérence. Des pratiques culturelles données sont de moins en moins l'apanage exclusif d'un groupe : emprunts, interférences, métissages, échanges, perturbent les « ordres » culturels, et l'orientation culturelle des individus devient de plus en plus difficile au sens où elle exige une objectivation de ce qui était, jusqu'à présent, vécu au niveau de l'implicite et du naturel.

Par ailleurs, la rapidité des mutations sociales, technologiques, économiques et politiques bat en brèche le principe d'une socialisation et d'une enculturation uniques, durables et stables. La dynamique acculturative devient le processus normal d'évolution et d'adaptation.

Etudier les incidences, au niveau éducatif, de ces évolutions, constitue donc un impératif. L'école pourra-t-elle continuer à s'inspirer de et à reproduire un système monolithique et homogène alors que la société évolue vers la complexité, l'hétérogénéité et le pluralisme ? A l'éducation-inculcation de normes et de valeurs s'ajoute une éducation-apprentissage des modalités d'être et de vie.

Si la réponse peut être simple dans son principe, les modalités et les applications renvoient à un grand nombre de questions. L'accommodation d'un projet éducatif à la réalité pluri-ethnique signifie-t-elle :

— Une pluralité des cursus ? Une différenciation du matériel pédagogique selon la spécificité des groupes en présence ? Une diversité des conditions de travail ? (calendriers différents, des heures d'entrée et de sortie modulaires, etc.).

— La mise en œuvre de modalités particulières d'apprentissage supposées correspondre aux caractéristiques cognitives et culturelles des apprenants ?

— L'introduction de méthodes pédagogiques différentes selon l'origine culturelle des élèves ? (Valeur accordée à la discipline, l'autorité, aux châtiments corporels, à l'autonomie, la responsabilité... à l'écrit par rapport à l'oral, à la mémorisation, etc.).

— L'apprentissage des cultures comme condition préalable à la compréhension d'autrui ?

— La reprise ou le renforcement d'une éducation contre le racisme et les préjugés ?

ÉCOLE PLURIELLE OU PLURALITÉ DES ÉCOLES ?

A une école intégrationniste chargée d'assurer la convergence des cultures vers la culture dominante faut-il substituer une école adaptée à la diversité des publics, c'est-à-dire une école polymorphe, atomisée et pluri-normative ? En réalité, dans une telle perspective, les termes de l'alternative ne changent pas. En effet, le cadre de résolution du problème reste identique : il s'agit de déterminer qui s'adapte à quoi et à qui. L'école et son(ses) public(s) sont élevés au rang de forces antinomiques qui s'affrontent, s'opposent et s'anihilent mutuellement.

Le pluralisme est alors envisagé essentiellement comme la multiplication de systèmes culturels plus ou moins compatibles et hermétiques les uns aux autres, comme une mosaïque sociale sans cohérence qui aboutit, au niveau collectif, à une sorte d'anomie culturelle, c'est-à-dire une désintégration des normes perçues, présentées et/ou vécues comme dominantes. Cette coexistence de modèles débouche sur un relativisme absolu qui considère comme équivalentes toutes les formes culturelles. Isolement, enfermement sur soi et incommunicabilité caractérisent ce type sociétal qui permet, par ailleurs, de ne pas remettre en cause la hiérarchisation des rapports sociaux et l'inégalité des relations. L'apartheid est, malheureusement, une excellente illustration de ce modèle.

Réduite à n'être qu'une nouvelle Tour de Babel, l'école risque d'être victime de son ouverture. Dans cette optique, l'école se pluralise en se démultipliant mais les perspectives et les objectifs restent inchangés : inculquer des normes et des valeurs à des groupes, à la différence près que les groupes se multiplient et s'amenuisent. Reste à savoir si un tel éclatement répondrait fondamentalement à l'évolution d'une société, qui pour avoir un caractère pluriel n'en reste pas moins une société d'où la globalité n'est pas exclue.

Vouloir répondre au pluralisme en éducation en se contentant d'augmenter les cadres de références et en subdivisant le public scolaire en autant de sous-groupes spécifiques repose sur un certain nombre de confusions et de méconnaissances.

L'accentuation de la diversité par le biais, entre autres, de l'immigration, ne se réduit pas à un phénomène accumulatif. En effet, dans une structure donnée, l'introduction d'un ou plusieurs éléments nouveaux a des incidences sur l'ensemble des inter-relations à l'intérieur même du système ainsi que sur sa configuration générale. Parmi les incidences du pluralisme sur les phénomènes sociaux et plus précisément sur la structuration identitaire des individus et des groupes citons :

- La prolifération des modèles culturels et le principe de différenciation élargie, c'est-à-dire que les hommes sont amenés à opérer des choix successifs et ce, selon un rythme de plus en plus accéléré. Cette multiplication d'alternatives présente, il est vrai, l'illusion d'une plus grande liberté mais engendre aussi une série d'insatisfactions dues aux possibilités abandonnées et surtout à l'angoisse inhérente à toute situation nécessitant une prise de décision et un choix. Apprendre à choisir, à réguler son parcours personnel et social constituent de nouveaux objectifs éducationnels liés directement aux profondes mutations sociales.

• La sélection de valeurs, de références culturelles est rendue d'autant plus difficile que la vie sociale s'organise à partir d'appartenances à des groupes voire à des sous-groupes de plus en plus restreints. Ainsi, l'individu est-il pris dans un véritable tourbillon d'appartenances groupales conjointes et/ou successives qui se sur-ajoutent au jeu des statuts et des rôles, eux-mêmes porteurs de codifications culturelles précises. Or, l'harmonie et la cohérence entre ces différents registres culturels est loin d'être assurée, d'où l'émergence de conflits de valeurs de plus en plus nombreux et violents. Assurer un équilibre entre ces différentes segmentations du Moi personnel et social représente une gageure d'autant plus difficile que cette opération est sans cesse à renouveler dès que les conditions objectives changent. La norme n'est plus dans la conformité à un modèle présenté et perçu comme stable et cohérent, simple et monovalent. Il s'agit d'apprendre à s'adapter aux situations, à maîtriser la dynamique sociale et les changements, en un mot à se *socialiser au pluriel* et donc à accepter des acculturations synchroniques et diachroniques. Apprendre à communiquer, c'est-à-dire à échanger et négocier des rôles et des représentations, apprendre à sauvegarder une cohérence et une identité personnelle au-delà des mutations, du polymorphisme social et culturel, tout en évitant de s'enfermer dans une structure identitaire figée et monolithique constituent des enjeux prioritaires.

Le pluralisme culturel implique la mise en place de nouvelles logiques sociales et éducatives. L'interculturel a, en ce sens, une visée pragmatique car il constitue une tentative, non pas de réponse, mais d'analyse des situations auxquelles sont confrontés les individus et les groupes.

Mettre en œuvre une pédagogie interculturelle ne signifie donc pas instituer une pédagogie spéciale destinée à un public spécifique (les migrants, par exemple), mais aborder les problèmes éducatifs et

pédagogiques à partir d'un point de vue qui intègre les mutations actuelles telles que nous venons de les définir :
— multiplication des alternatives, y compris des alternatives culturelles ;
— gestion des appartenances multicatégorielles ;
— dynamique du changement et fonction de la marginalité comme facteur d'innovation.

En fait, *socialiser au pluriel et éduquer au futur.*

LA PÉDAGOGIE INTERCULTURELLE ENTRE L'IDÉOLOGIE ET L'UTOPIE

La pédagogie interculturelle est perçue tantôt comme une forme d'éducation au service d'une société idéale où les conflits inhérents aux contacts entre groupes se présentant, ou se percevant, comme culturellement différents seraient résolus, tantôt comme un système d'idées et de valeurs cautionnant une uniformisation des références culturelles.

Entre l'idéologie et l'utopie, la pédagogie interculturelle a du mal à se démarquer d'une certaine forme d'activisme qui était l'apanage des promoteurs des activités interculturelles mises en place dans le cadre de la scolarisation des enfants de migrants. Tentative de réponse à une scolarisation considérée comme difficile ou forme de lutte contre des résurgences du racisme et de l'intolérance, l'interculturel à l'école est trop souvent présenté comme un modèle à finalité sociale et/ou politique. Réduites à une forme doctrinaire de la pédagogie et donc entachées d'affectivité et de passion, les activités interculturelles suscitent des réactions de rejet ou de défense.

Polémique vaine car les transformations du tissu social demeurent. Certes, l'immigration a servi de révélateur. Par son effet « loupe et miroir », elle a systématisé des interrogations et rappelé l'urgence et la nécessité de résoudre les problèmes. Ces interrogations ont, toutefois, dépassé depuis longtemps le cadre migratoire. Rappelons, à titre indicatif, les points de focalisation de l'interculturel dans le domaine éducatif, sans oublier le champ psychiatrique qui constitue, par rapport au monde éducatif, une préfiguration exemplaire de l'approche interculturelle (se référer aux travaux de G. Devereux et T. Nathan). Notamment :

— Éducation aux Droits de l'Homme ;
— Enseignement des cultures dans le cadre de l'enseignement des langues vivantes et notamment du français langue étrangère ;
— Lutte contre le racisme ;
— Échanges linguistiques ;
— Scolarisation des enfants de migrants...

Le dénominateur commun de ces axes éducatifs n'est certes pas l'immigration, mais l'altérité dans toutes ses composantes et sous toutes ses formes. La découverte de l'altérité constitue un enjeu pour l'éducation, non pas que l'Autre ait toujours été absent de la socialisation et de l'éducation, mais l'évolution des structures sociales, économiques et politiques nécessite de poser la question de l'Autre selon une nouvelle problématique, dont l'approche interculturelle représente une des modalités possibles.

L'interculturalité ne définit donc pas un attribut de la pédagogie mais une tentative de dépassement du culturel. Face à un écrasement des normes, à un effacement des repères suite à l'interpénétration des systèmes et leurs mutuelles contaminations, face à la fragmentation du réel en une multitude de réalités synchrones et parfois contradictoires, l'appel au culturel répond souvent à une volonté de re-ritualiser les pratiques et les rapports sociaux, de redéfinir de manière normative la place et le lieu de chacun dans un souci (conscient ou non) de réduire l'angoisse provoquée par une banalisation de l'étrange et le dépassement permanent des frontières. Cette résurgence du culturalisme à l'école comporte des risques d'enfermement et d'éclatement du système scolaire par atomisation de l'école en une multitude d'unités scolaires irréductibles les unes par rapport aux autres. Ceci est une conséquence directe d'un relativisme culturel posé dans l'absolu, en dehors de toute conception globale, ce qui ne signifie pas totalisante. Un groupe, une école, telle serait la forme absurde d'une stricte doctrine orthodoxe du relativisme.

Si, donc, la diversité et la pluralité ne doivent donner lieu ni à un pluralisme des formes, ni à une homogénéisation par rejet et négation des différences, comment l'école peut-elle intervenir ? La question se pose à deux niveaux, celui des objectifs et des contenus d'enseignement et celui de l'acte éducatif en tant que lieu et forme de communication et d'inter-action sociale.

DE LA PLURALITÉ DES OBJECTIFS ET CONTENUS À L'APPROCHE INTERCULTURELLE

L'école doit-elle mettre au point de nouveaux objectifs éducationnels tels que la connaissance d'autres cultures, par exemple ? La réponse est claire et sans ambiguïté : NON. En effet, la détermination de nouveaux objectifs ne préjuge en rien de la manière dont ceux-ci peuvent être appréhendés. L'étude des cultures peut parfaitement être abordée d'une façon classique, en privilégiant la connaissance au détriment de la compréhension, la nature déterministe et unilinéaire des comportements culturels par rapport à la notion de construction dynamique et inter-active de la culture..., en un mot, en s'inspirant d'une approche connotée par une ethnologie adjective construite à partir de catégories attribuées. De fait, ce ne sont pas les contenus qu'il s'agit de rénover mais leur mode d'appropriation, suivant en cela l'évolution des Sciences Humaines, les mutations du tissu social, politique, économique, et surtout les rapports entretenus entre les groupes intra- et inter-nationaux.

Si la reconnaissance du fait culturel et l'introduction de la culture comme variable et composante de l'acte éducatif doivent servir à cautionner des pratiques de formation révolues car fondées sur une science déterministe, unicausale et catégorisante, alors il vaut mieux abandonner toute tentative en ce sens. L'accent doit être porté sur la méthode ainsi que sur les garde-fous méthodologiques.

L'HISTOIRE COMME MODALITÉ DE L'APPROCHE INTERCULTURELLE

Apprentissage de la décentration, reconnaissance de la diversité, y compris de la diversité culturelle, maîtrise et objectivation du changement, de la subjectivité personnelle au service d'une mise en perspective objectivée, travail sur les ruptures et les discontinuités caractérisent l'approche interculturelle tout autant que l'approche historique, tout au moins de son approche actuelle. De fait, le parallélisme entre les deux démarches est saisissant et, loin d'invalider le discours interculturel, lui donne au contraire une source supplémentaire d'opérationnalité.

Marc Bloch écrivait déjà, en 1941, dans *Apologie pour l'histoire* (1) que

> « l'objet de l'histoire est par nature l'homme. Disons mieux les hommes. Plutôt que le singulier favorable à l'abstraction, le pluriel qui est le mode grammatical de la relativité, convient à une science du divers. »

De même, H.I. Marrou considérait que

> « la compréhension des documents relatifs au passé... n'est pas différente, d'un point de vue logique, de la compréhension des signes et des indices qui nous rendent possible la reconnaissance d'autrui dans l'expérience du présent (2). »

Ainsi, alors que l'histoire permet une mise en perspective dans le temps, l'approche interculturelle s'inscrit dans une synchronie, il est vrai parfois conflictuelle.

Les cadres épistémologiques dans lesquels s'inscrivent les démarches, historique et interculturelle, sont analogiques et reposent sur une série de dualités telles que :

— La nécessité d'appuyer l'analyse sur des informations ponctuelles à caractère parfois anecdotique voire exotique, tout en soutenant le raisonnement par une synthèse globale qui évite les écueils d'une dérive vers l'idéologie ou le vide empirique.

— L'équilibre entre un subjectivisme radical enlisé dans l'ethnocentrisme ou le sociocentrisme et un relativisme généralisé et absolu. L'un et l'autre débouchant sur une incommunicabilité par enfermement sur soi ou par une irréductible différence.

— La dialectique entre le singulier et l'universel. « *L'histoire n'a pour acteur réel que les individus... ; mais chacun de ces acteurs agit à la fois comme homme général comme homme temporaire et enfin comme caractère singulier* (3) ». L'une des hypothèques les plus difficiles à lever pour l'intégration de la variable culture dans le cadre éducatif et pédagogique est justement la généralisation abusive, le passage d'une individualité réelle, complexe, présente, à une catégorie plurielle, abstraite, simpliste, réductrice. Cette prolifération d'entités exangues : la bourgeoisie, le prolétariat, les Arabes, les Méditerranéens, les Africains... qui, si elles sont sorties de leur contexte, de leurs manifestations complexes, ne peuvent conduire qu'à une vision stéréotypée, figée et déconnectée du réel. Le fait culturel, comme le fait historique, ne doit pas être isolé de son lieu de production et d'énonciation.

— En histoire, comme dans l'approche interculturelle, le fait, c'est la différence, ou plus exactement les différences et, par delà, la perception et la reconnaissance de soi. « *La compréhension historique consiste à saisir le différent à partir du semblable ou le sembable à partir du différent* (4). » Le passé dans ce cas, la rencontre d'autrui dans l'autre constituent l'expérience de l'altérité. Cependant, alors que la mise en scène de l'altérité et de l'étrangeté peut être optionnelle pour l'histoire, elle est, actuellement, un enjeu quotidien. Obligation est faite d'apprendre à analyser puis à gérer la réalité pluriculturelle.

L'approche interculturelle ne vise pas à extraire le culturel, mais à retrouver celui-ci dans l'expérience concrète et la complexité du quotidien. Et si l'histoire sous-tend méthodologiquement l'approche interculturelle, celle-ci ne peut s'y cantonner. La pédagogie interculturelle n'a pas d'objet particulier et correspond davantage à une grille de lecture des problèmes éducatifs et pédagogiques tels qu'ils se posent en fonction des mutations sociales et culturelles.

CULTURE ET ÉCHEC SCOLAIRE

Les explications de l'échec scolaire par une appartenance culturelle particulière relèvent d'une conception déterministe, unicausale et donc simpliste. De même, l'idée d'introduire un apprentissage spécifique supposé correspondre à une structure cognitive donnée correspondant à tel ou tel groupe culturel repose sur une logique d'amalgame entre des similitudes partielles et des lois présentées comme générales. Ainsi, par exemple, il est souvent reproché aux tenants de la culture arabo-musulmane de ne pouvoir accéder à la culture scientifique sous prétexte que l'éducation coranique fait exclusivement appel à la mémorisation et non à l'analyse et la réflexion. Ce type d'assertion relève davantage du préjugé que d'une vérité démontrée et démontrable.

Cependant, il faut regretter que les recherches actuelles sur les structures cognitives soient abusivement mentionnées pour cautionner ces considérations hâtives préjudiciables à la découverte de l'altérité sur le registre de l'égalité. L'observation de régularités, dans les faits ou les traits, n'autorise aucunement à passer à une généralisation par extrapolation du particulier. L'apprentissage par mémorisation intensive par exemple, n'est pas l'apanage exclusif de tel ou tel groupe, ou de telle ou telle personne, même si ce trait est couramment observé. Force est donc d'apprendre aux acteurs sociaux, et aux enseignants en particulier, à rester au niveau du constat et de s'interdire toutes les synthèses intégratives construites sur une hypothèse voire un mythe identitaire. L'universalité n'est pas du même ordre que la généralisation, bien que ces deux notions soient souvent confondues dans la pratique. Tout acte humain, quelle que soit sa dimension, historique ou culturelle, porte le triple sceau de l'universel, du temporaire et du singulier.

ATTENTION DÉRIVES !!!

L'approche interculturelle nécessite de surmonter l'alternative entre le conjoncturel et le structurel, l'accidentel et le permanent, l'inconscient et l'intentionnel, le marginal et le général. Elle implique, comme en histoire d'ailleurs, de repousser en permanence les certitudes pour admettre le probable comme modalité de la connaissance. Remarquons à cet effet que les prudences méthodologiques sont développées essentiellement quand il s'agit de mettre en scène son groupe d'appartenance et sont, par contre, évanescentes quand autrui est objet du regard et du discours. Ce qui est relatif à soi est souvent présenté comme complexe et nuancé alors qu'autrui est plus facilement identifié et catégorisé. Le EUX est plus rapidement caractérisé que le NOUS. Autre écueil de la démarche interculturelle : la tentation de trouver une cohérence, souvent artificielle, à l'objet culturel alors que seules les contradictions, les ruptures et les discontinuités le spécifient. L'homogénéité n'est qu'un leurre. Par ailleurs, la grande fréquence des incohérences à l'intérieur des systèmes culturels se trouve aggravée par la co-présence d'entités différentes à partir desquels les individus produisent des combinaisons, ne retenant que des bribes culturelles de l'un et l'autre système.

Ainsi, mieux vaut apprendre à observer et analyser, à partir de points de vue différents voire contradictoires, que de rechercher à tout prix des entités harmonieuses qui ne sont souvent que des chimères, succédanés du mythe du paradis originel. Apprendre à travailler, non pas sur des unités abstraites (la maison, la ville, la santé, ...) mais sur des faits, des phénomènes ancrés dans le quotidien et des contextes diversifiés. L'enseignant travaille avec des individualités singulières et non pas des représentants arbitraires de telle ou telle culture. Avant d'être « un Arabe, un Africain, un Asiatique... », l'élève a un nom et un prénom, formes suprêmes de l'individualisation. Ainsi par exemple, l'enseignant s'attachera à présenter les faits culturels dans des contextes variés en fonction de la région, du lieu social et économique, du temps... La cérémonie du mariage sera présentée, non pas à partir d'un seul modèle, mais en jouant sur les variations régionales, sociales, religieuses, économiques, selon les modes, etc. De même, le statut de la femme et son rôle dans la société sera perçu à travers des situations contradictoires : la publicité, l'indépendance professionnelle, l'égalité des droits mais aussi... les inégalités de salaire... Et si le chien se retrouve dans des expressions populaires comme « temps de chien », « vie de chien », ...il n'en est pas moins vrai que celui-ci fait actuellement l'objet d'une focalisation sociale et affective, parfois proche de la pathologie d'ailleurs. Les contradictions, les variétés sont plus riches d'enseignements que les présentations monolithiques qui ne sont que des visions monoculaires et donc souvent partielles sinon partiales.

Chercher à appréhender des situations-problèmes en s'appuyant sur la diversité et l'hétérogénéité plutôt que de s'imaginer une situation normée, censée représenter la moyenne et qui, en fait, n'est qu'une manifestation édulcorée, banalisée voire mystifiée de ses propres représentations stéréotypées.

Si l'approche des autres cultures ne fait que renforcer ou développer les préjugés, mieux vaudrait en abandonner toute mise en œuvre. Face au fait migratoire et à l'émergence du pluralisme, les acteurs sociaux et éducatifs ne doivent surtout pas répondre par des stratégies unitaires et d'enfermement, par une sorte de « behaviorisme culturel », par un endiguement et une focalisation sur le culturel.

En conclusion, « l'interculturel » se définit, non pas en termes d'objectifs ou de publics particuliers, mais comme une modalité d'analyse et d'appropriation des problèmes issus d'une situation pluraliste.

POUR UNE ÉDUCATION DE LA PERSONNE

Face au développement technologique et scientifique, l'école répond par la multiplication des objets d'études.

Certes, s'il ne saurait être question de remettre en cause une telle orientation, il est cependant nécessaire de reconnaître que la dimension du progrès est absente. Tout se passe comme si les phénomènes humains subséquents aux mutations techniques et sociales étaient de l'ordre du naturel et de l'évidence, du systématique et de l'implicite. Or, la complexité du réel humain et social, dont une des caractéristiques actuelles est la co-existence de plusieurs systèmes culturels différents, est une donnée d'autant plus délicate à saisir que ses éléments évoluent de façon hétérogène et avec une grande rapidité de mutation.

La nécessité de proposer aux individus une théorie qui organise les informations, structure les pratiques s'impose donc. Par théorie, il ne s'agit pas d'idéologie, mais d'une herméneutique susceptible de favoriser la compréhension des phénomènes. Remarquons, à ce titre, que c'est justement au moment où les mutations sociales et humaines sont les plus fortes, au sens de plus déstabilisantes, que l'école s'enferme, au nom d'une « neutralité », dans le non-engagement et dans un vacuum théorique.

Répondre au seul niveau de l'information et par une simple accumulation de connaissances ne servirait qu'à cautionner une démarche où primeraient le positivisme, les interprétations causales et le culturalisme. Il suffirait de se référer aux demandes de plus en plus nombreuses d'informations sur les systèmes culturels dans l'espoir de répondre par la connaissance à des problèmes de scolarisation en milieu hétérogène.

Pourtant il faudrait, ni se contenter d'additionner les faits, ni confondre constat et compréhension. La compréhension nécessite une théorie. Constater le pluralisme n'implique pas nécessairement sa compréhension, encore moins sa maîtrise. L'interculturalité pourrait constituer, dans cette perspective, une théorie qui, si elle ne veut pas sombrer dans une tautologie expérientielle, c'est-à-dire dans la seule verbalisation de son expérience personnelle, ou dans l'idéologie, ne peut que se situer dans une alternative, sans cesse renouvelée et reformulée, entre l'universel et le singulier. En effet, se contenter de décrire son expérience ou son parcours personnel (cf. la vogue actuelle pour les biographies et/ou leurs équivalents scientifiques, les histoires de vie), comme le font beaucoup de rédacteurs de compte rendus d'activités interculturelles, ne peut masquer le vide théorique.

APPRENDRE À COMMUNIQUER

En termes de formation cela revient à apprendre à s'intéresser aux processus ainsi qu'à la dynamique du changement, aux inter-relations plutôt qu'aux contenus culturels. Afin de ne pas réduire autrui à l'état d'abstraction culturelle, on apprendra, par exemple, à analyser les stratégies défensives et offensives mises en place par les individus et les groupes pour faire face à une formation sociale composite et hétérogène, stratégies telles que les revendications rigides d'une identité passée ou à venir, les phénomènes de compensation construits à partir d'une maximalisation des avantages et des intérêts en juxtaposant des traits culturels à signification contradictoires, les manifestations d'angoisse et leurs formes dérivées comme l'agression, le rejet ou le repli sur soi... En un mot, il s'agira d'appréhender tous les mécanismes consécutifs au polymorphisme culturel. Les travaux de C. Camilleri constituent, à ce titre, la base même d'une formation centrée sur la personne, non pas au sens égotique du terme mais à celui de l'acteur.

Une autre conséquence, et non la moindre, de cette évolution plurielle du corps social est la nécessité d'apprendre à communiquer. Dans la mesure où communiquer suppose partager un certain nombre d'implicites, la communication perd son caractère d'automaticité et de naturel pour devenir l'enjeu d'un apprentissage et d'une objectivation. Première étape, sans doute : reconnaître et admettre l'hétérogénéité ainsi que la pluralité, non pas comme des épiphénomènes ou des composantes parasites, mais comme la norme. Second impératif : développer la capacité de percevoir les éléments significatifs de la situation de communication tout en évitant les phénomènes de filtre culturel. Or, une des caractéristiques de la variable culture est justement son absence de signification systématique. Elle n'a de valeur interprétative qu'à partir d'un ensemble c'est-à-dire d'un contexte marqué par le social, le politique, l'histoire, le psychologique... Apprendre à communiquer revient donc à percevoir et à développer des capacités d'analyse et de synthèse, à faire face à la plasticité du comportement culturel en évitant le mythe de la filiation et de l'origine, en évitant aussi la démarche totalisante qui consiste à rechercher à tout prix un sens, une valeur unique et significative, notamment d'ordre culturel. Discontinuités, mutations, ruptures et seuils représentent les nouveaux éléments de l'alphabet social et communicatif : véritable révolution copernicienne qui ne peut s'opérer sans apprentissage, sans systématisation ni objectivation. La nécessité d'introduire les Sciences Humaines dans l'éducation s'impose donc, non pas seulement au niveau de la didactique des disciplines mais de l'éducation en tant que processus de formation de l'individu dans sa dimension éthique, sociale et personnelle.

C'est ainsi que les objectifs de socialisation, maintes fois mentionnés dans le cadre de l'école élémentaire, peuvent, désormais, prendre un caractère véritablement opérationnel et sortir des déclarations d'intention vagues et finalement trompeuses car ne s'appuyant sur aucune démarche précise, ni surtout sur aucune théorie censée rendre compte des pratiques sociales et culturelles.

Outre les procédures, déjà connues mais pas nécessairement mises en place, de rencontre, de socialisation par le travail de groupe..., il conviendrait de mettre en œuvre, en s'appuyant sur des outils issus des sciences humaines appliquées, des initiations progressives au codage et décodage social et culturel. Certes, l'approche serait plus ou moins rationalisante et objectivante selon l'âge des enfants. Ainsi, par exemple, la notion de culture peut être appréhendée dès l'école primaire par des jeux de simulation tels le BAFA BAFA, « l'île » ou « l'immeuble » (5) qui ne nécessitent aucune objectivation mais permettent de concevoir la notion de code culturel, de représentation et même de conflit culturel.

A l'âge de l'adolescence peuvent être abordées, par une analyse plus maîtrisée et mieux verbalisée, les situations de crise et de conflit, l'identification des attitudes et des valeurs à travers, non pas des descriptions ethnographiques, mais des situations groupales vécues. Rappelons, à cet effet, que les tentatives de personnalisation trop précises de ce type de problème à partir d'études de cas tirées du groupe-classe comportent des risques de réaction de défense susceptibles de perturber l'analyse. Par contre les romans, les autobiographies, les récits de vie, par leur valeur d'exemplification réelle mais distancée, favorisent et stimulent la réflexion impliquante, sans sombrer dans une psychologisation hâtive et, pédagogiquement, hasardeuse.

De même, les activités expérientielles (Réf. UNESCO) (6) suggèrent des modalités variées, structurées mais souples pour développer conjointement le vécu de groupe et l'objectivation du processus.

Socialiser l'enfant, c'est lui donner des outils de repérage, c'est lui apprendre à se reconnaître, à reconnaître autrui dans un processus d'échange identitaire, c'est lui apprendre à surmonter les divergences, les contradictions, à maîtriser les conflits relationnels, c'est lui permettre de se situer dans un réseau mobile et en perpétuelle mutation.

APPRENDRE À ÊTRE UN ACTEUR DE SA SOCIALISATION ET NON PAS SEULEMENT UN PRODUIT

L'éducation interculturelle ne saurait être un succédané d'une idéologie, même anti-raciale. Elle relève plutôt d'une modalité d'analyse et d'appropriation des problèmes et des situations ainsi que d'un apprentissage à être, et plus précisément à être sur les plans social et relationnel. La culture n'est pas, dans cette optique, définie à partir d'un ensemble de qualités attribuées mais comme un phénomène de communication. Or, le communicationnel et le relationnel ne font pas l'objet d'une éducation et d'un apprentissage spécifique et structuré. Considérés comme relevant de comportements spontanés, ils sont évacués de la formation. Hormis les intentions de socialisation, qui ne se concrétisent pas par la mise en place d'actions véritablement opérationnelles et efficaces, l'école oblitère le sujet social. Dans un contexte relativement stable, voire statique et homogène, sinon monolithique, on peut effectivement considérer que l'enfant, puis l'adolescent et l'adulte, apprendront par mimétisme et imprégnation à prendre leurs marques sociales, à s'initier au codage socio-culturel, en un mot, à se repérer dans un réseau relationnel qui, s'il peut être complexe, n'en reste pas moins facilement décryptable du fait de sa pérennité.

Les dynamiques sociales actuelles se caractérisent par leur nombre, leur précipitation et leur précarité. Chaque individu est amené à opérer une, voire plusieurs acculturations successives et parfois même synchrones, ne serait-ce qu'au seul niveau professionnel et géographique. Apprendre à gérer le changement et la complexité du réel social représente en fait, à côté des défis technologiques, les enjeux éducatifs. Le culturel n'intervient dans cette éducation que comme une variable supplémentaire qu'il est nécessaire de prendre en compte.

DIVERSITÉ CULTURELLE ET APPROCHES DISCIPLINAIRES

Ainsi défini, « l'interculturel » ne justifie pas la mise en place de nouveaux apprentissages disciplinaires. Les disciplines, comme l'histoire, la géographie, les activités d'expression peuvent être abordées dans une perspective interculturelle. De même, les apprentissages sociaux, qu'il s'agit de promouvoir, ne peuvent que prendre en considération les définitions inter-culturelles que se renvoient les protagonistes.

> « Ce qui s'impose au premier rang, c'est le bouleversement continu des paysages sociaux et culturels, la complexité croissante du réel et, en conséquence, l'impossibilité d'épuiser son interprétation par simplification théorique ou idéologique (7). »

L'histoire constitue un excellent tremplin à l'éducation à la décentration et une mise en perspective des phénomènes. Des ouvrages comme *L'histoire racontée aux enfants* (8) illustrent parfaitement cette nécessité de restituer, non pas une image, mais des images, telles qu'elles sont perçues par les nations et/ou les groupes sociaux. Il ne s'agit pas de prôner un relativisme absolu qui poserait comme équivalentes toutes les réponses historiques mais d'apprendre à reconnaître des valeurs, ses valeurs (individuelles et/ou collectives) parmi d'autres. L'objectif n'est pas de nier toute forme de centrisme mais d'apprendre à le repérer et à l'objectiver.

Les arts plastiques dont l'un des objectifs est de permettre à chacun de trouver sa propre forme expressive, en rompant avec les images et les représentations stéréotypées, ne peuvent que gagner à s'appuyer sur les modalités expressives des autres groupes. La valeur du rouge, par exemple, n'a pas les mêmes significations selon les cultures. L'intensité de la couleur, ses variations ne sont pas systématiquement perçues d'un groupe à l'autre (parallélisme avec les sons des langues étrangères). De même, les miniatures persanes exigent une éducation du regard pour le non initié. En offrant une panoplie diversifiée, les enseignants peuvent répondre à un double dessein :

- Permettre aux enfants, qui le souhaitent, de renouer ou de se reconnaître dans des schémas émotionnels et expressifs partagés par la famille (rappelons que l'éducation interculturelle ne se définit pas par rapport à cet objectif de renouer avec « ses racines » mais qu'elle peut, par contre, en constituer un effet indirect).

- Dépasser, par des propositions concrètes, l'injonction réitérée, sans succès d'ailleurs, de faire preuve d'imagination. Celle-ci n'est pas une fonction naturelle et spontanée, elle se travaille. L'histoire de l'art est riche d'emprunts culturels divers et les influences culturelles sont à la source de la création.

Le balisage des différentes disciplines pourrait être ainsi poursuivi, mais en vain. L'idée-force est d'intégrer la double dimension de l'altérité et de la pluralité dans le contenu des enseignements. Changement d'optique et mutation méthodologique plus qu'enseignement spécial et spécialisé, la pédagogie interculturelle n'est pas, en ce sens, synonyme de déracinement au nom d'une adhésion à un cosmopolitisme superficiel et, pédagogiquement, hasardeux.

L'interculturalité vise donc à une intelligibilité des mutations sociales en s'appuyant sur l'altérité, c'est-à-dire sur la dialectique du Même et de l'Autre, tout en évitant de sombrer, soit dans l'atomistique par un inventaire d'aspects singuliers et irréductibles (volonté de définir des caractéristiques culturelles de tel ou tel groupe...), soit dans l'intégralisme, par l'élaboration de grandes synthèses fondées sur le culturalisme qui repose sur l'hypertrophie d'une signification unique, la culture présentée comme justificatrice de comportements.

La cohérence conceptuelle de l'interculturalisme se situe dans un réseau notionnel balisé par la diversité et l'unité, le singulier et le général, l'altérité et l'identité, la continuité et la rupture..., réseau qui définit ainsi une science sociale générative susceptible de proposer un système de lecture des phénomènes sociaux actuels. Son caractère opératoire dépend de la capacité à répondre aux exigences du présent, à savoir les conflits issus des contacts inter-groupes et de l'émergence du pluralisme culturel. Entre une société atomisée par le culte de la différence et une société atone par le mythe unitaire, l'interculturalité est susceptible de se présenter comme une forme d'humanisme. Faut-il s'en plaindre ou s'en méfier ?

NOTES

(1) Bloch M., *Apologie pour l'histoire ou métier d'historien*, 1964 (5e éd.), Paris, A. Colin, Cahiers des Annales, 1re éd., 1941, p. 4.

(2) Marrou H.I., *De la connaissance historique*, 4e éd., 1964 (1re éd., 1954), Paris, Seuil, p. 86/87.

(3) Lacombe R., *De l'histoire considérée comme science*, 1894, Paris, Hachette, p. 248.

(4) Aron R., *Dimensions de la conscience historique*, 1961, Paris, Plon, p. 6.

(5) « L'île » et « l'immeuble » sont des jeux de créativité pour entraîner à la communication et la production langagière dans le cadre de l'apprentissage d'une langue vivante étrangère, mais qui peuvent être utilisés dans une perspective de formation interculturelle (cf. BELC-CIEP), Sèvres.

(6) WOLSK D., « Un enseignement centré sur l'expérience », Exercices de perception, de communication et d'action, 1975, in *Études et documents d'Éducation*, Paris, UNESCO, n° 17.

(7) BALANDIER G., in *Le Monde*, 25 août 1983.

(8) FERRO M., *Comment on raconte l'Histoire aux enfants à travers le monde entier*, 1981, Paris, Payot.

FRANÇAIS ET IMMIGRÉS : DES MIROIRS AMBIGUS

Bernard Lorreyte

La présence des étrangers en France et les problèmes de cohabitation inter-ethnique sont à l'ordre du jour depuis quelques années aussi bien dans la presse et les médias audiovisuels que dans les propos politiques.

De cette masse d'images et de discours sur l'immigration, une représentation tend à devenir dominante et admise sans l'ombre d'un doute : les problèmes de l'immigration dans la société française des années 80 seraient d'une acuité particulière et constitueraient des situations relativement inédites au regard de l'histoire passée. Autrement dit, « l'assimilation » des flux migratoires précédents aurait été relativement aisée tandis que l'intégration des vagues migrantes récentes (essentiellement les Maghrébins) soulèverait de plus graves difficultés dans la mesure où ces derniers seraient, sur le plan culturel et notamment religieux, plus éloignés de nous que ne l'étaient les Italiens, les Polonais, les Espagnols ou les Portugais.

Plusieurs travaux historiques relativement récents (1)

laissent penser qu'une telle vision des choses procède d'une véritable amnésie. Constat paradoxal à première vue si on considère le regain d'intérêt de nos contemporains, ces dernières années, pour l'histoire et les choses du passé. Mais, sans doute, faut-il interpréter cet engouement comme une manière de cultiver la mémoire collective, comme « un désir d'enracinement mental dans le passé, lié à une expérience de déracinement que connaît la France industrielle contemporaine coupée de ses sources en cherchant à retrouver ses propres racines (2) ».

LE « MELTING POT » FRANÇAIS : UNE CERTAINE RÉALITÉ... ET QUELQUES MYTHES

De la plupart des travaux des historiens de l'immigration, il ressort que non seulement l'intégration des anciens flux migratoires n'a pas été facile, qu'elle a nécessité la plupart du temps deux ou trois générations, mais que les relations entre Français et immigés n'ont jamais été aussi idylliques que ce qu'on voudrait nous faire croire aujourd'hui. Au contraire, à regarder les faits, comme le souligne Joseph Rovan (3), les manifestations xénophobes ou racistes d'aujourd'hui, aussi condamnables soient-elles, sont loin d'avoir atteint le degré de violence qu'elles ont connu dans le passé : véritables « chasses à l'homme » et massacres d'Italiens dans le Sud de la France au siècle dernier (4), xénophobie et racisme d'une violence extrême dans la presse française pendant les années trente (5), expulsion violente de plusieurs dizaines de milliers de Polonais dans les années 1934-35 (6)... pour ne prendre que quelques exemples.

Quant au facteur religieux qui aurait facilité l'intégration des communautés migrantes d'obédience catholique, Ralph Schor (7) bouscule ici quelques idées reçues : car, tantôt ce facteur religieux a facilité l'accueil et l'intégration des étrangers, tantôt au contraire il a été un facteur de stigmatisation des immigrés (cas des Italiens avant la

Première Guerre mondiale dans le Sud de la France) quand il n'a pas été le ressort essentiel du repli communautaire et de la résistance à l'assimilation (cas de l'émigration polonaise) (8).

En fait, il s'avère impossible de dégager un modèle unique des processus d'intégration tant il est vrai que ces derniers ont varié selon la conjoncture historique, le contexte local d'interaction avec la société française, les origines et les trajectoires sociales des migrants eux-mêmes au sein d'une même communauté. Les modes d'intégration des Italiens dans le Sud-Est de la France, par exemple, diffèrent des formes d'insertion de cette même communauté dans les bassins miniers de Lorraine.

Ce sont tous les soubassements fantasmatiques de la notion « d'assimilation » qui sont à interroger au regard de l'histoire : fantasme d'un « corps » homogène et immuable (la France) qui aurait absorbé de manière quasiment anthropophagique des « corps étrangers » (les immigrés), eux-mêmes postulés dans leur homogénéité et leur passivité et qui se seraient ainsi dissous sans résistance dans la société d'accueil.

La moindre observation concrète du mode d'existence passé ou actuel des communautés ou des familles italiennes, polonaises ou portugaises révèle qu'il s'agit là d'une vision pour le moins simpliste (9).

Si ces anciens immigrés peuvent être considérés comme intégrés — c'est-à-dire s'ils sont devenus des acteurs à part entière de la vie sociale, économique, culturelle et politique de la société française — il n'en reste pas moins qu'ils ont conservé — certes en les adaptant souvent — des modes de socialité et des pratiques culturelles qui leur sont propres et ceci à l'égal des minorités régionales françaises comme les Basques ou les Bretons.

Ceci interroge le postulat sous-jacent à la notion d'assimilation qui pose comme antinomiques l'intégration à la société d'accueil et le maintien de la « culture d'origine » des migrants. Partant de là, ces derniers seraient prisonniers de l'alternative suivante : soit la sauvegarde de leur identité culturelle, ce qui les condamnerait au ghetto ou au retour dans leurs pays d'origine, soit la fusion corps et biens dans le « moule français »...

L'observation des faits révèle ici des processus autrement plus complexes et plus dialectiques. Comme l'écrit Michel de Certeau,

> « De l'idée que la culture est une totalité cohérente où se fixent et symbolisent les expériences particulières, sortent les discours dramatisant l'"entre-deux", comme s'il n'y avait que vide "entre" des appartenances stables et comme s'il fallait nécessairement opter entre deux identités : le voyage ne serait plus que perte en attendant un port... (10). »

Un autre constat de l'analyse historique des migrations en France depuis le XIXe siècle relativise encore davantage la notion « d'assimilation ». De l'affaire Dreyfus à la Résistance, en passant par les grands conflits sociaux ou politiques qui ont agité l'histoire française contemporaine, les étrangers se sont souvent intégrés en s'engageant dans les conflits syndicaux ou politiques, c'est-à-dire en choisissant un camp contre un autre, ce qui signifie parfois une certaine France contre une autre... (11).

LES MIGRANTS CHANGENT - LES FANTASMES DEMEURENT

Si l'observation des processus d'intégration des anciens flux migratoires révèle une grande variabilité des situations et oblige à un examen attentif du contexte historico-social, chaque fois spécifique, de l'interrelation autochtones-migrants, un phénomène semble, lui, peu varier et se reproduire quasiment tel quel à travers les époques. Il s'agit des fantasmes dominants que nourrissent les autochtones à l'égard des étrangers. Ici l'imagination semble pauvre tant elle charrie les mêmes images, les mêmes stigmates, à tel point que les représentations qui s'attachent aujourd'hui aux Maghrébins reproduisent celles qui désignaient hier les Portugais et avant-hier les Italiens. Trois stéréotypes dominants se dégagent, dans leurs remarquables récurrence et capacité à se déplacer d'un groupe étranger sur un autre.

Le premier, et sans conteste le plus tenace, regroupe toutes les images à fortes connotations sexuelles : l'Autre, l'Etranger, est très souvent investi d'une sexualité démesurée, anormale, bestiale, agressive. Certes, on peut considérer que ces images qui affectent particulièrement aujourd'hui les Africains noirs et les Maghrébins puisent dans tout un imaginaire occidental séculaire à propos de l'Orient (12).

Mais, pour ne prendre qu'un seul exemple, un professeur de droit de la Faculté de Nancy, en 1911, à propos des Italiens, évoque ces « transalpins qui vivent à la merci de leurs instincts, de leurs passions, cherchant à assouvir leur désir brutal et doués, dit-on, d'appétits génésiques extraordinaires (13). »

Deuxième stéréotype tout aussi récurrent : l'Autre, l'Étranger, est toujours sale et transporte avec lui toutes sortes de maladies, notamment maladies liées à sa sexualité débridée (hier la syphilis, aujourd'hui le sida). L'Autre est tellement soupçonné de transporter des parasites qu'il est lui-même souvent assimilé à un parasite (14). Mais, pour prendre un phénomène plus actuel, nous sommes ici au cœur même de la fantasmatique sous-jacente à la notion de « seuil de tolérance » : notion empruntée au champ biologique ou médical qui identifie la société française à un corps pur et homogène contaminé par une sorte de virus ou de microbe : les immigrés.

Enfin, dernier stéréotype tout aussi tenace : l'Autre est un délinquant en puissance, une menace potentielle pour les biens et les personnes, sinon un révolutionnaire larvé (15). Ces différents fantasmes que nous avons pu nous-mêmes déceler de manière fréquente chez bon nombre de Français, ces dernières années et à propos des immigrés maghrébins (16), s'exprimaient déjà au XIXᵉ siècle, dans la bouche de Français à propos, cette fois, d'autres Français : bûcherons d'Auvergne, maçons limousins ou ramoneurs savoyards qui venaient louer leurs bras dans les villes. Et les « bourgeois » de l'époque voyaient en eux « des violents, des malades, syphilitiques, tuberculeux, alcooliques, voire des criminels, en tout cas des révolutionnaires aussi prêts à dépaver les rues qu'à les paver (17). »

Ce dernier phénomène, au-delà du fait qu'il autorise toute une réflexion psychologique sur les rapports entre populations sédentaires et populations nomades, souligne un aspect à nos yeux essentiel et sur lequel nous reviendrons plus loin : ce que l'on désigne communément par « immigration », depuis le XIXe siècle, recouvre la plupart du temps des déplacements de populations issues du monde rural vers des zones urbaines industrialisées.

DE LA XÉNOPHOBIE EN TEMPS DE CRISE

L'histoire ici aussi nous l'a appris : les périodes de crise (également de guerre) sont propices au retour en force des idéologies nationalistes et xénophobes : contre les représentations de l'identité française, héritées des Lumières, et posant le citoyen comme sujet libre et responsable, sujet de droit dans un État de droit, se retrouvent alors exaltées l'âme ou le sujet collectif, le terroir, les racines, l'hérédité, le sang français, la race.

Pourtant, la tentation est grande d'établir des correspondances entre la situation contemporaine de crise et celle de la fin des années 30. Mais diverses observations obligent ici à la prudence, dans la mesure où la conjoncture actuelle présente quelques spécificités qui peuvent d'ailleurs permettre une meilleure compréhension des difficultés que rencontre aujourd'hui l'intégration des immigrés. Comme le souligne Hervé Le Bras (18), ce n'est pas tant les immigrés qui ont changé mais c'est surtout la société française elle-même. Depuis le XIXe siècle, l'insertion des immigrés s'est faite pour l'essentiel par leur intégration dans la classe ouvrière française. L'immigration a été ainsi concomitante de l'essor du système industriel français qui a permis, par cycles successifs, l'insertion des derniers arrivés ainsi que la mobilité socio-professionnelle non seulement des ouvriers français mais également des immigrés précédents. Or, c'est ce système industriel qui est aujourd'hui en crise et en voie de dépérissement : non seulement, ici, un système de production mais avec lui le monde du travail ouvrier, avec ses organisations syndicales et politiques, sa culture. Aussi, c'est tout un mécanisme, facteur jusqu'ici de dynamisme et de mobilité sociale, qui apparaît aujourd'hui en panne.

L'autre facteur, et non des moindres, c'est que la crise des années 80 ne doit pas être comprise comme simple crise économique mais, plus profondément, comme une crise de sens et des valeurs, une crise culturelle, mieux une crise d'identité. Quels en sont les principaux symptômes ? Perte des certitudes, abandon de la croyance au progrès permanent et à une Histoire finalisée, crise des grands systèmes idéologiques et des institutions qui avaient jusqu'ici en charge la gestion de l'identité collective : l'école et les institutions religieuses notamment. De surcroît, les Français sont obligés de remettre en cause une représentation jusqu'ici largement dominante de la place et du rôle de la France dans le monde et son histoire.

Comme le remarque Marcel Gauchet :

> « Nous demeurons expansionnistes, alors qu'aucune expansion ne nous est permise. Notre histoire nous semble universelle, mais elle intéresse de moins en moins les autres. Nous détestons le particularisme, et l'on commence à nous parler de "francité", à nous mettre dans une petite case parmi les cases des peuples, nous qui pensons toujours être la Nation par excellence, le modèle le plus abstrait et le plus général (19). »

Une telle conjoncture, où les points de repères habituels semblent désormais faire défaut et où le présent et l'avenir apparaissent plus que jamais incertains, favorise le développement d'un sentiment d'insécurité, d'un malaise diffus, terreau par excellence de la xénophobie et du racisme. Certes, nous l'avons déjà souligné, les comportements hétérophobes (20) sont loin d'avoir atteint le degré de violence qu'ils ont connu durant les années 30, mais ceci relève peut-être aussi d'une analyse historique. Comme le souligne Joseph Rovan (21), nous vivons encore sur le souvenir d'une expérience tragique, celle du nazisme et de l'holocauste juif, qui frappe encore de tabou toute expression trop manifeste de la xénophobie ou du racisme et, *a fortiori*, de l'antisémitisme. La victoire sur le nazisme et l'esprit de la Résistance ont clivé symboliquement les catégories du Bien et du Mal : d'un côté les résistants et les alliés, de l'autre les nazis et les collaborateurs. Depuis cette époque, toute manifestation raciste se trouve endiguée par un sentiment de culpabilité collectif et elles sont restées jusqu'ici marginales (22). Néanmoins, force est de constater que ce verrou de la culpabilité (somme toute très fragile), tend à sauter de plus en plus, ici ou là.

On peut penser qu'il s'agit d'une des conséquences de la légitimité politique acquise par le Front National mais c'est peut-être ici perdre de vue l'essentiel : à savoir qu'au-delà de toute une filiation du discours lepéniste à une tradition française de l'extrême droite xénophobe et raciste, cette idéologie se donne comme un discours reconstitutif de l'identité collective dans une conjoncture inédite de crise d'identité de la société française. D'où les tonalités nostalgiques, régressives du discours lepéniste (« La France est de retour ») qui manipule habilement cette insécurité diffuse, cette peur de ce que sera demain, en mobilisant tous les fantasmes de disparition d'un monde simple, sécurisant et familier. Le discours de Le Pen dans son caractère très assuré, tranché, excessif est en fin de compte révélateur de ce qu'il tente de colmater et d'exorciser, de ce qu'il occulte et révèle en même temps, en négatif, en creux : un profond désarroi, une incompréhension du présent et une angoisse de l'avenir chez une bonne partie de la population française (22 bis).

Quant à la résurgence des idéologies xénophobes et racistes, au-delà de la logique classique du bouc émissaire consistant à désigner un coupable de telle ou telle difficulté du moment, ne manifestent-elles pas surtout comment notre société hyper-individualisée compense l'effacement progressif de ses hiérarchies symboliques internes par une stigmatisation accrue de l'étranger ? Comme le souligne Michel de Certeau (23).

> « L'immigré, le minoritaire, voire le marginal, reçoivent le rôle de fournir une figure antinomique à une foule de plus en plus dépourvue de représentations propres. L'identité des "autres", tour à tour dramatisée comme une

dangereuse instabilité ou figée dans un système hétérogène, sert de repère à une population indifférenciée. L'immigré devient l'antidote de l'anonyme. »

Et il ne faudrait pas perdre de vue les bénéfices psychologiques de l'hétérophobie, qui permet en fin de compte de fixer une angoisse diffuse en lui donnant un objet : une angoisse, par définition indéterminée, se transforme ainsi en phobie, en peur obsessionnelle de l'Autre, de l'Etranger, de l'Arabe...

Examinons comment, dans un tel contexte général, se gèrent sur le terrain les situations relationnelles entre Français et immigrés (24).

FIGURES ET FONCTIONS SYMBOLIQUES DES IMMIGRÉS

L'accent mis sur le fort développement de l'immigration étrangère dans la France des années 1945-1975 tend à occulter que les « Trente glorieuses » ont été également pour les Français une période de « migration ». En effet, entre la France de 1945, encore largement rurale (25) et celle des années de crise, s'est opéré un phénomène remarquable : des centaines de milliers de Français et de Françaises, originaires de milieux ruraux ou ouvriers, sont devenus des « cols blancs ». Et si les immigrés, pourtant déjà nombreux à cette époque, ne semblaient poser aucun problème, c'est peut-être surtout parce que cette phase de croissance a été une période remarquable de mobilité sociale et professionnelle, en fin de compte une période de différenciation sociale : les derniers immigrés poussant les précédents dans l'échelle socioprofessionnelle qui, eux-mêmes, poussaient une masse croissante de Français vers le tertiaire.

Cette acquisition par une majorité de Français du statut de « col blanc » doit être ici appréhendée dans toute sa charge symbolique. Car, ce qu'abandonnent les « nationaux » aux immigrés dans cette période de croissance, c'est moins des travaux pénibles et relativement moins rémunérés (ce qui d'ailleurs n'est pas toujours vrai) que des tâches dévalorisantes. Bref, ce que les Français abandonnent surtout aux immigrés ce sont des statuts disqualifiés. Bien entendu, la période de crise stoppe cette mobilité et parfois inverse les hiérarchies : notamment des Français se retrouvent au chômage tandis que leurs voisins immigrés ont du travail.

C'est ici que, dans leur analyse des difficultés de cohabitation entre Français et immigrés, les interprétations « culturalistes » prennent parfois l'effet pour la cause. En effet, les situations de conflit ou de rejet ne s'expliquent pas tant par les différences culturelles, l'incompréhension à l'égard de pratiques culturelles étrangères ou les obstacles inhérents à toute communication interethnique. Au contraire, l'accent mis ici par les « autochtones » sur la différence culturelle des immigrés apparaît souvent en fait comme une tentative de rétablir sur un registre culturel (euphémisme du discours racial devenu tabou ?) une différenciation désormais défaillante sur le plan social. Ceci se révèle de manière remarquable dans les espaces de co-résidence (cités HLM et grands ensembles) où les immigrés sont conduits à voisiner avec des Français de milieux modestes, particulièrement frappés par la crise et parfois eux-mêmes en voie de marginalisation sociale.

Il s'agit alors de conjurer la menace d'exclusion sociale en rabattant celle-ci sur l'exclusion tribale, en mobilisant les garanties ethniques d'appartenance à la société, ce qui correspond, en fin de compte, à une « ethnicisation » du rapport social. Dans une même situation sociale disqualifiée, il reste alors pour les Français un dernier critère de différenciation, susceptible de restaurer une hiérarchie : « Moi, au moins, je suis Français. » Comme le souligne Gérard Althabe, les étrangers opèrent alors comme « pôle stigmatique de substitution », et la situation d'exclus des Français n'est plus alors totalement précaire puisqu'eux ne peuvent devenir des étrangers (26).

Ainsi, paradoxalement, ce serait moins « la différence » de l'immigré qui ferait ici problème que sa trop grande proximité, sa trop grande similitude en tant que risque d'indifférenciation (27). Ce refus de la proximité des immigrés, groupe socialement dévalorisé, qui présente un risque d'amalgame par contagion dans une même image sociale négative, donc d'un nivellement par le bas, est encore plus frappant si on considère, comme nous l'avons plusieurs fois observé, que les discours xénophobes et les attitudes de rejet sont parfois plus violents chez les Français qui résident à proximité des cités à forte proportion d'immigrés que chez ceux qui y séjournent réellement (28). Hervé Le Bras, analysant les composantes du vote Le Pen aux dernières élections, confirme d'ailleurs ces observations :

> « Des études locales, bureau de vote par bureau de vote, ont montré que le vote xénophobe n'était pas le plus élevé dans les quartiers à haute densité étrangère mais dans les quartiers qui les jouxtent, inquiets d'être investis à leur tour. Mais une sélection peut aussi bien expliquer ce résultat : ceux qui ne supportent pas les étrangers quittent plus vite les quartiers où ils sont nombreux ou évitent de s'y installer (29). »

Mais dans les situations de cohabitation, le détournement du stigmate (30) vers l'étranger n'est qu'une des manières pour les groupes disqualifiés de tenter de conjurer l'exclusion dont ils sont l'objet. Etudiant différents habitats socialement disqualifiés, Louis Gruel, recense ici plusieurs stratégies (31).

Tout d'abord, le retournement du stigmate qui consiste à transformer les inconvénients en avantages : on efface alors les conditions de vie précaire en mettant l'accent sur les bénéfices d'une vie plus conviviale, sur la « grande famille » ou le « petit village » où règnent la familiarité, l'entraide, la richesse des liens affectifs. Le détournement vers l'autre-le-plus-proche serait, selon Gruel, une autre façon, opérante et dérisoire à la fois, de recréer une parcelle de différence positive en position d'extrême disqualification sociale. « Il traduit la nécessaire ambiguïté des liens noués entre individus semblablement stigmatisés : la proximité des expériences appelle les affinités affectives, les émotions partagées, en même temps qu'elle renvoie au discrédit subi, à la réprobation commune ; elle convie simultanément à se rapprocher et à prendre distance, elle invite à distendre les liens qu'elle incite par ailleurs à nouer (32). »

Enfin, autre stratégie visant à conjurer l'exclusion, la parade protectrice où le don, la protection d'autrui, l'hospitalité se substituent à l'agression ou l'injure pour détourner l'infamie. Ainsi, la stigmatisation ethnique n'est qu'une modalité particulière de résistance à l'exclusion, une option hiérarchique parmi d'autres. Dans son observation des cités de transit, Colette Petonnet (33) y découvre un enchevêtrement de hiérarchies instables, facteur de fragiles équilibres : chacun tente d'éviter d'être la cible du rejet et de la violence en les déplaçant sur autrui, un « plus petit que soi », alors désigné comme occupant une position « d'infériorisation suprême ». Et si nul n'échappe ici à la stigmatisation, n'est exempt d'un attribut discréditable, chacun trouve un fragment de supériorité statutaire, quelqu'un à protéger ou à soumettre (34).

A partir de nos propres observations, nous soulignerons un autre point à nos yeux remarquable. Ce que les Français stigmatisent très souvent chez les immigrés comme différences raciales ou culturelles (en évoquant leurs pratiques langagières, leurs modes vestimentaires, leurs coutumes culinaires, leurs usages du temps et de l'espace, leur organisation familiale et leurs relations Homme-Femme, ...) est loin de constituer un univers qui leur serait étranger. Au contraire, à l'analyse, il s'agit en réalité d'un monde social et culturel très proche des Français, encore relativement familier pour certains mais très souvent dénié, dévalorisé ou refoulé pour la plupart d'entre eux : les cultures populaires et notamment la culture rurale.

Ainsi, la « relation interculturelle » qui, à première vue, se présente ici comme une rencontre de deux espaces géo-culturels éloignés (les « Français » d'un côté, les « Maghrébins » de l'autre, par exemple) bascule alors sur un axe diachronique et interpelle les Français sur leur propre histoire, plus précisément sur les rapports complexes, parfois conflictuels, qu'ils entretiennent avec leur propre histoire. La présence de l'immigration est alors un retour du refoulé, c'est-à-dire une réactualisation de tout ce que notre société tend à dévaloriser et à abandonner dans son évolution actuelle vers une abstraction croissante (35).

Mais cette présence de l'immigré est aussi une « épreuve de réalité » parfois redoutable, dans la mesure où elle risque de révéler, chez les « autochtones », tout l'écart existant entre leur représentation de leur mobilité sociale et la réalité de celle-ci, autrement dit de dévoiler souvent la physionomie d'un déracinement à la place de celle, attendue, d'une dynamique, voire d'une promotion. Aussi, peut-on considérer que bon nombre de situations concrètes de voisinage entre Français et immigrés se ramènent fréquemment à une cohabitation de « déracinés », c'est-à-dire d'individus engagés bon gré mal gré dans une gestion largement imaginaire d'une « économie subjective », celle de leur exil respectif.

Hervé Le Bras, étudiant la répartition géographique du vote Le Pen, apporte sur ce point un éclairage intéressant. En effet, s'il observe une corrélation nette entre le taux de présence des immigrés et le vote pour le Front National, une composante du vote Le Pen échappe à cette simple équation. Elle concerne en particulier le bassin parisien et la côte provençale où le vote xénophobe s'est révélé particulièrement remarquable. Pour Hervé Le Bras, la carte du vote xénophobe recouvre en fait celle du suicide au début du siècle, celle de la richesse et des mouvements migratoires internes, celle donc du déracinement et elle offre le négatif de la carte de la répartition des familles complexes. Dans ces régions, où ne subsiste plus aucune force d'organisation autonome, la crise d'identité nationale est plus nettement ressentie qu'ailleurs, toute atteinte au prestige ou à l'identité nationale s'y répercute sans intermédiaire au niveau local et familial. Une crise d'identité de la France est ressentie ici comme une crise d'identité individuelle.

> « Au contraire, dans les zones où subsistent des traces du pouvoir autonome des familles ou des régions, les étrangers inquiètent moins. A leur manière, ils peuvent être considérés comme les alliés de la résistance culturelle et politique à l'hégémonie parisienne (36). »

Si l'immigré dérange et inquiète, il lui arrive parfois d'attirer ou de fasciner les Français. C'est ici que l'immigré, en tant que figure majeure de l'Autre aujourd'hui dans notre société, révèle toute l'ambivalence qui s'attache à la figure du Double (37).

L'immigré réintroduit dans notre société moderne des formes de socialité et d'économie refoulées par notre histoire. Comme le souligne Michel de Certeau, ce qui fait retour ici sous les déguisements du « privé », du « coutumier » ou du « culturel » ne seraient que ces régions de la vie sociale et économique où le collectif prime encore sur l'individuel, autre économie et autre rationalité progressivement effacées par l'idéologie individualiste occidentale depuis le XVIIIe siècle (38). L'Autre, ici l'immigré, en tant que porteur de ces valeurs liées à un passé révolu et regretté, devient alors l'Autre valorisé, idéalisé. En opposition à une société française perçue de plus en plus comme aseptisée, anonyme, déshumanisée, l'accent est mis par contre sur les valeurs collectives des immigrés, leur esprit de solidarité, la chaleur de leurs liens familiaux, leur grande convivialité, ...

Cette attirance pour le mode de vie des immigrés, de même que la fascination parfois pour l'islam, sont également symptomatiques d'une crise d'identité chez les Français. Plus singulièrement, elles révèlent tout le paradoxe du discours lepéniste — discours anti-immigrés s'il en fut — qui dans son registre nostalgique vise à restaurer un passé familier dont les immigrés peuvent, à certains égards et ironiquement, apparaître comme les derniers dépositaires. Cela étant dit, cette position peut leur valoir justement aussi bien des sentiments de haine que de sympathie...

Ainsi, selon les contextes et les situations d'interaction, l'immigré est appelé à jouer différentes fonctions symboliques dans les jeux complexes et dialectiques de l'identité et de l'altérité. Comme on le voit également, les immigrés jouent plus que jamais leur « fonction miroir » (39) des Français et de la société française. Et comme le soulignait récemment Bruno Etienne (40), l'inflation actuelle des discours plus ou moins alarmistes sur l'islam et le monde musulman, au-delà des réalités objectives de la situation iranienne et des mouvements intégristes, en disent peut-être plus long sur la France d'aujourd'hui que sur l'islam et les musulmans.

Pour conclure cette réflexion sur les relations entre Français et immigrés, les « rapports de cohabitation » comme le signale Victor Borgogno doivent être analysés en termes de rapports sociaux spécifiques, « aux enjeux matériels et symboliques précis et capables d'exercer des effets structurants dans tous les domaines de la vie sociale (41) ». Rapports de cohabitation qui se structurent souvent en rapports de domination, ce qui peut conduire à des stratégies tout à fait contradictoires dans la gestion par le groupe dominant du voisinage des immigrés : à la fois un déni de la situation de cohabitation avec ces derniers et, de l'autre, dans l'intérêt d'établir un classement ou une hiérarchisation, une exploitation symbolique des immigrés, permise paradoxalement par leur proximité. Ces situations de proximité spatiale ou de coexistence quotidienne dans un cadre résidentiel commun, où se structurent des rapports symboliques (distance-proximité, inclusion-exclusion, hiérarchisation) ne sont pas sans effet sur les sentiments d'appartenance sociale ou sur la perception de l'univers social. Les rapports de cohabitation doivent être abordés comme « un champ d'intersubjectivité où s'opère, d'une manière particulière, la définition ou la redéfinition des identités-collectives des groupes impliqués dans la cohabitation (42) ». A travers cette relation d'intersubjectivité « se déterminent, se transforment, se négocient, se contestent le statut et la position symbolique de l'identité de chacun des groupes et de chacun des sujets-membres des groupes (43) ».

Cela conduit à abandonner résolument toute conception « substantialiste » de l'identité sociale qui, sous sa forme ethnique, professionnelle ou locale, doit être appréhendée comme le produit du développement des rapports sociaux. L'identité sociale se construit dans l'interaction, l'échange, la confrontation ou le conflit. Elle relève d'une historicité, comme le souligne Michel de Certeau, c'est-à-dire de cette capacité qu'a tout groupe de se transformer en réemployant à d'autres fins et pour des usages nouveaux les moyens dont il dispose (44). Elle révèle la manière dont un groupe n'est pas seulement le produit de contraintes mais aussi le sujet de son histoire. Aussi, les représentations idéologiques, historiques ou mythiques de l'identité appartiennent à l'histoire. « Les muer en monuments identificatoires, c'est se tromper sur la manière dont fonctionnent ces outils d'une historicité sociale ; c'est aliéner leurs usages en les privant des espaces de jeu et d'adaptation que leur fournit un espace de symbolisations (45) ».

QUELQUES PRINCIPES D'UNE PÉDAGOGIE DE LA COMMUNICATION INTERCULTURELLE

Si altérité et identité sont indissolublement et dialectiquement liées dans une même dynamique, toute démarche pédagogique visant la réduction des obstacles à la compréhension interculturelle doit éviter le piège consistant à tenter de définir ou de décrire les « identités » en présence (« les Français », la « culture française » d'un côté, « les Arabes », la « culture arabe » de l'autre, par exemple). Ce n'est pas seulement parce que déjà une telle tentative serait, sur un plan scientifique, une gageure. Une telle démarche court surtout le risque de s'emprisonner dans les rets d'un rapport imaginaire (ce qui ne signifie pas pour autant qu'il ne relève pas d'une certaine « réalité ») où le discours sur l'altérité est attendu comme étayage d'une identité qui a besoin de se confronter à un Autre d'autant plus modélisé qu'elle est elle-même incertaine et vacillante. Le risque du discours sur l'Autre c'est celui de produire du « différent » pour soutenir du « même », comme nous l'avons souligné par ailleurs (46).

C'est ici qu'on peut observer les effets pervers d'un certain discours anti-raciste ou pluri-culturaliste qui, dans son souci de valoriser ou de défendre les « différences ethniques » — c'est-à-dire en fait l'identité postulée des autres — est souvent conduit à les réifier, sinon à les fétichiser. Négligeant le procès de détermination réciproque entre l'identité des uns et l'altérité des autres, un tel discours a souvent un effet opposé à celui qui était recherché : une crispation identitaire accrue chez ceux dont on attendait davantage de tolérance et d'ouverture à autrui. A dire vrai, le discours anti-raciste s'englue ici dans la même logique que celle du racisme, logique de l'essentialisme conduisant à naturaliser les phénomènes sociaux ou culturels (47).

Aussi, une pédagogie de la communication interculturelle ne peut-elle se réduire à une comparaison des cultures en contact et, partant, des incompréhensions diverses susceptibles d'être provoquées par certaines variables culturelles en présence. Elle doit avant tout s'attacher à analyser les processus de construction identitaire ou, ce qui revient au même, de production des différences.

Et si, comme nous l'avons maintes fois observé, l'entité « les Arabes » ou « les immigrés » ne se soutient que d'une entité « Nous, les Français », c'est bien cette homogénéité postulée à la fois pour Soi et pour les Autres qu'il s'agit d'explorer, de déconstruire (48). Car plusieurs travaux de psychologie sociale l'ont démontré : l'accentuation des ressemblances intra-catégorielles accompagne la différenciation inter-catégorielle et nourrit la discrimination entre groupes. Inversement, l'affaiblissement de l'homogénéisation des membres d'un groupe rend moins aisée la différenciation entre groupes. Par conséquent, en rendant moins homogène la perception d'un groupe on rend la discrimination à son égard plus difficile (49). Un tel travail de déconstruction conduit à faire émerger toute la diversité et toutes les contradictions qui subsument les représentations identitaires. Il vise à déplacer les différences, la plupart du temps posées comme frontières rigides entre groupes constitués (« les Français » d'un côté, les « immigrés » de l'autre par exemple), pour les rendre fluides, contingentes, transversales aux groupes concernés.

Dans une telle démarche qui mobilise à la fois l'histoire, la psychologie sociale et l'anthropologie , la culture ne doit plus être appréhendée comme produit mais comme procès. L'objectif pédagogique est moins ici de définir les cultures en présence — ce qui en tout état de cause ne peut conduire qu'à la formation de nouveaux stéréotypes — que d'amener à une meilleure compréhension des processus d'élaboration et de transformation des identités culturelles.

Du registre des « essences » ou des « identités »

l'accent se déplace ainsi sur les mécanismes et processus identitaires, ce qui oblige à se défaire des postulats d'homogénéité, de cohérence ou de fixité qui affectent encore trop souvent les notions aussi bien « d'identité », de « culture » que de « différence ».

Une pédagogie de la communication interculturelle doit également considérer que les « relations interculturelles » — sous peine, sinon, de succomber à des abstractions stérilisantes — recouvrent des situations concrètes de contact entre groupes ou individus concrets dans un contexte historico-social déterminé. Et la communication qui se noue dans ces situations précises obéit autant au contexte situationnel et à la dynamique de l'interaction produite qu'aux caractères des parties en présence (« les cultures » des interlocuteurs par exemple). Comme la socio-linguistique et notamment l'ethnographie de la communication l'ont souligné, il faut être ici attentif à la complexité des pratiques langagières et culturelles des individus qui ajustent stratégiquement leurs codes et leurs conduites en fonction des situations et des intentions de communication, ce qui est en quelque sorte révélateur d'une certaine « poly-identité ».

Comme le préconise Françoise Henry-Lorcerie, il s'agit de se défaire du postulat de l'unicité de la langue et de la culture, « de penser la variation comme un phénomène central de la langue et de la culture, universel au plan individuel comme au plan collectif (50) ». Une telle perspective permet alors de mesurer toute la créativité, toutes les capacités d'adaptation dont font preuve les immigrés, qui se traduisent par toute une gamme de tactiques ou manières de réemployer à des fins propres l'ordre imposé. Pourtant, l'adaptation ne peut-être simplement perçue comme un enchaînement de conduites passives dans un cadre de contraintes, ce que suggère la notion « d'assimilation ». De même, les tâtonnements ou changements qu'elle provoque ne peuvent être simplement considérés comme aliénation ou dégradation d'une « culture originelle » trop souvent figée en système cohérent et stable. Comme le souligne Michel de Certeau,

> « Tout groupe vit de compromis qu'il invente et de contradictions qu'il gère (jusqu'à des seuils au-delà des-

quels il ne peut plus les assumer). C'est déjà le tenir pour mort que l'identifier à un tout homogène et stable (51). »

Cette mobilité et ces capacités adaptatives des immigrés invitent à infléchir les visions dominantes souvent négatives ou misérabilistes de l'immigration, car les migrants jouent peut-être ici un rôle de précurseurs. En effet, la rencontre interculturelle se déroule aujourd'hui dans une société hétérogène, multiple, composite, dans un contexte « d'hybridation généralisée » (selon l'expression de Michel de Certeau), généré notamment par une technologie commerciale, industrielle ou médiatique.

Comme nous l'avons développé par ailleurs (52), la mondialisation de l'économie, les modifications rapides de notre environnement, les bouleversements technologiques et le développement de la « société médiatique » vont requérir de chacun d'entre-nous des capacités accrues de mobilité et d'adaptabilité. De même, dans la « société-monde » de demain, les brassages (aussi bien des marchandises et des hommes que des valeurs et signes culturels) ne peuvent que s'accélérer et s'élargir davantage. Dans une telle perspective, l'apprentissage des relations interculturelles n'obéit pas seulement à l'exigence éthique d'une lutte contre le racisme ou au souci d'une « gestion » moins conflictuelle des relations enre Français et immigrés. Il devient avant tout l'apprentissage d'une sociabilité (53) plus que jamais requise par le développement d'une société plurielle.

NOTES ET RÉFÉRENCES

(1) Nous ferons plus particulièrement référence ici aux travaux suivants : Gérard Noiriel, *Longwy. Immigrés et prolétaires, 1880-1980*, PUF, 1984 ; Ralph Schor, *L'opinion française et les étrangers en France, 1919-1939*, thèse de doctorat d'Etat, Université de Provence, Aix-Marseille I, 1980 ; Michèle Perrot, *Les ouvriers en grève, France, 1871-1890*, Mouton, 1973 ; Hervé Le Bras, *Les trois France*, Seuil, 1986 ; le numéro spécial de la revue *Vingtième siècle*, n° 7, juillet-septembre 1985, Presses de la Fondation Nationale des Sciences Politiques, et le numéro spécial de la revue *L'Histoire*, n° 96, janvier 1987.

(2) Pierre NORA, « *Le présent et la mémoire* », in *le Français dans le Monde*, n° 181, novembre-décembre 1983, page 10.

(3) Joseph ROVAN, « Des Français contre les immigrés », in *L'Histoire*, n° 57, juin 1983. Cf. également Ralph SCHOR, *L'opinion française et les étrangers en France, 1919-1939, op. cit.*

(4) Pierre MILZA, « Un siècle d'immigration étrangère en France », *Vingtième Siècle, op. cit.* Pour un panorama de l'immigration italienne en France, cf. Thierry MORICONI, Laurence BERTOIA et Jean SALQUE, « Non sono italiano », *Politique Aujourd'hui*, février-mars 1984.

(5) Cf. Joseph ROVAN et Ralph SCHOR, *op. cité*

Pour juger cette violence, voici une citation d'un journal alors diffusé à 500 000 exemplaires dans les années 30 (Journal *Gringoire* du 7-8-1936) : « Sommes-nous le dépotoir du monde ? Par toutes nos routes d'accès transformées en grands collecteurs, coule sur nos terres une tourbe de plus en plus grouillante, de plus en plus fétide. C'est l'immense flot de la crasse napolitaine, de la guenille levantine, des tristes puanteurs slaves, de l'affreuse misère andalouse, de la semence d'Abraham et du bitume de Judée (...) Doctrinaires crépus, pollaks mités, gratin des ghettos, contrebandiers d'armes, pistoleros en détresse, espions, usuriers, gangsters, marchands de femmes et de cocaïne, ils accourent précédés de leur odeur, escortés de leurs punaises » (cité par Gérard NOIRIEL, « L'histoire de l'immigration en France. Note sur un enjeu », *Actes de la Recherche en Sciences Sociales*, n° 54, septembre 1984.)

(6) Janine PONTY, « Une intégration difficile : les Polonais en France dans le premier XXe siècle », in revue *Vingtième Siècle, op. cit.*

(7) Ralph SCHOR, « Le facteur religieux et l'intégration des étrangers en France (1919-1939) », *Vingtième Siècle, op. cit.*

(8) Janine PONTY, *op. cit.*

(9) Pour ce qui concerne , par exemple, l'immigration portugaise, cf. Marie-Antoinette HILY et Michel POINARD, « Un million de silencieux, les Portugais », *Politique Aujourd'hui*, février-mars 1984.

(10) Michel de CERTEAU, *Économies ethniques : pour une école de la diversité*, Annales ESC, n° 4, juillet-août 1986, page 791.

Quant à la « fonction assimilatrice » de l'école française, elle doit être également relativisée. Cf. sur ce point Antonio PEROTTI, *Le pouvoir intégrateur de l'école : une idée reçue*, Presse et Immigrés en France, n° 143/144, juillet-août 1986.

Il faut d'ailleurs noter que l'alternative entre « assimilation » et « maintien de la culture d'origine » est rejetée comme faux dilemme par les derniers travaux du Conseil de l'Europe (cf rapport final du groupe du projet n° 7 du Conseil de la Coopération Culturelle, *L'éducation et le développement culturel des migrants*, DECS/EGT (86) 33 dif.).

(11) L'intégration par un engagement dans les luttes syndicales et politiques des Italiens en Lorraine, offre ici un exemple assez typique. Cf. Gérard NOIRIEL, *op. cité.*

(12) Cf. ici Jacques SOLE, « Afrique : les étonnants fantasmes de l'Occident médiéval ». *L'Histoire*, n° 88, avril 1986 , et Maha BAAKLINI,

« L'orientalisme français et l'islam : les approches de l'autre », *Les Cahiers de l'Orient*, n° 2, 1986.

(13) Cité par Gérard NOIRIEL, *L'histoire de l'immigration en France. Note sur un enjeu*, Actes de la Recherche en Sciences Sociales, n° 54, septembre 1984.

(14) Le journal *L'Étoile de l'Est* du 24 juillet 1905 parle des « vieilles sordides à la peau fripée et aux cheveux rares... qui font mijoter des fritures étranges dans des poêles ébréchées... Toute cette cuisine diabolique passe encore sous le ciel bleu de l'Italie et fait d'ailleurs partie de la « couleur locale » des quartiers pauvres de Rome ou de Naples. Mais il en est tout autrement en Lorraine, où la saleté chronique et la façon de vivre déplorables des Italiens font courir de sérieux dangers de contamination à la population indigène » (cité par Gérard NOIRIEL, « Immigration : le fin mot de l'histoire », *Vingtième Siècle*, numéro spécial, juillet-septembre 1985.)

« L'effroyable vermine des Juifs d'Orient infeste plusieurs arrondissements de Paris. Ils y apportent les poux, la peste, le typhus, en attendant la Révolution », Charles MAURRAS, *L'Action Française* du 6 octobre 1920 (cité par Joseph ROVAN, « Des Français contre les immigrés », *L'Histoire*, n° 57, juin 1983).

(15) « Qu'est-ce que le métèque ? Le métèque est l'individu affairiste et vicieux, en général mal portant et taré, qui, chassé de sa patrie pour une raison quelconque (...), préfère vivre en France où il sait que les forces occultes le protègeront (...). Il entre dans cette tourbe humaine où se mêlent escrocs, assassins, faux témoins, voleurs, marchands de femmes et de toxiques, le tout protégé par une partie de la police, elle-même soumise à la Maçonnerie. C'est la révolution à l'état latent. » Jean RATEAU, *Les Franco-Métèques*, Paris, 1935, p. 37 (cité par Joseph ROVAN, « Des Français contre les immigrés », *L'Histoire*, n° 57, juin 1983).

(16) Dans le cadre de notre expérience de sensibilisation et formation des publics français aux questions de l'immigration, de 1979 à 1987.

(17) Cf. l'article d'Alain CORBIN, synthétisant différents travaux historiques sur les migrations internes à la France au XIXᵉ siècle « Travailleurs migrants du siècle dernier », *Le Monde*, 10 février 1980.

(18) Hervé LE BRAS, *Les trois France, op. cit.*

(19) Marcel GAUCHET, cité par Jean-Maurice de MONTREMY, « Le casse-tête de l'identité française », *L'Histoire*, n° 96, 1987, page 132.

(20) Concept générique que nous empruntons à Albert MEMMI : « Valorisation généralisée et définitive des différences réelles ou imaginaires, au profit de l'accusateur et au détriment de sa victime, afin de légitimer une agression ou des privilèges », cf. Albert MEMMI, *Le racisme*, Gallimard, 1982.

(21) Joseph ROVAN, *op. cité.* Cf. également Jacques TARNERO, « Bruit et brouillage », dans l'ouvrage collectif, *L'identité Française*, Editions Tierce, 1985.

(22) Aussi, en ce qui concerne le racisme, plus exactement l'expression d'attitudes ou comportements racistes, la question de savoir si les Français sont plutôt racistes ou anti-racistes n'a pas beaucoup de sens. Comme le souligne Julien FREUND, ils se

conforment sans plus à l'opinion dominante du moment. Cf. Julien FREUND, « Les garde-fous et le mirador », dans l'ouvrage collectif *Racismes-antiracismes,* Méridiens Klincksieck, 1986.

(22 bis) La journaliste Anne TRISTAN, après un séjour de six mois parmi les militants du Front National à Marseille, apporte ici un témoignage saisissant qui confirme « de l'intérieur » nos propres observations. Anne TRISTAN, *Au Front,* Gallimard, 1987.

(23) Michel de CERTEAU, *op. cité,* page 793.

Une telle réflexion rejoint en fin de compte les thèses de Louis DUMONT, *Homo hierarchicus,* Gallimard, 1967 et *Essais sur l'individualisme,* Seuil, 1983. Pour lui le totalitarisme, le national-socialisme, le racisme et toutes les formes monstrueuses de discrimination sociale constitueraient des maladies de la modernité, intimement dépendantes de ses dimensions individualiste et égalitariste. Plus précisément, il s'agirait ici de retours brutaux du refoulé holiste et hiérarchique dans une société qui se pense et se veut fondée sur l'individualisme et l'égalitarisme.

(24) Nous avons déjà présenté en grande partie les résultats de ces observations ; cf. Bernard LORREYTE, « La fonction de l'Autre », *Education Permanente,* n° 66, 1982 et « L'inquiétante étrangeté », *Cahiers de Sociologie Economique et Culturelle,* n° 5, 1986.

(25) Fernand BRAUDEL, *L'identité de la France,* Arthaud-Flammarion, 1986, et Hervé LE BRAS, *Les trois France, op. cit.*

(26) Gérard ALTHABE, « Éléments pour une analyse interpersonnelle des espaces communs d'immeubles HLM », Actes du colloque de Montpellier, *Annales de la Recherche Urbaine,* 1978 ; cf. également les Actes du colloque *Les cités en question,* Paris, 19-20 juin 1986, Plan Construction, 1987 et Véronique de RUDDER et Michèle GUILLON, *Autochtones et immigrés au quartier populaire,* CIEMI-L'Harmattan, 1987.

(27) Ce qui bouscule, pour le moins, les visions simplistes d'un certain anti-racisme. Cf. ici l'article décapant de Jean-Pierre DUPUY, « Égalité, science et racisme », *Le Débat,* n° 37, novembre 1985. S'appuyant sur les travaux de Louis DUMONT (op. cité) et de René GIRARD, *Le bouc émissaire,* Grasset, 1982, l'auteur écrit : « Comment ne voit-on pas que ce dont les hommes ont peur, c'est de l'indifférenciation, et cela, parce que l'indifférenciation est toujours le signe et le produit de la désintégration sociale — puisque l'unité du tout suppose sa différenciation, c'est-à-dire sa mise en forme hiérarchique (...) Les hommes ont peur du Même, et là est la source du racisme » (page 43).

(28) Ce phénomène a été également mis en lumière par le film de Tewfik FARES (« Le mouton dans la baignoire », Antenne 2, 30 janvier 1985), tourné dans une ville de Savoie. Apparaissent ici tous les décalages entre les discours des Français qui cohabitent avec les immigrés dans les cités et ceux qui n'y séjournent pas mais qui manifestent à propos de ces lieux habités toute une série de fantasmes et de propos hétérophobes.

(29) Hervé LE BRAS, *Les trois France, op. cit.,* page 218.

(30) Erwing GOFFMAN, *Stigmate,* Editions de Minuit, 1975.

(31) Louis GRUEL, « Conjurer l'exclusion. Rhétorique et identité revendiquée dans des habitats socialement disqualifiés », *Revue Française de Sociologie,* XXVI, 1985.

(32) Louis Gruel, *ibid.*, page 438. Cette réflexion rejoint la problématique de l'ambivalence du Double que nous avons développée dans *L'inquiétante familiarité, op. cit.*

(33) Colette Petonnet, *On est tous dans le brouillard. Ethnologie des banlieues*, Galilée, 1985.

(34) Aussi, nous restons perplexe quand certaines institutions françaises interprètent en termes « d'obstacles culturels » ou « linguistiques », les difficultés relationnelles de certains de leurs agents (souvent de basse catégorie professionnelle tels, par exemple, que les guichetiers, les gardiens d'immeubles HLM ou les gardiens de prison, ...) avec les usagers immigrés. L'observation nous a maintes fois révélé que, pour ces agents, l'exercice de leur fonction professionnelle auprès des usagers — et notamment auprès de ceux qu'on désigne facilement comme « usagers mineurs » : les immigrés — était souvent leur seule possibilité de récupérer une parcelle de pouvoir dont ils sont, par ailleurs, très largement dépossédés dans leurs propres institutions. Bernard Lorreyte, « Sensibiliser les publics français aux réalités de l'immigration. Quelques réflexions pédagogiques », *Migrants Formation*, n° 69, juin 1987. Ceci peut d'ailleurs s'observer dans d'autres institutions où prédomine l'idéologie de la « relation d'aide » : les institutions hospitalières, par exemple (cf. ici la contribution de Guy le Breton).

(35) Bernard Lorreyte, *L'inquiétante familiarité, op. cit.*

(36) Hervé Le Bras, *Les trois France, op. cit.*, page 219. Ceci rejoint d'ailleurs nos propres observations sur des situations de cohabitation entre Français et immigrés dans l'Ouest de la France. Cf. Bernard Lorreyte, *La fonction de l'Autre, op. cit.*, page 79.

(37) Bernard Lorreyte, *L'inquiétante familiarité, op. cit.* Ambivalence du Double qu'on peut d'ailleurs articuler sur le paradoxe de l'identité qui signifie à la fois être identique et être différent.

(38) Michel de Certeau, *Économies ethniques : pour une école de la diversité, op. cit.*

(39) Michel Marie et al., *Situations migratoires*, Galilée, 1977.

(40) A l'émission *L'islam en France*, Antenne 2, 17 septembre 1987.

(41) Victor Borgogno, « Habitat : le lent processus de l'insertion », *Informations Sociales*, n° 1, 1986 et « La cohabitation interethnique et l'action du sociologue », Communication aux Journées d'Études de Lille, « *Le logement des immigrés* », 13-14 mai 1982, OMINOR, Lille, 1983.

(42) Victor Borgogno, *Habitat : le lent processus de l'insertion, op. cit.*, page 42.

(43) Victor Borgogno, *Ibidem.*

•(44) Et à propos des capacités d'adaptation ou de la créativité des immigrés, il faut signaler toutes les stratégies de manipulation par les immigrés eux-mêmes de « leur identité » ou de « leur différence ». Dans cet esprit, on lira avec intérêt l'étude des petits commerces maghrébins à Paris effectuée par Anne Raulin qui révèle comment certaines manipulations de l'ethnicité peuvent s'inscrire ici dans une stratégie commerciale (Anne Raulin, « Mise en scène des commerces maghrébins parisiens », *Terrain*, n° 7, octobre 1986).

(45) Michel de Certeau, *op. cit.*, page 803.

(46) Bernard LORREYTE, *La fonction de l'Autre*, et *Sensibiiser les publics français aux réalités de l'immigration, op. cit.*

(47) Et les scientifiques les plus avertis ne sont pas à l'abri de ce genre d'égarements. Cf. ici l'analyse critique très pertinente du discours anti-raciste d'Albert JACQUARD, effectuée par Jean-Pierre DUPUY, *Libres propos sur l'égalité, la science et le racisme, op. cit.*

(48) Bernard LORREYTE, *La fonction de l'Autre, op. cit.*

(49) Willem DOISE, « Les relations entre groupes », dans l'ouvrage publié sous la direction de Serge MOSCOVICI, *Psychologie sociale*, PUF, 1984.

(50) Françoise HENRY-LORCERIE, « Les dessous d'une crise », dans l'ouvrage collectif « *Nouveaux enjeux culturels au Maghreb* », CRESM, Ed. du CNRS, 1986.

(51) Michel de CERTEAU, *op. cit.*, page 799.

(52) Bernard LORREYTE et Jean-François MATTEUDI, « Insertion des immigrés et dynamisme des différences », *Éducation Permanente*, n° 75, septembre 1984, et Bernard LORREYTE, « L'identité dans tous ses états », *Informations Sociales*, n° 1, 1986.

(53) Pour un approfondissement de ces différents enjeux d'une « pédagogie interculturelle », cf. Martine ABDALLAH-PRETCEILLE, *Vers une pédagogie interculturelle*, Publications de la Sorbonne - INRP, 1986.

TROISIÈME PARTIE

L'EXPORTATION DE MODÈLES CULTURELS À L'ÉTRANGER : AMBIGUÏTÉS ET DÉFIS

UNE DYSFONCTION MAJEURE : L'ENSEIGNEMENT EN COOPÉRATION

Henri Aron

Enseigner en coopération c'est enseigner à l'étranger, avec le bénéfice d'occasions permanentes et renouvelées de contacts et d'échanges interculturels. La coopération scientifique, culturelle et technique dont la France a développé l'usage pendant un quart de siècle recouvre des réalités très diverses ; la plus représentative demeure celle d'une coopération enseignante de masse, qui fut particulièrement abondante dans les systèmes d'enseignement nationaux des trois pays du Maghreb et de ceux des Etats sud-sahariens de l'Afrique dite francophone. Dans les années 80, malgré une sensible diminution des effectifs coopérants engagés dans les divers Etats, les enseignants et autres formateurs constituaient toujours le groupe le plus important numériquement... et le plus passionnant à examiner de par ses activités fonctionnelles.

Instructeurs aux multiples facettes, les expatriés de la formation tous azimuts sont également vecteurs de leur propre culture, autant que des savoirs et compétences pour lesquels ils ont été requis. Une situation très instructive pour l'observateur, tant du point de vue théorique que dans la pratique de l'interculturel brièvement défini ici comme l'ensemble des relations régulées d'un individu ou d'un groupe avec des « autres » socio-culturellement différents. La fonction de l'enseignement en coopération consiste-t-elle vraiment à enseigner la même chose, ailleurs, au nom de l'universalité et de la transmissibilité également postulées des savoirs et des techniques, celles-ci comme ceux-là scientifiquement construits dans des espaces sociaux réputés, par omission, indifférents ?

A l'inverse, l'émergence des identités aux multiples visages condamne-t-elle toute tentative pédagogique ou andragogique dès lors que les référents socioculturels apparaissent comme trop éloignés entre les émetteurs de savoir et les récepteurs à instruire ?

A l'identité française, ou européenne et occidentale qui compose le statut premier non équivoque du professeur étranger pour les élèves ou étudiants des pays coopérés, ne convient-il pas de renvoyer le miroir déformant des identités nationale, ethnique, sociale ou culturelle qui, pour l'expatrié volontaire qu'est l'enseignant en coopération, composent les données premières du public touché par le professeur étranger ?

Et qui sont ces partants ? Comment réagissent-ils aux contextes « exotiques », maghrébins et africains ? Quelles idées se font-ils de leur action dans ces pays en développement, comme on dit ? Quelle perméabilité et quelles relations se précisent au contact des réalités socioculturelles et humaines étrangères ? Les expatriés ne font-ils qu'apporter, « aider » ? Peuvent-ils aussi recevoir, échanger, élaborer, créer dans une dynamique collective que, sémantiquement, toute coopération induit ? L'interculturalité qui gît potentiellement dans la situation objective réelle fournie par l'enseignement en coopération pratiqué en milieu civilisationnel « exotique » forme-t-elle aussi un élément conscient intégré par l'ensemble des partenaires ?

D'une série d'enquêtes sociologiques par questionnaires, proposés à des milliers de coopérants enseignants, nous avons constitué un vaste matériau dont on trouvera l'histoire des origines, de la mise en forme technique, ainsi que l'ensemble des conclusions scientifiques dans la thèse d'État qui en est résultée (1).

Dans le cadre de cet ouvrage collectif destiné à la fois aux praticiens de l'interculturel et à tous ceux qui réfléchissent sur les problématiques latentes ou exprimées, nous évoquons la donnée centrale issue de nos recherches : ce que nous avons nommé le SLC, le *syndrome de limitation culturelle.* Comme tout syndrome, il s'agit d'un ensemble de symptômes. S'appliquant à la limitation culturelle on conviendra qu'ils puissent être très divers, nombreux et d'inégal développement chez les sujets atteints.

Le syndrome de limitation culturelle naît de cette réaction de refus de l'identité de l'autre comme une identité égale, et de sa dévalorisation immédiate parce qu'identité « assistée » en quelque sorte. La tolérance vraie et inscrite dans nos systèmes de formation permet d'admettre le droit à la différence et même de reconnaître ces différences, parfois avec une certaine sympathie, chez la plupart des coopérants enseignants juste avant leur départ en coopération. Sur place la mutation s'opère, trop souvent, selon une dynamique du rejet et de la hiérarchisation savants-ignorants, corollaire du rapport dominants-dominés. Strictement étudiée dans le cadre de la fonction d'enseignement, la limitation culturelle apparaît aussi comme une réduction, une auto-limitation à notre propre système de formation. Celui-ci, transplanté en coopération, privilégie, par inertie ou facilité, la reproduction de procédures pourtant contestées ou reconnues comme caduques en France même.

Dans ses origines le SLC procède évidemment de l'ethnocentrisme et du sociocentrisme, mais cela ne suffit pas à le constituer. Il y faut aussi le refus, pas nécessairement formulé de façon consciente, du relativisme culturel. La découverte des identités culturelles et des sociétés plurielles s'accompagne, au sein de la population-cible objet de cette étude de ce sentiment confus de « dépossession du monde », pour reprendre la belle expression de Jacques Berque (2) comme conséquence politico-culturelle de la décolonisation, mais aussi du choc que représente cette affirmation d'autrui par lui-même, chez lui comme chez nous. D'où le regret et, bientôt, le rejet des tolérances de naguère. Les milliers de coopérants employés dans l'enseignement dans les ex-terres d'empire ont constitué et constituent encore une population qui a, collectivement, massivement contracté et développé le SI.C.

Les partants étaient pourtant en apparence des porteurs inoffensifs quant à l'affection décelée ; c'est le séjour en coopération, qui, en multipliant le nombre, la variété et l'intensité des symptômes restés latents, a déclenché l'émergence des mécanismes d'auto-défense de réduction culturelle sur les sphères du Moi et du Nous.

Une étude précise quoique très rapide des partants sera d'abord proposée ; les images développées par eux puis par leurs compatriotes et collègues déjà en poste à propos de ce que tous croient être la coopération française en Afrique suivra ; enfin on évoquera quelques tentatives de praticiens et de spécialistes de la formation des personnes envoyées à l'étranger pour réduire les effets du choc culturel. Reconnaître toute l'importance et prendre au sérieux le développement du SI.C pourrait alors devenir le premier pas dans la mise au point de remèdes, ou, mieux, de vaccins !

QUI PART EN COOPÉRATION ENSEIGNANTE ?

ÉTAT CIVIL

Il s'agit en majorité, dans les années 80, de femmes et d'hommes jeunes, d'âge moyen compris entre 25 et 30 ans. Une minorité un peu plus jeune dans cet ensemble comprend cette fraction de partants que l'on appelle les VSNA, volontaires du service national actif, que l'on trouve d'ailleurs aussi dans les DOM-TOM sous le sigle VAT, volontaires de l'assistance technique. Depuis peu, 1986, il existe aussi des VSNE, volontaires en entreprises.

Par un séjour moyen de 4 à 5 ans, ces jeunes gens et

jeunes femmes deviendront des adultes jeunes qui ajouteront aux fruits de l'expérience directe les effets d'une plus grande maturité. Si les femmes sont bien partie prenante des personnels de coopération, elles demeurent cependant minoritaires. Dans notre échantillon elles constituent un quart des répondants, soit une sous-représentation, en partie volontaire. Il existe en effet une présence majoritaire de couples coopérants au sein des partants et, dans ce cas, c'est le plus souvent l'homme qui répond aux enquêtes. La double affectation conjugale en coopération devient encore plus sensible sur place.

Là-bas les couples de coopérants dépassent les deux tiers des répondants mais, surtout, la raréfaction dans les possibilités de choix d'un conjoint légitime (ou socialement légitimable) entraîne fréquemment des mariages internes à la population coopérante et, plus encore, interne à la communauté enseignante. En ce sens, tant la position fonctionnelle que la localisation géographique, notamment hors des capitales et des grandes villes des agents en place, accentuent le renforcement d'un milieu enseignant s'enfermant sur lui-même au sein de l'aventure coopérante.

S'il existe une « sexpatriation » (3) liée à la situation de coopération, elle se développe d'abord à l'intérieur de la communauté expatriée ; l'exotisme reste second. Le phénomène a son importance, bien dégagée dans une étude approfondie de l'ACDI (4). Les chercheurs ont mis en évidence le rôle fondamental de la femme de l'expert canadien qui, elle, ne travaille généralement pas, pour l'obtention d'un coopérant « efficace ». L'efficacité optimale nécessite, selon l'étude canadienne, une très bonne assise personnelle et familiale du coopérant. Célibataires ou divorcés, s'abstenir de coopérer en Afrique : voilà ce que semble nous dire l'expertise de l'ACDI. Une épouse au foyer, aimable et accueillante, serait le complément, sur place, des attentes réalistes que le candidat doit nourrir, avant son départ à l'étranger, quant aux objectifs et au succès de sa mission.

Il convient ainsi de souligner l'originalité de la coopération enseignante française, beaucoup plus fréquemment mixte que celle des autres pays d'intervention.

Même si les situations conjugales et professionnelles n'ont pas toujours la simplicité ou le caractère idyllique souhaitable du point de vue de l'efficacité postulée, même s'il n'est pas nécessaire de « chercher la femme », le taux élevé de féminisation de la coopération enseignante bilatérale française ne relève pas que de l'anecdote.

Le phénomène mérite aussi d'être signalé compte tenu de l'importance, en pays musulman, de la transmission des savoirs intellectuels, religieux ou techniques par des hommes presque exclusivement, et des tâches dévolues aux femmes. L'échantillon de près de 700 coopérants enseignants que nous avons constitué est certes composé, pour les trois quarts, de réponses masculines mais plus du tiers de l'ensemble des réponses provient d'un interlocuteur, homme ou femme, dont le conjoint est également coopérant enseignant.

A l'examen il ne nous semble pas que cette situation de coopération conjugalement dédoublée entraîne un redoublement de l'efficacité. Il est vrai qu'alors la disponibilité de chaque individu dans le couple, chacun en activité professionnelle, peut s'en trouver amoindrie. En outre les difficultés que l'on rencontre dans la pratique enseignante peuvent être augmentées par leur évocation ou leur maturation depuis la cellule domestique coopérante.

L'étude comparée de l'évolution des situations matrimoniales au Maghreb et en Afrique subsaharienne révèle que la progression du nombre de couples coopérants est générale, accompagnant le passage du célibat au mariage, et cela de façon bien plus sensible en Afrique noire qu'au Maghreb. Mis à part les couples mixtes franco-musulmans en Afrique du Nord, l'affectation au Maghreb provoque toujours moins de transformations que l'affectation en Afrique noire. L'éloignement et un plus grand dépaysement paraissent renforcer les solidarités de la famille nucléaire occidentale alors qu'au Maghreb, sorte de banlieue de l'Europe dans une certaine conception coopérante, l'effet de proximité semble avoir joué un rôle atténuateur de l'exotisme des situations.

Pour les partants, quel que soit le statut matrimonial, quelque chose va importer davantage, au plan professionnel, du moins pour ceux d'entre eux devenus coopérants enseignants de circonstance : c'est le problème de la titularisation. Être ou ne pas être... titulaire. Globalement c'est autour des trois quarts des recrutements que se situe la part des non-titulaires. Pour beaucoup d'entre eux la titularisation va devenir un objectif essentiel. Certes d'intensité variable selon les niveaux de formation initiale et les types de qualification et de diplômes possédés. Mais, pour ce qui concerne la rencontre interculturelle, il y a dans cette situation un ingrédient majeur dans la formation du syndrome de limitation culturelle.

Comment cela ?

Une très large fraction des partants en coopération enseignante se trouve dans la position de vrais néophytes de l'enseignement, parfois même de néophytes complets de l'activité professionnelle rémunérée. Plus encore qu'en Afrique noire c'est peut-être au Maghreb que le phénomène a pris toute son ampleur, renouvelée année après année pendant les deux premières décennies de la coopération enseignante : celle-ci fut d'abord maghrébine avant d'être négro-africaine. Maroc, Tunisie, Algérie sont ainsi devenus pour bien des nouveaux coopérants des terrains d'apprentissage de l'enseignement et/ou d'entrée dans la vie active.

Pour cette importante fraction de la population des formateurs, la coopération enseignante facilite un double apprentissage et elle mérite alors véritablement sa qualification de « coopération de formation » ... mais pour les coopérants. Et, certes, l'extrême diversité de la nature des postes proposés entraîne une très forte hétérogénéité de la nature des formations des candidats au départ avec, comme vrai point commun, la possession de titres, grades ou diplômes qui intègre tous les partants dans la même classe sociale, celle des cadres.

Ce sentiment d'appartenance sociale est fortement perçu par les nouveaux coopérants, mais il est accompagné, pour les non-titulaires, d'une conscience vive de l'absence de garantie pour une carrière professionnelle. Ce qui n'est pas sans provoquer rapidement la recherche de la sécurité d'emploi, par la titularisation, d'où maintes prolongations de contrats, sur place. Ou encore, à l'inverse, la volonté d'en finir au plus vite avec cet intérim subi, en particulier lorsque la seule motivation au départ en coopération est l'évitement du service militaire traditionnel.

A ce très haut niveau de formation initiale pour les recrutements en coopération enseignante, correspond-il une égale qualification professionnelle ? Celle-ci ne peut être réduite à la seule possession de titres ou de diplômes égaux ou supérieurs à la licence dans quatre cas sur cinq : condition généralement tout à fait nécessaire mais pas toujours suffisante. Dans le domaine de l'enseignement et de la formation, la pratique pédagogique, l'expérience professionnelle antérieure sont fondamentales tant pour l'exercice que pour l'amélioration des qualifications. Envoyer en coopération des gens sans expérience enseignante avant leur départ ou, pis, sans aucune expérience professionnelle antérieure, ne risque-t-il pas de rabaisser singulièrement l'efficacité que laissait présumer ce très haut niveau de formation initiale que nous venons de préciser ?

Une division quadripartite de la population-cible entre titulaires, titularisés, titularisables, et personnels en parenthèse dans l'enseignement *et* la coopération, constitue alors, pour nous, une approche aussi importante de la composition du groupe que l'étude des situations conjugales ou même celle des niveaux de formations initiales. Plus encore, en schématisant à la seule opposition entre titulaires et non-titulaires, nous trouvons des mécanismes décisifs dans la formation du S.I.C. Si devenir titulaire est sur place l'objectif premier de la majorité des non-titulaires, enseigner en coopération, lorsqu'on ne dispose d'aucune expérience enseignante antérieure, *a fortiori* d'aucune expérience professionnelle d'aucune sorte, représente alors pour les personnels envoyés dans ces conditions une remarquable application, à l'usage des coopérants, de cette coopération de formation tant recommandée officiellement. Mais... dans un tout autre sens puisqu'il s'agit d'une procédure inattendue, légalisée par la titularisation, de formation de maîtres français pour l'enseignement secondaire ou supérieur français. C'est ce que nous avons appelé une limitation culturelle instituée, dont rend d'ailleurs bien compte, à sa manière, le rapport Vivien de 1982 (5). La priorité des priorités des revendications coopérantes dans l'enseignement portait sur l'extension, voire la généralisation des processus de titularisation, tous niveaux.

Si ne pas revenir trop rapidement en France — sauf cas de promotion professionnelle ou sociale explicitement reconnue — est ou devient sur place l'objectif premier des titulaires et des titularisés, on comprend mieux comment ce type de préoccupations, en soi légitimes tant humainement que socialement, puisse faire écran à la perception du cadre interculturel de la situation. Celle-ci n'est plus qu'un simple support occasionnel d'un plan de carrière, ou le lieu de vie momentané d'une aventure exotique bien tempérée par l'horizon lointain d'un retour assuré.

Ce que nous appellons une limitation culturelle c'est cette réduction quasi-automatique à des objectifs francocentrés. Pour le plus grand nombre, les objectifs personnels de coopération s'alignent sur ceux qui restent compatibles avec le cadre des contraintes institutionnelles applicables à chaque agent de coopération particulier, compte tenu de son statut de recrutement, de ses titres et diplômes et de son type de spécialisation. C'est ainsi que, pour ne pas revenir en France, un mouvement de mutations, « turn-round » inter-africain, s'est formé au sein de la coopération enseignante, dépendant des degrés d'intensité dans l'application d'une loi limitant à six ans la durée de séjour en activité à l'intérieur d'un même pays. Dépendant aussi de la nature des postes offerts, davantage encore de leur quantité, en diminution massive depuis 10 ans. Et aussi des évolutions divergentes en besoins selon les États demandeurs et le domaine précis de transmission de connaissances assuré par le coopérant. D'où des décalages de plus en plus patents entre la population française traditionnellement recrutée en coopération enseignante et les réalités et objectifs nouveaux, surtout lorsque ces derniers ont été clairement définis par les intéressés.

Une très grande majorité des postes, au milieu des années 80, relève encore de ce que l'on appelait jadis (dans les années 60 et au début des années 70) la coopération de substitution. Concrètement c'est l'utilisation par un État partenaire de la France d'un enseignant français en lieu et place d'un enseignant national, que ce soit dans l'un ou l'autre des deux cycles de l'enseignement secondaire, les instituts universitaires ou les grandes Écoles nationales.

La véritable coopération de formation des cadres locaux et des formateurs, en particulier dans le domaine pédagogique et celui de l'enseignement du français, langue étrangère ou langue « seconde », malgré une très sensible progression depuis une dizaine d'années, reste minoritaire. Son augmentation en pourcentage, en y comprenant une variété plus forte de disciplines techniques, au total entre un quart et un tiers des effectifs d'agents en coopération selon les États partenaires, provient peut-être davantage de la déflation générale des effectifs de coopérants que d'une augmentation en valeur absolue. Il convient cependant de noter cette inflexion.

Contrairement à une vocation constamment réaffirmée depuis le premier *Rapport sur l'assistance technique en coopération* (6) jusqu'au rapport Vivien précité (1982) le personnel enseignant français employé en coopération n'est toujours pas fondamentalement affecté à des postes de formateurs de formateurs, même si ce type d'affectation devient prépondérant. Du point de vue qui nous occupe ici, la perception et l'intégration de l'interculturel — soit la prise en compte des différences culturelles essentielles entre formateurs et formés pour pouvoir agir plus efficacement — comme donnée incontournable de toute activité de formation ou d'enseignement en situation de coopération, le problème posé demeure identique.

Face à cette transformation lente mais irréversible de la nature des postes et, par contrecoup, du type de fonctions et de relations que les coopérants formateurs doivent de plus en plus souvent assurer, et qui justifierait la mise en place d'une très solide préparation à la rencontre interculturelle, il nous a paru intéressant d'examiner de près ce que pensaient les enseignants des années 80 quant à l'image de la coopération, telle qu'ils la perçoivent dans la mentalité des populations « coopérées » en reprenant volontairement les termes mêmes d'une question qui fut posée dans l'une des plus anciennes enquêtes réalisée sur les personnels de l'assistance technique française en Afrique noire (7).

LES BELLES IMAGES DE LA COOPÉRATION ENSEIGNANTE

La question que nous rapporterons plus bas a été posee également aux enseignants juste avant leur départ et à ceux déjà en place. Pour ces derniers, la durée moyenne de séjour des quelque trois cents coopérants dont les réponses ont été exploitées dépasse les quatre années, mais dans une fourchette très large entre ceux qui terminent leur premier contrat (1 à 2 ans de présence) et ceux dont une ancienneté parfois supérieure à dix ans leur confère des expériences dans plusieurs pays. Pour les partants néophytes de la coopération, l'absence complète ou la limitation à une simple information-sensibilisation facultative préalable, qui sera évoquée en troisième partie, nous permet de poser que c'est bien le poids de la formation initiale des coopérants accordée aux héritages et valeurs socioculturels qu'ils transportent qui « fabrique » les diverses images de la coopération.

LES IMAGES POSITIVES AVANT LE DÉPART

Le départ, mais pour où ? Sur environ 380 réponses exploitées, on compte les deux tiers à destination du Maghreb. A l'intérieur de cette région, maintenant comme il y a vingt ans, c'est le Maroc qui est le plus gros demandeur : la moitié de nos répondants à destination du Maghreb y sont affectés, le reste se partageant à peu près également entre l'Algérie et la Tunisie. Ensuite en

Afrique occidentale c'est la Côte-d'Ivoire, le Mali et le Burkina-Faso à destination desquels partaient, pour chacun d'eux, quelques dizaines de nouveaux coopérants, puis, un peu moins nombreux, le Cameroun, le Togo, le Sénégal et le Niger allaient recevoir leurs postulants. Ajoutons un État d'Afrique orientale, Djibouti, assez fortement représenté, moins toutefois que Madagascar. Au total 90 % des réponses de nos partants proviennent de ces dix pays. Mais bien plus grande est la dispersion des coopérants formateurs. Nous recensons huit autres pays d'affectation parmi nos répondants : le Centrafrique, le Congo, le Gabon et le Zaïre, pour l'Afrique équatoriale, et encore la Guinée et la Mauritanie pour l'Ouest africain, et enfin le Burundi et les Comores pour l'Afrique orientale et insulaire.

A la mosaïque des situations concrètes et des images réelles que les nationaux ont pu ou pourraient émettre, nous obtenons une bien remarquable uniformisation des opinions coopérantes. Le pays de destination importe d'autant moins que pour une fraction de partants l'essentiel c'est bien de... partir, à la limite peu importe où. L'examen des choix préférentiels dans la liste des items proposés va nous éclairer.

Voici la question posée :

L'image de la coopération est diversement appréciée par les nationaux ; selon vous, numérotez dans la liste ci-après les trois réactions qui semblent correspondre à la situation :

1. La France ne fait que s'acquitter d'une lourde dette.
2. La France accomplit un geste humanitaire.
3. L'aide est insuffisante.
4. L'aide est louable et compétente.
5. C'est du néocolonialisme culturel.
6. La France est une véritable mère adoptive.
7. L'aide est inefficace et superficielle.
8. Cela répond à une politique de propagande.
9. La France nous apporte le développement.
10. La France détruit nos traditions.
11. La France nous permet une modernisation plus rapide.

12. Autre proposition.

Les choix exprimés en faveur des 5 items nettement positifs (n° 2, 4, 6, 9, 11) forment ensemble 38 % des représentations comptabilisées, quelle que soit la destination concernée en Afrique, au Maghreb ou hors Maghreb et à Madagascar. Cette indifférenciation initiale traduit une nette communauté de perception française du phénomène institué qu'est la coopération pour le coopérant néophyte.

A l'intérieur de cet ensemble, minoritaire, d'images positives, c'est l'item le plus neutre, d'apparence objectivement fondée, qui recueille les plus larges suffrages : la modernisation plus rapide grâce à la France (n° 11) donne 4 sur 10 des choix positifs suivie, loin derrière et à égalité avec chacun (2 sur 10 de ces choix) par l'item 4 : « l'aide est louable et compétente » et l'item 9 : « la France nous apporte le développement ». Positivement la coopération apparaît bien au départ comme une aide réelle au développement et à la modernisation.

Citons quelques remarques venant accompagner le choix de l'item 11. Tel affirme emporter avec lui, de plus important, « des bases culturelles profondes, ouverture et tolérance » ; tel autre avoue emporter une « idée colonialiste » (sic) qualifiée d'« idée utile pour les intérêts français dans le monde » ; un troisième avoue emporter « surtout des connaissances scientifiques à diffuser ». De façon très claire, et quelquefois même de façon très consciente les partants sont tout uniment porteurs d'une idéologie française, peut-être même occidentale, caractéristique de stéréotypes dominants quant à l'apport des pays développés à ceux qui... ne le sont pas. Significative à cet égard, la seule différence géographique perceptible dans l'imagerie positive quant à la coopération au Maghreb ou hors Maghreb : le coup d'accélération à la modernisation (item 11) s'appliquerait bien davantage à l'Afrique du Nord (45 % des choix positifs) qu'au Sud du Sahara (environ 30 %). Associée à la croyance au « geste humanitaire » (item n° 2) qui recueille trois fois plus de suffrages en Afrique noire (19 %) qu'au Maghreb, la coopération s'annonce pour les partants comme une œuvre véritable d'assistance technique dans le monde arabe au Nord du Sahara, alors qu'au Sud cela relèverait plutôt de l'action caritative ou de l'aide à fonds perdus...

LES IMAGES NÉGATIVES AVANT LE DÉPART

S'il y a une « bonne conscience » initiale, c'est très loin de tout triomphalisme : 62 % des choix exprimés proviennent des 6 items à connotation négative (n°s 1, 3, 5, 7, 8, 10). Parmi eux celui qui l'emporte largement est justement celui qui peut toucher une corde sensible dans l'exercice de la fonction enseignante, l'item 5 qui énonce « la coopération c'est du néocolonialisme culturel ». Il obtient 30 % des choix, auxquels les 20 % en faveur de l'item 1, qui témoignent d'une référence à l'héritage historique de la colonisation, s'ajoutent pour former ensemble la moitié des images négatives. L'insuffisance de l'aide est davantage présumée en Afrique noire qu'au Maghreb, de même que la destruction des traditions, sorte de corollaire du néocolonialisme culturel. Ces décalages géographiques renvoient à nouveau à deux représentations culturelles classiques en France et qui opposent la solidité et l'ancienneté de la civilisation arabo-islamique à la fragilité des coutumes et traditions de l'Afrique noire.

Un premier bilan de cette superposition d'images façonnées, pour l'essentiel, par les systèmes de formation initiale des agents au départ et complétées par les stéréotypes socioculturels courants de la société française contemporaine vis-à-vis du Maghreb et de l'Afrique en général, aboutit à une vision plus ambivalente que contradictoire. La coopération procéderait, pour ses agents, d'un volontarisme culturel qui, bien qu'issu de la période coloniale, serait devenu moins négatif en tant que tel, parce qu'à présent moteur de la modernisation et du développement. Les sciences et les techniques auraient ainsi fait perdre la signification impérialiste que l'expression « néocolonialisme culturel » contenait de façon beaucoup plus évidente pour les assistants techniques de 1970 en poste alors en Afrique noire, et auxquels la question fut pour la première fois posée.

Qu'en est-il justement sur place pour les enseignants coopérants des années 80 ?

UNE FRANCE « PLUS » GRÂCE À LA COOPÉRATION

Au moment du départ, le nouvel enseignant en coopération va « faire de la France », implicitement le plus souvent. Sur place le coopérant « fait » de la France, mais une France meilleure, explicitement. Notons tout d'abord les principales différences observées. Globalement l'image positive de la France a gagné du terrain et dépasse les 45 % des références comptabilisées. Plus encore, l'image négative a beaucoup perdu : presque 10 points, et dépasse à peine les 50 %. Fait nouveau : un item 12 de libre réponse « ouverte », pratiquement inutilisé avant le départ, reçoit environ 5 % des citations totales sur place : modeste indication quant à la prise en compte du réel observé et réfléchi par les praticiens de la coopération enseignante.

Une France « plus » à l'étranger, c'est donc d'abord des Français qui sacrifient moins à l'habitude nationale de l'auto-dénigrement. Les trois images négatives partielles les plus affirmées, soit : la France qui détruit les traditions, pratique une aide inefficace et superficielle et développe un néocolonialisme culturel, perdent la moitié de leur poids, avec 17 % sur place contre 34 % précédemment. A l'inverse deux autres images négatives gagnent du terrain (+ 5 %) : s'acquitter d'une dette (item 1) et estimer l'aide insuffisante (item 3). Mais justement cela n'est pas contradictoire avec la progression de l'image positive globale et souligne, au contraire, l'ambivalence perçue des actions de coopération. Chacun sait, en France, qu'une « faute » reconnue est à moitié pardonnée, ou, plus strictement, qui paie ses dettes s'enrichit. De même, affirmer l'insuffisance de l'aide sur place c'est admettre son bien-fondé, tout en déplorant qu'elle ne soit pas plus importante.

Qu'en est-il de la progression des images positives partielles ? Une France « plus », c'est d'abord une France qui apporte le développement et fournit une aide louable et compétente : ces deux images positives partielles progressent ensemble de plus de huit points. En la circonstance une France « plus » ce sont des Français qui ont substitué un auto-satisfecit à un auto-dénigrement. De plus, qui ont conscience de participer à une tâche difficile : l'item 11, la modernisation plus rapide, perd 5 points ; les transformations à accomplir n'iront pas aussi vite qu'on le pensait.

Cette appréciation est d'ailleurs plus marquée chez les coopérants au Sud du Sahara qu'au Maghreb, où s'opère une compensation partielle entre deux images négatives : celle du remords historique (item 1) diminue, alors que l'item 8 (« cela répond à une politique de propagande ») gagne 2 points. En Afrique noire l'ampleur objective des besoins accentue la nécessité subjective de l'aide ; du coup celle-ci, sur place, gagne dans ses aspects « louable et compétente » et perd dans ses attributs « inefficace et superficielle ». Cela n'empêche pas, à raison même de l'ampleur des besoins comme de la spécificité perçue par les coopérants des modes de vie nationaux, de considérer que la modernisation facilitée par la coopération française ne sera pas aussi rapide qu'on le croyait au départ. L'accentuation nécessaire de l'aide en est la résultante. Un mécanisme d'autojustification coopérante et de perduration indéfinie de l'aide peut ainsi trouver un terrain fertile qui fait naître la « bonne conscience » coopérante sur place, se substituant à la « mauvaise conscience » initiale. C'est ainsi que la prise en compte de la responsabilité historique de la France coloniale, faible avant le départ (septième rang seulement à l'item 3) passe au troisième rang sur place, quasiment à égalité avec l'image positive d'une France qui apporte le développement.

Mais, partout, la réévaluation du caractère jugé plus positif sur place de la coopération, par rapport à l'image *a priori* qu'on se faisait, procède indiscutablement de cette assistance technique pour la modernisation et le développement de pays plus ou moins gravement sous-développés. La dureté générale des conditions de vie, les différences d'univers mental collectif provoquent un phénomène de distanciation sinon de déculpabilisation des coopérants enseignants quant à ce qu'ils véhiculaient — volens nolens — d'héritage culturel colonial. Si la mission civilisatrice ne trouve plus guère d'amateurs sur place, en revanche la destruction, regrettable, des traditions trouve argument dans les nécessités de la modernisation.

Les sciences et les techniques, nouveaux capitaux culturels transmis par les enseignants de coopération, deviennent l'avatar contemporain de la Civilisation et de la Culture qu'incarnaient déjà, à l'époque coloniale, certes les administrateurs, les soldats et les missionnaires, mais également les... formateurs, c'est-à-dire les pionniers de l'enseignement primaire en Afrique. Maintenant comme jadis les belles images ainsi façonnées reconstituent les écrans à l'intercompréhension et au dialogue interculturel.

Quelques citations caractéristiques de cette involution vont ensuite nous acheminer à une plus étroite délimitation du champ où progresse le S.I.C.

Un enseignant de mathématiques, adepte du « turn round », en poste en Tunisie après des séjours en coopération au Gabon, au Maroc et en Côte-d'Ivoire, tout en soulignant l'aide louable et compétente quoique inadaptée aux besoins du pays, associe « sous-développement économique et sous-développement culturel ». Un autre, également en Tunisie mais sans autre expérience coopérante, formule trois images partielles positives de la coopération (items 4, 9, 11) et reconnaît un pays sous-développé à la « pauvreté, l'incrustation des coutumes et la forte implantation des religions ».

Tel autre, enseignant de français depuis 7 ans en coopération au Maroc, énonce trois images partielles négatives de la coopération (items 7, 5 et 3) et remarque que le sous-développement est la manifestation « d'une évolution des esprits qui ne peut suivre celle de la technique, celle-ci étant trop rapide ». Au Maroc encore, un coopérant formateur en psychopédagogie ayant auparavant exercé en Algérie, mais jamais en France, traduit le sous-développement par « l'incapacité du pays à prendre en charge tout seul les nécessités matérielles et le développement culturel de sa population ».

Au sud du Sahara, c'est un sportif de haut niveau, à l'époque formateur de cadres sportifs après avoir été en poste en Algérie et au Sénégal, qui énonce trois images positives de la coopération française (items 2, 4, 6) et dénonce ensuite « les habitudes de vie, les mentalités, le mode de pensée, les croyances, le niveau culturel et de raisonnement », comme fauteurs de sous-développement. On comprend bien alors l'impérieuse nécessité de l'aide... De Madagascar aussi, ceci d'un professeur de français qui signale « l'inculture de la population se traduisant par la non-maîtrise de la langue nationale ». A Djibouti un certifié de disciplines artistiques, qui forme aussi à la « menuiserie et au jardinage, etc. » [sic] déplore « l'inexistence d'un certain cartésianisme ». Un autre encore, ex-coopérant au Zaïre et au Cameroun, pour l'heure à Madagascar, dénonce « l'incapacité des hommes à gérer leur propre avenir », tout en évoquant le néocolonialisme culturel.

Nous terminerons enfin cette brève litanie par ce propos d'un enseignant français en Côte-d'Ivoire, antérieurement au Gabon, qui cite trois images négatives partielles de la coopération (items 3, 5, 10) et affirme d'un seul bloc que « la tradition équivaut à l'obscurantisme le plus criminel (empoisonnements, mutilations, corruption liée à la toute puissance de la « famille », etc. »).

IMAGES DE SYNTHÈSE ET NON-DOUTE MÉTHODIQUE

Trois symptômes successifs marquent, chez les coopérants enseignants, la progression de la limitation culturelle. Cela prend la forme de trois déplacements, disons-le plus nettement, de trois dérives.

Partis pleins d'indifférence au pis, d'espoir, de bonne volonté et de bonne conscience parfois tourmentée aussi, les agents envoyés en mission connaissent d'abord une première dérive relative à leur insertion professionnelle. Pouvoir enseigner à l'étranger dans des conditions matérielles souvent difficiles se transforme en pouvoir devenir enseignant titulaire. Puis dérive dérivée si l'on ose dire, pouvoir rester quoi qu'il advienne ou pouvoir revenir en France dans les meilleures conditions possibles socialement. Au déplacement sur sa propre formation professionnelle succède le déplacement sur sa propre réinsertion nationale. L'inquiétude initiale avant l'arrivée dans le pays exotique est remplacée par l'inquiétude liée aux modalités et à la date du retour en France.

Comment transmettre alors des connaissances, des techniques et assurer une formation adaptée à un public scolaire, universitaire ou adulte étrange, étranger, déconcertant, dès lors qu'aucune préparation sérieuse réelle, nous y reviendrons en troisième partie, n'a précédé ou accompagné les recrutements ? Par inertie ou facilité c'est donc la reproduction en coopération des procédures de scolarisation et de formation en usage en France qui deviennent la règle de fonctionnement là-bas. Ce retour sur le déjà-connu, en particulier pour les néophytes de l'enseignement comme de la vie professionnelle, c'est la reprise en tant que formateurs de l'expérience à peine abandonnée en tant que formés : tout bonnement une réhabilitation de nos propres méthodes et de nos propres cursus, pourtant si fréquemment décriés avant le départ.

Multipliés, ces symptômes se renforcent réciproquement sous la forme spécifique d'un non-doute méthodique. Un système de certitudes n'accompagne-t-il pas, inductivement, le système normatif de l'enseignement ? Ceux qui dispensent celui-ci peuvent-ils se dispenser de celui-là ? Le doute méthodique du chercheur, cartésien ou non, est-il compatible, en terrain inconnu, avec l'affirmation dogmatique du pédagogue-instructeur ?

Si toute éducation-instruction porte sur un sujet-objet partiellement connu dans la commune appartenance des formateurs et des apprenants à un même système social, que se passe-t-il lorsque tous les terrains d'intervention appartiennent géographiquement, socialement, humainement et parfois même techniquement et pédagogiquement à ces *terrae incognitae* qui intriguent, inquiètent, hérissent, dès lors que la « bonne volonté » et les qualités idéales du coopérant-type invoquées ne suffisent pas. Aux rassurants stéréotypes de la motivation dynamique et des qualités personnelles que l'on croyait tenir pour vaccins sérieux, maints symptômes moins innocents se sont ajoutés, dans la pratique professionnelle tout comme dans la vie quotidienne, au sein d'un environnement sociétal exotique.

Malgré la familiarité apparente procurée par les images télévisuelles, les affiches publicitaires et le tourisme, qui forment ensemble l'ordinaire socioculturel de référence avant le départ, l'expatrié confronté à une société globale « tropicaine » (8) et/ou islamique réagit inévitablement au choc culturel. L'Afrique, au Nord comme au Sud du Sahara, constitue de fait la toile de fond sur laquelle les masques blancs tombent lorsque les barrières trop fragiles de la formation initiale se brisent devant les difficultés socio-culturelles concrètes. C'est la structuration d'une existence professionnelle dans l'incompréhension permanente de ce que l'on fait réellement, ajoutée à l'ignorance du milieu où l'on vit, qui donne alors sa consistance institutionnalisée à la limitation culturelle. Dans l'activité enseignante en coopération c'est moins le rejet de l'Autre que le reflet de Soi qui annonce *le temps des méprises* (9) et qui amplifie le procès de limitation culturelle.

Les images de synthèse ainsi formées, les dérives ainsi produites annoncent les raisons du succès des Paris-Dakar. Paris-Dakar, d'accord !, voilà ce que nous suggèrent ces visions de la coopération par les coopérants : aux « terrains de mission » non plus en Afrique ou à Madagascar mais en France même, comme l'écrivait O. Mannoni (10), en 1971, se sont substitués les terrains de jeux de l'Europe (et du Japon) à travers le désert et le Sahel, avec la contribution — volontaire ou subie — des États sillonnés. Cette étape ABCDE (Action, Business, Charité, Développement, Écoles) d'une coopération euro-africaine pourrait bien être la forme plurielle, en développement depuis le milieu des années 80, de la coopération-spectacle. Et qu'y a-t-il de plus culturel qu'un spectacle, surtout en Mondiovision ?...

Et pourtant l'urgence demeure : former des coopérants, même enseignants, ou formateurs, ou comme on voudra les appeler, moins nombreux sûrement mais dûment préparés et plus qualifiés dans la perception des données socio-culturelles de leur intervention et plus aptes à résister à la contagion du syndrome de limitation culturelle. Il n'y a certes pas de potion magique, bien que nous parlions du pays qui inventa Astérix. Il existe cependant quelques spécialistes, de longue date praticiens des formations à la coopération. Leur travail mérite attention, leurs observations et conclusions, formulées à l'occasion de multiples stages, réflexion.

LA PRISE EN COMPTE DE LA DIMENSION CULTURELLE DU DÉVELOPPEMENT DANS L'ENSEIGNEMENT EN COOPÉRATION (11)

L'ABSENCE DE RECETTE MIRACLE

S'il existait une médication, ou, mieux, une vaccination à l'encontre du syndrome de limitation culturelle, qu'il suffirait d'appliquer pour réduire ou même anéantir les aspects négatifs de l'action enseignante en coopération et, au-delà, de toute relation de coopération en situation inégalitaire, cela se saurait. Des nombreux bilans tirés par les responsables des stages de préparation ou de sensibilisation des coopérants au départ on relève une constante. Quels que soient les mérites d'une formation antérieure ou d'un séminaire, cursus ou stage *ad hoc,* il convient d'insister sur l'importance du contact avec le terrain comme déterminant des comportements réels dans un contexte d'altérité socio-culturelle. Tant les observations scientifiques extérieures que les multiples témoignages individuels soulignent la réalité du choc culturel. Celui-ci existe, qu'il soit clairement ressenti par les agents en exercice ou bien, qu'à leur insu, il soit détecté par l'analyste.

De nos propres enquêtes nous extrayons une mesure de l'ampleur et de la variété des difficutés attendues par les coopérants enseignants juste avant leur départ et, de même, pour les difficultés signalées par les individus en situation réelle sur place. Vingt-trois propositions différentes, plus trois possibilités de libre choix (soit une QCM semi-ouverte) ont été soumises à l'examen de la population-cible avec demande de hiérarchisation des trois à cinq difficultés considérées comme les plus importantes. On notera que la liberté de formuler des difficultés originales n'a pas été retenue par plus de 2 % des quelque 650 répondants, soit environ 350 avant le départ et 300 en poste au Maghreb, à Madagascar et très précisément dans les pays suivants d'Afrique tropicale : Cameroun, Côte-d'Ivoire, Djibouti, Haute-Volta (depuis Burkina-Faso), Mali et Rwanda.

On se reportera au travail détaillé pour avoir une vision analytique précise ainsi que le descriptif des procédures mises au point pour évaluer les difficultés et organiser leur regroupement en cinq grandes dominantes dont, pour cet ouvrage, seuls le contenu et les positions de la dominante socio-culturelle importent. Cette dominante, dans les deux situations temporelles, ne change pas de position, elle occupe l'avant dernier rang après les dominantes professionnelle, pédagogique, relationnelle, et devant la dominante personnelle.

Le poids global de la dominante socio-culturelle des difficultés reste inchangé avec 20 % ; mais c'est la composition interne de cette dominante qui a fortement varié. Une appréhension *a priori* relative aux personnes avec lesquelles on doit entrer en contact est remplacée par une inquiétude, née de l'expérience du terrain, quant aux modes de pensée, de raisonnement, voire des systèmes de valeurs qui prédominent dans les pays coopérés. Ce phénomène nous est confirmé par ailleurs par le fort développement d'une croyance coopérante : la manière rationnelle d'aborder les problèmes serait une méthode moins bien adaptée, là-bas, qu'en France. Nous présentons ci-après une description synoptique au moyen de deux rosaces des difficultés qui, placées sur la même page, peuvent faciliter la lecture des évolutions temporelles. Avant le départ il s'agit de difficultés attendues, sur place de difficultés rencontrées, subjectivement affirmées.

Puis on trouvera un tableau des différences enregistrées entre les appréciations, et cela pour chacune des difficultés proposées sur la liste des 23 + 3 items, réduite à 23 + 1 après encodage des réponses libres. Sur ce tableau on a, en outre, entouré les numéros des items qui ont constitué la dominante socio-culturelle. On a fait pareillement sur chacune des deux rosaces synoptiques : les sept items de la dominante, à savoir les numéros 8, 9,

10, 20, 21, 22 et 23 figurent bien à leur place, mais seul le poids des 15 premières difficultés classées selon une pondération complexe a été représenté. C'est ainsi que l'item 23, classé au 17ᵉ rang avant le départ, ne figure pas sur la rosace supérieure mais prend bien toute sa place, la 6ᵉ, sur la rosace inférieure. De même en items 9 et 10.

GRANDE ROSACE DES DIFFICULTÉS ATTENDUES
SELON LEUR RANG DE 1 À 15

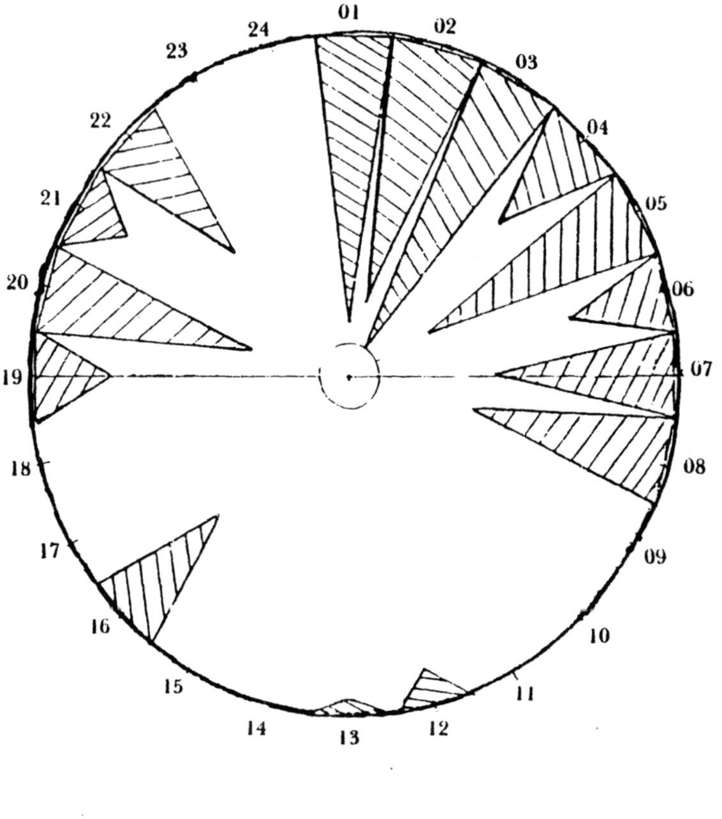

de 01 à 24 : numéros des items (on a encadré ceux représentatifs de la dominante socioculturelle).

GRANDE ROSACE DES DIFFICULTÉS RENCONTRÉES SELON LEUR RANG, de 1 (près du centre) à 15

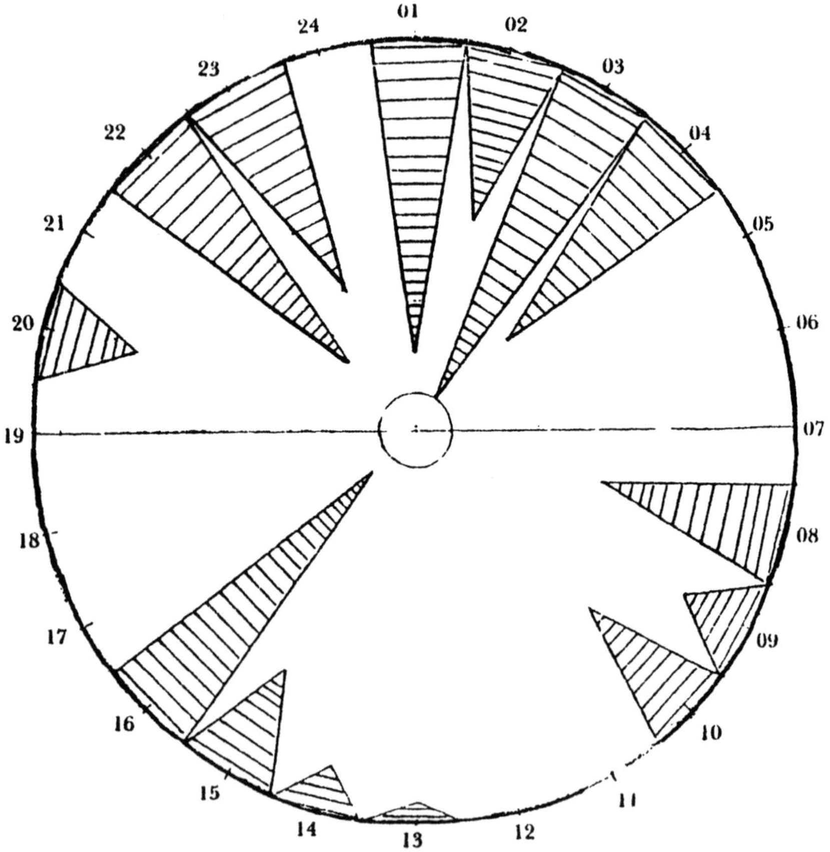

exemple : l'item O3 est au premier rang des difficultés, tant attendues que rencontrées.

Q.12 PRINCIPAUX OBSTACLES RENCONTRÉS DEPUIS QUE VOUS ÊTES DANS LE PAYS

Convergence	Sur-estimation	Sous-estimation	
=			01
	**		02
=			03
		**	04
	***		05
	**		06
	**		07
	*		08
		*	09
		*	10
=			11
	*		12
=			13
		*	14
		**	15
		***	16
=			17

Conver-gence	Sur-estimation	Sous-estimation	
=			18
	*		19
	***		20
	*		21
		**	22
		***	23
=			24

*= convergence. - * Faible divergence d'estimation. - *** Très forte divergence.*

TABLEAU

01 Relations avec l'administration locale ou nationale hiérarchique.
02 Relations avec les enseignés.
03 Faire face à des problèmes d'équipement en matériel, locaux, etc.
04 Questions d'organisation d'un nouveau cadre de vie familial.
05 Problèmes d'adaptation personnelle.
06 Problèmes d'insuffisance de formation professionnelle
07 Problèmes d'inadaptation de la formation reçue.
08 Problèmes de compréhension, au niveau du langage, avec les interlocuteurs nationaux quels qu'ils soient.
09 La religion principale du pays.
10 Des coutumes ou des traditions déconcertantes.
11 Vos propres préjugés éventuellement.
12 L'insuffisance de la préparation à votre prochain cadre d'activité.
13 Les relations avec les collègues nationaux.
14 Les relations avec les collègues compatriotes et européens.
15 Les relations avec les autres coopérants.
16 Pouvoir maintenir vos connaissances à jour dans votre spécialité.
17 Pouvoir utiliser à votre guise les temps de loisir.
18 Pouvoir revenir en France quand on en a envie.

19 La nature des programmes que vous devez transmettre.
20 Les relations avec la population locale *hors* du cadre professionnel.
21 Les différences de mode de vie.
22 Une manière différente d'aborder les problèmes en général.
23 Des habitudes différentes dans le domaine pédagogique.
24 Autres propositions éventuelles.

Nous laissons aux lecteurs les plus attentifs le soin de chercher les éclairages qu'ils préfèrent pour observer ces rosaces. De façon évidente pour nous, le choc culturel demeure une donnée « incontournable », et toute préparation inter-culturelle, visant à le réduire, une nécessité de l'action à mener contre le S.L.C. Qu'il s'agisse du problème de l'ajustement à un nouvel environnement culturel, dans lequel certains voient une sorte de maladie professionnelle de l'expatrié transplanté, ou encore que cette réalité du choc culturel devienne un élément dynamique dans une méthode de formation à l'interculturel, comme le suggérait déjà en 1984 M. Cohen-Emerique (12), il s'avère que l'origine de bien des difficultés entre formateurs et travailleurs migrants, comme entre coopérants et homologues ou subordonnés nationaux, repose sur un problème fondamental de communication. C'est un malentendu culturel qui traduit, dans un pseudo-dialogue, la force du choc culturel.

Si l'on ajoute à cela le malentendu pédagogique clairement exprimé par Francis Jeanson dès 1963 (13) : « Un adulte s'efforce de faire progresser des enfants vers l'âge adulte, mais il ne peut le faire qu'en leur parlant un langage d'enfants, c'est-à-dire en leur donnant une fausse idée de l'âge adulte », on admettra l'extrême difficulté d'élaboration d'une préparation interculturelle à la formation en coopération.

Que peut-on exiger d'un assistant technique employé dans l'enseignement, de plus ou de différent des autres « techniciens » ? Les données communes à la transplantation culturelle pour tout expatrié n'importent-elles pas davantage ? Qu'en pensent les praticiens de la formation qui ont mis au point depuis des années des stages dans le cadre de diverses associations semi-officielles ?

Trois indications nous semblent devoir être retenues :
— La faculté d'adaptation aux différences d'environnement matériel, géographique, humain, social, culturel ;
— La capacité à communiquer dans des situations où les malentendus linguistiques et comportementaux forment des obstacles insidieux, le plus souvent, à une véritable compréhension de ce qui est dit ou fait par et entre les partenaires ;
— La perception du sous-déeloppement comme donnée sociétale spécifique qui sous-tend toutes les relations interculturelles entre partenaires inégaux.

Cela précisé, il importerait fondamentalement et en préalable que la compétence professionnelle des formateurs soit déjà acquise par eux, c'est-à-dire socialement reconnue, et non pas à acquérir au moment des recrutements ou même sur le terrain.

MIEUX RECRUTER

Comment, sinon définir, du moins mettre en place un « grand projet culturel extérieur » dans le domaine de l'enseignement, selon des intentions politiques et pédagogiques maintes fois affirmées lorsque l'on prend acte des plus récents bilans de stages de nouveaux coopérants enseignants en 1986 : stage de juillet pour les partants au Maghreb, tenu à La Rochelle, et stage d'août à Evry-Ville Nouvelle (près de Paris) pour les partants en Afrique noire.

Voici, selon le consultant formateur chargé de dresser le bilan de ces stages CIFACE « préparation au départ et insertion », les hypothèses qui sous-tendaient le projet opératoire de l'année (14).

> « Le VSN qui va enseigner en Afrique (Nord ou Sud du Sahara) a trois handicaps majeurs : il n'a jamais enseigné, il est étranger au milieu dans lequel il va vivre et enseigner, il va s'intégrer au rang de « moyen » ou « instrument » dans un système qui lui est inconnu (la coopération) régi par des accords entre États souverains. »

En conséquence les objectifs généraux de formation découlant de ces hypothèses sont les suivants :

— sensibiliser les stagiaires aux impératifs de l'acte d'enseigner, ainsi qu'à la spécificité et à l'identité du professeur ;
— sensibiliser à la communication interculturelle pour faciliter notamment la communication pédagogique ;
— fournir les informations sur le système de coopération, le statut, le rôle et les conditins de vie du VSN.

L'indéniable qualité de ces stages qui doivent satisfaire le commanditaire (ministère de la Coopération) n'est évidemment pas en cause : il s'agit d'un « bon produit », d'un « modèle reproductible », mais qui reste « perfectible ». Contenus et pratiques sont réalistes en ce sens qu'ils sont adaptés au public visé.

Ce qui semble plus contestable c'est la politique sous-jacente de coopération enseignante avec l'Afrique, qui fonctionne, en 1986, au moins dans ses procédures de recrutement, comme en 1964, à l'époque de la création légale du Service national en Coopération, et à l'opposé d'une impulsion lancée en 1982. Il s'était agi, alors, de relancer la coopération de formation, et pas seulement elle, à partir de projets concrets impliquant davantage de techniciens ou ingénieurs dans les domaines agricole, industriel, informatique, etc., mais employant aussi un certain nombre d'enseignants.

Dans ce contexte formellement modifié, c'est toujours un grand nombre de VSN qui est recruté. Ainsi le bilan 1985 pour les trois stages CIFACE de néo-coopérants, tenus presque simultanément à Evry, Aix-en-Provence et Dourdan, contient lui aussi des éclairages complémentaires. Au départ une constatation, formulée par les stagiaires eux-mêmes tout autant que patente pour les organisateurs : « On ne sait rien de l'Afrique. » L'objectif poursuivi est de « faire du coopérant un acteur conscient de son action, susceptible de la replacer dans un contexte plus vaste, et de connaître les justifications, les implications et... l'utilisation des efforts qu'il sera amené à accomplir. Comme le stagiaire doit s'insérer dans un environnement dont il ne sait rien, cette situation n'est pas sans créer une « angoisse » légitime devant la perte simultanée de repères habituels... ».

D'où la présence de coopérants en fin de contrat, ainsi

que de nationaux originaires des pays d'affectation coopérante, pour permettre au futur partant de toucher du doigt, dans des « ateliers », « enseigner », les problèmes spécifiques de l'enseignement à l'étranger ; ces personnes ont en outre des fonctions importantes dans l'animation au jour le jour des stages. On relève aussi cette indication portée en conclusion de ce bilan :

> « Les excellentes conditions de séjour et la bonne entente avec des "animateurs sympas et compétents" devraient rendre très aisée une adaptation de ce stage au style de notre temps... car adaptation nécessaire il y a ! Le stagiaire ne veut plus entendre parler d'idéologie : *c'est au quotidien qu'il reporte son attention et ses soins* [...], c'est *aux animateurs et aux organisateurs à intégrer cette information*, capitale, dans la projection des structures à venir [...] (15). »

Pendant longtemps le refus du « professionnalisme » du coopérant a été justifié par cette idée fixe : la coopération devait être une sorte d'intérim, en attendant la relève par les nationaux. Celle-ci existe, inégalement selon les États. Elle permet de vérifier, au moins au plan des données statistiques en personnels, une coopération « peau de chagrin » qui, en tant que telle, ne nécessiterait plus une préparation approfondie, malgré le virage largement négocié vers la coopération de formateurs de formateurs et de cadres moyens et supérieurs.

Cette sorte de coopération résiduelle, limitée à une assistance de techniciens, formateurs et pédagogues, n'exigerait pas davantage que la coopération d'intérim historique une réelle préparation à l'interculturel pour ses agents dispensateurs. Les exemples pourtant ne manquent pas quant aux échecs de transferts bruts de technologie dans des milieux socioculturels exogènes mal préparés à les recevoir et à les utiliser, et explicités par des formateurs, coopérants doublement étrangers, au moins. Par leur nationalité et leur formation et culture occidentale d'origine, certes, mais rendues plus étrangères encore par leur impréparation à transférer dans des langages et des codes adéquats aux interlocuteurs ce qu'ils ne peuvent décrire qu'en français de France.

Quelle que soit l'activité formatrice du coopérant, la

rencontre propice au dialogue interculturel — et à l'efficacité technique — ne devrait-elle pas commencer par la prise de conscience de ce que représente le recours à la langue française, par les divers « positionnements » du français, dissemblables selon les locuteurs ?

L'UTILISATION DU FRANÇAIS EN FRANCOPHONIE, OU L'INTERCULTUREL EN PRATIQUES LANGAGIÈRES

Il suffit de rappeler qu'il n'y a jamais eu, en effet, autant de francophones dans le monde d'aujourd'hui, jamais eu autant de professeurs enseignant le français ni d'élèves ou d'étudiants apprenant aussi le français, hors de France, pour comprendre l'importance des enjeux liés à la francophonie. Des organismes français comme le CREDIF et le BELC, ou internationaux comme l'AUPELF ou l'ACCT, ont depuis longtemps compris que si la langue française restait bien une langue de culture au sens « noble » du terme (16) elle ne devait son développement présent qu'au titre de langue de grande communication, de langue utilitaire, et cela pour des fractions variables de la population nationale, selon la diversité linguistique et l'ampleur des héritages coloniaux dans chacun des nouveaux États indépendants.

Dans l'enseignement c'est la mise en place d'une formation au *français langue étrangère* (le FLE), ou, avec une optique un peu différente, du *français langue seconde,* qui traduit la sensibilité des institutions françaises lorsqu'il s'agit d'envoyer des coopérants professeurs de français ou attachés linguistiques. Mais si l'aspect strictement disciplinaire de l'enseignement du français à l'étranger a ainsi notablement évolué, il n'en va pas de même quant à l'inclusion du FLE comme élément du dialogue interculturel. En 1984 on pouvait encore dénoncer de graves insuffisances dans la formation des agents partant pour le monde arabe ou les pays d'Afrique musulmane, et cela même dans le cadre spécifique de l'assistance linguistique et culturelle.

Les formateurs français exerçant dans des structures de formation d'enseignants, de type CPR, semblent conforter « les préjugés ancestraux français à l'égard de l'aire culturelle dans laquelle ils travaillent », si l'on en croit un constat précis établi par Guy Chevalier (17). L'absence de concertation avec les nationaux, l'inadaptation des transferts de didactiques et de pédagogies, l'ethnocentrisme de la diffusion culturelle sans véritable interrogation sur la société d'accueil doivent-ils rester des fatalités de toute coopération enseignante et de formation ?

Dans une très récente Table ronde sur « Culture et Développement », organisée par *Télérama* et avec la participation du nouveau directeur général de l'UNESCO, C. Julien, directeur du *Monde diplomatique* et auteur du *Devoir d'irrespect* (18), s'exclamait : « Grande est notre suffisance et notre arrogance ! » Il remarquait que les relations entre le Nord et le Sud sont bien plus mauvaises qu'on ne le dit habituellement et constatait : le dialogue culturel est bien mal parti, c'est bien le choc culturel qui prédomine. Qu'en est-il des recommandations précises formulées auparavant par le CREDIF ? Serait-il possible de « redresser la situation de la langue et de la culture françaises en Afrique par un travail systématique sur les agents culturels français » et de « concevoir des stages de formation aux techniques modernes d'éducation fondamentalement traversés par une véritable psychanalyse culturelle franco-occidentale... et l'apprentissage du contact et du dialogue avec les enseignants du Tiers-Monde ? » Ce qui implique une initiation minimale, mais systématique à la langue et à la civilisation du partenaire.

A un autre niveau, celui de la recherche linguistique fondamentale et appliquée ou applicable, quand procédera-t-on à une vulgarisation appropriée et adaptée aux divers publics de formateurs coopérants non linguistes ? Comment extraire de leurs ghettos pour initiés les résultats de la recherche savante ? A titre d'exemple, comment, en dehors du petit monde des spécialistes, tirer parti des diverses publications linguistiques impulsées simultanément par l'ACCT et le CILF depuis les années 70 (19) ?

Maints travaux, parfois remarquables, de linguistes et chercheurs français, européens, arabes, africains existent à présent, et pas seulement des ouvrages d'érudition. Depuis dix à quinze ans se sont multipliés inventaires linguistiques, glossaires, lexiques, dictionnaires, transcriptions de l'oral à l'écrit, traductions, œuvres bilingues ou plurilingues, où certes le recours à la langue française a joué un rôle essentiel et tient encore sa place, mais plus toute la place. A quand une véritable vulgarisation scientifique au bénéfice commun des coopérés et des nouveaux coopérants, dont la préparation interculturelle devrait comporter de solides apprentissages linguistiques et sociolinguistiques ?

Sortir d'une position consciente ou inconsciente d'usage du français en tant que langue impériale transmuée en langue impérative du développement, pour œuvrer au français outil de communication et d'aide à l'intercompréhension langagière et culturelle, ne devrait-il pas être l'affaire de tous les formateurs experts et techniciens ?

Quelle que soit l'activité exercée en coopération, à partir du moment où le français est la langue d'interrelation, l'effort du partenaire national pour s'exprimer dans une langue « seconde » ou étrangère ne peut qu'être stimulé par un début de réciprocité de la part de l'interlocuteur étranger qu'est l'assistant technique. Faut-il réduire l'identité de la France, même à l'étranger, à la seule langue française, selon la formule à l'emporte-pièce d'un F. Braudel (20) ou, au contraire, insister sur les convergences à la fois pédagogiques et interculturelles, comme celles récemment soulignées par le Centre international audio-visuel d'études et de recherches installé en Belgique (21), le français devenant alors un véritable instrument de dialogue vecteur de la rencontre interculturelle ? Même en Afrique francophone le français n'est pas la seule langue des sciences et des techniques, litote oblige !

LA PRISE EN COMPTE DE LA DIMENSION INÉGALITAIRE DU DIALOGUE INTERCUTUREL EN SITUATION DE COOPÉRATION DANS LES PAYS EN DÉVELOPPEMENT

C'est là une réalité objective presque toujours immédiatement perceptible pour l'expert, l'assistant technique, le formateur, tous confirmés sur place, quels que soient leurs antécédents, dans leur rôle de fournisseurs patentés de techniques éprouvées, de savoirs garantis. Cette dimension inégalitaire s'exprime par la survalorisation quasi-automatique, de la part des « coopérés », de l'étranger par rapport au national. Cela n'est pas sans conséquences multiples, bien au-delà des susceptibilités individuelles que des formateurs locaux, ou les homologues nationaux, dans le langage de la société des experts, peuvent nourrir à l'encontre des expatriés.

L'assistance en formation, comme l'assistance technique, coûte cher, surtout aux pays aidés, mais pas seulement ni toujours en seuls termes financiers. Les phénomènes de rejet xénophobe de l'assistance étrangère, dont l'Iran khomeyniste a donné le premier exemple à l'échelle de la société globale et de l'État, sont partout précédés de la constitution de micro-sociétés d'étrangers repliés sur leurs valeurs autant que sur leurs conditions de vie. La supériorité de celles-ci conduit le plus fréquemment à l'affirmation de la supériorité de celles-là et à l'établissement sans nuances de hiérarchies culturelles confondues avec la puissance inégale des sociétés contemporaines.

L'expatrié franco-occidental, en situation d'expertise, appartient forcément à une civilisation supérieure à celle de l'assisté dont la situation de dépendance scolaire, universitaire, technique et scientifique semble venir confirmer ce que la dépendance économique et financière annonçait. C'est bien ce raisonnement particulièrement fréquent chez notre population-cible qui est, à la fois, révélateur de l'absence de formation à la rencontre interculturelle, des limites de la valeur franco-occidentale de tolérance à l'égard des autres cultures, indicateur enfin de la réalisation du syndrome de limitation culturelle.

On n'ignore pas les difficultés et les ambiguïtés, à l'intérieur de la France hexagonale, des pédagogies dites de compensation, à l'intention des minorités culturelles et de leurs enfants d'âge scolaire. Ici comme là-bas la volonté d'intégration au corps social dominant et d'assimilation à la culture modélisante constituent de sérieux obstacles envers le relativisme culturel. Une didactique de l'interculturel devrait impérativement relativiser les modèles culturels, insister sur leur diversité et leur temporalité, opérer les distanciations, prendre des exemples qui donnent du sens aux décalages culturels, que ce soit à partir d'expériences de la vie quotidienne, d'« incidents critiques » (22) ou de référents historiques ou anthropologiques (23).

Nous sommes fort éloignés de ces perspectives, et d'abord en France même où l'idéologie du Front national au niveau de l'opinion publique et celle de la Nouvelle Acropole, du GRECE, voire de la Nouvelle droite, raniment, au nom du différentialisme culturel et au niveau théorique ou réflexif, de vieilles rancœurs et de nouveaux ferments racistes.

Mais la France n'a pas l'exclusivité des idéologies d'exclusion.

LA REMONTÉE DES INTOLÉRANCES

Plus pernicieusement la récurrence des idéologies d'exclusion, à présent venues d'outre-Atlantique (en 1987), peut inquiéter aujourd'hui.

Alors qu'il y a une dizaine d'années E.T. Hall (24) remarquait que « toute exploration culturelle commence par le désagrément d'être perdu », à l'inverse le professeur Allan Bloom dénonce comme mortelle pour la culture toute approche scientifique. Il affirme ainsi que « le relativisme culturel ou moral condamne celui qui le professe à n'avoir aucune culture du tout. Contrairement au relativisme pur et simple, le relativisme culturel enseigne qu'il faut croire : mais il sape la croyance (25) ».

Faut-il croire innocente, de la part d'un universitaire américain chevronné, la confusion, répétée sur 332 pages, entre la civilisation et l'ancrage historique de la culture d'outre-Atlantique pourtant si jeune ! L'auteur, héraut de l'absolu, et pourquoi pas, nous donne une très brillante réduction occidentalo-centrée de quelques valeurs fortes.

Dieu, la famille, la religion et les droits naturels, même accompagnés du rejet de leur inscription dans l'histoire, font certes partie de la culture américaine mais, à partir de ce constat, en faire un absolu urbi et orbi intemporel, n'y a-t-il pas une régression qui ressemble à une atteinte par le SLC ?

Or, grâce aux médias, la « banlieuisation » du monde, pour reprendre le vilain mais expressif vocable créé par C. Coquery-Vidrovitch (26), est une réalité de plus en plus prégnante et qui se manifeste bien souvent par cette Voix de l'Amérique que colportent les feuilletons télévisés à diffusion universelle. Si un ancien très haut responsable des affaires culturelles françaises à l'exportation a pu décrire « la France colonisée » (27) et si d'estimables responsables de l'aménagement périparisien ont pu lancer — et pas seulement par boutade et provocation — « Ma culture, c'est Mickey ! » (28), à propos de l'implantation à 20 kilomètres à l'Est de Paris du parc de loisirs Eurodisneyland, on conviendra que la référence aux sociétés et civilisations du Tiers-Monde puisse laisser de moins en moins de trace dans la culture de base, celle qui subsiste lorsque l'on a tout oublié, de l'agent français en coopération, fraîchement expatrié.

Plus que jamais l'éducation au développement s'impose dans les formations initiales en France d'abord, à divers niveaux d'enseignement obligatoire. Mais accompagnée, autant que faire se peut, d'une « grammaire des civilisations » dont une commode mise en forme avait été proposée aux élèves des classes terminales de lycée au début des années 60, par F. Braudel (29) et qui servit surtout à quelques professeurs.

C'est par l'élaboration de programmes, de méthodes, de propédeutiques diversifiées de repérage, de reconnaissance et d'acceptation des pluralités culturelles que passe l'amélioration de la formation des expatriés, coopérants de circonstance ou de vocation.

Préparée avec les partenaires nationaux, la mise en évidence des situations concrètes réelles, propices ou non au dialogue interculturel, à l'occasion de stages préparatoires longs au moment des recrutements opérés, s'impose certes. Mais cela ne saurait suffire. Il y faut des bases, plus anciennement acquises par les formations initiales, au travers d'un enseignement secondaire.

Alors seulement l'interculturel en coopération pourrait devenir autre chose que le témoignage condescendant d'un semblant d'intérêt d'une culture dominante déclinante pour mieux se faire accepter de cultures dominées déjà subjuguées. Si « tout progrès culturel naît d'une coalition entre les cultures » selon la remarque ancienne de C. Lévi-Strauss (30) les transferts de formation, qu'ils soient de technologie ou de pédagogie (31), ne sont pas les plus innocents. Ils exigent « seulement » davantage de réflexion interculturelle : condition indispensable pour enrayer le développement du syndrome de limitation culturelle, nouvelle MST, maladie socialement transmissible.

RÉFÉRENCES BIBLIOGRAPHIQUES ET NOTES

(1) Aron H., 1987, *Coopérations enseignantes et limitation culturelle*, thèse d'État, Université Paris-V et ANRT Lille-III, ISSN 0294-1767, n° 87/PAO5/4076 sur microfiches.

(2) Berque J., 1964, *Dépossession du monde*, Seuil éd., Paris.

(3) Selon le néologisme fabriqué par de Negroni F., 1977, dans *Les colonies de vacances*, J.-E. Hallier éd., Paris.

(4) Il s'agit du Rapport technique intitulé *Les Canadiens au service du Développement international*, 1979, de l'Agence Canadienne pour le Développement International, rapport de Hawes F. et Kealey D.J., Ottawa, Canada.

(5) Vivien A., 1982, *Rapport sur le personnel d'assistance technique en coopération*, présenté à M. J.-P. Cot, ministre délégué à la Coopération et au Développement, Paris.

(6) Rapport Jeanneney J.-M., 1983, *La politique de coopération avec les pays en voie de développement*, Documentation française, Paris.

(7) Marcomer, 1971, *Les opinions du personnel français d'assistance technique en Afrique noire et à Madagascar*, Secrétariat d'État à la Coopération.

(8) Selon un néologisme emprunté à Bemba S., 1984, in *Le dernier des Cargonautes*, éd. L'Harmattan, Paris.

(9) Lefebvre H., 1975, *Le temps des méprises*, Stock éd., Paris.

(10) Mannoni O., 1984, *Prospero et Caliban*, Ed. Universitaires, Paris, rééd. augmentée de 1950, *Psychologie de la décolonisation*, Seuil, Paris.

(11) Henry P.-M. et Kossou B., 1985, *La dimension culturelle du développement*, Collection Cauris, Nouvelles Editions Africaines, Abidjan, Dakar, Lomé et UNESCO, Paris.

(12) Emerique M., 1984, « Choc culturel et relations interculturelles... », in *Cahiers de sociologie économique et culturelle*, Le Havre, n° 2, décembre.

(13) Jeanson F., 1963, *La foi d'un incroyant*, éd. Seuil, Paris.

(14) MUNDERE S., 1986, *Bilan des stages enseignants*, texte ronéoté de trois pages pour le CIFACE (Centre d'Information et de Formation des Agents en Coopération et à l'Etranger), disparu en 1987...

(15) CIFACE, 1985, *Bilan des stages*, texte ronéoté de 20 pages ; ici extraits des pp. 3, 4 et 20, soulignés dans le document d'origine.

(16) Pour toutes ces institutions et bien d'autres, liées soit à la francophonie, soit à l'activité culturelle et, le cas échéant, à leur interaction, on pourra consulter le tout récent et commode, 1987, *Lexique de la vie culturelle*, Dalloz éd., Paris.

(17) CHEVALIER G., 1983, *Formation des enseignants de FLE au dialogue interculturel*, projet de recherche, polycopié, au stage CREDIF 1983-84.

(18) JULIEN C., 1979, *Devoir d'irrespect*, A. Moreau, éd., Paris.

(19) Parmi d'innombrables références on indiquera seulement, pour leur possibilité d'utilisation pratique pour et par des formateurs coopérants français ou francophones : pour le Maghreb une récente *Collection bilingue franco-arabe*, éditée par le CILF (Conseil International de la Langue Française) ; pour l'Afrique noire un *Inventaire des particularités lexicales du français en Afrique noire*, 1983, Equipe IFA de l'Association d'Etudes Linguistiques Interafricaines, co-édition AUPELF-ACCT, Paris.

(20) BRAUDEL F., 1986, *L'identité de la France*, Arthaud éd., Paris.

(21) CIAVER, 1986, *Français et langues nationales ; convergences pédagogiques*, co-édition ACCT (Paris) - CIAVER, Saint-Ghislain, Belgique.

(22) EMERIQUE M., 1980, « Éléments de base pour une formation à l'approche interculturelle », in *Annales de Vaucresson*, n° 17, pp. 117-139.

(23) CAMILLERI C., 1985, *Anthropologie culturelle et éducation*, pour le BIE (Genève), co-édition UNESCO, Paris et Delachaux-Nestlé, Neuchâtel, Suisse.

(24) HALL E.T., 1979, *Beyond Culture*, trad. fr., *Au-delà de la culture*, Seuil, Paris.

(25) BLOOM A., 1987, *The closing of the American Mind*, trad. fr., *L'Âme désarmée*, Julliard éd., Paris.

(26) COQUERY-VIDROVITCH, 1985, *Afrique noire, permanences et ruptures*, éd. Payot, Paris.

(27) THIBAU J., 1980, *La France colonisée*, éd. Seuil, Paris.

(28) CANTAL-DUPART M., 1986, « Ma culture, c'est Mickey », in *Le Monde* du 10 juillet 1986.

(29) Dans un manuel intitulé *Le Monde actuel, histoire et civilisations*, 1963, par BAILLE S., BRAUDEL F. et PHILIPPE R., éd. Belin, rééd. 1987 chez Arthaud-Flammarion, Paris.

(30) LÉVI-STRAUSS C., 1973, *Anthropologie structurale II*, p. 418, éd. Plon, repris d'un texte de 1952 dans *Races et histoire*, UNESCO, Paris.

(31) DEBYSER F., 1982, in *Revue du BELC*, n° 5416, 22 mars 1982, « Pédagogies venues d'ailleurs », pp. 1-6.

IMPACT DES DIFFÉRENCES CULTURELLES SUR L'ORGANISATION ET LE MANAGEMENT

Franck Gauthey
Indréi Ratiu

La mondialisation des échanges économiques est désormais une réalité quotidienne. Comme le rappelle l'économiste Lionel Stoléru : « Aujourd'hui, l'international commande et le national suit (1) ». Les entreprises sont confrontées dans leur propre territoire à une concurrence très vive. Il s'agit de s'adapter à des marchés mondiaux, parfois globaux, parfois spécifiques, qui changent parfois très rapidement. Toutes les entreprises nationales ne bénéficient pas des mêmes contraintes, ni des mêmes performances : pourtant les enjeux en termes d'influence relative, de création de richesses et d'emplois sont présents. L'ère coloniale terminée, les périodes glorieuses de forte croissance économique révolues, la concurrence des nouvelles puissances économiques ont peu à peu remis en question la position dominante de nombreuses multinationales. Dans le même temps la confrontation aux modèles japonais, allemand, montrait que, contrairement aux croyances des années soixante, il n'existe pas de principes universels en matière d'organisation des entreprises. Le management américain, pourtant si prestigieux dans les « business schools » américaines, ne produisait qu'aberrations ailleurs, et ne parvenait pas à enrayer cette économie japonaise de plus en plus omniprésente.

C'est dans ce contexte que, peu à peu, théoriciens et praticiens ont réalisé que les malentendus culturels nationaux coûtent à l'entreprise. Récemment les contribuables français ont payé, en 1987, 700 millions de francs pour un contrat mal traduit entre une filiale des PTT et son homologue du Koweit. La puissante multinationale américaine General Motors n'a pu diffuser son nouveau modèle « NOVA » en Amérique latine malgré une importante campagne publicitaire. Les responsables marketing avaient oublié qu'en espagnol « no va » signifie « qui ne marche pas » : alors pourquoi acheter un tel engin ?

A l'intérieur de l'entreprise, les différences culturelles se sont avérées être des enjeux en termes de cohésion interne. Le haut responsable d'une multinationale française a raconté son embarras lorsqu'un brillant collègue singapourien a démissionné parce qu'on lui avait sèchement répondu « non » à un télex pour une action dans laquelle il s'était profondément impliqué personnellement. Sans doute, l'interlocuteur au siège français n'avait tout simplement pas conscience de l'agression qu'il commettait envers son collègue étranger. Ce Singapourien n'était-il pas employé dans une entreprise française ? Ce dernier incident soulève la question de la transcendance de la culture de l'entreprise sur la culture nationale. Un thème qui soulève de nos jours des débats importants entre les chercheurs en organisation, les directions générales, les ethnologues. Sans vouloir prétendre répondre à cette question, cet article permettra d'appréhender la portée du problème.

Dans le cadre de notre projet « Leaders sans frontières » (2), réalisé avec l'ESSEC et un cabinet de conseils en management, nous avons conduit une étude qualitative auprès de directions générales d'une cinquantaine d'entreprises multinationales européennes sur le thème des différences culturelles nationales. Les quatre citations qui vont suivre révèlent le partage des opinions quant à l'importance relative donnée aux différences nationales dans les entreprises en 1986 :

> « Nous souhaitons incorporer et intégrer une plus grande diversité de styles de management et d'organisation sans perdre complètement l'identité internationale du groupe et ses valeurs. »
>
> Pat Rawlins, Commercial Union Assurances

> « Rien ne peut se comparer d'un pays à l'autre. »
>
> Robert Leroy, Groupe Maison Familiale

> « On peut considérer le « HP way » comme une culture d'entreprise qui se substitue à toutes les autres dans la société. »
>
> Gilles Bastien, Hewlet Packard, France

> « Pour survivre en milieu international, il faut créer une culture d'entreprise. Les mêmes principes de base, les mêmes méthodes de travail, les mêmes objectifs. Tout ceci crée un terrain d'entente qui rassemble, qui fédère. Une de nos règles de réunion chez IBM, par exemple, était de ne parler que travail. »
>
> Jacques Maisonrouge,
> ancien président IBM-Europe

L'embarras des dirigeants devant les différences culturelles nationales apparaît clairement, tout autant que l'absence de consensus quant aux solutions à appliquer.

Les chercheurs en organisation se sont naturellement intéressés à cette question. André Laurent, professeur à INSEAD, a démontré que les différences de valeurs liées aux cultures nationales sont plus marquées chez les employés d'une entreprise multinationale que chez les employés d'une même entreprise nationale (3). La thèse explicatrice avancée par Laurent est que la pression pour créer une culture d'entreprise transcendante peut provoquer chez de nombreux individus plus de reconnaissance de sa spécificité culturelle. Résumant cette problématique, le chercheur britannique John Child a conclu que, s'il y a actuellement convergence dans nos entreprises multinationales en termes de structure, technologie, les divergences en termes de valeurs et de comportements des employés de ces mêmes entreprises se maintiennent (4).

« Les Américains sont très ouverts en affaires, ils ont une approche directe, ils vous appellent par votre prénom... cela ne veut pas dire qu'ils vont signer ! » : le directeur général de cette société exportatrice de matériel ferroviaire tire ainsi la leçon de sa longue pratique des États-Unis (5). Les Anglo-Saxons font la différence entre la relation et le « job ». Il est rare, dans les affaires, qu'ils acceptent d'ignorer cette frontière, beaucoup moins nette en pays latins. Ce qui relève du job n'implique pas de sentiments particuliers :

> « Si les Américains nous semblent hyper-efficaces, poursuit ce directeur général, c'est qu'ils ne font pas, comme nous, intervenir le passionnel. »

Autre comportement à décoder : un sens très différent de la hiérarchie et des convenances.

> « En France, nous dit le PDG d'une entreprise fabricant du matériel médical, selon que vous êtes reçu par le président ou par un collaborateur, l'attitude des interlocuteurs sera très différente. Pas outre-Atlantique. Pour les Américains, le pouvoir n'est pas une raison de se distancer de l'homme ordinaire et le statut d'un cadre supérieur ne l'empêche pas de traiter d'égal à égal avec un subordonné. Ni de porter lui-même sa valise à l'hôtel, parfois à la grande honte de son hôte latin (6). »

L'origine sociale compte peu lorsqu'il s'agit de choisir un collaborateur au pays des « self-made men » : un Américain préfère être jugé d'après le poids de son carnet de rendez-vous que de celui de son carnet d'adresses ! Dans une société latine, statut, pouvoir, (ce que l'on est, d'où l'on vient...) ont tendance à avoir la même importance que les réalisations concrètes.

Ces exemples de différences, constatées chez les dirigeants d'entreprises, interrogent sur les symboles, les comportements qui marquent le statut et le pouvoir à travers les cultures. C'est ainsi que des malentendus peuvent naître. Un cadre américain et français qui se rencontrent pour la première fois n'y échapperont pas.

« Bonjour Monsieur Smith, vous... » et « Hello, Henri, tu... » : deux formules d'introduction qui révèlent les fréquents contrastes entre Anglo-Saxons et Latins au niveau de la communication. Les deux différents niveaux de formalisme ont matière à frustrer le Français par cet excès de familiarité de l'Américain : « Il ne me respecte pas, il manque de sérieux », ou de l'induire en erreur : « Il est vraiment sympathique. » L'Américain sera lui-même frustré de par la distance que prend son homologue, frustré aussi par la déconsidération qui lui sera portée s'il n'affiche pas un même statut. Ainsi les Français apparaîtront « froids et prétentieux » aux yeux de l'Américain. Ces malentendus liés aux différences entre conditionnements culturels peuvent influencer ou renforcer les stéréotypes, ou des perceptions mutuelles négatives : à savoir la vision « d'arrogance » qui est généralement attribuée aux Français par les Américains, et réciproquement la perception de « superficiel » (7) attribuée aux Américains. « Les Allemands sont travailleurs et disciplinés » : ces images véhiculées de l'Allemand vu par les Français ont inéluctablement une influence sur le cours des négociations franco-allemandes. Ainsi le label « produit français » en Allemagne engendre une certaine méfiance au niveau de sa qualité et fiabilité de la part des consommateurs allemands, s'il s'agit de biens manufacturés. Le directeur d'un organisme de formation expliquait la difficulté qu'il avait pour ne pas penser à de vieilles réactions issues de la dernière guerre lorsqu'il rencontrait des problèmes avec ses interlocuteurs allemands.

Différences de conditionnements culturels, conflits de valeurs, influence des stéréotypes : les sources de malentendus liés aux cultures nationales sont considérables dans les situations du commerce et du management.

Les définitions concernant le management sont nombreuses. Le mot « management » est un terme anglo-saxon doté d'une racine latine dont le sens original est littéralement « se débrouiller avec les mains ». L'essence même de ce concept provient de l'approche empirique anglo-saxonne. La définition actuelle donnée par le Larousse est : « La science de la technique de direction et de gestion des entreprises ». Cette étiquette scientifique du management a longtemps amené à penser que les méthodes étaient universelles, car reposant sur des principes scientifiques. Au-delà de ces définitions, les fonctions du management au sein d'une organisation recouvrent la communication (interne et externe), la formulation de stratégie, planification, direction, formation, création, production, prise de décision, organisation, évaluation. Toutes ces variables qui composent ainsi le management sont affectées par les présupposés liés au conditionnement des cultures nationales. Dans les exemples précédents nous avons relevé les problématiques en ce qui concerne la communication. Dans les pays où le fatalisme est fortement ancré, la planification s'avère difficile à élaborer, comme l'illustre le proverbe saoudien : « Celui qui essaye de prévoir le futur est fou ou irréligieux ».

Ce que nous proposons dans cet article, c'est de cerner des outils comparatifs qui permettent d'évaluer ces différences en insistant sur le cadre professionnel. Nous nous proposons de relater ici les travaux de nombreux chercheurs internationaux, et dans un premier temps celui du chercheur hollandais Geert Hofstede (8). Cette étude psychosociologique, fruit d'un projet de recherche de douze ans, a été effectuée à partir de 116 000 questionnaires comportant 150 questions portant sur les valeurs. Ceux-ci furent remplis par des ressortissants d'une cinquantaine de nationalités employés dans la même célèbre multinationale américaine, caractérisée par une forte culture d'entreprise qui peut parfois biaiser les résultats.

INDIVIDUALISME, COLLECTIVISME : DEUX NOTIONS DE LA PERSONNE

L'individualisme est une tendance des membres de certaines cultures à se définir en tant qu'individu, « moi », plutôt que par rapport au groupe, à la famille, (« nous ») dans les cultures communautaires. Dans la plupart des sociétés occidentales, comme le note Margalit Cohen-Emerique (9), « et en particulier dans les classes bourgeoises, l'image de l'adulte s'accompagne toujours des normes valorisantes d'autonomie de la personne, en termes de connaissances, de valeurs, de comportements et d'attitudes. » Ainsi, il s'agit de vivre indépendant de ses parents, le plus souvent de quitter le foyer familial avant même le mariage. Par opposition, dans les sociétés traditionnelles (orientales, africaines), « il n'y a jamais de coupure véritable de la famille, c'est l'intégralité familiale, la cohésion du groupe qui priment sur les besoins de l'individu : la notion de personne, d'individu n'a plus le même sens ».

La notion de personne ne peut donc se différencier de la notion de famille, de clan : « En fait c'est l'appartenance à des interrelations familiales et sociales qui définit l'individu » (9). Pour Roger Bastide, « ce qui est important dans toutes les sociétés traditionnelles, c'est l'existence de ce que nous appellerons les deux anti-principes d'individuation : la pluralité des éléments constitutifs de la personnalité ; la fusion de l'individu dans son environnement ou son passé, bref dans son altérité ». L'historien Fernand Braudel fait état, dans les « sociétés archaïques méditerranéennes », de l'absence de personnalités individuelles entières qui soient les synthèses d'histoires singulières, c'est-à-dire de biographies (10). C'est pourquoi « il n'existe ni décisions, ni choix de conditions personnelles de l'existence. Les hommes ont devant eux des fonctions sociales préconstituées auxquelles ils devront s'adapter au fur et à mesure que la vie les portera à assumer les responsabilités que leur assignent les relations de famille. »

Dans ce modèle où la priorité morale est à la sujétion familiale et sociale, le besoin de réalisation personnelle que McClelland appelle le *need for achievement* est forcément beaucoup moins élevé que dans les cultures individualistes occidentales (11). C'est à la famille, au clan, de satisfaire les besoins de l'individu, et réciproquement. Les économistes ont montré une relation, quoique parfois contestée, entre la croissance économique et la valeur relative du besoin d'accomplissement de soi.

Dans le cadre de l'entreprise de type occidental,

l'individualisme implique autonomie, séparation nette entre le professionnel et le personnel, concurrence entre individus pour la progression de carrière. Une orientation communautaire implique la loyauté à la famille, au clan et, par extension, à l'entreprise, à son équipe de travail, ainsi que la recherche d'harmonie entre les personnes, une prise de décision plutôt consultative.

Ceci peut paraître dans le contexte de l'entreprise, pour Geert Hofstede :

> « Les relations entre les employeurs et les employés vont se faire sur une base morale dans les cultures communautaires, alors qu'elles se nouent sur la base d'un calcul personnel dans les cultures individualistes (12). »

Ces deux dimensions entraînent des formes d'organisation et de communication très différentes dans le cadre du travail. La même problématique entre dépendance et autonomie se reformule dans les liens du travail. Dans les entreprises à orientation communautaire, les ouvriers sont dépendants de leurs supérieurs et attendent d'eux une prise en charge émotionnelle complète. Le supérieur doit savoir encourager, réprimander, il peut connaître toutes les affaires familiales de ses subordonnés : le supérieur est celui qui sait tout. A des niveaux hiérarchiques intermédiaires, entre pairs, les gens aiment à discuter ensemble du travail à faire et de la répartition des tâches eux-mêmes : c'est seulement en cas d'incident que le supérieur intervient.

Cette forme d'organisation sociale est *a priori* assez peu compatible avec les formes tayloriennes classiques du travail. Les relations affectives prennent une place très importante. Michel Matheu note, dans son étude sur les relations au travail en Inde, la présence de cadres dont le temps de loisir était dévoré par les relations avec les ouvriers : « Je ne peux pas refuser à l'un ce que je donne à l'autre », et trouvaient cela parfaitement normal (13).

Un cadre expatrié suisse percevra ses collègues indonésiens comme insuffisamment organisés, peu autonomes, passant trop de temps au bavardage, à l'affectif, voire parfois pourra leur attribuer des comportements qualifiés d'infantiles. Par contre les Indonésiens reprocheront cette excessive froideur, manque de prise en compte affective, ce manque d'égards pour le groupe : des perceptions de comportements qui viennent renforcer les images néocoloniales.

La franchise, la clarté, l'affirmation de soi, la compétition, le conflit ouvert, sont toutes des valeurs positives dans les cultures individualistes. Ces mêmes valeurs sont perçues négativement dans les cultures communautaires, qui favorisent la politesse, l'attention à sauver la face, l'harmonie, la coopération dans l'équipe.

Ces deux dimensions induisent des conflits de valeurs importants à partir d'une primauté individu-groupe inversée. A partir de ces différences, le travail se construit, dans une organisation, selon un mode de communication interpersonnel différent. Dans la méthodologie de résolution des problèmes, la hiérarchie entre le « qui » et le « quoi » peut être inversée au profit du « qui » dans les cultures communautaires. C'est-à-dire qu'il sera nécessaire en priorité de savoir qui travaille, qui dirige, avant de déterminer les objectifs d'un travail.

POUVOIR ET CULTURE

Le pouvoir se définit dans le Larousse comme « la faculté de faire ». Pour Henri Mintzberg,

> « le pouvoir est tout simplement la capacité à produire et à modifier les résultats ou affects organisationnels (14). »

Cette notion est évidemment capitale dans le fonctionnement de toute organisation, État, multinationale, famille.

La culture influe sur différents niveaux du pouvoir : d'une part, les symboles, les marques qui représentent le pouvoir dans une société, et d'autre part la distribution des flux de pouvoir au sein du groupe.

La problématique de la distribution de pouvoir au sein d'une société apparaît dans les travaux de Hofstede sous la notion de distance hiérarchique (15). Cette dimension reflète le problème de l'inégalité humaine et de la manière dont les sociétés traitent ces différences.

Les inégalités de différentes sortes, physiques, intellectuelles entre autres, peuvent se traduire ultérieurement en inégalités de pouvoir, de richesses, qui peuvent, elles, se transmettre à travers les générations. Certaines sociétés tentent de réduire tant bien que mal ces inégalités, d'autres les acceptent. Les degrés d'inégalité, leurs formes d'expression, varient donc selon les cultures.

Dans une société à forte distance hiérarchique le degré de centralisation et d'autocratie tend à être élevé. C'est plus souvent le cas, semble-t-il, des pays orientaux, latins, sud-américains, africains. Les classes ou autres unités sociales sont alors plus rigides, la mobilité plus faible, l'autocratie favorisée par rapport à la démocratie. Les syndicats, qui constituent une réaction à ce système rigide, sont, dans la mesure où ils sont permis, plutôt extrémistes et imbibés d'idéologie de lutte des classes.

Dans les pays à faible distance hiérarchique les classes sociales ont tendance à être perçues par les individus comme moins marquées, la mobilité sociale est plus importante, les syndicats sont intégrés au système économique. Une étude effectuée en 1970, par H.C. de Bettignies et P. Lee Evans, sur la comparaison entre les origines sociales du patronat américain et celles de nombreux pays européens, a révélé des différences considérables (16). Le patronat américain tire ses origines sociales pour les deux tiers des classes moyennes, pour un quart des classes populaires et seulement pour dix pour cent des classes supérieures. En France, le patronat provient pour plus de 82 % des classes sociales supérieures. En Europe, c'est au Royaume-Uni, au Danemark (48 %) et en Suède qu'apparaît un patronat provenant pour moins de 70 % des classes sociales supérieures.

Selon les travaux de Hofstede, une distance hiérarchique faible caractérise les pays d'Europe du Nord, Israël, et plus généralement tous les pays anglo-saxons, Australie, Nouvelle-Zélande, Amérique du Nord, ainsi que quelques îles des Caraïbes.

Donnons un exemple :

Un cadre américain demande à son subordonné grec combien de temps lui serait nécessaire pour rédiger un rapport. Le subordonné grec est surpris par cette question : puisque cet Américain est le patron, c'est à lui de savoir la durée dont il a besoin. Le cadre américain est surpris par les hésitations et par le manque d'initiative de cet employé. Embarrassé, le Grec donne un délai très court, 15 jours, ceci pour faire plaisir à son patron. Au bout de quinze jours, le cadre américain vient réclamer le rapport. Il constate avec surprise que le travail n'est pas terminé aux délais pourtant précisés. Le subordonné grec perd la face devant ses collègues et son supérieur : il démissionnera quelques jours plus tard (17).

Cet incident reflète deux conceptions différentes de la distance hiérarchique. Le cadre américain délègue à son subordonné la responsabilité de fixer un délai, mais une fois celui-ci fixé, il attend qu'il soit tenu. Le subordonné grec, lui, attend un ordre précis sur la nature du travail, sur sa durée, de la part de son patron. Ces deux conceptions différentes génèrent des malentendus : l'Américain perçoit le Grec comme peu affirmé, manquant d'initiatives ; le Grec perçoit le patron comme flou, peu crédible, car il ne connaît pas lui-même le travail de ses subordonnés.

Les deux citations suivantes sont extraites d'une étude effectuée par un cabinet de conseil sur les perceptions mutuelles des négociateurs français et britanniques et de leurs conséquences sur la négociation (18).

Le négociateur britannique s'exprime sur ses collègues français :

> « Leur lien étroit avec un centre décisionnaire élevé représente aussi un inconvénient. Mandatés avec des marges de manœuvre relativement rigides, les Français ne sont pas prêts à des compromis... Je soupçonne qu'ils n'ont tout simplement pas la latitude nécessaire... Certains lient ceci au fait que les négociateurs français sont pris dans des systèmes hiérarchiques très stricts. Pour d'autres, cette attitude serait plutôt liée à la formation intellectuelle des Français... Cette intransigeance des Français est l'une des choses qui déplaît le plus aux Britanniques... »

Ainsi s'exprime ce négociateur professionnel britannique à propos de ses homologues français. Il s'agit ici largement de stéréotypes, c'est-à-dire d'images véhiculées subjectives mais contenant une part de vérité. Nous pourrions émettre l'hypothèse que ces images de « rigidité » et de « flou » viennent en fait de différents modèles de distance hiérarchique. Les études de Hofstede et de Laurent ont en effet montré une distance hiérarchique nettement plus élevée chez les Français que chez les Britanniques. Par contre, sur ce même thème, les négociateurs français perçoivent ainsi leurs homologues britanniques :

> « Leurs conclusions sont parfois imprévisibles. Motivés par un sens pragmatique, ils ont l'attitude "essayons et on verra"... Ils manquent de tranchant dans leurs conclusions... Cela me fait penser qu'ils manquent de franchise... Ils sont plus détendus et décontractés que nous... Ils savent mettre les gens à l'aise... La confrontation entre leur ténacité et notre logique provoque un stress qui fait qu'ils capitulent sur le coup et puis ils regrettent... »

Ces différents extraits d'interviews recueillies au cours de cette étude montrent d'une part les différences en matière de formalisme : les pays à fortes distances hiérarchiques valorisent des protocoles formels comme symboles représentant le pouvoir. Mais surtout ce qui gêne les Français, c'est l'absence de logique ordonnée, c'est-à-dire de présentation hiérarchisée des arguments, l'absence de décisions nettes. Ceci ne manque pas d'alimenter les perceptions de « flou » ou de « perfidité » qu'ont les Français des Britanniques. Dans cet entretien recueilli auprès d'un négociateur professionel français, les mots synonymes de « faux-jeton » ou « perfide » ont été cités plus de cinq fois.

Ces malentendus légendaires entre Britanniques et Français proviennent pour une large part de différences profondes dans les notions de hiérarchie et de contexte de la communication. Le cartésianisme implique une logique de pensée méthodique et rationnelle, où tout argument est classé selon une direction et une hiérarchie définies. Le propre de ce raisonnement déductif cartésien est de considérer que les idées ne viennent pas de l'expérience mais de la raison elle-même. Cette logique de pensée s'oppose fondamentalement aux approches dites empiriques fondées précisément sur l'expérience et l'observation : « essayons et on verra », mais pas sur la théorie. Dans les doctrines pragmatiques seule la valeur pratique compte, est vrai ce qui réussit et il n'y a pas de vérité absolue. Nous pourrions émettre l'hypothèse qu'il existe une corrélation entre des raisonnements déductifs tels que ceux issus du cartésianisme et une distance hiérarchique élevée : ce qui se traduit par des règles et des lois explicites, une organisation pyramidale et rigide. D'autre part les raisonnements pragmatiques semblent également corrélés avec une distance hiérarchique plus faible, caractérisée par l'absence de règles explicites, de pouvoir centralisé, mais par la présence d'un système reposant sur des séries de négociations continues.

Ce que nous venons d'illustrer explique les frictions entre pays à forte et faible distance hiérarchique, mais par extension cela montre toute la difficulté du changement social, de la délégation des pouvoirs chez les premiers. Ainsi, nous pouvons nous interroger sur les phénomènes de mode actuels en matière de management en France, pays à forte distance hiérarchique, sur la délégation et le management participatif et leur succès à long terme.

Le pouvoir se matérialise sous différents aspects à travers les cultures. Le statut, les voitures de fonction, le mobilier, la présence d'ascenseurs privés, l'épaisseur et la couleur de la moquette, le prestige du titre, la secrétaire particulière, le formalisme, le bulletin de paie sont autant de symboles qui représentent le statut à travers le monde. Pourtant, il semble que le bulletin de paye soit un critère plus important au USA, pays à faible distance hiérarchique, que dans ceux à forte distance hiérarchique, où tous les symboles qui marquent le prestige de la fonction et de la personne seront favorisés.

RELATION DES GROUPES CULTURELS FACE À L'INCERTITUDE

Comment chaque société gère l'incertitude ? Qu'il s'agisse des incertitudes de la société face à la nature et la destinée, des incertitudes à l'intérieur de la société liées à l'imprévisibilité du comportement humain. Cette dimension s'apparente à la relation soumission/domination de la société vis-à-vis de l'environnement, mise en évidence par Kluckhohn et Strodtbeck (19). Les anthropologues tels Pelto (20) distinguent les sociétés ouvertes où les normes sont exprimées avec de nombreuses alternatives possibles, les comportements des déviants sont acceptés ; où, dans les organisations, les valeurs favorisent peu la permanence, la durée, la solidarité. Dans les sociétés fermées, par opposition, les normes sont strictes, les comportements marginaux peu acceptés, les valeurs prêchent la permanence, la durée, la solidarité dans les organisations.

A partir de son étude « Hermès », Geert Hofstede met en évidence la dimension qu'il appelle le contrôle de l'incertitude (21). Cette dimension se définit comme le problème de la vie et de la mort associé au temps qui coule, les inéluctables difficultés du futur et la manière dont les sociétés pallient ces effets pour permettre à leurs membres de dormir en paix. Selon Hofstede, certaines sociétés conditionnent leurs membres à l'acceptation de cette incertitude et à n'en être pas obsédé, à accepter ainsi chaque jour comme il vient. Dans d'autres sociétés, les individus sont élevés dans l'idée de chercher à vaincre un avenir pourtant fondamentalement imprévisible. Ces groupes culturels présentent un plus haut degré d'anxiété, qui se manifeste par des phénomènes de stress, d'agressivité, d'émotivité plus grands. La sécurité peut se créer de trois manières : par la technologie, la loi, la religion. La technologie, protège contre les dangers de la nature ou des guerres. Les lois, les institutions et toutes les normes formelles permettent la protection contre l'imprévisibilité des comportements humains. Les religions aident à accepter les incertitudes, à les interpréter dans une dimension qui transcende la réalité personnelle.

Au niveau de l'entreprise, cette notion de contrôle de l'incertitude se traduit par le besoin de règles formelles pour assurer le fonctionnement de l'organisation. L'organisation de type bureaucratique est liée à des valeurs de fort contrôle de l'incertitude. Comme le note Hofstede :

« Les théories qui admettent comme postulat de départ

un comportement rationnel ont tendance à être normatives : elles décrivent comment l'entreprise doit traiter l'incertitude. »

C'est précisément une organisation rationnelle où les événements se déroulent en fonction de formules prédéterminées. La notion de méthode permet de passer de la définition du problème à l'identification du mécanisme approprié de résolution. Le fonctionnement de ce type d'organisation repose sur la possibilité de rendre l'incertain prévisible. Ce type d'organisation est appelé par Charles Handy « culture de rôle », ou « culture de fonction » (22), montrant la prédominance de la rationalité, de la logique, des règles sur les individus.

Un contrôle de l'incertitude élevé peut se traduire de différentes manières.

En France celui-ci est sans doute l'une des causes du rôle prédominant de l'Etat dans la vie économique, qui gère, subventionne, conseille bon nombre parmi les plus grandes entreprises. Dans l'entreprise cela se traduit par une bureaucratisation, des tâches formellement définies et contrôlées par une cascade de niveaux hiérarchiques. En Allemagne, l'incertitude élevée joue sans doute un rôle dans le faible niveau de l'endettement des entreprises, les forts investissements financiers en recherche technologique et de production. Dans certaines cultures, la qualité des produits, la discipline des hommes sont d'autres moyens pour résoudre la problématique de l'incertitude posée aux sociétés. Hofstede a montré des corrélations entre, d'une part, un fort contrôle de l'incertitude, d'autre part un degré d'anxiété et de stress élevés dans les organisations, une extériorisation plus importante de l'émotivité et des conflits, un niveau d'ethnocentrisme important.

En combinant les différentes dimensions mises en évidence, quatre modèles principaux de l'entreprise se distinguent à travers le monde, selon les travaux respectifs de Stevens (23), Laurent (24), Hofstede (25), à INSEAD en France et l'IRIC aux Pays-Bas : le management, l'organisation, la direction et la famille.

Au cours de cet article, nous avons montré combien le

terme *management* provient de la culture anglo-saxonne. Ce concept contient des présupposés empiriques que l'on retrouve dans toute la philosophie de la manière de diriger et de gérer l'organisation. Le proverbe *Do whatever you want, as long as it works,* « Faites ce que vous voulez, à condition que cela réussisse » illustrent bon nombre de ces principes. Le corollaire de ces pratiques, ce sont des objectifs fixés à court terme, une liberté et une confiance plus grande données aux hommes pour les réaliser. Le faible contrôle d'incertitude et la faible distance hiérarchique apparaissent nettement. En cas d'échec le responsable tentera sa chance dans une autre entreprise, ce qui suppose une tendance à la prise de risque plus importante de la part des entreprises, une mobilité et une flexibilité accrues de la part des hommes. Par conséquent les lois sociales apportent beaucoup moins de protection que dans les autres modèles. Les rapports hiérarchiques sont plus flexibles, c'est la réussite de la tâche, *l'achievement* traduit par « accomplissement » qui compte, plutôt que le statut. Cette orientation à la tâche et le rapport moins rigide avec la hiérarchie expliquent une structure en « rateau » au lieu d'une structure pyramidale. Une culture d'entreprise généralement forte permet le développement d'un langage commun et donc une synchronisation entre ses différentes parties.

Le mot « organisation » et ses nuances vient de l'Allemagne. Pour Max Webber, l'entreprise est une « bureaucratie bien huilée », c'est-à-dire une « machine » où chacun dans sa fonction apporte sa contribution. Les fonctions, les tâches, les rapports sont soigneusement étudiés, définis pour chaque poste. Ce mode d'organisation est le résultat d'une culture individualiste, d'une faible distance hiérarchique et d'un fort contrôle de l'incertitude.

Le modèle « direction » rappelle de plus ou moins loin le système féodal. Ce type d'organisation repose sur les relations politiques dans l'entreprise, des rapports de pouvoir entre les différents corporatismes. La structure est pyramidale, les niveaux hiérarchiques sont nombreux, les relations fortement basées sur l'autorité de la personne. Le style de management est directif, le statut du chef s'affiche de manière distincte, les corporatismes, féodalités sont nombreux : syndicats, sociétés secrètes ou mystiques, pouvoir politique, grandes écoles, armée. L'intervention ou le rôle de l'État est considérable : il est souvent le fondateur ou le principal actionnaire de l'organisation. Par rapport aux dimensions mises en évidence par Hofstede, le modèle « direction » cumule une forte distance hiérarchique avec un fort contrôle de l'incertitude et un individualisme plutôt élevé. L'efficacité économique, la motivation sont relativement plus faibles comparativement aux autres modèles, la résistance au changement est élevée.

Le modèle d'entreprise basé sur la famille résulte des systèmes sociaux patriarcaux. Il combine une orientation communautaire avec une forte distance hiérarchique et un faible contrôle d'incertitude. Ce modèle « familial » est particulièrement présent dans les pays du Moyen-Orient, Afrique, Asie, et plus généralement les pays où la famille et la religion ont tendance à primer sur la production économique. Le chef de famille est le personnage central de l'organisation, la structure est pyramidale, les membres de la famille ou du clan contrôlent les positions-clef de l'entreprise. Les relations sont paternalistes, les rapports sont hiérarchisés, mais le chef est aussi un protecteur, un « mentor » envers son subordonné. Les valeurs traditionnelles prônent le travail, la loyauté envers l'employeur, la famille, la tradition.

Ces quatre modèles montrent l'absence d'universalité en matière de *management*. Ainsi des conflits apparaissent fréquemment : un manager saoudien formé aux États-Unis aux méthodes « modernes » de *management* doit faire face au stress quotidien quand un membre de sa famille surgit dans son bureau sans prévenir. Il doit offrir temps et hospitalité quelle que soit sa charge de travail. « Je ne suis pas prêt à abandonner nos valeurs traditionnelles de courtoisie et d'hospitalité. Pourtant, c'est souvent à un tel abandon des valeurs que me poussent les techniques modernes du management. »

MONOCHRONIE ET POLYCHRONIE

Les attitudes par rapport au temps ont été citées par de nombreux anthropologues comme une source majeure de diversité à travers les cultures. Le rapport au temps peut s'illustrer à travers le langage par les différences entre les notions de présent, futur, voire l'absence de futur dans certaines sociétés traditionnelles. La complexité du temps comme phénomène culturel dépasse largement le cadre de cet article. Il nous paraît utile néanmoins de rappeler les deux conceptions fondamentales : temps cyclique, temps linéaire.

Dans de nombreuses cultures orientales, africaines, océaniennes, la vision traditionnelle du temps est cyclique. Si « maintenant » est perdu, il ne se pose pas de problèmes, car demain l'instant se reproduira à nouveau. La vie est perçue comme une trajectoire construite à partir de répétitions sans fin. La vision prédominante du temps dans les sociétés modernes est une droite linéaire, orientée du présent vers le futur. « Hier » est perdu à tout jamais, ce qui compte c'est de pouvoir réduire les incertitudes d'un avenir vu comme « meilleur ». Le temps se dissocie des cycles naturels et, désormais, comme l'écrivait Benjamin Franklin, « le temps, c'est de l'argent ». C'est sur cette notion de temps qu'ont été construites les nouvelles formes d'organisation du travail au temps de l'ère industrielle. Même si le taylorisme s'estompe, le temps dans l'entreprise reste un paramètre vital dans toutes les fonctions de l'entreprise.

La gestion du temps dans les entreprises est aujourd'hui un problème d'importance. La compétition internationale se traduit à travers des indicateurs tels que la productivité, les ratios financiers, où le temps est une variable. Les systèmes de messageries permettent d'augmenter la vélocité de l'information. Il s'agit d'augmenter le travail en qualité et en quantité par unité de temps, tout en diminuant les coûts unitaires. C'est pourquoi le monde industriel considère le temps comme une ressource à gérer.

Dans de nombreuses entreprises occidentales, l'emploi du temps du cadre, ses tâches à réaliser pourront être confiées à un ordinateur qui permettra une gestion plus optimale. Par contraste certains responsables malaisiens, ou saoudiens, auront comme emploi du temps non pas un planning, mais une liste de gens à rencontrer ou à contacter. Le plus souvent l'oral prédomine, il n'est pas évident qu'un agenda écrit soit tenu, comme pour leurs collègues occidentaux.

La notion de temps est capitale dans la conception occidentale du management. « Gérer, c'est prévoir ! » (26) est l'une des formules populaires des manuels de gestion pour définir la fonction de gérer. Cette formule montre l'importance de l'appréhension du futur, intrinsèque au processus de gestion chez les Occidentaux. Prévoir veut dire planifier, concevoir des stratégies à court et moyen terme, le plus fréquemment sur cinq ans, mais parfois au Japon sur 50 ans. La gestion devient alors la capacité de conceptualiser le futur, puis de la matérialiser. C'est montrer combien ce concept est lié à la vision linéaire du temps propre aux sociétés modernes. Comme le montre Guy Desaunay, de nombreuses difficultés de gestion en Afrique viennent de la difficulté de maîtriser cette orientation vers le futur (27), comme le montrent de nombreuses réflexions d'expatriés occidentaux : « Ils voient au jour le jour, ils travaillent au jour le jour. »

L'anthropologue américain Edward Hall (28) identifie deux approches pour traiter le temps en tant que ressource :

• Dans l'approche monochronique, les tâches à accomplir sont décomposées en sous-tâches qui sont traitées séquentiellement selon un agenda pré-établi. Cette approche ne peut se réaliser correctement que si le mode de pensée culturel favorise un esprit séquentiel, une priorité à la tâche. Elle limite l'imprévu, l'incertitude, à travers une formalisation et une organisation maximales. L'incident, l'imprévu, induisent une rupture dans le plan d'organisation. Cette organisation permet un rythme de travail plus lent, le niveau de stress est plus faible, les « coups de bourre » sont dans la mesure du possible évités.

• Par opposition, l'approche polychronique consiste dans la gestion simultanée de diverses obligations dans un cadre de temps donné. Les interruptions, les imprévus sont fréquents, les tâches, les priorités sont traitées simultanément, le niveau de stress est élevé. Le relationnel, les amis, la famille, les clients sont prioritaires par rapport aux tâches. Le manager polychronique est facilement interrompu, rarement à l'heure, traite les problèmes de manière globale plutôt que séquentielle.

L'approche monochronique est dominante dans les pays fortement industrialisés et en particulier en Allemagne, en Europe du Nord, dans les pays anglo-saxons. Les approches polychroniques se rencontrent plutôt dans les pays en voie d'industrialisation, mais aussi selon Hall chez les Latins et de nombreux Orientaux. Il importe de reconnaître l'origine artisanale, traditionnelle, familiale du manager polychronique. Sans doute la rencontre d'un polychronique et d'un monochronique doit se faire dans un espace hybride qui permet de respecter les approches de chacun, en sachant développer un climat amical tout en conservant une certaine organisation.

CONTEXTE « RICHE » ET « PAUVRE » EN COMMUNICATION

La notion de contexte « riche » et « pauvre » en communication a également été développée par l'anthropologue américain Edward Hall (29). Cette dimension mesure l'importance relative du non-dit dans la communication. On peut traiter une information directement à travers le message explicite ou indirectement à travers le non-dit, par référence au contexte, en particulier à l'univers des représentations collectives. « Oui » est un message d'acquiescement à une déclaration pour les Occidentaux. Dans un contexte similaire « oui », chez de nombreux Orientaux, est plutôt un « accusé de réception » : c'est-à-dire que le message a été compris mais qu'il ne suscite pas nécessairement l'adhésion. La réponse ne se lit pas nécessairement dans le mot mais à travers les gestes, les expressions, les silences. Il y a difficulté à lire le non-dit pour ceux qui privilégient le verbe. Remarquons que toutes les négociations commerciales nécessitent le développement d'un langage commun pour échanger de l'information, des concepts, des intentions. Les systèmes de communication moderne, téléphone, telex, télémessageries sont le propre d'une culture qui favorise le verbe.

Un collaborateur provenant d'une culture à contexte riche favorise le relationnel, un style de communication plutôt flou, ambivalent : les phrases peuvent être coupées de longues périodes de silence, le style intellectuel privilégie plutôt l'intuitif. Par contre un collaborateur de culture à contexte « pauvre » recherche une présentation logique, un langage clair, concis, précis, univoque. Il recherche une transparence des relations, privilégie une démarche technique.

D'après les classifications établies par Hall, nous pourrions illustrer la notion de contexte par le tableau suivant :

LES DIFFÉRENCES DE CONTEXTES DE COMMUNICATION

Pays	Contexte riche (implicite)	Contexte pauvre (explicite)
RFA/Suisse		****
États-Unis		***
France	*	*
Angleterre	**	
Moyen-Orient	***	
Chine	***	
Japon	****	

Des pays insulaires, les pays orientaux et latins sont caractérisés par un contexte riche en communication ; par contre les Anglo-Saxons, à l'exception des Britanniques, possèdent un contexte « pauvre ». Terre de migration, différentes cultures se sont mêlées aux USA. Il s'est développé un système de communication explicite ou de contexte pauvre qui privilégie le verbe. Une différence dans le contexte de communication peut apparaître entre les villes et les campagnes. Les habitants de petites communautés et dont les activités sont répétitives n'ont pas nécessairement besoin de parler pour communiquer.

Le contexte riche en communication peut être induit par les valeurs de conformisme, d'harmonie dans le groupe, d'expression indirecte des conflits. Les cultures à orientation communautaire ont le plus souvent un mode de communication implicite. Par contre les cultures à orientation individualiste sont généralement caractérisées par un contexte en communication intermédiaire ou pauvre.

Les malentendus entre cultures de contexte riche et pauvre font souvent apparaître rudes et arrogants les émetteurs de la culture de contexte pauvre pour un récepteur de contexte riche. Par opposition, un ressortissant de contexte pauvre percevra ses homologues comme polis mais inscrutables, perfides, flous.

Cette notion du contexte de la communication est un outil de régulation dans l'intégration des hommes de cultures différentes au sein d'une même équipe de travail. Les incidents que nous venons de citer engendrent de la frustration pour chacun. Développer de l'empathie ou l'intérêt vis-à-vis de l'autre culture peut réduire ces zones de frictions.

Nous avons présenté au long de cet article une série de modèles qui permettent de présenter certaines différences culturelles dans l'entreprise. Ces grilles ont leur domaine d'utilisation et leurs limites. Il s'agit d'outils descriptifs plutôt que prédicteurs, pour clarifier et réguler des situations entre agents de différentes nationalités. Le monde des affaires et du management est baigné dans des situations interculturelles, bien que la prise de conscience des praticiens soit très lente. Il s'agira à l'avenir de développer des parcours multiculturels qui ouvriront les hommes à de nouveaux modes de penser, à une relativisation de leurs valeurs et de l'empathie pour d'autres cultures.

NOTES ET BIBLIOGRAPHIE

(1) STOLÉRU L. (1987), *La dimension internationale*, Seuil, Paris.

(2) GAUTHEY F., RATIU I., RODGERS I., XARDEL D. (1988), *Leaders sans frontières*, Paris, Mc Graw Hill.

(3) LAURENT A. (1983), « The cultural diversity of western conceptions of management », *International studies of management and organization*, vol. XIII, n° 1 et 2, 74-92.

(4) CHILD J. (1981), « Culture contingency and capitalism in cross national studies of organizations », *Research in organizational behavior*, vol. 3, Jal press.

(5 et 6) RODGERS I. (janvier 1986), « Latins et Anglo-Saxons », *L'Expansion*, 45-46.

(7) GAUTHEY F. (1988), *Étude des stéréotypes transnationaux dans les écoles supérieures de commerce françaises*, Manuscrit non publié.

(8) HOFSTEDE G. (1987), *Les différences culturelles dans le management*, Paris, Editions d'Organisation, 54-77.

(9) COHEN-EMERIQUE M. (mars 1987), « Réflexions sur la formation des praticiens dans le champ interculturel », *Les Amis de Sèvres*, n° 125, vol. n° 1, 102-117.

(10) BRAUDEL F. (1978), *La Méditerranée. Les hommes et l'héritage*. Paris, Arts et métiers graphiques.

(11) MC CLELLAND D. (1961), *The achieving society*, Princeton, NJ : Van Nostrand Reinhold.

(12) HOFSTEDE G. (septembre 1987), « Relativité culturelle des pratiques et des théories de l'organisation », *Revue Française de Gestion*, n° 64, 10-21.

(13) MATHEU M. (septembre 1987), « Inde : Taylor et Peter au pays d'Arjuna », *Revue Française de Gestion*, n° 64, 22-34.

(14) MINTZBERG H. (1986), *Le pouvoir dans les organisations*, Paris, Les Editions d'Organisation, p. 39.

(15) HOFSTEDE G. (septembre 1987), « Relativité des organisations », *Revue Française de Gestion*, n° 64, p. 12.

(16) BETTIGNIES H.C. et EVANS P. (1977), « The cultural dimension of top executives careers : A comparative analysis », *Culture and management*, Londres, Penguin books, 277-292.

(17) TRIANDIS H. (1972), *The analysis of subjective culture*, New York, Wibey.

(18) ICM (1987), *La négociation franco-britannique*, Paris, ICM.

(19) KLUCKHOHN, F. et STRODTBECK F. (1961), *Variation in value orientation*, Westport, CT : Greenwood press.

(20) PELTO R. (1968), « The difference between "thight" and "loose" societies », *Transactions*, 37-40.

(21) HOFSTEDE G. (1987), *Les différences culturelles dans le management*, Paris, Les Éditions d'Organisation, 101-121.

(22) HANDY C. (1986), *L'olympe des managers*, Paris, Les Editions d'Organisation.

(23) STEVENS (1971), Recherche INSEAD non publiée.

(24) Laurent A. (1983), « The cultural diversity of western conceptions of management », *International studies of organization and behavior*, vol. XIII, nos 1 et 2.

(25) Hofstede G. (1987), *Les différences culturelles dans le management*, Paris, Les Editions d'Organisation, 225-236.

(26) Lochard J. (1985), *Comprendre la gestion*, éd. Pierre Dubois, Paris.

(27) Desaunay G. (1987), « Les relations humaines dans les entreprises ivoiriennes », *Revue française de Gestion*, N° 64, 95-101.

(28) Hall E. (1984), *La danse de la vie*, Seuil, Paris, 56-72.

(29) Hall E. (1984), *La danse de la vie*, Seuil, Paris, 73-95.

TRANSFÉRER LES TECHNIQUES

René Bureau

LA TABLE ET L'AVION

Le problème n'est pas nouveau. L'école *diffusionniste*, dès le début du XXe siècle, a contribué à montrer comment des traits techniques et culturels sont passés d'une société à l'autre et ont pu traverser les continents, souvent sans transformation notable. Ainsi, une certaine manière de nouer la corde au bois de l'arc s'est diffusée parmi des groupes très éloignés les uns des autres. L'équipement technologique des civilisations est un patrimoine en partie commun.

Telle qu'elle se pose aujourd'hui, la question des transferts de technologie a cependant des caractéristiques nouvelles par rapport à ce qui s'est déroulé au cours des millénaires antérieurs. En effet, la civilisation occidentale, — appelons-la ainsi — qui s'est étendue à partir du Proche-Orient ancien, où déjà avait été inaugurée la période néolithique marquée par l'agriculture et l'élevage, a développé, surtout depuis ce que l'on appelle la révolution industrielle du XIXe siècle, des moyens de transformation de la nature dont l'ampleur et la complexité sont sans commune mesure avec l'outillage technique des civilisations agraires qui caractérisent une bonne partie du reste du monde.

Je discutais un jour avec un paysan africain. Nous étions dans son champ ; il tenait sa houe à la main. Un avion de ligne est passé au-dessus de nos têtes. Et le paysan m'a fait part de ses réflexions :

> « Les objets des Blancs ne sont pas tous de la même espèce. Le premier jour où j'ai vu une table, je l'ai regardée, dessus, dessous ; j'ai compris comment elle était fabriquée, et je me suis dit : tu serais capable de faire une table semblable. Mais le jour où j'ai vu un avion, je me suis dit : ni moi ni mes frères, même en s'y mettant tous ensemble, nous ne pourrons fabriquer un avion. »

Cet ami soulignait ainsi très simplement la différence entre l'artisanat et l'industrie. Le transfert industriel ne relève plus de la propagation par *diffusion*. Les sociétés qui adoptaient la faucille, déjà utilisée par leurs voisins, étaient relativement homogènes ; elles adoptaient en même temps la consommation et la production. Aujourd'hui, on adopte partout la voiture par exemple sans pour autant que le pays se mette à construire des automobiles. Raoul Vaneigem (1) rapporte ce qu'un ouvrier noir disait à son patron blanc :

> « Quand nous avons vu vos camions, vos avions, nous avons cru que vous étiez des dieux et puis nous avons appris à conduire vos camions et vos avions. Nous avons compris que ce qui vous intéressait le plus, c'était de fabriquer les camions et les avions pour gagner de l'argent. Nous, ce qui nous intéresse, c'est de nous en servir. Maintenant, vous êtes nos forgerons. »

LES SECRETS DES BLANCS

Entre l'usage et la production, il y a un gouffre que les transferts de technologie veulent combler. Du moins en principe. Le monde industriel en effet conserve jalousement des techniques de fabrication ; les pays développés protègent leurs connaissances en déposant des brevets, car leur puissance tient avant tout à leur capacité d'innovation technologique. J'ai entendu très souvent des Africains évoquer ce qu'ils appelaient « le secret des Blancs ». Depuis que l'on ne prend plus les Blancs pour des dieux, on s'interroge sur l'origine de leur supériorité technique et on les accuse de retenir sciemment leur savoir pour mieux exploiter les peuples tenus à l'écart des « secrets ». Tels la Pythie de Delphes, les experts internationaux delivrent leurs oracles en disant : « N'ayez crainte, nous nous occupons de vos problèmes, faites-nous confiance. » Grâce à la Pythie, les Grecs ont tenu, dit-on, les peuples méditerranéens sous leur coupe pendant des siècles. Le delphisme se poursuit dans la modernité sous des formes plus subtiles. Le transfert des technologies n'est pas une question neutre. Ce n'est pas le lieu ici de la traiter de façon politique, mais il n'est pas possible d'ignorer le contexte dans lequel il s'opère. Comme l'a montré André Leroi-Gourhan, un savoir-faire technique n'est pas isolable de plusieurs ensembles, d'un ensemble technique proprement dit, d'un ensemble économique, puis, surtout, d'un ensemble culturel.

L'ENSEMBLE TECHNIQUE

Si nous prenons le domaine de l'énergie, nous constatons que les savoir-faire évoluent selon que l'on passe de l'énergie humaine à l'énergie animale, puis aux énergies éolienne ou hydraulique, à la vapeur, au moteur à explosion et à l'électricité. La roue, le levier, la bielle-manivelle, ... et toutes les techniques de production et de transformation du mouvement et du transport sont liées aux divers types d'énergies utilisées. Ceci constitue des évidences. Il va de soi, par ailleurs, que les membres d'une société développent leur « sens pratique » à l'intérieur d'un système technologique donné et améliorent leur savoir-faire et leurs aptitudes en relation avec l'équipement technique dont ils disposent. Isolé dans le désert de Kalahari, un ingénieur européen, malgré ses connaissances, risquerait la mort, alors qu'un Bochiman, muni de l'expérience millénaire de son ethnie, est capable de subsister sans difficulté.

L'ENSEMBLE ÉCONOMIQUE

La satisfaction des besoins élémentaires, c'est-à-dire la conservation de l'unité sociale, est assurée par des tâches de production et de reproduction. Celles-ci tiennent compte des ressources naturelles et de l'environnement. L'économie est d'abord écologique. Pour cultiver la terre, divers paramètres sont en jeu : la terre elle-même et sa fertilité, le soleil, l'eau, les semences, mais aussi l'énergie pour préparer le sol, semer, récolter, les connaissances techniques qui permettent de déposer de l'information dans la matière (engrais, sélection des espèces, outillage, ...), sans oublier, — et ce n'est pas seulement une lapalissade, — des consommateurs (ou bien soi-même et sa famille, ou bien aussi des clients...). Si l'on ne vit pas de chasse, de pêche et de cueillette, il faut maîtriser ces divers paramètres. Les sociétés l'ont fait, chacune selon son « économie » respective, c'est-à-dire selon son art propre d'administrer sa maison. Cette administration suppose à la fois une cohérence interne et une adaptation aux conditions naturelles. Si l'on se trouve dans la situation d'auto-subsistance et que le régime des pluies est régulier, il est *a priori* inutile d'investir dans des travaux d'irrigation. Une recherche pour améliorer la fertilité du sol est sans objet s'il est possible d'utiliser indéfiniment des terrains vierges en pratiquant la culture itinérante. Une tragique démonstration *a contrario* de l'importance primordiale de cette cohérence a été fournie par le cas de l'ethnie des *Ik*, aux confins de l'Ouganda et du Soudan. La vaste plaine où les Ik chassaient et collectaient les produits naturels ayant été affectée à une réserve de faune, ils ont dû émigrer dans la région montagneuse voisine. Ils n'ont pas pu s'adapter à leur nouveau milieu :

il aurait fallu qu'ils entreprennent des cultures à flanc de colline et rien ne les y préparait. Leur société est devenue une sorte d'enfer (2) où le système du chacun-pour-soi prend des formes inimaginables.

L'ENSEMBLE CULTUREL

C'est ici le domaine où les contradictions avec les données techniques sont les plus importantes, et les moins bien connues. On a pu montrer (3) que les inventions techniques majeures du début de l'histoire, et dont nous sommes toujours les héritiers, sont issues de préoccupations d'ordre symbolique, rituel, religieux. La roue n'a servi longtemps qu'à la charette utilisée pour l'enterrement solennel du roi divin. L'observation du ciel et la notion de temps astronomique sont tributaires, à l'origine, de spéculations astrologiques, etc.

Les sociétés humaines ont, d'emblée, élaboré des représentations du monde. L'imaginaire humain a mis de l'ordre dans la réalité naturelle, en instituant des différences, en assignant une place à chaque élément du cosmos. Contraintes, par opposition à l'animal dont les comportements sont codés génétiquement, de se donner des finalités, les sociétés ont dû définir en premier lieu des visions du monde exprimées par des symboles et porteuses de normes et de valeurs.

Suivant qu'elle considère que l'homme est une partie du cosmos comme une autre et dépend de puissances surnaturelles, ou bien que l'homme est le maître de l'univers, la culture d'une société conduit celle-ci à investir plus ou moins dans le domaine technique, c'est-à-dire à multiplier ou à restreindre le nombre des besoins à satisfaire au-delà des simples impératifs de la survie.

C'est ici le point majeur. Le rapport à la nature qu'est la technique est défini par le rapport de l'homme à l'homme et par le rapport de l'homme à Dieu. Ici intervient ce que l'on pourrait appeler le prix humain à payer au progrès. Pour inventer la galère, il a fallu d'abord « inventer » l'esclavage. La technique est une dimension paradoxale de la condition humaine. Comme le dit Melvin Kranzberg (4) « la technique n'est ni positive, ni négative, ni neutre. » C'est une illusion en effet de croire que l'on peut faire ou un bon ou un mauvais usage de la technique (avec l'atome : l'électricité ou la bombe...) La vérité est que la sphère technique a progressivement conquis son autonomie, comme si elle échappait par nature aux considérations d'ordre éthique. Elle fonctionne, de nos jours, comme si « tout progrès technique qui est du domaine du possible devenait obligatoire » (5). »

LE MODÈLE DE LA VIE

En ce sens, la société industrielle occidentale connaît une émancipation technologique manifestée par une rupture pour ne pas dire un hiatus, entre culture et technique. Les autres sociétés, celles qui sont « bénéficiaires » du transfert de technologie, tiennent en laisse, si l'on peut dire, le domaine de la production et des besoins, c'est-à-dire de leur équipement. Leurs cultures ont l'œil sur la sphère économique. Leur vision du monde tient la technique à sa place, qui n'est pas la première. Le modèle de la vie, à l'intérieur de laquelle l'homme est situé, inspire les attitudes vis-à-vis de la matière ; au centre de ce modèle, il y a le cycle du passage de la vie à la mort et de la mort à la vie, et non pas le déroulement linéaire d'une évolution orientée vers la croissance indéfinie. En corollaire de cette vision, l'explication surnaturelle (religieuse, magique ou sorcière) vient toujours en contrepoint de l'explication naturelle et causale. L'homme a partie liée avec les puissances cachées dont il doit obtenir l'aval en permanence.

Dans le monde agraire pas encore *désenchanté*, pour parler comme Max Weber, les moyens dont les sociétés pourraient se doter pour satisfaire des besoins nouveaux sont *a priori* suspects. D'une part, ils risquent de menacer la cohésion communautaire en introduisant des clivages dangereux. Déjà le fait de diviser le travail en spécialisant des professions est considéré comme le point de départ d'une stratification et d'une compétition sociales dommageables. C'est pourquoi, par exemple, dans une société où tous sont agriculteurs, les forgerons sont castés ; on n'épouse pas leurs filles. J'ai vu des parents détruire sciemment des jouets astucieux construits par des enfants, en leur disant :

> « Les enfants qui font des choses pareilles quittent un jour leur famille et ne s'occupent plus de leurs parents. »

D'autre part, plus largement, les entreprises de transformation ambitieuse de la nature sont perçues fondamentalement comme des défis portés aux divinités, comme des plagiats insolents de la création elle-même. C'est en se fondant dans l'ordre global du cosmos que l'homme réalise sa destinée. Bien des mythes sur l'origine de la technique stigmatisent son caractère de prétention à supplanter la puissance des dieux.

Les populations ethniques, de fraîche appartenance nationale, se comportent donc comme si elles étaient conscientes, avant expérience, du manque à gagner en richesse humaine et communautaire qu'entraînerait l'adhésion inconditionnelle au système représenté par les nations industrielles. Par crainte d'une aliénation qu'elles observent chez les « développeurs », elles gardent leurs distances vis-à-vis de ce que nous appelons *La civilisation et le progrès.* Nous n'entendons que les voix de leurs leaders qui, eux, sont passés de l'autre côté de la barrière idéologique et constituent les relais locaux de l'expansion de la technostructure (pour parler comme G. Galbraith). Mais, pour les peuples paysans, « *la pauvreté est leur richesse* » (6).

L'AFRICANISATION

Il reste, bien entendu, que le processus de la diffusion obligée des technologies propres au monde industriel est effectivement en marche, depuis longtemps. Si la question du transfert est posée avec acuité, c'est parce, que du point de vue des pays développés et de celui des gouvernements des pays en voie de développement, le rythme d'adoption des techniques importées est trop lent. Le « retard de croissance » est supposé être à l'origine de la misère, des famines, de la stagnation économique des pays décolonisés. Les emprunts contractés pour améliorer la productivité agricole et mettre en place une industrie n'ont pas fourni le potentiel local nécessaire pour fonctionner de manière autonome. Après l'euphorie des indépendances, les Africains noirs, pour prendre leur exemple, ont progressivement réalisé, de leur côté, que la souveraineté politique n'avait pas entraîné automatiquement l'indépendance économique. Il fallait « africaniser » les postes et saisir les rênes de la production et de la gestion. Dès les années 70, les gouvernements ont mis sur pied de vastes programmes de formation et de perfectionnement. Les anciens colonisateurs se sont précipités dans la brèche ainsi ouverte et, depuis, les transferts de technologie constituent l'enjeu majeur pour les partenaires économiques. Les pays riches visent à faciliter le recouvrement de leur mise (la fameuse dette) et les pays pauvres veulent assurer l'auto-suffisance alimentaire et l'équilibre de leurs budgets.

Dans le public comme dans le privé, des milliers d'agents sont ainsi attelés à la tâche immense de la transmission des connaissances et des savoir-faire. L'objectif de cet ouvrage est de les faire profiter des expériences acquises et de les aider à éviter les erreurs qui ont conduit à l'échec de nombreuses manières de procéder.

Nous avons évoqué le contexte dans lequel s'est posée et se pose aujourd'hui la question des transferts de technologie. Il importe à présent d'analyser les conditions nécessaires et en principe suffisantes pour que ceux-ci se déroulent avec un maximum d'efficacité. Ce que nous avons dit jusqu'ici peut paraître décourageant, mais ce n'est certainement pas en se masquant les difficultés du problème que l'on parviendra à le résoudre. Au bout du compte, ce n'est pas l'amélioration des conditions de vie qui rencontre des résistances mais plutôt les risques de déperdition de valeurs sociales et humaines que cette amélioration peut faire courir.

LE DONNEUR ET LE RECEVEUR

Le texte fondateur de la notion d'*acculturation*, le « Mémorandum sur l'acculturation », est paru dans l'*American Anthropologist* en 1936. Il était signé de trois anthropologues américains : R. Linton, M. Herskovits, R. Redfield. Notre langage sur l'interculturel est toujours tributaire de ce document clair et novateur. Autant le texte a vieilli sur le plan de la transmission des « traits » culturels, dans la mesure où il traite ceux-ci comme des entités quasiment autonomes, autant sa manière d'aborder la question de la rencontre des sociétés différentes sur le plan des connaissances et des savoir-faire techniques reste pertinente. Les éléments technologiques fournis par un « donneur » à un « receveur » peuvent être distingués selon qu'ils sont sélectionnés, choisis, rejetés, réinterprétés, ... par le receveur, en fonction de ses aspirations et de ses valeurs. Les éléments technologiques peuvent être imposés, interdits, proposés, adaptés, ... par le donneur, selon ses intérêts, et par des méthodes variées. Le *Memorandum* distingue les situations de transfert, les modes de contact, les processus du transfert, les résultats du contact. Un affinement de ces données a conduit à distinguer entre la transmission des formes et celle des fonctions. L'exemple banal du bidon de pétrole utilisé pour fabriquer les baraques des bidonvilles illustre cette distinction. Plus noblement, on peut évoquer par exemple l'adoption du système des partis politiques pour organiser la défense des intérêts tribaux dans la nation nouvelle. Et ainsi de suite.

La culture ne se « donne » pas, puisque, par hypothèse, elle correspond à ce qui personnalise une société. En revanche, un savoir-faire technique se donne et se reçoit. Encore faut-il ici rester nuancé. Venu comme coopérant en Côte-d'Ivoire, je me suis fait dire par un fonctionnaire important du ministère du Plan : « Vous nous apportez vos connaissances, mais ne vous occupez pas du reste. » Il voulait certes me dire de ne pas m'occuper de politique mais aussi de laisser de côté les problèmes culturels. Or il est évident, étant donné ce que nous avons dit de l'insertion de la technique dans des ensembles, que la moindre transmission technique, ne serait-ce que du fait qu'elle s'exprime dans une langue particulière, est porteuse de références culturelles propres à sa société d'origine. Et, réciproquement, cette transmission touche, d'une manière ou d'une autre, la culture du receveur.

Aussi, le « donneur », — pour garder le vocabulaire du *Memorandum,* — doit-il être doublement conscient : de ses propres références et de celles du receveur. Je prêche ici pour mon saint, puisque c'est l'anthropologie qui m'a amené progressivement à la sociologie du développement. De fait, j'ai pu me rendre compte à quel point la connaissance de l'autre était indispensable au « déblocage » des attitudes du transmetteur. Et, au cours de nombreux stages consacrés au problème de l'africanisation de l'encadrement, j'ai pu observer que cette connaissance du partenaire africain conduisait immanquablement les expatriés à s'interroger sur leur propre système social et culturel.

LES BLOCAGES DE L'ÉMETTEUR

La première prise de conscience porte généralement sur la nature des difficultés du transfert. Même si chacun se défend, de bonne foi, d'être raciste, un sentiment diffus que les « manques » ont quelque chose à voir avec la génétique reste latent dans les esprits. Une meilleure connaissance de la culture contribue à balayer ces tendances. Une meilleure appréhension des différences culturelles débloque les attitudes négatives exprimées dans des jugements qui commencent d'habitude par des formules typiques : « Ces gens-là... » ; « Je ne suis pas raciste, mais... ». Si les jugements ne sont pas racistes au sens strict, du moins sont-ils, chez les Occidentaux, marqués la plupart du temps par des présupposés *évolutionnistes*. Il y aurait des degrés dans les niveaux de civilisation, le degré supérieur étant, bien entendu, celui de la civilisation industrielle. Il est évident, bien sûr, que le niveau des performances technologiques atteint par le monde occidental est sans commune mesure avec celui des civilisations agraires. Mais l'évolutionnisme se manifeste lorsque cette supériorité est mise en relation avec le niveau des aptitudes et des valeurs. La performance technique n'est pas la jauge de la qualité humaine. Sur le plan des capacités d'imagination et de création, l'invention de l'arc, par exemple, a demandé autant d'intelligence (pour employer un terme un peu vague) que les inventions modernes, de même que les fresques pariétales de Lascaux, caractérisées par une esthétique et un sens de la stylisation qui nous émeuvent toujours, ne sont pas moins « civilisées » que les productions artistiques contemporaines. En reconstituant l'histoire et la logique de l'évolution préhistorique des techniques, A. Leroi-Gourhan (7) a distingué le « quoi faire » et le « comment faire ». Le quoi-faire répond aux besoins qu'une société a choisi de satisfaire ; le comment-faire correspond aux moyens mis en œuvre pour satisfaire un besoin donné. A. Leroi-Gourhan dit, à peu près, ceci :. *les problèmes qui se posent à l'homme sont facultatifs pour la plupart ; les solutions, elles, sont obligatoires.*

Ainsi, il n'est pas absolument nécessaire de construire des maisons dans la mesure où on dispose d'abris naturels ; mais si on en construit, le toit en pente est la solution nécessaire pour s'abriter de la pluie. Toute l'histoire de la technique a montré que les sociétés avaient trouvé les solutions adéquates pour assurer leur survie. Le cas des *Ik* que nous mentionnions plus haut montre seulement que les solutions doivent être cohérentes avec les éléments non-techniques de la culture. Le bâton à fouir, assez sophistiqué, des *Bochiman* est un outil parfaitement adapté à la survie dans le désert de Kalahari ; en revanche, le *Bochiman* n'a rien à faire d'une bouteille de Coca-Cola (cf. le film *Les dieux sont tombés sur la tête*).

Pour résumer ces données préalables fondamentales, disons que les *aptitudes* des receveurs ne sont pas en cause, mais leurs *attitudes* devant la matière ; celles-ci sont relatives aux *besoins* que leur culture les amène à vouloir satisfaire. A l'issue d'un stage sur l'africanisation, un participant avait conclu en disant :

> « J'ai compris l'essentiel : les différences ne sont pas génétiques mais culturelles. »

Cette réflexion indiquait que le problème des écarts apparents n'était pas clair dans son esprit au début du stage ; cependant, il était cadre expatrié en Afrique depuis une dizaine d'années.

LES BLOCAGES DU RÉCEPTEUR

Nous nous acheminons petit à petit vers une explicitation des conditions d'une bonne réception des connaissances et des savoir-faire technologiques. Le donneur doit connaître le *cadre de référence* du receveur, pour parler le langage de la théorie de l'information. Il doit également connaître ce que l'on appelle *le champ intentionnel* du récepteur. L'Européen, expert privé ou coopérant, s'imagine généralement qu'il vient inaugurer une nouvelle relation, dégagée du poids des idéologies révolues, au-delà des errements colonialistes, mais sous-tendue par l'idée noble de la coopération entre égaux. Il doit pourtant prendre en compte le fait qu'il n'est pas le premier émetteur de connaissances techniques sur le terrain et que son interlocuteur projette sur sa personne l'image formée par la superposition des images qu'ont données ses prédécesseurs. L'explorateur, le militaire, la marchand, le colon, le missionnaire, l'administrateur, le juge, le gendarme, l'instituteur, ... ont précédé l'expert contemporain. Je le dis pour l'avoir entendu maintes fois de la bouche des Africains : le trait le plus marquant attribué à l'ensemble de cette galerie de personnages est celui d'*exploiteur*. Le « Blanc » est venu mettre en exploitation les ressources naturelles et humaines. Entre exploitant et exploiteur la nuance est ténue. Face au coopérant le plus ouvert, l'Africain ne pourra se garder d'une attitude défensive, car, d'expérience presque séculaire, il sait que l'Européen (ou l'Américain, ou le Japonais, ...) cherche toujours, au bout du compte, son propre intérêt. Cette image du Blanc, répondant à l'image du *sauvage* que le Blanc s'est forgée du Noir (même si le mot a aujourd'hui disparu, remplacé par l'expression plus « technique » de *sous-développé*) ne sera pas directement repérable dans le comportement du receveur. Cependant, de même que les évaluations négatives bloquent l'attitude de l'Européen, le stéréotype du Blanc exploiteur bloque le Noir dans son attitude vis-à-vis de ce que le Blanc représente et de ce qu'il transmet. Les manifestations de ce blocage sont très variées. Cette méfiance latente a été bien exprimée par cette phrase mise dans la bouche d'un personnage campé par Hamidou Kane dans *L'aventure ambiguë* : « Avant de revêtir le bleu de chauffe, nous mettrons notre âme en lieu sûr (8). » Il y a danger en effet à se livrer pieds et poings liés à l'entreprise générale de l'industrialisation du monde selon le modèle blanc.

LES FACTEURS ENDOGÈNES

Dans *La société contre l'Etat* (9) P. Clastres montre comment les sociétés modèrent leurs besoins :

> « Deux axiomes paraissent guider la marche de la civilisation dès son aurore : le premier pose que la vraie société se déploie à l'ombre protectrice de l'Etat ; le second énonce un impératif catégorique : il faut travailler... Les sociétés primitives disposent, si elles le désirent, de tout le temps nécessaire pour accroître la production de biens matériels... A quoi serviraient les surplus ainsi accumulés ? C'est toujours par la force que les hommes travaillent au-delà de leurs besoins... Lorsque les Indiens découvrirent la supériorité productive des haches des hommes blancs, ils les désirèrent, non pour produire plus dans le même temps, mais pour produire autant en un temps dix fois plus court. »

Les sociétés non-industrielles se caractérisent par la cohérence de leurs choix. Leur attitude vis-à-vis des acquisitions techniques est en relation avec leur vision du monde. En d'autres termes, ces acquisitions sont tributaires de facteurs endogènes. C'est le désir de disposer de temps libre qui pousse les Indiens dont parle P. Clastres à adopter les haches importées. Le souci pur et simple d'accroître la productivité ne fait pas partie de leur système de valeurs. En général, le transfert de technologie devra donc trouver dans le système culturel du receveur un point d'ancrage, faute de quoi la pure contrainte n'obtiendra pas de bons résultats ; l'adoption sera superficielle ; les données techniques seront apprises par cœur au besoin, mais on ne fournira pas l'effort de compréhension qui permet d'intégrer les principes ; la *forme* sera adoptée, mais pas la *fonction*. L'équipement transféré en même temps que le *know how* sera bientôt délaissé ou abandonné. C'est ainsi que, dans les industries implantées, le service de l'entretien est le plus difficile à organiser et à maintenir.

Pour clarifier le problème central des facteurs endogènes, il est bon de mettre de l'ordre dans les niveaux de fonctionnement des sociétés, de toute société, qu'elle constitue une unité ethnique ou nationale. Ouvrons donc une (courte) parenthèse plus théorique.

L'équipement technique d'une société correspond à la *fonction de production*. Qu'il s'agisse de cueillette, d'agriculture ou d'industrie, la société doit satisfaire en premier lieu les besoins élémentaires liés à la survie des membres du groupe. L'utilisation des ressources naturelles, leur transformation, la répartition des produits, exigent un outillage, au sens large, dont le troc, le marché, éventuellement l'argent font partie.

Directement liée à ce niveau, ce que j'appellerai la fonction de gestion répond à la nécessité de normaliser les rapports des hommes aux choses et les rapports des hommes entre eux pour assurer ce que l'on entend par le « bien commun ». C'est le niveau des standards officiels, de la coutume et du droit. Ces dispositions gestionnaires postulent l'organisation des pouvoirs : hiérarchie des lignages, des chefferies, des royaumes ou des États.

La production et la gestion constituent un ensemble

manipulable, mis en œuvre par une *tecknè* : la fabrication comme l'administration relèvent de méthodes, de décisions volontaires, de métiers et de professions. La production et la gestion induisent la division du travail, l'établissement des connaissances, qu'il s'agisse de ce que C. Lévi-Strauss appelle « la pensée sauvage » ou de la science. Nous pouvons désigner la totalité de ces deux niveaux (ou fonctions) par le terme de « *civilisation* », en donnant à cette notion son sens le plus restreint et le plus précis. A ce titre, toute société a sa civilisation. L'évolution de l'histoire montre que ces niveaux de la réalité sociale tendent à une certaine uniformisation. Les mêmes équipements deviennent communs à un nombre de plus en plus grand de sociétés et de pays. Ainsi, par exemple, le système de l'autoroute, qui supprime le croisement des véhicules, s'est répandu sur toute la planète. Le modèle du système politique républicain, démocratique et parlementaire, est en passe d'être adopté par toutes les formations étatiques du monde. Et ainsi de suite.

Le moindre journal publié dans les pays occidentaux consacre la quasi-totalité de ses pages aux fonctions économique et politique. Les rubriques « vie quotidienne », « loisirs », « culture », etc., sont reléguées en fin de publication, comme des desserts après les plats de résistance.

LE SAVOIR DE LA VIE

Les sociétés de l'oralité n'ont pas de journaux mais leur équivalent, l'information communautaire qui va de bouche à oreille, relègue les problèmes techniques dans la rubrique verbale des « à-côtés » de la vraie vie, à l'opposé des sociétés qui se disent, à juste raison, plus « civilisées », en ce sens qu'elles investissent en priorité dans les œuvres de la civilisation, telle que nous l'avons définie. Mais ceci nous amène à dire qu'en revanche les sociétés agraires sont plus « cultivées » que les sociétés industrielles. Expliquons-nous.

Production et gestion correspondent à un pôle de la

réalité sociale, à l'opposé duquel se situe le pôle de la *culture*, entendue dans le sens que les anthropologues ont contribué à imposer, c'est-à-dire de ce qui, à l'inverse de la technique, personnalise les peuples, fonde leur identité, marque leur différence. Ce pôle est davantage du côté de l'*être*, alors que celui de la civilisation est du côté de l'*avoir*, pour prendre une référence philosophique classique. Quel est le contenu de cette autre composante de la réalité sociale ? Je propose de distinguer ici deux nouvelles fonctions, celle de la *reproduction* et celle de la *représentation*. Nous sommes à présent hors des standards et des choix conventionnels. Ces niveaux ne sont pas manipulables car ils viennent du *vécu* immédiat, de la spontanéité créatrice des peuples. Chaque société a donc son système de reproduction constitué par la famille et tout ce qu'elle représente de « vie privée », de tâches et de devoirs. De nombreuses sociétés ont vécu et vivent encore sans autre instance d'organisation économique et politique que la parenté étendue (les « sociétés contre l'État »). La tâche majeure de cette instance est donc celle de la reproduction, non seulement biologique mais « culturelle ». Les « transferts » s'appellent ici la *tradition*, et ce que l'on appelle l'*endoculturation*, par opposition à *acculturation*, est l'affaire de chaque génération vis-à-vis de la suivante. Ce n'est pas l'école (outil de « gestion ») qui transmet la langue, mais le milieu familial, et ainsi de toute « pratique » élémentaire. La complémentarité des sexes et la répartition des tâches masculines et féminines s'établit à ce niveau, de même que les formes fondamentales de l'autorité, attachées à la filiation.

M. Henry (10) met en avant ce qu'il appelle « le savoir de la vie ». Ce savoir, — c'est sa thèse, — est occulté à notre époque par les savoirs scientifiques et techniques. Dans son jargon de professeur, M. Henry définit le rapport entre culture et vie :

> « Le problème de la culture, ... ne devient philosophiquement intelligible que s'il est délibérément référé à une dimension d'être où n'interviennent plus ni le savoir de la conscience ni celui de la science, qui en est une forme élaborée, s'il est mis en relation avec la vie et avec la vie seulement... La culture est l'autotransformation de la vie. ...

En tant que la culture est la culture de la vie et repose sur le savoir propre de celle-ci, elle est essentiellement pratique. Elle consiste dans l'autodéveloppement des potentialités subjectives qui composent cette vie... »

L'« autotransformation de la vie » conduit les sociétés à élaborer, dans l'imaginaire, à partir des données des sens, une vision du monde tout entier, c'est-à-dire à *se représenter* un ordre cosmique dans lequel elles sont incluses. Un système d'expression *symbolique*, marqué par son esthétique propre, cachet de son originalité, appartient à chaque société. Cet ordre du monde, et le matériau imaginaire dont elle se sert pour lui donner forme, expriment son système de *valeurs*, c'est-à-dire les finalités de la vie individuelle et communautaire, en relation avec les puissances supérieures dont elle dépend. C'est à ce niveau, étranger à l'idéologie comme à la science, manifesté généralement par les mythes, les rites et les interdits, que les orientations et les choix des autres niveaux trouvent leur origine et leur légitimité.

UN ÉTAT D'APESANTEUR

Dans les sociétés qui ont conservé une cohérence entre leur civilisation et leur culture, cette dernière imprègne les œuvres produites par la technique. Ainsi la maison des *Dogon* du Mali non seulement répond aux critères fournis par la résistance des matériaux, mais sa forme correspond à une sorte de schéma symbolique de l'univers. On observe ainsi que, d'un pôle à l'autre de la réalité sociale, les références, les renvois, les correspondances manifestent une continuité et garantissent la cohésion de l'ensemble. Les choix techniques, entre autres, sont cautionnés par le système de valeurs et la représentation générale que l'on se fait du monde. Chaque élément est ainsi rapporté au tout. Les comportements sociaux s'inscrivent dans une globalité. Une activité de production, par exemple, est aussi une action rituelle, une participation au mouvement et à la fécondité de la vie. Les explications des phénomènes et des événements ne sont pas purement causales, elles se réfèrent à des intentions cachées, elles ont à voir avec la marche ou les perturbations de l'ordre global du monde.

Nous devions, me semble-t-il, mettre en place cette grille des niveaux de la réalité sociale pour comprendre dans quel contexte s'opèrent les transferts de technologie d'une société industrielle à une société à dominante agraire.

En effet, — nous le disons depuis le début, — une technique donnée fait partie d'un ensemble. Lorsqu'elle « s'expatrie », si l'on peut dire, elle rencontre un ensemble différent de son ensemble originel, c'est bien clair. Mais la difficulté est accrue par le fait que cette technique « quitte » sans problème un ensemble où elle est coupée des légitimations d'ordre culturel, où elle a trouvé sa légitimité en elle-même, de son existence seule, ou tout au moins de l'existence d'un ensemble exclusivement technique, et elle « débarque » dans un contexte où les légitimités sont aussi, sont surtout, d'ordre éthique, symbolique, religieux (où « civilisation » et « culture » sont en continuité). Et, de cela, le transmetteur occidental n'a pas tenu compte jusqu'à aujourd'hui. L'échec du développement tient à cette faute tactique, à cette hérésie stratégique.

De ce fait, les éléments techniques importés, qu'ils concernent la production ou la gestion, restent comme en état d'apesanteur, sans autre légitimité que celle de la contrainte des donneurs, c'est-à-dire sans vraie légitimité. Ce n'est qu'après coup que le receveur, séduit au départ par la nouveauté et fasciné par la puissance du Blanc, prend conscience du caractère irrémédiablement étranger des techniques venues de l'Occident : il s'agit de pièces rapportées, dont on se trouve souvent bien embarrassé de les avoir chez soi.

Dans tel Centre hospitalier universitaire d'un pays africain, on a investi des sommes considérables ; le matériel médical est très sophistiqué ; la conception architecturale, d'extérieur et d'intérieur, correspond aux normes les plus modernes. Après quelques années de fonctionnement, on s'aperçoit d'abord que la plupart des appareils ne servent pas, faute de personnel qualifié et faute de spécialistes pour les entretenir. D'ailleurs, le budget de fonctionnement dépasse largement les possibilités du ministère de la Santé Publique. Plus grave, l'ambiance de cet hôpital, conçu pour une utilisation très technique et très fonctionnelle, est mal supportée par les malades. Bientôt circule dans la ville la rumeur selon laquelle le CHU est un endroit où l'on meurt beaucoup et la clientèle potentielle s'arrange pour être soignée dans le vieil hôpital où les familles font dans la cour la cuisine des pensionnaires et dorment dans les couloirs. Le transfert de technologie avait été réalisé sur une opération de séduction par des experts soucieux de faire une bonne affaire et qui avaient flatté la fierté nationale, sans souci des conséquences à moyen et long terme d'une telle transplantation dans un corps médical non préparé et au sein d'une population allergique. L'objectif d'exportation à tout prix que se donnent les firmes industrielles conduit ainsi à des aberrations économiques locales.

Faute de pouvoir être supportées financièrement, professionnellement, et surtout culturellement, de nombreuses technologies sont vouées ou bien à l'abandon pur et simple ou bien à ce que l'on peut appeler un *détournement de fonction*. Une illustration presque caricaturale de ces détournements a été fournie par le cas de ces Esquimaux qui achetaient des réveille-matin en quantité. En fait, ils étaient exclusivement intéressés par le ressort d'acier du réveil avec lequel ils fabriquaient des aiguilles courbes pour coudre les peaux de bêtes, à la place des alênes en os, trop cassantes, qu'ils utilisaient jusque-là.

AFRICANISER LES STRUCTURES

Ce qui vaut pour les objets matériels et l'outillage vaut aussi dans le domaine des techniques de gestion, de comptabilité, de droit, d'organisation, de formation, de commandement, etc. Le modèle du syndicat, par exemple, n'a pas été réellement adopté dans les pays africains. D'une manière générale, le modèle du jeune cadre dynamique, responsable, soucieux de sa promotion, exerçant une autorité personnelle, rompu à la compétition, ... est loin de l'idéal de sagesse et de sens communautaire représenté par l'« ancien ».

Il serait trop long d'analyser ici les conceptions traditionnelles de l'autorité et de montrer combien la concurrence entre individus est mal perçue. Les psychiatres ont pu observer comment les névroses étaient souvent dues à des promotions ou à des réussites personnelles qui, en fait, perturbaient profondément les relations égalitaires entre frères (11).

Le principe de la solidarité communautaire au sein de la famille étendue est en contradiction avec les structures hiérarchiques de l'entreprise. L'africanisation des postes, comme on joue aux dames en poussant les pions noirs, ne touche pas à cette structure, car les Blancs ne savent pas et ne veulent pas africaniser les structures elles-mêmes. Les Africains, eux, n'osent pas, dans l'état actuel des choses. En donnant des cours de sociologie industrielle dans une université africaine, j'avais mis en avant les méthodes non-tayloristes d'enrichissement des tâches, de délégation des pouvoirs, et ainsi de suite. Je me suis fait rétorquer par les étudiants que ces méthodes étaient bonnes pour les pays avancés mais que, pour commencer, les entreprises africaines devaient passer par le travail à la chaîne et les méthodes classiques d'organisation. L'évolutionnisme était dans les têtes, inculqué par nous-mêmes, les Occidentaux. L'idée qu'il faut reproduire l'histoire du développement et de sa logique supposée et franchir les mêmes « étapes » parcourues en Europe depuis la « révolution industrielle », est un obstacle majeur à une progression technique véritable.

LA COMMUNICATION TECHNOLOGIQUE

« Pour enseigner les mathématiques à John, il faut d'abord connaître John. » La boutade de G.K. Chesterton est tout à fait pertinente à notre sujet, si l'on remplace les mathématiques par la technique et John par Mamadou. Connaître Mamadou, c'est avoir une idée de sa culture d'origine, savoir que sa perception de l'espace et les notions qui s'y rattachent, de géométrie, de mécanique ou de cinématique, n'ont pas fait partie des connaissances acquises dans son enfance ; c'est savoir aussi que la langue européenne qu'il parle avec vous n'est pas sa langue maternelle ; qu'il n'est pas habitué à la communication purement fonctionnelle (il cherche dans tout message une connotation affective) ; que, s'il est bien entendu apte à la rationalité scientifique, les arrière-plans des phénomènes, reliés à ce que l'on appelle parfois le *monde de la nuit*, sont aussi présents à son esprit ; que la gestion du temps et le souci de la productivité ne lui sont pas familiers ; qu'il est habitué davantage à la responsabilité collective qu'à l'initiative individuelle ; qu'il est réticent à l'analyse et à la décomposition mentale des opérations dans la mesure où le tout, cosmique à la limite, a plus d'importance que la partie ; que son milieu, en général, le « tient en laisse » dans la mesure où sa promotion dans « le monde des Blancs » est une concession faite par le groupe et dont celui-ci entend bien tirer un profit. En un mot, la pratique du *feed-back* s'impose en permanence, plus encore qu'ailleurs. Celui-ci est difficile à pratiquer, car le receveur est en partie *aliéné* par son appartenance à une société supposée inférieure, si non dépendante. La reformulation des messages reste souvent formelle et purement mnémonique.

La pratique souple et dialoguée de la communication technologique amène progressivement le transmetteur à donner à son interlocuteur le nécessaire sentiment de sécurité. Dans cette perspective, la transmission à un groupe de receveurs est plus efficace que la formation individuelle. A la limite, l'émetteur étranger doit devenir inutile : il aura accompli idéalement sa tâche lorsqu'un formateur local pratiquera lui-même le *show how*. Ce dernier est finalement le seul qui soit, par hypothèse, apte à tenir compte de la culture du pays, puisque c'est aussi la sienne.

Le transfert de technologie n'est pas d'abord un transfert d'objet, pas même un transfert de savoir-faire, mais le transfert d'une capacité de transmettre des savoirs, et des savoir-faire. Au bout du compte, cette démarche seule conduit donneur et receveur à *savoir-être* eux-mêmes, ce qui est l'essentiel.

Il serait facile de répondre : ne transférer qu'à coup sûr, c'est-à-dire avec la garantie que la technologie sera réellement prise en compte par le pays receveur. Mais, dans ces domaines, la garantie n'existe pas. Du moins faut-il calculer les risques d'échec et prendre les précautions nécessaires : la manière de transmettre est souvent plus importante que le choix de la chose transmise. Tenons-nous-en à quelques remarques :

— La demande est-elle un critère ? On entend très souvent dire : « Quoi qu'il en soit de l'opportunité de telle opération, "ils" sont demandeurs ». La question à se poser est : Qui demande ? L'administration, l'éducation nationale, le secteur privé, des groupements villageois, ... ? Les pouvoirs publics prétendent généralement parler au nom du peuple, mais c'est rarement le cas. La demande ne suffit pas.

— Les critères économiques sont souvent effacés par des considérations de prestige ou de pouvoir. C'est un corollaire du point précédent. Les nationalismes chauvins nuisent considérablement aux développements industriels des pays qui mettent leur fierté nationale dans l'autarcie.

— Il convient de tenir compte des transferts « réussis » et de s'en inspirer. La greffe se fait dans la mesure précise où l'introduction d'un savoir ou d'un savoir-faire répond à une attente déjà présente. Prenons quelques exemples.

L'extraordinaire réussite mondiale du football correspond à un trait traditionnel quasi-universel qui consiste à jouer le conflit pour ne pas avoir à s'y livrer sérieusement. A noter cependant que la réticence à établir des classements a amené, par exemple, des Océaniens à remanier les équipes en cours de tournoi de façon à ce qu'il n'y ait pas de vainqueurs. Le pain a fait une poussée foudroyante en Afrique noire qui ignorait pourtant les céréales : le conditionnement naturel de la croûte, important lorsqu'on dispose de peu de récipients, et le fait de pouvoir éponger les sauces de la cuisine quotidienne ont favorisé une adoption unanime. Le costume-cravate-attaché-case qui sied si bien aux « intellectuels » africains est porté comme une marque non de richesse mais de prestige : la « distinction » n'est pas affaire de classe sociale mais de notoriété personnelle. Le langage administratif, dont on abuse, correspond à un trait culturel où la parole est volontiers ritualisée et formalisée. De même, la pratique de la palabre favorise les études juridiques brillantes. La réussite des romanciers latino-américains ou africains trouve son origine dans le goût des contes et des récits fictifs de la tradition orale. La radio omniprésente prend la relève des tambours d'appel et de leur langage. Les églises bénéficient de l'aptitude au chant collectif. Les prophètes et les messies se substituent aux figures des devins et guérisseurs charismatiques. La fascination pour les organigrammes complexes, où les rôles et surtout les statuts sont indéfiniment détaillés, rejoint la rigueur des réseaux de parenté et l'éventail précis des relations sociales avec leurs droits et obligations. Le diplôme répond aux « rites de passage ». Le crédit financier a son modèle dans les tontines populaires. L'engouement pour les médicaments importés transpose sur les remèdes des Blancs les vertus magiques des plantes utilisées par les guérisseurs. Le concept de nation épouse, jusqu'à la caricature, le sentiment d'appartenance ethnique. Les partis politiques, lorsqu'ils existent, trouvent leur fondement dans le tribalisme, etc.

En revanche, combien de traits occidentaux ne prennent pas racine ! Chacun peut en faire une liste indéfinie. Prenons, par exemple, le cas des syndicats ou des coopératives, ... Et pourtant, on aurait pu croire que le sens communautaire en aurait fait son miel.

Il faudrait aussi faire la liste des éléments adoptés mais réinterprétés, souvent jusqu'à les rendre méconnaissables.

Ces données sont apportées ici en vrac, dans un mélange de traits hétéroclites. Une chose est d'adopter un produit de consommation importé, autre chose est de s'organiser pour le produire soi-même. Evidemment, le deuxième objectif est plus important.

— Les motivations vis-à-vis de tel métier, de tel type d'apprentissage et de qualification, sont bien entendu déterminantes. Les « transféreurs » de technlogie ne peuvent pas ne pas s'intéresser à la création, au niveau des masses, de goûts, d'intérêts, de désir, de besoins relativement nouveaux. Cela prend des générations. J'ai remarqué que le goût des mathématiques, à l'époque où je les enseignais au Cameroun, était développé davantage chez des élèves pas nécessairement plus intelligents, mais vivant dans une famille citadine avec un père exerçant un métier moderne.

— A ce propos, le choix des hommes aptes à remplir une fonction donnée est plus délicat outre-mer, car les critères d'évaluation psychologique que nous utilisons portent souvent à faux, étant donné la différence des systèmes culturels de valeurs.

— Tout ce qui relève de l'autodétermination, de l'autocontrôle, de l'autoévaluation a beaucoup plus de chances de réussir.

— L'habitude d'une vision plus globale qu'analytique des choses, dans les cultures traditionnelles, exige que l'information soit ample sur le contexte d'un travail, ses origines, ses connexions, ses finalités...

— Il convient d'éviter de tabler sur l'émulation et les mises en concurrence qui, souvent, neutralisent les volontés. Il faut rechercher la promotion par groupe, les apprentissages « sans échec ».

— Les tendances les plus récentes de la sociologie industrielle sont plus aptes que les recettes classiques pour réaliser des traditions véritables, en donnant au mot tradition son sens étymologique : le fait de transmettre.

L'écart technologique entre sociétés urbaines et industrielles et sociétés à dominante agraire pose des problèmes particuliers de nos jours ; mais, au bout du compte, il ne s'agit que de poursuivre ce que les sociétés humaines ont toujours pratiqué, à l'intérieur d'elles-mêmes ou par rapport aux autres. Il n'y a pas de recettes. Il faut connaître le partenaire et se connaître soi-même. Cela a été dit, en grec, depuis bien longtemps.

RÉFÉRENCES

(1) VANEIGEM R., 1973, *Traité de savoir-vivre à l'usage des jeunes générations*, Paris, Gallimard.

(2) TURNBULL C., 1987, *Un peuple de fauves*, Paris, Plon.

(3) Cf. par exemple MUMFORD L., 1973, *Le mythe de la machine*, Paris, Fayard.

(4) STANDE S., 1979, *The history of the machine*, New York.

(5) Cf. NEIRYNCK J., 1986, *Le huitième jour de la création*, Lausanne, Presses Polytechniques Romandes.

(6) TEVOEDJRE A., 1978, *La pauvreté, richesse des peuples*, Paris, Ed. Ouvrières.

(7) Cf. par exemple, LEROI-GOURHAN A., 1964, *La parole et l'outil*, Paris, A. Michel.

(8) HAMIDOU KANE, 1961, *L'aventure ambiguë*.

(9) CLASTRES P., 1974, *La société contre l'Etat*, Paris, Ed. de Minuit.

(10) HENRY M., 1987, *La barbarie*, Paris, Grasset.

(11) Cf. à ce sujet ORTIGUES E., 1966, *Œdipe Africain*, Paris, Plon.

QUATRIÈME PARTIE

RÉFLEXION D'ENSEMBLE

LA COMMUNICATION DANS LA PERSPECTIVE INTERCULTURELLE

Carmel Camilleri

Toutes les contributions qu'on aura lues dans cet ouvrage traitent de la même question : comment communiquer au mieux, dans des situations variées examinées à travers les principaux champs d'application, entre interlocuteurs ne relevant pas de la même culture ? C'est-à-dire comment instituer du commun à travers l'altérité, la différence, de façon à les surmonter sans les évacuer ?

La chose est évidente dans les domaines du travail social, des soins, de l'entreprise, de l'école, de la coopération. Mais dans l'organisation et le management — on l'aura vu avec F. Gauthey et I. Ratiu — il n'est pas possible de créer une culture d'entreprise effective, ni même d'assurer le fonctionnement optimal de l'unité de travail, si l'on n'a pas réussi préalablement à harmoniser les représentations incompatibles vis-à-vis de la conduite de la tâche, des rapports hiérarchiques, de la gestion du temps, etc., liés aux systèmes culturels des agents impliqués. De même — on l'aura compris à partir des analyses de R Bureau — le transfert des technologies est, à la base, la tentative de transfert des codes de significations permettant de les gérer au mieux, codes directement commandés par la culture de l'émetteur. Ces significations ne deviendront opérantes que si le moyen est trouvé de les articuler avec celles du récepteur en une formation commune qui est œuvre de communication.

Ce « commun », qui surmonte les différences sans les évacuer, ne saurait résulter de la simple rencontre. Le contact, à lui seul, non seulement ne produit pas cette bonne communication, mais ne fournit même pas ce qui en est la condition de base : l'effective connaissance réciproque des partenaires. En fait, ce sont des représentations plus ou moins éloignées de la réalité qu'il génère le plus souvent chez eux, douées d'un dynamisme propre provenant de facteurs que nous verrons. Si bien que, comme nous l'avions dit antérieurement : « Quand un groupe cohabite avec un autre, il est plus exact et plus opérationnel d'affirmer qu'il cohabite avec l'image qu'il s'en fait. (1) »

Le problème est donc de corriger cette image de manière à l'aligner sur le réel, cette bonne perception dépendant à son tour d'une *approche correcte de la différence*. Pour cela, la bonne volonté ne suffit pas : les évolutions des coopérants, rapportées par H. Aron, sont éclairantes à cet égard. Il y faut plutôt un long apprentissage basé, d'une part, sur une analyse complexe, d'autre part sur la construction du système d'attitudes approprié impliquant une action sur la personnalité, en fait une véritable ascèse. Les deux opérations, d'ailleurs, se conditionnent l'une l'autre.

Mais si le problème est, à la base, de construire l'approche correcte de la différence, il importe d'abord de préciser en quoi cette approche peut être déficiente.

L'APPROCHE DÉFECTUEUSE DE LA DIFFÉRENCE

L'analyse des contributions à cet ouvrage nous amène à distinguer deux grands aspects, que nous allons évoquer successivement.

D'une façon générale ce défaut est inhérent à l'*ethnocentrisme*, caractérisé par une méconnaissance des systèmes culturels longuement évoquée dans les précédents chapitres. Ou bien on ne sait pas qu'il y a des codes culturels, parce qu'on ignore même ce qu'est une culture au sens anthropologique. Ou bien, et c'est plus souvent le cas maintenant, on le sait dans l'abstrait, mais on n'a aucune idée, ou presque, des systèmes auxquels on a affaire. Cette ignorance elle-même, comme nous allons le voir, porte sur des choses différentes.

L'ignorance des codes culturels

Maintes dysfonctions de la communication ont été signalées (M. Emerique, D. Le Breton) qui proviennent de la méconnaissance des représentations et valeurs essentielles de telles cultures auxquelles on est quotidiennement affronté : de là viennent, en particulier, nombre de contre-sens sur l'« attribution », ou interprétation des conduites de l'étranger. On ne peut se rendre compte, non plus, de la manière dont celui-ci peut être porté à interpréter les actes de son partenaire de la société d'accueil si l'on ignore gravement le système de significations qu'il projette sur son environnement.

Certes le problème n'est pas simple, et nous aurons à considérer quelle est la manière appropriée de connaître les ensembles culturels : mais il serait paradoxal que ceux qui réclament la reconnaissance des cultures en viennent à proclamer l'inutilité de leur connaissance.

L'ignorance du champ de référence de l'étranger

Il s'agit ici non plus d'une méconnaissance des « contenus », mais des aspects structurels du processus de la communication. L'homme est intrinsèquement un être relationnel, et tout individu vit comme relié à un réseau aux niveaux multiples et interdépendants : on ne peut communiquer avec lui, on ne peut pas l'atteindre si l'on ne passe pas par les canaux ménagés par les linéaments de ce réseau. Or l'étranger, s'il est culturellement différent, doit être considéré *au moins au départ* comme installé au centre d'une structure de rattachement spécifique qui le situe autrement, à laquelle il se réfère de façon diverse (variabilité qu'on découvrira en le « pratiquant ») pour interpréter les choses et organiser son existence.

Ainsi on peut méconnaître le *champ symbolique* différent et souvent beaucoup plus large de ces immigrés, celui de ces significations « longues » dont nous avons parlé au début de cet ouvrage. Dans ce cas le sens des choses est relié, pour eux, aux repères les plus éloignés de ce champ immédiat auquel l'Occidental, depuis deux siècles, se réfère habituellement : celui d'une « nature », c'est-à-dire d'un univers présumé, depuis Descartes, indéfiniment malléable à l'action humaine, indéfiniment transparent à une raison opérant selon le code du rationalisme scientifique ; expulsant, au moins à titre de postulat méthodologique, toute interférence théologique ou élément « surnaturel » susceptibles de contrarier son fonctionnement et son projet.

Par contre ces longues significations, qui accompagnent la conception d'un univers non assimilé à cette nature, privilégient la causalité théologique et installent de nombreux groupes d'immigrés dans une vision sacralisée des choses. Ces différences sont à retenir, car de là résultent, comme le montre D. Le Breton, l'énorme importance qu'ils attachent fréquemment à ce que nous considérons comme des « détails » et la vigueur de ce que nous jugeons être leurs « entêtements ».

On peut aussi méconnaître le *champ social* que l'étranger ordonne autour de lui comme étant le sien : sa communauté d'origine, dont Verbundt a analysé les fonctions, sa famille généralement beaucoup plus large. Sur ce point, il faut se méfier des constatations « objectives ». Bien des immigrés vivent apparemment selon le modèle conjugal (groupe des parents et de leurs enfants célibataires) ne serait-ce qu'à cause des contraintes du logement urbain. Mais quand on les connaît on s'aperçoit qu'ils ne prennent aucune décision importante sans consulter les ascendants et collatéraux géographiquement dispersés : ainsi nombre de familles que l'on croit « nucléaires » enjambent la Méditerranée. C'est cette constellation que le sujet signifie comme étant son groupe familial et, en la circonstance, c'est cela le « fait objectif ».

Le plus fâcheux est que l'ignorance de l'autochtone, quels que soient ses aspects, n'équivaut pas à un pur « vide ». En fait, quand il ne sait pas la manière dont l'étranger ordonne son environnement, ou ne s'en soucie pas, on sait ce qui se produit : il substitue spontanément son propre champ de référence au sien. C'est ainsi que, sans autre forme de procès, il intégrera l'immigré dans la topologie non seulement symbolique mais socio-économique (classe sociale) et politique (idéologies, partis) en usage en Europe.

Certes, il n'est pas illégitime de vouloir le situer par rapport à ces nouvelles références, ces nouveaux groupes, mais en prenant soin d'effectuer les corrections nécessaires pour tenir compte de la spécificité de ses rattachements. Sinon, on aboutit au *réductionnisme* et aux interprétations dysfonctionnelles qui s'ensuivent. Par exemple, plaçant tel immigré dans la classe sociale la plus démunie, ce qui est le plus souvent justifié jusqu'ici, on considérera ses problèmes comme se ramenant purement et simplement à ceux du prolétaire ou sous-prolétaire français qui fait les mêmes travaux que lui dans l'entreprise. Et quand on constatera que, dans le cadre de l'action sociale, syndicale, politique, il ne manifeste pas les mêmes attitudes que celui-ci, proteste autrement ou pour autre chose, agit à part (2), on se contentera de dire qu'il est « aliéné ». C'est ainsi que les plus « progressistes » des Occidentaux peuvent être amenés à qualifier l'immigré en simples termes négatifs, en termes de *lacunes,* du seul fait qu'il est rétif à entrer dans leurs catégorisations *a priori* : ils évacuent ainsi dans les faits leur relativisme culturel de principe. Ce qui montre bien qu'il s'agit, comme l'a dit Verbundt, d'une position assimilationniste. Or, comme le montre encore celui-ci, la multiplication et la vitalité des associations de migrants font bien apparaître l'insuffisance, à son égard, des groupements de la société occidentale, marqués par la spécificité de leurs références.

L'ignorance de la façon propre de l'étranger de se rapporter à son champ

Dans la mesure où la communauté de l'étranger continue à se caractériser par une dominante traditionnelle, celui-ci, toutes choses égales d'ailleurs, aura tendance à manifester une forte dépendance par rapport à son champ social et relationnel : sa qualité d'acteur et son pouvoir de décision ne sont pas concentrés en lui, si l'on peut dire, mais sont répartis, « dilués » à travers son groupe. Or il a été montré dans ce livre que l'autochtone est d'emblée porté à substituer à cette réalité le rapport au champ devenu habituel dans l'Occident industrialisé, c'est-à-dire une relation d'indépendance accentuée qui renforce l'autonomie du sujet. Il considérera donc tout immigré comme pur individu disposant de lui-même, entretiendra avec lui une relation duelle, consentant tout au plus à prendre en considération sa famille supposée conjugale. Ce qui est encore un bon moyen, évidemment, de rater la communication.

Enfin, il y a lieu de se méfier de la conception « misérabiliste » de l'immigre, qui le réduit à un être dont le départ a été déterminé par de pures considérations de survie économique. Même s'il prétend lui-même volontiers avoir émigré « pour manger », l'entretien approfondi montre fréquemment que d'autres motivations sont intervenues, non réductibles à ce seul plan économique. On rejoint ainsi une thèse soutenue aux États-Unis, selon laquelle celui qui entreprend cette grande aventure de l'émigration n'est pas une personne « ordinaire » (3) : comme l'a souligné M. Cohen-Emerique, il a des aspirations et un projet qui le distinguent de ses concitoyens semblables à lui et néanmoins demeurés au pays. Autrement dit, il est souvent plus que ce qu'on croit qu'il est. Et il est bon d'éviter ce réductionnisme « psychologique » pour évaluer correctement ce qui est en jeu dans une demande venant de lui, un échec, la réaction à une maladie, etc.

A l'issue de ces analyses on comprend bien que, selon la formule de J.M. Lorenzo, « communiquer c'est appréhender l'autre dans toutes ses dimensions », autrement dit et en termes concrets comme rattaché à tout le contexte dans lequel il s'investit. Aussi, comme nous avons essayé de le montrer, est-il important d'identifier la singularité de ce contexte. Mais, pour le migrant demeurant sous l'influence traditionnelle, nous avons mis en évidence deux caractéristiques supplémentaires : ce contexte est plus étendu et, d'autre part, il y est plus organiquement lié du fait que, selon la terminologie de Riesman, il ramasse moins ses déterminations en lui-même. Dès lors, si bien communiquer c'est ne pas viser un point (le partenaire perçu comme un élément), mais la structure où il s'intègre, cette règle est encore plus impérative dans le cas que nous étudions. Et c'est en passant par ce détour, au lieu de prendre la voie que l'Occidental croit volontiers « directe », que l'on ne perd pas de temps et que l'on gagne en efficacité. A défaut, on rate la communication pour la raison habituelle : on communique avec un imaginaire.

LA PRISE EN COMPTE DÉFECTUEUSE DE LA DIFFÉRENCE

Nombreux cependant sont ceux à qui l'on ne saurait reprocher d'ignorer la différence portée par le partenaire. Mais un autre danger les guette : sa prise en compte peut être défectueuse, c'est-à-dire qu'elle peut ne pas être interprétée correctement. Pour repérer ce nouveau genre d'erreur, nous développerons notre analyse selon deux axes : d'une part le sens qualitatif attribué à la différence, d'autre part les contenus qui y sont mis.

Le sens qualitatif attribué à la différence

Nous faisons allusion ici au fait quelle est toujours signifiée selon une *dimension allant de l'exclusion (rejet) à l'intégration*.

La différence-exclusion apparaît habituellement lorsque l'appartenance au groupe est signifiée de façon simple : le sujet se vit comme uniment affilié à un groupe connoté selon une seule dimension, par exemple une équipe de football, et perçoit par là-même celui qui n'y est pas affilié comme entièrement hors de lui, totalement étranger. Ainsi surgit le couple endogroupe-exogroupe, que Tajfel a étudié expérimentalement et dont il a montré comment s'y installe ce que nous appellerions le « schéma pervers » : le tout de la ressemblance, du commun, rassemblé d'un côté, dans le « Nous » de l'endogroupe, réalisant la fusion dans le même ; pendant que le tout de la différence, de l'altérité, est rassemblé séparément dans le « Eux » de l'exogroupe.

Mais il s'agit-là de situations particulières. Dans la réalité sociale quotidienne, le groupe total et complexe, au sein duquel nous vivons, est composé de sous-groupes qui s'entrecroisent. L'individu se voit comme le centre d'une structure d'affiliations dense et variable. Dès lors, les différences entre ces sous-groupes, entre les « Nous » qui les habitent, courent à l'intérieur du groupe et du sujet lui-même. Dans une telle formation sociale, la différence n'est pas hors de l'un, ce qui aboutirait à une unité qui évacue son contraire, ou « mécanique », mais en lui : d'où une unité qui intègre son contraire ou dialectique.

Bien entendu cette configuration n'est pas à considérer comme un *état* ; elle est le résultat d'un dynamisme permanent : les sous-groupes négocient leur distinction, mais dans l'appartenance au groupe, de manière à ce que celle-ci ne soit pas mise en cause et inversement. Ce groupe demeure tant qu'il opère cette formation dialectique un — multiple, même — autre, dans laquelle la différence est « domestiquée » au sens propre : elle fait partie de « la maison ».

Dans ces conditions qu'en est-il de l'étranger ? Le situer dans la différence-exclusion, c'est mettre en lui la totalité de la dissemblance par opposition à l'autochtone qui monopoliserait la totalité de la similitude. Mais on fabrique alors un étranger abstrait en regard d'un national qui l'est tout autant. Car, comme le remarque Verbundt, l'immigré est lui aussi au centre d'un réseau d'affiliations à des sous-groupes, dont un certain nombre sont les mêmes que ceux dont relèvent les autochtones : qu'ils soient, selon la terminologie de cet auteur, nationaux, infra-nationaux, supra-nationaux, ou transnationaux. Et, ajouterons-nous, quant à la particularité par laquelle on le distingue du reste, sa culture, il est nécessaire de la relativiser : car des différences de type culturel courent à l'intérieur de la communauté nationale.

Autrement dit, il faut se débarrasser du postulat inconscient qui fait de la société d'accueil un tout sans fissure, si bien que la distance ne pourrait exister qu'entre elle et ce qui lui est extérieur. Celle-ci est, au contraire, une dimension ordinaire qui court au sein des sociétés autant qu'entre elles. De ce fait il peut y avoir, au moins sur divers points, moins de distance entre tel groupe extérieur (par exemple les jeunes issus d'immigrés) et un sous-groupe endogène (tels les jeunes nationaux des classes défavorisées) qu'entre celui-ci et le reste de la communauté nationale. Ainsi, comme nous l'avions observé antérieurement, « on ne saurait plus partir d'un *a priori* de séparation global entre immigrés et Français, mais il conviendra de procéder à un repérage concret du réseau de distribution de la distance qui s'applique à leur ensemble » (4). Ces considérations devraient aider, quand on a affaire à l'immigré, à passer de la différence-exclusion à la différence intégrée.

Cela étant, il ne s'agit pas d'aller d'une position trop simple à une autre qui le serait tout autant. Car nous avons déjà vu qu'il fallait toujours tenir compte, au moins au départ, du champ spécifique où l'étranger peut évoluer. On se gardera donc d'oublier :

— D'une part, comme nous l'avons observé plus haut, qu'en même temps qu'aux groupes communs celui-ci est affilié à des formations qui lui sont propres ;

— D'autre part, que même si les références communes à l'autochtone et à l'immigré sont objectivement les mêmes, elles peuvent très bien ne pas l'être subjectivement. Il y aurait un raisonnement simpliste qui consisterait à dire : tel autochtone et tel immigré sont les mêmes en tant qu'appartenant au même syndicat, à la même association de locataires ou de joueurs de boules, et différents en tant que parents, éducateurs, sur le plan religieux, etc.

Ce serait tenir les individus pour des mosaïques d'appartenances identitaires simplement juxtaposées, ce qui détruirait leur identité, puisque celle-ci ne peut exister que comme unité ou, au moins, comme effort pour l'atteindre. Or le national et l'immigré qui se retrouvent dans le même syndicat, à moins d'acculturation prononcée du second, ne sont pas assimilables en tant que syndiqués (comme on peut déjà le déduire des considérations de J.M. Lorenzo) : les champs où se meuvent l'un et l'autre, et qui sont structurés par des cultures différentes, en font des syndiqués non totalement superposables. Les observations (celles de M. Tripier en particulier) le montrent : ils ne vivent pas le syndicat, ne signifient pas ses finalités et fonctions, son utilité, ses compétences de la même façon.

Mais il n'empêche qu'il y a mise en marche d'un processus nouveau : les débats autour de leurs problèmes et intérêts à l'intérieur du même syndicat, des mêmes groupes d'une façon générale, peut amener chacun au moins à comprendre ce qu'il y a de légitime dans le point de vue de l'autre et à l'admettre, ce qui constitue un quelque chose de commun au-delà des différences et malgré elles.

Or n'est-ce point là de la vraie communication, résultant de la dynamique enclenchée par l'appartenance non entièrement semblable à ces groupes ? Et, dès qu'il y a communication, la différence-exclusion n'est-elle pas en voie d'être exorcisée ?

La projection d'un contenu illégitime dans la différence

La prise en compte défectueuse de la différence peut provenir, non pas, comme nous venons de le voir, du sens qu'on lui donne, mais de ce qu'on y met. Or, spécialement en ce qui concerne les étrangers, ce contenu peut s'éloigner notablement de la réalité : ce qui, une fois de plus, fait obstacle à la communication correcte.

De ce point de vue, les analyses de ce livre ont convergé pour dénoncer en priorité les méfaits de la *catégorisation* ou, du moins, d'une certaine catégorisation (car, nous le verrons, on ne peut se passer de cette opération). C'est le processus par lequel, sur la base d'informations tronquées, voire « manipulées », on se dresse un portrait-type de l'« immigré » qui évacue les caractéristiques particulières des divers groupes d'immigrés et, à plus forte raison, de leurs membres. Projetée sur les individus à qui on a affaire dans la vie quotidienne, la catégorie ainsi créée altère la communication puisqu'elle nous renvoie une fois de plus à des sujets plus imaginaires que réels et véhicule des préjugés, innocents ou non. Ce qui est encore plus fâcheux c'est que, comme le dit J.M. Lorenzo, la mauvaise communication tend à créer le mauvais partenaire, car celui-ci se péjore en fonction même de cette relation défectueuse.

Aussi, beaucoup de nationaux de bonne volonté chercheront-ils à prévenir cette issue. Pour établir le bon contact avec l'étranger, leur réflexe naturel sera de s'informer sur les caractéristiques du groupe dont il fait, ou est supposé faire partie. Dans ces temps où tout le monde a plus ou moins entendu parler de la culture anthropologique et de son importance, c'est au groupe culturel qu'ils penseront spontanément, mais aussi *exclusivement* : sans s'en apercevoir ils effectueront ainsi d'emblée une sélection dans la configuration sociale dont cet étranger est le centre, et dont nous avons vu qu'elle présente toujours une certaine complexité.

A cette première conduite dont les effets risquent d'être dysfonctionnels, s'ajoutera volontiers une seconde. L'individu concret à qui l'on a affaire sera perçu comme une « copie conforme » de sa culture et présumé devoir se conduire comme « l'Homme culturel ». Or celui-ci n'est pas réel : ce n'est qu'un *être de raison* censé déployer très exactement les comportements typiques prescrits par le système face à des situations elles-mêmes typiques. Mais il faut toujours compter avec un décalage entre le « type » et les réalités effectives, même dans les groupes les plus traditionnels. C'est assez dire que chaque culture doit être envisagée comme un « horizon », un « idéal-type » selon l'expression de Max Weber, autour duquel les sujets concrets effectuent des variations qui s'en rapprochent ou s'en éloignent plus ou moins. Ici encore l'individu, dans la mesure où on l'aligne sur du typique, est ramené à la catégorie : tous les Portugais culturellement ramenés au Portugais-type, les Africains à l'Africain-type, etc. Ces catégories sont plus spécifiées que celle de « l'Immigré », mais comportent les mêmes inconvénients, en les multipliant par autant de groupes.

En fait, pour rejoindre la complexité du réel nous avons vu, dans notre chapitre sur la culture, qu'il faut d'abord faire intervenir la variable sociologique. C'est, nous l'avions dit, dans la mesure où une société est traditionnelle que les représentations et comportements induits par le système culturel se rapprochent le plus, en moyenne, du typique ou du catégoriel. Et c'est précisément parce que les sociétés d'origine des immigrés ne relèvent plus réellement de ce qualificatif qu'il y a danger à saisir ces derniers à travers des structures d'appréhension (perception, interprétation des conduites, pronostics) uniment catégorisantes. Sous l'impact direct et indirect de la modernité à base économique et technologique nouvelle, ces sociétés ont amorcé le processus de la « différenciation heurtée », telle que nous l'avons caractérisée en parlant des formations industrialisées de l'Occident. Cette segmentation des anciennes structures de cohérence permet à son tour aux individus de devenir sensibles aux modèles venus de l'étranger, lesquels renforcent la différenciation endogène et ainsi de suite. Ainsi apparaît une spirale au cours de laquelle l'individu accroît sa distance à l'égard de ses modèles de socialisation et, par là même, renforce sa qualité d'acteur par rapport à ses conditionnements socio-culturels.

C'est lorsqu'on est parvenu au bout de ce mouvement que s'effectue le renversement qualitatif important : plus le sujet évolue vers la condition d'acteur autonome, plus il devient fonctionnel, pour communiquer avec lui, de connaître sa façon individuelle de voir les choses et, sur le plan qui nous occupe, sa « formule culturelle » plutôt que celle des groupes dont il relève. L'information neuve qui apparaît dans l'échange avec lui prend du poids aux dépens de la pré-information normalisée qui nous vient de son environnement de référence : d'où l'importance de la dynamique relationnelle singulière qu'on engage avec lui.

Cette importance s'accroît à mesure que, selon la formule de M. Abdallah-Pretceille, on passe « de la communication-alignement » à la « communication-négociation ». C'est-à-dire à mesure qu'on évolue d'une communication où les partenaires s'occupent à vérifier leur conformité commune aux normes collectives qui régissent l'échange (la nouveauté ne pouvant résider que dans les messages échangés) à une autre où ils doivent se préoccuper de mettre au point celles, particulières, à partir desquelles ils s'entendront. Ce qui (comme l'a rappelé M. Cohen-Emerique) implique une constante vigilance à la « formule culturelle » particulière de l'autre, qui commande les normes qu'il fait intervenir dans la communication.

Mais une fois ce tableau dressé, il importe une fois de plus de le corriger sur quelques points :

— Communication-alignement et communication-négociation sont des états-limites qui ne se réalisent jamais parfaitement. Elles doivent être considérées comme un couple dans lequel l'une ou l'autre domine selon les structures sociales, d'une part, et les circonstances particulières de l'autre. Et de même qu'on ne saurait jamais aligner les échanges entre individus sur le seul jeu des normes générales, de même celles-ci ne seront jamais totalement absentes des interactions les plus individualisées. De ce seul fait, déjà, il ressort qu'on ne saurait jamais considérer comme inutile l'information à acquérir sur les modèles collectifs en vigueur dans un groupe, et donc sur sa culture.

— Cependant, dans la plupart des pays du Tiers-Monde les phénomènes que nous avons évoqués sont seulement en cours d'évolution. Si bien que l'observation y révèle une grande variété de situations selon la géographie, le caractère rural ou urbain, le degré d'instruction, l'âge, les points sur lesquels portent les débats : l'échange qui met en jeu, par exemple, les significations familiales demeurées particulièrement « sensibles » est à distinguer de celui qui se fait à propos de l'adoption de techniques étrangères, perçues à tort ou à raison comme « périphériques » par rapport aux enjeux culturels. Aussi faudra-t-il s'attendre à ce que les sujets demeurent plus près de leurs modèles traditionnels dans le premier cas que dans le second. Il apparaît donc que, dans cette mosaïque, la référence aux standards traditionnels est variable, mais jamais absente. Et l'alignement poussé sur la culture d'origine est loin d'être rare, ne serait-ce que par crispation réactionnelle.

Les mêmes considérations s'appliquent aux immigrés provenant de ces sociétés. Dans la communication avec eux, par conséquent, il ne s'agit pas plus d'éviter la catégorisation que de les y réduire, mais de *la conduire d'une certaine façon*. Chez certains, les représentations culturelles typiques peuvent s'approcher notablement de traits réifiés, rigides, où le sujet s'enfouit ou qu'il sacralise. Chez d'autres, elles sont des références par rapport auxquelles ils se situent plus ou moins librement et construisent des conduites complexes. On a donc intérêt, au moins au départ, à tenir compte de ces représentations. D'abord pour ne pas rater d'emblée la communication si le sujet est près de la tradition, ensuite pour progresser *s'il y a lieu* dans le sens de la personnalisation de la relation, en modulant celle-ci selon les attentes du partenaire. En fin de compte, c'est par l'articulation de la catégorisation, dont nous avons besoin pour nos hypothèses d'identification des gens et des choses tant que nous ne les avons pas pratiqués, et de la différenciation qui la corrige que nous progressons vers le singulier.

LES CAUSES DE LA MAUVAISE APPROCHE DE LA DIFFÉRENCE

Si l'on veut atteindre à la bonne communication entre partenaires qui ne partagent pas les mêmes références culturelles, il est utile de s'interroger sur ce qui amène à cette approche défectueuse de la différence, avec ses aspects variés tels que nous venons de les considérer. Nous devons distinguer deux grands cas.

LE CAS DES IGNORANCES ET DES ERREURS

La méconnaissance des différences, les interprétations incorrectes portant sur leur contenu relèvent à première vue de déficiences dans l'information ou le raisonnement.

Mais sans doute serait-il déjà possible, au moins dans

bon nombre de cas, de repérer derrière ces lacunes de l'ordre du savoir la responsabilité d'*attitudes qui renvoient, dans la personnalité, à un au-delà du « cognitif »*, à forte connotation égocentrique : repliement sur soi, indifférence à l'autre, tendance spontanée et naïve à se prendre pour la référence centrale, position au moins inconsciente de domination (voir la contribution de M. Cohen-Emerique.)

Par exemple nous avions remarqué cette représentation du colonisateur selon laquelle, chez le colonisé, tout était pareil car tout se valait, en ce sens que rien ne valait. Et cette annulation des traits du dominé au plan de la valeur semblait entraîner leur annulation perceptive, du fait de l'indifférence généralisée qu'elle provoquait pour tout ce qui le concernait : ce qui peut expliquer que nombre d'Européens d'Afrique du Nord avaient « découvert » la richesse de l'artisanat et de l'art maghrébins seulement après la décolonisation, à partir du regard étranger (celui des touristes, des nouveaux coopérants) qui, dirait-on, avait rééduqué le leur.

Ces considérations permettent de deviner en tout cas pourquoi la *décentration,* requise comme condition nécessaire (mais non suffisante) pour éviter les méconnaissances et mauvaises interprétations de la différence du partenaire, n'est pas facile à réaliser. Car bien souvent il ne s'agit pas simplement de réparer des ignorances accidentelles, de combler des lacunes conjoncturelles, mais de prendre conscience d'attitudes plus ou moins profondes et de redresser des orientations de la personnalité, qui sont la vraie cause de ces méconnaissances et erreurs : dans le « connais-toi toi-même » la connaissance implique une opération relevant de l'éthique.

LE CAS DE LA DIFFÉRENCE-EXCLUSION

Ceux qui excluent un groupe désignent généralement une cible déterminée (parfois plusieurs) et emploient des auguments précis. Il semble, ainsi, que nous ayons affaire à une séquence de griefs objectivement fondée, née à partir de tel objet et qui ne serait pas apparue en dehors de lui. Or ces phénomènes d'exclusion se reproduisent abondamment à travers l'histoire, visant des cibles variées. Mais, comme le montre B. Lorreyte, on observe habituellement une frappante reproduction d'une même séquence : on constate la ressemblance, voire l'identité de l'argumentaire produit pour justifier l'exclusion, des thèmes auxquels il se réfère, du discours et même du vocabulaire utilisés. D'autre part l'ethnicité n'est que l'un des multiples supports du processus de constitution de la différence en exclusion (voire, chez certains, de celui de la différence elle-même) : cette séquence, en effet, est couramment appliquée par des autochtones à d'autres autochtones : à des classes sociales défavorisées, des ruraux, tels ou tels groupes de « régionaux ». La catégorie de l'« étrangéité » et son éventuel durcissement en exclusion peuvent s'appuyer sur l'une quelconque des différences objectives (sans parler de celles imaginaires) qui prolifèrent dans la réalité sociale.

Cette permanence d'une structure étonnamment semblable, accompagnant la désignation de cibles différentes, fait deviner que l'autre stigmatisé est l'*occasion* du rejet beaucoup plus que sa cause : autrement dit que l'hétérophobie, dont la xénophobie n'est qu'une spécification, répond à des besoins et remplit des fonctions plus ou moins importantes pour le sujet rejetant (qu'il soit un individu ou un groupe). Beaucoup plus nettement que dans le cas des méconnaissances et des erreurs, les filtres falsificateurs de la réalité indiquent ici l'entrée en jeu de dynamismes psychiques qui débordent de loin le cognitif, ou même en sont indépendants. Quels sont-ils ?

Les fonctions de la conduite d'exclusion

Revenons pour cela à ce type de groupes évoqué plus haut et qui, comme l'ont confirmé les expériences de Tajfel, produit presque immanquablement l'exclusion du différent. Cette réaction fait apparaître un besoin très puissant : le besoin « fusionnel », d'identification totale à un « Nous », qui apparaît comme un être intimement relationnel. Entendons par là qu'il n'est vécu par les sujets qu'en relation d'opposition avec l'« autre que nous ».

Aussi sa réalité s'accroît-elle en proportion directe du durcissement de cette opposition.

C'est ce qui explique l'extrémisme de ce mouvement subjectif. Car l'exclusion totale d'un autre perçu comme parfaitement négatif devient la condition de l'identification au « Nous » perçu comme totalement positif et gratifiant. On peut penser qu'ici le besoin de sociabilité congénitale de l'homme est satisfait sous sa forme la plus archaïque : la fusion indifférenciée dans un autrui qui n'existe que comme exclusif d'un autre autrui, l'intensité de cette fusion étant en liaison inverse avec l'extension de son champ : elle se produit dans des groupes limités. Le progrès du social consistera à élargir la sociabilité en faisant éclater ce modèle de satisfaction, à inclure celle-ci dans des structures de plus en plus larges. Cela implique une différenciation et une complexification du « Nous », par absorption de la différence perçue comme exogène, qui devient alors « domestique » ou intégrée. L'interculturel vise à étendre ce mouvement au-delà des groupes ethnoculturels constitués.

Ce que Tajfel a obtenu expérimentalement se réalise naturellement dans les sociétés, dans certaines situations de mise en compétition entre sous-groupes ou, dans le cours de la vie quotidienne, chez des individus dont le nombre peut augmenter du fait de certaines circonstances. La psychologie de l'hétérophobie, du racisme qui est son avatar extrême, s'occupe à analyser ce qui conditionne de tels individus.

A l'origine se trouvent souvent des tensions qui provoquent un intense besoin de sécurisation. Un moyen privilégié de le satisfaire est le recours spontané à cette identité fusionnelle archaïque. Les fantasmes accompagnant les stéréotypes d'exclusion l'expriment clairement. Comme le dit B. Lorreyte, ils exaltent « l'âme ou le sujet collectif, le terroir, les racines, l'hérédité » : autant de symboles de l'enfouissement dans l'un fusionnel de l'endogroupe *simple* excluant toute différenciation contrairement à l'un-multiple de la réalité sociale concrète. Le délire raciste commence donc par la substitution d'un groupe fictif au groupe effectif. Et pour aller jusqu'au bout de la sécurisation, on se garantit la permanence de cet un simple (unité de type arithmétique opposée à l'unité dialectique) en le convertissant en une substance (« sang », « race » biologique) sur laquelle l'individu n'a pas de prise : on l'a et pour toujours, ou on ne l'a pas.

Mais d'où viennent ces tensions elles-mêmes qui provoquent pareil besoin de sécurisation ? Elles peuvent tenir à des pulsions individuelles, ou à des problèmes d'équilibre interne du sujet, liés à son histoire propre. Mais elles peuvent aussi, on le sait, s'alimenter dans le dynamisme social, dans des difficultés structurelles ou conjoncturelles du groupe ou d'un sous-groupe dans lequel on s'investit (crise économique par exemple).

Dans ce second cas, l'analyse des rapports avec cet étranger signifié comme hors de toute communication actuelle ou potentielle, aussi bien que des images projetées sur lui et du discours qui le concerne, apporte une information sur ces problèmes internes au groupe du rejetant. C'est la thèse de la *fonction-miroir* de l'étranger, qui a été reprise dans ce livre : les relations avec les immigrés renvoient volontiers aux rapports entre Français.

Par ce biais réapparaît le thème de l'égocentrisme de l'autochtone, dont nous découvrons ici un aspect nettement plus actif que celui évoqué précédemment, puisqu'il s'agit de l'utilisation de l'exclusion et de l'exclu comme d'un instrument au profit du national. Cette fonction instrumentale de celui qui est signifié comme l'autre absolu présente plusieurs aspects. Ici nous en indiquerons trois, plus ou moins explicitement abordés dans cet ouvrage, et qui ne sont pas exclusifs.

Les aspects de l'égocentrisme national

A. Au niveau le plus simple, les accusations contre les membres de l'exogroupe permettent de déplacer sur eux les difficultés, tensions, antagonismes et autres éléments négatifs qui menacent l'intégrité de l'endogroupe. Celui-ci est subjectivement restauré en un « Nous » entièrement positif grâce à ce transfert qui constitue l'autre en bouc-émissaire.

B. Le groupe, ou l'individu, peuvent se servir de

l'autre exclu pas seulement pour réaffirmer et consolider le « Nous » menacé ou défaillant, mais aussi pour redéfinir celui-ci en fonction de cet autre : à côté de la « fonction bouc-émissaire » a été évoquée, dans cet ouvrage, la « fonction symbolique » que peut jouer l'immigré dans les jeux de l'identité collective, dans la manière de se construire et de se signifier du national. On a souvent traité, en psychologie sociale, de ce « moi idéal » que se fabrique une collectivité, qui apparaît par exemple dans ses manuels d'histoire, dans son panthéon de valeurs officielles, plus ou moins éloignées de celles effectivement pratiquées. Mais la définition ou redéfinition du « Nous » dans cette direction est facilitée par la construction d'une certaine image de l'autre-exclu, qui sert de contre-point à celle qu'on se fabrique pour soi-même.

Ainsi s'expliquent aussi les stéréotypes et préjugés dont cet autre est la cible, ainsi que leur résistance aux évidences perceptives et rationnelles : c'est que, en particulier, ils remplissent, pour le groupe ou pour tels individus, cette fonction que nous venons de préciser. Nous avons déjà analysé la « catégorisation réductrice », à propos des méconnaissances de la différence : celle qui, pour identifier rapidement le sujet, tend à évacuer sa richesse singulière en le « désindividualisant », en le ramenant aux caractéristiques simplificatrices mais non nécessairement fausses de tel groupe dont il fait partie. Ici il s'agit d'une « catégorisation-fabricatrice » : elle installe l'exclu dans une configuration générale de traits construite pour les besoins du rejetant. Catégoriser de cette manière devient bien, selon la formule de J.M. Lorenzo, « participer à la gradation des processus d'exclusion ».

Dans la pratique, certes, la distinction entre ces deux formes n'est pas facile et il est vrai que, comme le rappelle Lorenzo citant Baudrillart, « la catégorisation est rarement innocente ». Mais elles ne doivent pas être confondues dans leur principe, car les intentions qui les animent sont différentes dans la mesure où les finalités ne sont pas les mêmes.

C. Le troisième aspect de la fonction instrumentale assurée par l'autre-exclu relève encore de la fabrication d'images aux dépens de ce dernier. Il mérite cependant d'être distingué du fait de la spécificité et de l'importance de ses effets. Il s'agit du cas où le différent est signifié comme *inférieur* afin de construire, maintenir ou restaurer, chez l'auteur du rejet, une image de soi valorisée.

Cette conduite, examinée dans l'analyse de H. Malewska-Peyre, apparaît comme une composante particulièrement fréquente du racisme actuel à l'encontre des étrangers originaires du Tiers-Monde, car elle trouve, dans ce cas, la circonstance qui facilite son apparition : la relation asymétrique, le rejetant se trouvant par rapport au rejeté dans une position favorisée pouvant évoluer jusqu'à la domination. Mais, on le sait, cette réaction de dépréciation de principe est également possible chez des individus ou groupes qui sont ou se croient menacés dans leur statut ; ou encore chez les individus infériorisés : les uns et les autres éprouvant le besoin, par ce moyen, de se revaloriser à leurs propres yeux.

Dans la construction identitaire telle que nous l'avons présentée au début de ce livre, cette spécification de l'hétérophobie, qui complique le racisme de la différence par celui de la hiérarchie, nous réfère à l'un des « pôles » de l'opération : la vigilance du sujet quant aux incidences de cette construction sur la valeur qu'il s'attribue et qui structure son image de soi. Et l'on sait que l'évaluation effectuée par autrui pèse spécialement lourd dans le succès de cette entreprise. Or, dans le cas qui nous occupe, nombre d'immigrés se perçoivent comme l'objet d'une évaluation systématiquement dépréciative de la part d'une notable proportion d'autochtones mus par au moins l'une des motivations évoquées plus haut.

Les effets de cette situation peuvent être fâcheux.

Au départ, du fait que c'est sa valeur, donc son estime de soi qui sont sévèrement mises en question dans le cadre de l'« identité prescrite » par autrui, c'est à ce pôle de l'opération que le sujet, dans sa négociation identitaire, va être amené à accorder la priorité, sinon l'exclusivité. Il est ainsi « aspiré » dans la logique perverse du processus tel qu'il a été induit par le partenaire dominant : désormais toute la dynamique de la relation va s'ordonner à partir et autour du primat de son évaluation, qui devient le stimulus décisif dans ses efforts de définition ou de redéfinition de soi. L'individu et sa dynamique identitaire tendent à être entièrement absorbés par le problème de la *reconnaissance*.

Cette *crise de l'attribution de la valeur* entraîne chez le sujet défavorisé des conduites spécifiques, distinctes de celles déployées lorsqu'est mise en question l'unité de sens qu'il s'est donnée, et dont nous avons livré un aperçu au début de cet ouvrage. L'essai de typologie que nous avons alors proposé doit donc être complété par ce volet supplémentaire.

Les réactions aux menaces contre l'image de soi

Les analyses de H. Malewska-Peyre et d'autres auteurs se proposent de pénétrer le détail de ces conduites. Il semble qu'on puisse, au moins pour le moment, les distribuer sous quelques grandes catégories :

— La *déréalisation* désigne l'ensemble des efforts pour nier l'existence et la réalité de la dépréciation, faire comme si elle n'existait pas. Pourtant, comme il ressort d'observations rapportées dans ce livre, le sujet a subi son atteinte puisque, ultérieurement, il décrit des agressions racistes dont il a été l'objet.

— La *négativisation* réfère à l'intériorisation, par le dominé, du discours du dominant. Elle produit l'« identité négative », ensemble des processus par lesquels celui qui occupe la position défavorisée dans la relation asymétrique est porté à se signifier selon les injonctions dépréciatives de l'autre.

On peut mentionner ici ce que nous appellerions l'« identité négative déplacée » : le sujet évacue la dépréciation en s'assimilant au dominant et en déplaçant l'injonction dévalorisante de celui-ci sur les autres membres de l'ethnie dont il se sépare ou voudrait se séparer.

— La *sur-affirmation* consiste à revendiquer, voire mettre en avant le soi déprécié : ce qu'on a appelé le « retournement du stigmate ». On connaît l'exemple de « Black is beautiful ». On entre ici dans le groupe des « identités réactionnelles », c'est-à-dire construites en réaction à un élément de l'environnement auquel on devient sensible comme à un stimulus exclusif.

La stratégie de la sur-affirmation est susceptible de degrés divers : depuis l'« identité-défense », où le sujet se préoccupe seulement de se rendre indifférent, imperméable au regard dépréciateur, jusqu'à l'« identité polémique », chargée d'agressivité, où il passe à l'attaque contre l'autrui méprisant. Le danger potentiel est que l'identité réactionnelle évolue vers le pur mécanisme de défense, formation qui décolle volontiers de la réalité pour s'acheminer vers l'imaginaire et prendre ainsi un caractère délirant.

Une autre conséquence des attitudes infériorisantes de l'autochtone peut se révéler fâcheuse : l'individu étant déprécié en tant que son identité est supposée reproduire celle de son groupe, cette conduite de dévalorisation de principe, par son injustice, peut l'entraîner à une exaspération de sa solidarité avec celui-ci (réaction opposée à celle de l'identité négative déplacée). Dès lors :

1. Le sujet étant soudé à sa communauté, les problèmes identitaires ne concernent plus seulement son individualité, mais ils impliquent symboliquement son groupe et se chargent d'un coefficient communautaire. Aussi se met-il, par exemple, à craindre par-dessus tout de « trahir » les siens. Il perd ainsi sa liberté de se positionner culturellement selon ses désirs et sa personnalité. Ce peut être l'une des causes de la « crispation identitaire », provoquée aussi par bien d'autres raisons, qui tend à rompre la communication entre les communautés et à faire échec à l'interculturel,

2. Ce mouvement peut amener encore à la fétichisation des cultures dites « d'origine », des « racines » considérées comme une sorte de primat sacralisé, dont l'individu se fait inconditionnellement l'objet, sans esprit critique. A ce moment le discours devient mythifiant et même dangereux : car il est susceptible d'aboutir non seulement à l'isolement des groupes, mais au conflit entre eux.

— Le *dépassement*, par contre, ne peut pas être considéré comme une attitude fâcheuse. Il s'agit de l'aspiration, assez fréquente chez les jeunes issus de migrants, à transcender les différences entre cultures, voire entre sociétés, pour se rejoindre dans des formations unifiées supra-nationales (ils parlent alors de « transculture ») vers lesquelles tendraient l'interpénétration contemporaine des groupes, la circulation mondiale des modèles.

Ce tableau donne une idée des effets regrettables que la relation inégalitaire peut produire sur la communication. On ne saurait donc que souscrire à la demande de M. Cohen-Emerique qui souhaite établir, dans le travail social, « une relation plus symétrique où le migrant n'est plus seulement celui qui reçoit, mais celui qui apporte quelque chose » (en particulier en faisant connaître et reconnaître sa culture). A titre de principe général on peut retenir que la relation asymétrique, d'où quelle provienne, est susceptible de mettre en question l'image de soi, de mobiliser le besoin de reconnaissance, c'est-à-dire de dignité. Elle est donc « chargée » et potentiellement dangereuse. Or le rapport qui s'établit dans le travail social avec le grand nombre des immigrés a de fortes chances d'être perçu par ceux-ci comme asymétrique, étant donné le contexte objectivement inégalitaire où il s'inscrit. En être conscient et essayer de l'atténuer ou, s'il est inévitable, de faire comprendre qu'on ne l'assume pas à titre personnel, est donc toujours susceptible d'améliorer la communication.

Mais de l'ensemble de nos considérations sur la constitution de la différence en exclusion, on peut tirer deux remarques générales.

Les enseignements à tirer

A. On mesure d'abord à quel point toutes ces réactions qui font obstacle à la communication sont largement indépendantes des différences objectives entre systèmes culturels des partenaires, des caractéristiques propres des représentations et valeurs qui les constituent, et de l'attraction ou de la répulsion qu'elles peuvent inspirer.

Certes cette « distance » entre les contenus des codes n'est pas à négliger. Dans la mesure où l'opération identitaire implique, entre autres choses, la construction d'une unité de sens évitant la contradiction, nous avons vu au début de cet ouvrage comment elle alimente, en contexte de morcellement culturel, un ensemble de difficultés chez les individus et entre eux, ainsi que la diversité des stratégies visant à les surmonter. Mais bien des observations, rappelées par B. Lorreyte, ont montré comment la proximité des cultures, dans certaines circonstances, n'empêche en rien les exclusions violentes entre leurs représentants : ainsi, dans la France d'avant-guerre, la virulence du racisme contre les Italiens et Polonais ne le cédait en rien à celle d'aujourd'hui contre diverses communautés d'immigrés du Tiers-Monde, dont les systèmes sont beaucoup plus lointains.

Cette distance entre les codes, sans être un imaginaire, est donc à considérer comme un paramètre que les gens manipulent, en les signifiant diversement en fonction d'autre chose que des sentiments que leur inspire leur contenu : les précédentes analyses montrent la nécessité de prendre en compte un large faisceau d'attitudes tenant à des caractéristiques de personnalité, elles-mêmes en liaison ou non avec les péripéties du dynamisme social. Leur importance dans le devenir de la communication entre sujets culturellement différents est non seulement considérable, mais sans doute prioritaire.

L'enseignement est clair : la culture s'intègre dans un champ qui la dépasse, qui est en mesure d'agir sur elle et avec lequel elle entre en interaction. Elle n'est donc pas souveraine, et ce facteur de limitation rejoint celui que nous avons déjà analysé : la distance que le sujet peut prendre par rapport à elle dans la mesure où s'affirme son individuation. Aussi la science culturelle, pour ne pas se mouvoir dans l'abstraction, doit-elle prendre pour point d'application les rapports non pas entre cultures, mais entre *porteurs de cultures* : ceux-ci étant les seuls à entrer effectivement en contact. Ou, pour le dire autrement, elle doit viser *les cultures-dans-leurs-porteurs*. Ce qui nous ramène à la formule d'Abdallah-Pretceille : « L'approche interculturelle ne vise pas à extraire le culturel, mais à retrouver celui-ci dans l'expérience concrète ».

C'est ce point de vue qui permet de situer précisément le « lieu », au sens psychologique, de la communication entre individus et les problèmes auxquels elle peut achopper. Pour ne pas viser de l'imaginaire, l'analyse du culturel *en situation* est à conduire dans le cadre d'une structure d'attitudes dont la science excède la simple information sur les cultures.

Pour être exact, ajoutons-le, il n'y a pas conditionnement souverain et unilatéral de la culture par ces attitudes. Car celles-ci sont tout de même marquées par celle-là, ce marquage étant sans doute d'autant plus fort qu'on a affaire à des groupements plus traditionnels. Et l'inverse n'est pas vrai non plus. On a plutôt affaire, dans la vie psychique concrète, à une sorte de spirale de conditionnement réciproque où l'autonomie de ces deux facteurs est limitée par leur interdépendance.

B. Une autre observation nous paraît importante. Quand les autochtones parlent des étrangers en termes négatifs, en particulier en termes de préjudices qu'ils subiraient de leur part, il est maintenant connu que la part de l'imaginaire est habituellement prépondérante. Mais il serait léger, autant qu'injuste, d'en tirer que cet imaginaire est toujours et seul en cause. En outre ce serait dangereux. Car ceux qui professent l'angélisme en cette matière ont coutume d'offrir aux racistes leur prise la plus solide. A moins qu'ils ne se reconvertissent eux-mêmes dans la plus virulente des xénophobies, comme nous avons pu l'observer avec des coopérants à l'étranger, sitôt que les choses ne correspondent plus à la vision irréelle qu'ils se font.

Il est donc impératif de ne pas éluder le débat, d'analyser avec rigueur les arguments présentés et les situations en jeu. De cette façon :

— La part de l'imaginaire dans la perception de tel ou tel préjudice pourra être prouvée. Ce qui, il faut s'y résigner, n'aura généralement aucune incidence sur ceux qui ont besoin de l'exclusion d'un autrui déterminé pour vivre, et dont le cas relève d'un autre ordre de considérations. Mais il faut viser la multitude des gens de bonne volonté, que leur manque d'informations et d'analyse rend influençables : on peut agir sur eux en les leur fournissant.

D'autre part, toujours en référence à cette seconde catégorie de personnes, l'imaginaire lui-même, force sociale par excellence, n'est surtout pas à évacuer sans un examen qui permette d'envisager les moyens de son « traitement ». En particulier il est spécialement important d'élucider les processus de formation des croyances et évidences communes, des craintes spontanées qui se répandent avec facilité, telle celle évoquée par G. Verbundt : « Quelque part existe la peur que la société multi-ethnique affaiblisse la nation française. »

— Le résidu non imaginaire demeurant amènera à *ajuster* le débat autour du ou des problèmes effectifs. Beaucoup proviennent de différences entre représentations et valeurs des uns et des autres, avec les comportements auxquels elles donnent lieu, qui peuvent apparaître comme insupportables à tels protagonistes. Il serait contradictoire de réclamer la reconnaissance de ces différences entre systèmes culturels et de vouloir faire silence sur les tensions qu'elles manquent rarement de provoquer si rien n'est fait pour les prévenir.

Quant au traitement de ces difficultés, on s'apercevra d'abord que l'origine de certaines d'entre-elles, proprement sociales, n'a aucun rapport avec le culturel. Et pour les autres, les praticiens savent que les solutions locales, puisées dans le pragmatisme, l'imagination et la concertation, sont généralement les meilleures.

Mais il est des problèmes qui excèdent le local. Ils tiennent à des intérêts lésés et sont les plus sérieux, du fait de leur retentissement national qui débouche sur le politique et ses éventuelles manipulations. Il appartient en dernier ressort à l'ensemble de la collectivité et à l'Etat qui la représente de les résoudre, la norme devant être que les conflits d'intérêts sont à régler sans sacrifier la justice. C'est là que surgit la difficulté connue : les nationaux de tous pays acceptent habituellement ce principe entre eux, mais leurs comportements, sinon leurs discours, montrent qu'ils y sont bien moins disposés quand on a affaire à ceux qu'ils considèrent comme étant hors-groupe. Une règle a longtemps prédominé dans l'Antiquité, selon laquelle ces derniers n'étaient pas à considérer comme des humains : d'où le traitement barbare qui leur était infligé lorsqu'ils étaient vaincus à la guerre. Cette « morale close », selon l'expression du philosophe E. Bergson, réservée aux membres du groupe, de la cité, est encore largement vivante même si, en général, elle n'est plus avouée. Parvenir à faire admettre sans restriction mentale que tout le monde a droit à la justice indépendamment des séparations de fait entre groupes, accéder à la « morale ouverte », serait un beau succès pour ceux qui se préoccupent des problèmes ici exposés.

Il nous faut maintenant passer de ces enseignements sur la communication entre individus culturellement différents au problème de l'aménagement systématique de situations interculturelles.

L'AMÉNAGEMENT DE L'INTERCULTUREL

Avant de mettre en place des formations interculturelles, il faut savoir d'abord pourquoi on les souhaite, quelles finalités on leur assigne et quels avantages on leur prête.

L'OPTION POUR L'INTERCULTUREL

L'état de simple coexistence de cultures différentes en un même groupe définit seulement, on le sait, le « pluri-culturel » (ou « multi-culturel »). Dans pareille situation leurs rapports sont laissés au hasard et à la conjoncture ; elles peuvent se tenir dans l'isolement ou entrer en conflit. Pour s'élever à l'interculturel il faut, dépassant ce stade, viser à construire entre elles une *relation convenablement régulée* permettant d'accéder à un nouveau plan : celui d'une formation unitaire harmonieuse transcendant leurs différences sans les évacuer. Nous demeurons donc bien dans le sens des analyses que nous venons de présenter : puisque, pour y parvenir, il faut à tout le moins établir entre les porteurs des cultures en présence la communication correcte respectant les conditions que nous avons précisées.

Cet effort, conduisant à cette action complexe, correspond à une option elle-même diversement motivée. Etant entendu que la légitimation de la coexistence aménagée et viable des cultures ne se confond pas avec celle de ces cultures elles-mêmes, tout en l'impliquant.

A un *premier niveau*, cette option peut prétendre se baser seulement sur les faits. Pour des raisons bien connues l'interpénétration des groupes différents, en particulier sur le plan culturel, est une caractéristique majeure de notre époque. Et elle est destinée à aller croissant. D'où, pour reprendre les formules de M. Abdallah-Pretceille, la nécessité, si l'on veut « éduquer au futur », de « socialiser au pluriel ». Car l'avenir nous imposera la gestion de plus en plus complexe de la diversité qui *se multiplie,* d'une part, et surtout *se revendique,* de l'autre. Ce ne sera là, d'ailleurs, que le développement d'un mouvement connu : depuis le tournant de l'industrialisation, un nouveau modèle général de socialisation s'est implanté, habituant les individus à prendre en compte la différenciation sociale, devenue spécialement importante, et à s'y adapter. Puis l'évolution des représentations a désigné celles des différences à considérer comme légitimes et à respecter : religieuses, politiques, syndicales, « régionales » ... Prendre en compte les différences de culture serait le prochain acquis de cette nouvelle socialisation. Et l'option en sa faveur peut se présenter comme justifiée par le simple *réalisme.*

A un *second niveau,* l'installation de l'interculturel peut répondre à une *option normative* destinée à favoriser l'avènement d'un état humain jugé préférable. Les justifications avancées sont diverses :

— On peut s'appuyer sur une argumentation morale. Les individus devant être considérés comme des fins, ils ont le droit de vivre en conformité avec leurs représentations et valeurs culturelles tant qu'ils les jugent bonnes. Il est donc légitime d'ajouter ce droit aux autres et par conséquent, comme pour celui à l'instruction par exemple, de mettre en place les conditions de sa satisfaction : c'est-à-dire celles de l'interculturel.

Cette justification est de type formel, c'est-à-dire qu'elle est indépendante du jugement qu'on peut porter sur les cultures elles-mêmes, leur importance, leur utilité. Celles qui suivent, au contraire, se fondent sur les bienfaits qu'elles sont censées procurer :

— La première insiste sur les avantages que vaut au sujet le fait de vivre et de se comporter dans le contexte subjectif, affectif et cognitif, d'un système où il a été socialisé. Système qui a accompagné ses relations de base avec sa mère et sa famille ; qui lui fournit ses motivations les plus efficaces, les signifiants (dont la langue) les mieux ajustés à ce qu'il veut signifier, les types d'apprentissages auxquels il a été accoutumé ; qui lui permet le mieux, de ce fait, de réussir dans ses entreprises et d'atteindre ses meilleures performances.

L'idée qui guide ces affirmations est claire : à moins que l'individu n'ait changé de son propre chef, c'est dans son système culturel qu'il trouve spontanément les meilleures conditions pour être lui-même et se réaliser au mieux. Et le tenir en dehors de sa culture c'est, en somme, le tenir à côté de lui-même. C'est ce genre d'arguments, en particulier, qu'on avance pour plaider la réalisation de l'interculturel à l'école.

— Quant à l'autre justification, elle avance que les systèmes culturels sont une sorte de « trésor humain ». Les préserver c'est permettre à tous de « faire leur profit autant que possible des divers modèles, choix et opportunités humains » provenant du « spectre complet » qu'ils constituent dans leur ensemble (5). L'argument reprend le point de vue de Ruth Benedict, évoqué au début de ce livre : chaque culture est un épisode créatif concrétisant une nouvelle potentialité d'une nature humaine dynamique et jamais achevée.

Bien entendu ces diverses justifications de l'option pour l'interculturel ne sont pas exclusives les unes des autres. Reste à savoir comment la réaliser.

LES CONDITIONS PRINCIPALES DE LA RÉALISATION DE L'INTERCULTUREL

Ceux qui cherchent à réaliser des formations interculturelles, par exemple des enseignants dont les classes comprennent des ethnies diverses, ont coutume de mettre en place des dispositifs dont ils s'efforcent de tester l'efficacité (6). L'information circulant, on a tendance à les reproduire d'un établissement à l'autre, à retenir de préférence certains d'entre-eux, voire d'en établir une sorte de hiérarchie.

Cette façon empirique de procéder, dans un domaine aussi nouveau et dont nous sommes encore si ignorants, n'est certes pas à blâmer. Encore faut-il qu'elle ne mène pas à la croyance en des *recettes* qu'il suffirait d'appliquer et d'échanger, comme pour l'art culinaire. Les enseignants, les praticiens en général, savent en effet que le succès de ces pratiques est variable, qu'il dépend apparemment de conditions situationnelles qu'on est loin d'avoir démêlées.

Sans abandonner, jusqu'à nouvel ordre, cette conduite « par essais et erreurs », peut-être conviendrait-il alors de l'aider en la *rationalisant* par le rappel de quelques principes.

On commencera par poser que, quels que soient les recettes et dispositifs plus ou moins institutionnels utilisés, c'est la *communication adéquate* entre partenaires culturellement différents qui *fait* l'interculturel, le maintient et, éventuellement, l'approfondit. Cette bonne communication elle-même concrétise la façon correcte acquise par chacun d'entre eux de *signifier et de traiter cette différence chez les autres et en lui-même*. A son tour cet apprentissage est conditionné par un *système d'attitudes* complexe qu'il s'agit non seulement de construire, mais de *maintenir* contre tout ce qui, dans cette situation difficile, ne manque pas de le mettre en question. Il apparaît ainsi que l'interculturel est *affaire intérieure,* les dispositifs mis en place n'ayant de valeur que dans la mesure où ils aident à construire, intérioriser, perpétuer ces dispositions subjectives qui le rendent possible. On peut ainsi reprendre, en lui donnant un contenu tout à fait précis, la formule de D. Le Breton qui explicite l'opinion partagée par tous les auteurs du livre : l'interculturel est un « *savoir-être* », à partir duquel on découvre la bonne manière d'utiliser le « savoir » et l'on invente, au fil des situations, le « savoir-faire » adéquat.

Or ce sont les linéaments de cette communication

correcte et de la structure d'attitudes qui la commande que, sur la base des contributions apportées à cet ouvrage, nous nous sommes efforcé de faire apparaître. Nous allons donc essayer de les reprendre ici pour les présenter de façon plus ramassée et systématisée.

Les attitudes maîtresses

Avant tout il faut faire acquérir la pratique de la *décentration,* que nous définirons ici de la façon la plus large : la prise de conscience et la « déconstruction » des attitudes et autres éléments de la personnalité qui empêchent de prendre en compte l'autre dans sa différence. Ce qui amène logiquement à ne tenir compte que de soi dans ses représentations, jugements et conduites. C'est évidemment le premier palier à atteindre pour la sensibilisation à l'interculturel.

Mais encore faut-il, une fois conscient de la différence, ne pas être amené à la signifier comme *différence-exclusion,* selon le schéma que nous avons présenté. Cela suppose que la décentration se prolonge en un « Connais-toi toi-même », rendu possible seulement par cette *ascèse personnelle* dont nous avons exposé la nature. En fait, les choses ne se font guère de cette façon « logique ». Souvent les individus (les élèves par exemple) ne voient aucun inconvénient, s'ils ne sont même séduits, à la perspective de participation à une expérience interculturelle. Mais c'est au cours de son déroulement qu'ils ressentent les résistances. Le danger est qu'ils n'en soufflent mot, par crainte du jugement des autres. Dans ce cas ils se ferment intérieurement et contribuent ainsi à faire échouer l'entreprise ou à l'empêcher d'aller bien loin : car il y a des *niveaux de réalisation* de l'interculturel. C'est pourquoi nous avons toujours pensé que cette absence d'expression des résistances est inquiétante, et qu'il faut installer les conditions pour l'éviter le plus possible.

Quand on obtient cette extériorisation, on se donne en même temps la possibilité de faire le départ, dans les griefs enfin explicités, entre l'imaginaire et les problèmes effectifs auxquels les partenaires peuvent se heurter dans le groupe ou dans la vie quotidienne. On est ainsi informé des deux aspects du *contentieux susceptible de séparer les protagonistes*. Il nous paraît évident qu'il doit être réglé, ou au moins discuté sérieusement, si l'on ne veut pas s'en tenir à des niveaux superficiels de l'interculturel, voire à de l'interculturel « de politesse ».

Cela acquis, il s'agit de faire comprendre le *contenu du problème* qui se pose lorsqu'on veut instaurer cette formation : construire une communauté qui maintienne librement la diversité des cultures dont relèvent ses membres, sur la base de l'égale légitimité de leur statut, au lieu d'un groupe qui s'édifie, comme le plus souvent, sur le sacrifice de cette diversité ou au prix de sa hiérarchisation avouée ou latente.

Or, comme nous l'avons vu dans nos analyses du début de cet ouvrage, c'est fondamentalement le *relativisme* qui, en un domaine où ne s'impose aucune évidence rationnelle universelle, assure la légitimité de toutes les cultures et interdit de les hiérarchiser. C'est lui qu'il s'agit donc de faire intérioriser. Mais si cela ne pose aucun problème tant que les membres des groupes culturels vivent en communautés séparées, chacune cultivant à l'abri des autres ses représentations et valeurs dominantes, une difficulté de taille apparaît lorsqu'on les met ensemble : en cas de conflit entre eux, comment le dénouer, si ce sont leurs codes différents qui les opposent sur tel ou tel point ? Autrement dit : comment empêcher que *la différence ne se transforme en fermeture entre sujets* ?

Il apparaît bien, ainsi, que la *mise en relation* des cultures, opération propre à l'interculturel, fait accéder à des problèmes spécifiques. Il devient net, aussi, que pour effectuer cette mise en rapport entre systèmes qui s'opposent, on ne peut pas demeurer en eux sans y effectuer un quelconque changement. Nous saisissons là l'un des facteurs importants qui, selon des termes employés par B. Lorreyte, obligent à passer de la culture comme « produit » à la culture comme « procès ». C'est-à-dire que les cultures en présence doivent se dynamiser, ou plus exactement que *leurs porteurs doivent les dynamiser* (car nous ne croyons pas que les structures aient le pouvoir de se transformer d'elles-mêmes) de telle manière que, par des transformations appropriées, elles permettent la solution d'un problème inédit : ici, l'accord entre porteurs de systèmes différents.

Mais si, malgré cette dynamisation, ces systèmes *ne trouvent pas en eux-mêmes les ressources nécessaires* pour y parvenir, il faudra bien faire appel à des représentations et valeurs qui *transcendent chacun d'entre eux pris séparément.*

Or celles-ci peuvent précisément se tirer du principe qui, en dernier ressort, constitue le fondement le plus général de l'interculturel : opter pour ce dernier c'est, en effet, revendiquer le droit à l'égal respect des consciences, donc le principe que le sujet humain doit être considéré comme une fin et pas seulement comme un moyen. Cette maxime de Kant a induit une direction morale d'où est issue la Déclaration universelle des Droits de l'homme : en cas de conflit irréductible toute formation interculturelle, si elle veut se maintenir, devra obligatoirement s'y référer.

Ce n'est pas facile, car cela oblige les sujets à distinguer éventuellement entre les valeurs internes à leurs cultures et celles qu'il faut accepter pour trancher les conflits qui opposent leurs porteurs quand on ne peut plus s'appuyer sur les systèmes eux-mêmes. A moins que les individus ne se révèlent insensibles à la contradiction ou que, pour l'éviter, ils ne refusent d'entrer dans la construction interculturelle, cette situation entraînera des tensions intra-subjectives.

Mais c'est un état de choses auquel il faut s'habituer, du seul fait que l'engagement interculturel *oblige à sortir de soi* et des siens : c'est une opération à risques pour tout le monde, *comme l'est la mise en contact des modèles différents.* Il appartient évidemment aux sujets eux-mêmes de résoudre ce problème, sauf s'ils demandent expressément une aide. Et l'on peut faire l'hypothèse que la réalisation systématique de formations interculturelles à grande échelle exercerait une pression importante pour l'harmonisation des codes, tout au moins pour qu'ils ne soient plus contradictoires, tout en demeurant différents.

Si cette exigence est acceptée, il en résulte la possibilité de réguler les éventuels conflits de coexistence à partir de ce corps de valeurs auquel l'interculturel est lié. En particulier, si cela s'avère nécessaire, elles légitiment l'appel à la procédure démocratique qui permet, à défaut du consensus unanime, de traiter au moins la majorité des individus comme fins : de la sorte, cette procédure ne saurait apparaître comme l'intrusion abusive d'une disposition culturelle occidentale ou autre.

Ajoutons, pour en revenir au relativisme, qu'il contribue centralement à éviter, au sein de la communication interculturelle, une perversion dont nous avons mesuré la fréquence et l'importance : celle issue de la relation inégalitaire, amenant le partenaire défavorisé et indûment dévalorisé à se focaliser sur une seule dimension de sa construction identitaire, relative à son image de soi, avec les conséquences nocives que nous avons analysées.

Enfin, la dernière condition de base pour la constitution d'une formation interculturelle est d'empêcher *la différence de se transformer en fermeture pour le sujet lui-même.* Ce qui suppose que, conscients des limitations à apporter à la culture et des dangers de son hyper-valorisation, tels que nous les avons évoqués, on évite toute sacralisation qui en ferait un corset dont il deviendrait impensable, ou simplement coupable de sortir. Cet écueil est à éviter : car, dans une situation où les divers modèles sont mis en présence de façon permanente, il faut s'attendre à des conflits qui n'aboutiront pas nécessairement au retour à la culture première, appelant même (et heureusement) à des échanges et des désirs de remodelage de l'identité première. D'où la nécessité de satisfaire à ces deux exigences opposées : d'une part légitimer les cultures, donner la possibilité d'y demeurer pour ceux qui le souhaitent ; mais en même temps garantir la liberté personnelle et la *mobilité du positionnement culturel,* de telle sorte que celle-ci apparaisse comme une chose naturelle.

Les autres attitudes

On aura pu constater, à propos de ces conditions de base que nous venons d'évoquer, à quel point la communication interculturelle est *paradoxale,* en ce sens qu'elle ne permet de s'installer dans aucune position simple et univoque : toute affirmation de principe à son sujet risque de la pervertir si elle n'est pas intégrée dans un mouvement qui la dépasse.

Les autres attitudes nécessaires au maintien et à l'approfondissement de cette communication relèvent de la même caractéristique. Pour le montrer et achever ainsi cette caractérisation, essayons de ramasser les quelques autres résultats de notre analyse qui restent à rappeler :

— Il faut reconnaître le plein effet de la culture et de la différence culturelle sur le partenaire, tout en situant celui-ci comme non réduit et non réductible à elles ; mais sans les évacuer pour autant.

— Il faut recueillir toutes informations sur les systèmes culturels, leur contenu, les champs de référence qu'ils dessinent, tout en étant prêt à les dépasser pour saisir les dynamismes susceptibles d'être engendrés par leurs *interactions* dans des situations particulières et variées. Mais bien se persuader dans le même temps que « dépasser » ne signifie pas « oublier ».

— Il faut intégrer la différence de l'étranger à l'intérieur des similitudes de différentes sortes, mais en tenant compte de ce que ces ressemblances continuent en principe à être marquées par sa différence.

— Enfin il faut catégoriser mais pour dépasser la catégorisation, partir du général pour parvenir au singulier, le singulier étant lui-même, cependant, une certaine manipulation du général.

La conclusion à tirer de tout cela est qu'on doit se tenir *disponible* pour la variété des situations et ne jamais rien pousser à la limite : ni le statique, le trait réifié, la « culture-produit », ni inversement le mouvement et la « culture-procès », selon les expressions de Lorreyte. En fait, le partenaire pouvant selon les cas se placer sur n'importe quel point de l'axe reliant ces deux extrêmes, il faut *se laisser guider par lui* pour savoir dans quelle mesure il convient de s'approcher de l'un ou de l'autre.

NOTES ET RÉFÉRENCES

(1) CAMILLERI C. (1975), L'image dans la cohabitation de groupes étrangers en relation inégalitaire, *Cahiers Internationaux de Sociologie*, vol. LIX, Paris, p. 239.

(2) TRIPIER M. (1972), Concurrence et différence : les problèmes posés au syndicalisme ouvrier par les travailleurs immigrés, *Sociologie du Travail*, n° 1, Paris.

(3) DUCHAC R. (1974), *La sociologie des migrations aux États-Unis*, Paris-La Haye, Mouton.

(4) CAMILLERI C. (1987), Jeunes « immigrés » et jeunes Français : tentative de comparaison, *Migrants-Formation*, n° 70, Paris, p. 6.

(5) BAKER G.C. (1979), Policy issues in multicultural education in the United States, *The Journal of Negro Education*, vol. 48, n° 3, Washington, DC, Howard University, p. 255.

(6) Cf. BOURQUIN J. (1985), Pratiques interculturelles à l'école et en milieu urbain, *Cahiers du CRELEF*, n° 21, Université de Besançon, et RIGUET M. (1985), Éléments de synthèse pour une réflexion sur l'école française interculturelle, *Cahiers du CRELEF*, Supplément au n° 21.

Achevé d'imprimer par Corlet Numérique - 14110 Condé-sur-Noireau
N° d'Imprimeur : 7366 - Dépôt légal : janvier 2002 - Imprimé sur DemandStream
Imprimé en UE